이한우

1961년 부산에서 태어나 ███████████████████ 동 대학원 철학과 석사 및 ████████████████████ 수료했다. 〈뉴스위크 한███████████████████〈조선일보〉 기자로 일했고 ████████████████15년에는 문화부장을 지냈다.

2001년까지는 주로 영어권과 독일어권 철학책을 번역했고, 이후 『조선왕조실록』을 탐색하며 『이한우의 군주열전』(전 6권)을 비롯해 조선사를 조명한 책들을 쓰는 한편, 2012년부터는 『논어로 논어를 풀다』 등 동양 사상의 고전을 규명하고 번역하는 일을 동시에 진행해오고 있다.

2016년부터는 논어등반학교를 만들어 현대인의 눈높이에 맞추어 고전을 강의하고 있다. 2017년부터 2021년까지 약 5년에 걸쳐 『이한우의 태종실록』(전 19권)을 완역했으며, 그 외 대표 저서 및 역서로는 『이한우의 설원』(전 2권), 『이한우의 태종 이방원』(전 2권), 『이한우의 주역』(전 3권), 『완역 한서』(전 10권), 『이한우의 사서삼경』(전 4권), 『대학연의』(상·하) 등이 있다.

'최인아책방'과 함께하는 이한우의 『논어』 강의

이한우의 논어등반학교(대면/원격 수강)   문의 02-2088-7330

'서울숲양현재'와 함께하는 이한우의 제왕학 코스워크

- 이한우와 함께 읽는 논어(평생수강 VOD)
- 이한우와 함께 읽는 주역(대면/원격 수강)
- CEO논어학교(최고경영자용 강좌)

'빼어난(賢) 인재를 기르는(養) 집(齋)' 서울숲양현재는 이한우 교장과 함께 제왕학 원형을 현대에 맞게 복원해 평생학습으로 구현합니다. 배움의 방향과 순서를 바로잡아 배움과 삶이 일치하도록 이끌어주는 제왕학의 세계로 여러분을 초대합니다.

홈페이지 www.서울숲양현재.com
교육의뢰 academy@yanghyunjae.com
상담전화 070-7174-2063

이한우의 인물지

일러두기

(1) 유소의 『인물지(人物志)』는 국내에 2개의 번역본이 있지만, 『인물지』를 최초로 주해한 유병 (劉昞)의 주석이 빠져 있는 데 반해, 이 책은 유병의 주를 빠짐없이 실었다. 독자들이 이해하는 데 도움이 되도록 필자의 역주(譯註)를 달았다. 책의 성격상 유병의 주와 역자 주의 분량이 본문과 비슷한데, 유병의 주는 【 】속에 넣어서 본문과 함께 두었고, 역주는 각주로 처리했다.

(2) 『사고전서』에 유소의 원문과 함께 수록되어 있는 유병(劉昞)의 주석은 일급 주석이라고는 할 수 없다. 워낙 원문이 압축된 문장이어서 다소 불분명하거나 동어 반복에 가까운 주석도 있었지만 누락하지 않고 모두 번역했다. 번역은 '중국철학서전자화계획(中國哲學書電子化計劃)'에 있는 원문을 참고했으며, 유병에 관한 인물 소개는 본문에 있다.

(3) 대만에서 나온 진교초(陳喬楚)의 『인물지금주금역(人物志今註今譯)』(대만상무출판사)은 번역 완성도를 높이는 데 큰 도움이 되었다. 그래서 역주(譯註)에 녹여서 풀기도 했고 진교초 주석임을 명시한 곳도 있음을 밝혀둔다.

人物志

이한우의
인물지

이한우 옮김

유소 『인물지』 완역 해설

21세기북스

공자의 지인지감(知人之鑑)과 유소의 『인물지』

1. 유소의 『인물지』란?

유소 자신이 구징(九徵), 팔관(八觀) 등의 용어를 제목에 쓰고 있는 데서도 알 수 있듯이 그가 쓴 『인물지』는 오랜 중국 역사 속 지인지감(知人之鑑)의 전통 속에 깊이 뿌리를 박고 있다.

『사고전서제요(四庫全書提要)』는 이 책에 대해 "그의 배움은 명가(名家)에 가깝지만, 그 이치는 유학에서 어긋나지 않는다"라고 말하고 있다. 명가란 전국시대 때 명실(名實)의 불일치를 극복해 천하를 바로잡겠다는 유파로 형명가(刑名家)라고도 한다.

그러나 『인물지』는 중용(中庸)을 갖춘 사람을 최고로 평가하고 불벌(不伐)을 결론으로 삼는다는 점에서 철저하게 공자적인 사고를 수용한 책이라 할 수 있다. 일부 도가적인 개념을 사용하고 있기는 하지만 이 또한 책의 골격을 흔드는 차원이 아니라 유가적 틀을 일부 보완하는 정도에 그칠 뿐이다.

제대로 이해된 공자적 입장에서 보자면 오히려 유소는 철저한 공자 사상 계승자라 할 수 있다. 『논어』의 맨 마지막은 다음과 같은 말로 끝난다.

"말을 알지 못하면 사람을 알 수 없다[不知言 無以知人也].
부지언 무이 지인 야

오히려 이렇게 끝난 『논어』가 던진 숙제를 처음으로 체계적으로 풀어낸 책이 『인물지』라 할 수 있다. 이 점은 『논어』「위정(爲政)」편에서 공자(孔子)가 말한 사람 보는 법, 즉 "그가 하는 행동을 보고[視其所以] 그시 기 소이가 왜 그렇게 했는지를 살피고[觀其所由] 그가 무엇을 편안해하는지를관 기 소유꿰뚫어 보라[察其所安]"라는 시관찰(視觀察) 3단계를 곳곳에서 자유자찰 기 소안재로 활용하며 심화해가는 데서도 분명히 확인할 수 있다.

2. 뛰어난 신하를 어떻게 알아볼 것인가?

고대 중국에서는 국가가 탄생하고부터 임금이 신하를 알아보는 문제에 대한 '인물지'적인 고민이 있어왔다.

(1) 요(堯)임금의 눈 밝음

예나 지금이나 한 조직의 최고 지도자가 물러나면서 그 후계자를 정하는 문제는 쉽지가 않다. 우선 개인적인 인연을 넘어서야 하고 이어서 진정으로 유능한 자를 찾아내야 하는데, 이는 참으로 어려운 문제들이기 때문이다. 그러나 그 비결은 의외로 가까운 데 있다. 공자가 요순(堯舜)을 극찬한 것도 실은 바로 이 점에서 요순이 뛰어난 모범을 보여주었기 때문이다.

공자가 그중에서도 요(堯)임금을 극찬한 이유는 무엇일까? 우선 『논어』에 등장하는 요임금에 대한 언급들을 살펴보자. 「옹야(雍也)」 편이다.

자공(子貢)이 말했다. "만일 백성에게 은혜를 널리 베풀어 많은 사람을 구제한다면 그것은 어떠합니까? 그것을 일러 인(仁)이라고 할 수 있습니까?" 공자가 말했다. "어찌 인에만 그치겠는가? 그것은 반드시 빼어난 이[聖人]의 경지라 할 만하다. 요순(堯舜)도 오히려 그것을 근심[病]으로 여겼다."

이어서 「태백(泰伯)」편에 나오는 공자의 말이다.

"크시도다! 요임금의 임금 됨[爲君]이여. 높고 크도다! 오직 하늘만이 크시거늘 오직 요임금만이 이를 본받았도다."

요임금이 하늘을 본받았다는 말은 무엇일까? 그것은 아들에게 자리를 물려주고 싶은 사욕(私欲)을 버리고 앞으로 보게 될 것처럼 가장 뛰어난 이, 즉 순(舜)임금을 찾아내 자리를 물려준 결단을 말한다. 그것이야말로 요임금의 임금 됨[爲君]이다. 끝으로 「헌문(憲問)」편이다.

자로(子路)가 군자가 되려면 어떻게 해야 하느냐고 물었다.

공자는 말했다. "삼가는 마음[敬]으로 자신을 닦는 것이다."
경

자로가 물었다. "그렇게만 하면 됩니까?"

공자는 말했다. "다른 사람들을 편안하게 해주는 것으로 자신을 닦는 것이다."

자로가 물었다. "그렇게만 하면 됩니까?"

공자는 말했다. "백성을 편안하게 해주는 것으로[安百姓] 자신을 닦는 것이다. 백성을 편안하게 해주는 것으로 자신을 닦는 일은 요임금과 순임금도 오히려 부족하다고 여겼다."
안백성

「헌문」편은 곧바로 「옹야」편과 통한다. 결국 모든 것을 정리하자면, 요임금은 백성을 편안하게 해줄 사람이 누구인지를 척도로 해서 자신의 뒤를 이을 임금을 정하려 했다는 것이다. 그런 요임금의 모습을 『서경』 「요전(堯典)」은 비교적 상세하게 전하고 있다.

요임금이 말했다.

"아! 순리에 맞게 일을 할 수 있는 사람을 두루 물어 찾아내어 그런 사람을 제대로 뽑아 쓸 수 있는 사람은 누구인가?"

이에 방제(放齊)가 "장남인 단주(丹朱)가 성품이 열려 있습니다[啓明=
계명
開明]"라고 답하자 요임금은 이렇게 말했다.
개명

"어찌 그런 말을 하는가! 그 아이는 말에 진실성이 없는 데다가 다투기까지 하니[嚚訟] 그 자리를 맡을 수 있겠는가?"
은송

장남이 리더가 될 수 없는 이유를 딱 두 가지 단어, 즉 말에 진실됨과 믿음직함[忠信=忠直]이 없다는 '은(嚚)'과 남과 다투려 한다
충신   충직

[爭辨]는 '송(訟)'을 들어 밝혔다.
쟁변

이어 요임금이 또 말했다.

"누가 나의 과업을 제대로 계승할 수 있는가?"

이에 환도(驩兜)가 "아! 훌륭하십니다. 공공(共工)이 바야흐로 공적이 쌓여서 드러나고 있습니다"라고 답하자 요임금은 이렇게 말했다.

"어찌 그런 말을 하는가! 별일이 없을 때는 말을 잘하지만 등용하면 자신의 말과 위배되는 짓을 하고[靜言庸違], 용모만 공손하지 (나쁜 마음이)
                              정언 용위
흘러넘친다[象恭滔天]."
          상공 도천

공공은 요임금이 오랫동안 지켜봐 온 신하다. 한마디로 겉과 속이 전혀 다른 인물이다. 관직에 있지 않았을 때 하는 말과 막상 관직을 맡았을 때 하는 일이 다른 사람은 볼 것도 없이 겉과 속이 다른 사람이다.

다시 요임금이 말했다.

"아! 사악(四岳)아, 세차게 흘러넘치는 홍수가 두루 산하를 갈기갈기 찢어놓아 널리 광범위하게 산을 에워싸고 언덕을 덮쳐서 넓고 크게 하늘까지 넘쳐흘렀으니, 저 아래 백성이 한탄을 하고 있다. 이에 뛰어난 자가 있으면 그로 하여금 다스리도록 하라."

여러 사람이 말하기를 "아! 곤(鯀)이 적임자입니다"라고 하자 요임금이 말했다.

"아! 곤란하다. (곤은) 명령을 거역하며[方命=逆命] 친족들을 무너뜨릴
                              방명   역명
[圯族=敗族] 인물이다."
  비족   패족

(그러나) (사악이) "그만두더라도 (치수 대책을 세우는 것이) 가능한지를 시험해보고서 이에 (불가능하다는 것이 판명될 경우 그때 가서) 그만두어야 합니다"라고 하자 요임금은 "가서 삼가는 마음으로 일을 하라"라고 명했다. (하지만 요임금의 지적대로) 9년이 되어도 가시적인 성과가 이뤄지지 못했다.

이 사례는 더욱 의미심장하다. 이미 요임금은 곤(鯀)이라는 신하가 사람됨이 고집스러워서 매사를 자기 마음대로 하고 윗사람의 명을 따르지 않으며[犯上] 여러 사람과 화합할 줄 몰라 일을 그르칠 사람이라는 것을 꿰뚫어 보고 있었다. 그러나 요임금은 바로 이 곤과는 정반대의 성품을 갖고 있었다. 곤에 대한 자신의 꿰뚫어 봄이 분명했음에도 불구하고 신하들 말을 듣고 따랐다[聽從]. 9년 만에 곤의 치수 사업이 실패로 드러났는데, 당시에는 3년에 한 번씩 업무 평가를 했으니 요임금은 무려 세 번이나 평가를 유보하며 곤의 치수 사업을 기다려줬던 셈이다.

공자가 『논어』에서 요임금에 대해 "오직 하늘만이 크시거늘 오직 요임금만이 이를 본받았도다"라고 극찬을 한 것은 바로 이런 요임금의 눈 밝음[明]과 너그러움[容=寬] 그리고 지공(至公)한 마음 때문이다. 마침내 요임금이 말했다.

"아! 사악(四岳)아, 짐(朕)이 재위한 지 70년이다. 네가 나의 명을 잘 따르니 짐의 자리를 넘겨주겠노라."

이에 사악이 "저는 덕이 모자라 황제의 자리를 욕되게 할 것입니다"라고 하자, 요임금은 "(그렇다면) 공덕(公德)이 밝은 자를 밝히고 지금은 미천하되 뛰어난 자를 천거하라"라고 말했다. 이에 여러 사람이 요임금에게 말하기를 "홀아비가 있는데 신분이 미천합니다. 이름은 우순(虞舜)입니다"라고 하자 요임금은 "그래, 나도 들었다. 어떤 인물인가?"라고 물었다. 사악이 말하기를 "소경[瞽]의 자식인데, 아버지는 앞뒤가 꽉 막혔고[頑] 계모는 어리석었으며[囂] 이복동생 상(象)은 오만했지만, 능히 효로써 화합을 이뤄내 점점 (집 안을) 다스려서 (부모와 아우들이) 간악함에 이르지 않게 했습니다"라고 했다. 이에 요임금이 "내 직접 시험해보리라[試]. 그 사람에게 딸들을 시집보내어 두 딸을 어떻게 다루는지를 잘 살펴보겠노라"라고 한 후, 두 딸을 잘 꾸며서 규예(嬀汭-순이 머물던 곳)로 보내어 우순의 아내가 되게 하고는 (두 딸에게) "삼가야 한다[欽=敬]"라고 당부했다.

요임금이 두 딸을 동시에 시집보내 시험해보려[試] 한 것은 두 가지였다. 첫째는 평민인 순(舜)이 자신의 두 딸을 황제의 딸로 받드는지, 그냥 자신의 부인으로 대하는지였다. 순은 그냥 부인으로 대했다. 둘째는 순이 두 여인을 무탈하게 아내로 잘 데리고 사는지였다. 두 시험을 통과한 순은 훗날 요를 이어 임금의 자리에 오를 수 있었다. 말을 잘 알았던[知言] 요임금은 늘 행동을 통해 그 말을 다시 검증했던 것이다. 그래서 요임금은 사람을 잘 알아보았다.

(2) 지인지감을 위한 여러 시도

『일주서(逸周書)』「관인해(官人解)」에는 주공(周公)이 제시한 육징(六徵-여섯 가지 징험)이 있고 『장자』「열어구(列禦寇)」편에는 공자가 말한 구징(九徵)이 나온다. 그중 구징이다.

대개 사람의 마음이란 산천보다 험하고 하늘을 알기보다도 어렵다. 하늘에는 춘하추동이나 아침저녁이라는 때의 구별이 있지만, 사람은 표정을 딱딱하게 해 감정을 깊이 숨겨두고 있다. 그 때문에 용모는 신중해 보이지만 속마음은 교만한 자가 있고, 재능은 남보다 뛰어나지만 어리석어 보이는 자가 있으며, 유순하고 성급하면서도 사리에 통달한 자가 있고, 견고한 성품 같은데 실은 연약한 성격을 지닌 자가 있으며, 느려 보이면서도 성급한 자가 있다. 그래서 목마른 자처럼 의로움을 향해 (성급히) 달려가는 자는 또 한편으로는 뜨거운 것에서 도망치듯이 (쉽게) 의로움을 내버린다.

이 때문에 군자를 시험할 때는 먼 곳으로 심부름을 보내 그 충성심을 지켜보고, 가까이 시종하게 해 그 삼감을 살피며, 번거로운 일을 시켜서 그 재능을 살펴보고, 갑자기 질문을 던져 그 지혜로움을 살피며, 갑자기 약속을 해서 그 신의를 살피고, 위험을 알려 그 절의를 살피며, 재물을 맡겨 그 어짊을 살피고, 술을 마시게 해 그 취한 뒤의 거동을 살피며, 남녀가 마구 함께 있는 곳에 두고 그 절조를 살펴보라. 이 아홉 가지 징조가 나타나면 어리석은 자를 알아볼 수 있다.

이와 비슷한 것으로 『여씨춘추』 「논인(論人)」편에 팔관(八觀), 육험(六驗)이 있으며, 사마천 『사기』 「위문후세가(魏文侯世家)」에는 문후 때 재상 이극(李克)이 제시한 다섯 가지 지침도 실려 있다. 매우 유명하다.

그 사람이 평소 생활할 때는 그가 제 몸처럼 여기는 것[親]이 무엇인지를 보시고, 그 사람이 부유할 때는 그가 무엇을 베푸는지[與]를 보시고, 그 사람의 벼슬이 높아졌을 때는 그가 누구를 천거하는지[擧]를 보시고, 그 사람이 궁지에 처했을 때는 그가 무엇을 하지 않는지[不行]를 보시고, 그 사람이 가난해졌을 때는 그가 무엇을 취하지 않는지[不取]를 보셔야 합니다.

이는 사람을 살피는 요체[觀人之要]라 할 것이다. 제갈량(諸葛亮, 181~234년) 또한 「지인성(知人性)」이라는 글에서 사람을 알아보는 일곱 가지 도리[知人之道有七]를 제시했다. 대부분이 현대사회에서도 유효한 것들이라 할 것이다.

첫째, 어떤 일을 물어[問之] 그 대답의 옳고 그름을 통해 그 속마음을 살핀다. 둘째, 말로 궁지에 몰아넣어[窮之] 그 임기응변을 살핀다. 셋째, 계책에 관해 말해보게 해서[咨之] 그 식견의 깊이를 살핀다. 넷째, 재난이 났다고 말해주어[告之] 그 용기를 살핀다. 다섯째, 술에 취하게 해서[醉之] 그 밑바닥 성품을 살핀다. 여섯째, 재물로 유혹해서[臨之] 그 청렴함을 살핀다. 일곱째, 어떤 일을 하기로 약속해서[期之] 그 신뢰성을 살핀다.

3. 공자의 평생 관심사, 군군신신(君君臣臣)

공자가 평생 공력을 쏟은 분야는 '군군신신 부부자자(君君臣臣父父子子)'였다. 임금은 임금답고 신하는 신하다운 것은 공(公)의 영역이고, 부모가 부모답고 자식이 자식다운 것은 사(私)의 영역이다. 그런 점에서 공자는 실은 사(私)보다는 공(公)에 더 큰 비중을 두었던 사람이다.

그러나 공자는 부모와 자식 간 사친(私親)의 영역도 매우 중시했다. 친친현현(親親賢賢) 혹은 친친의의(親親義義)는 곧 공자 사상이나 유가 사상의 핵심을 언급할 때 쓰는 말이다. 풀면 혈친을 제 몸과 같이 여기고 뛰어난 이를 뛰어나게 대우하며 마땅함으로 맺은 사람에게는 마땅함을 다해야 한다는 뜻이다. 여기서 친친(親親)을 무시하면 고스란히 법가(法家)가 된다.

공자의 양대 저술을 말하자면 『주역』에 대한 풀이인 십익(十翼)과 『춘추』가 그것이다. 그 밖에 『시경』이나 『서경』을 편집하기도 했다. 먼저 『춘추』에 대해 맹자(孟子)는 이렇게 말했다. "옛날에 우왕이 홍수를 막으니 천하가 태평해졌고, 주공이 오랑캐를 아우르고 맹수들을 몰아내니 백성이 편안해졌으며, 공자가 『춘추』를 지으니 나라를 어지럽히는 신하와 어버이의 뜻을 해치는 자식들[亂臣賊子]이 두려워했다."
난신적자

난신적자(亂臣賊子)란 바로 군군신신의 도리를 어기고 부부자자의 도리를 해치는 자들이다. 『주역』 또한 건괘(乾卦)가 군도(君道), 곤괘(坤卦)가 신도(臣道)임에서 보듯이 철저한 군신 관계 이론이다. 천지개벽(天地開闢)이라는 말도 우주가 창조되었다는 뜻이 아니라 임금인 하늘과 신하인 땅이 군신 관계를 맺고 국가를 탄생시켰다는 뜻일 뿐이다.

여기서 잠깐, 반고(班固)의 『한서(漢書)』 「예문지(藝文志)」에서는 요즘 흔히 말하는 성리학이나 주자학의 '사서삼경(四書三經)' 틀에서 벗어난 원형 그대로의 공자 학문 세계, 즉 육예(六藝)를 이렇게 정리해 보여주고 있다.

"육예의 애씀[文]이란 (첫째) 악(樂-『악경』 혹은 『예기』 「악기(樂記)」)은 정신
문
을 조화시키는 것이기 때문에 어짊의 드러남[仁之表]이요, (둘째) 시(詩-
인 지 표
『시경(詩經)』)는 말을 바르게 하는 것이기 때문에 마땅함의 쓰임[義之用]
의 지 용
이요, (셋째) 예(禮-『예기(禮記)』)는 몸을 밝혀 그 밝힌 것을 겉으로 드러
내는 것이기 때문에 별도의 뜻풀이가 필요 없는 것이요, (넷째) 서(書-『서
경(書經)』)는 듣는 바를 넓히는 것[廣聽]이기 때문에 사람과 사리를 아는
광청

방법[知之術]이요, (다섯째)『춘추(春秋)』는 일을 판단하는 것[斷事]이기
  　　지 지 술　　　　　　　　　　　　　　　　　　　　　　　　　　단사
때문에 믿음의 상징[信之符]이다. 이 다섯 가지는 대개 오상(五常-인의예
  　　　　　　신 지 부
지신)의 도리로 서로 응해 갖춰지고, 역(易-『주역(周易)』)은 이 다섯 가지의
근원이 된다. 그래서 이르기를 "역(易)의 뜻을 볼 줄 모른다면 건곤(乾坤)
은 혹 멈추거나 사라지는 것에 가깝다[幾=近](註-사고(師古)가 말했다. 「계
  　　　　　　　　　　　　　　　　　　기 근
사상전(繫辭上傳)에 나오는 말이다.")"라고 했는데, 이는 하늘과 땅과 더불어
시작과 끝[終始]이 이뤄진다는 말이다."
  　　　　종시

한마디로 근본 중의 근본이라는 말이다.『주역』을 매우 짧게 압축
하면 제왕이 일을 하는 책이 된다. 일[事]을 공자는『주역』에서 '그 달
  　　　　　　　　　　　　　　　　　　사
라짐을 통하게 하는 것[通其變]'이라고 정의한다. 지도자가 일을 한다
  　　　　　　　　통 기변
는 것은 바로 그때마다의 달라진 상황에 맞게 그에 가장 마땅한 도리
를 찾아내 일을 풀어가는 것이다. 간혹 날 때부터 이를 잘하는 사람
이 있다. 그러나 대부분은 배우지 않고서는 그 일을 극진히 잘 해낼
수가 없다. 그 훈련서가 바로『주역』이다. 공자는『주역』에 담긴 정신
을 풀어낸「계사전(繫辭傳)」이라는 글에서 이렇게 말한다.

　　지나간 일[往者]을 헤아리는 것[數]은 고분고분함[順]이요 다가올 일
　　　　왕자　　　　　　　　　수　　　　　　　　　　순
　　[來者]을 아는 것은 거스름이자 맞이함[逆=迎]이니, 이 때문에 역(易)은
　　　내자　　　　　　　　　　　　　　　역 영
　　(미래를 향해) 거슬러 헤아리는 것[逆數]이다.
　　　　　　　　　　　　　　　　역수

지나간 일을 헤아려 거기에 담긴 마땅함[義]을 찾아내는 것이 공
  　　　　　　　　　　　　　　　　　의
자가 지은『춘추』라면, 아직 오지 않은 일을 이치에 기반해서 알아내
는 것은 역(易)이라는 말이다.

14

마땅함이란 두말할 것도 없이 "임금은 임금답고 신하는 신하답고 부모는 부모답고 자식은 자식다워야 하는 것"이다.

4. 뛰어난 임금[賢君], 뛰어난 신하[賢臣]가 만나야 한다
현군 현신

공자가 생각한 뛰어난 임금이란 눈 밝은 임금[明君]이고 뛰어난 명군
신하란 곧은 신하[直臣]이다. 가만히 생각해보면, 곧은 임금[直君], 눈 직신 직군
밝은 신하[明臣]란 말은 그 자체로 성립할 수 없는 형용모순이다. 명신

눈 밝은 임금이 되는 방법을 제시한 것이 『논어』「학이(學而)」편 첫 문장, "문(文-애쓰는 법)을 배워 수시로 그것을 익히면 정말로 기쁘지 않 겠는가?"이다. 신하에게도 새로운 도리를 배우려는 자세를 잃지 않는 것, 곧 겸(謙-겸손)이야말로 눈 밝은 임금이 되기 위한 첫걸음이다.

곧은 신하가 되는 방법을 제시한 것이 이어지는 문장, "남이 알아 주지 않아도 속으로조차 서운해하지 않는다면 정말로 군자다운 신 하가 아니겠는가?"이다. 신하로서 공로를 세웠다고 해도 그것을 내세 워 자랑하지 않는 것, 그것이 바로 노겸(勞謙)이자 불벌(不伐)이다.

노겸은 공로를 세우고서도 겸손해야 한다는 말로, 『주역』 겸괘(謙 卦, ䷎) 밑에서 세 번째 양효에 대한 주공의 풀이이다. 땅(☷) 위에 있어 야 할 산(☶)이 땅 아래에 있으니 자기를 낮춰[下之] 겸손한 모습이 되 하지 는 것이다. 불벌(不伐) 또한 자랑하지 않는다는 뜻으로, 『논어』와 『주 역』을 관통하는 핵심 주제다. 『논어』「공야장(公冶長)」편에서 공자가 인생 목표를 물어보자 수제자인 안회(顔回)는 이렇게 대답한다.

"저의 바람은 자신의 좋은 점이 있어도 자랑하지 않고[無伐善] 공 무벌선

로가 있어도 내세우지 않는 것입니다[無施勞].”
_{무시로}

『주역』「계사전」에서 공자는 노겸(勞謙)을 이렇게 풀어낸다.

"수고로움이 있어도 자랑하지 않고[勞而不伐] 공로가 있어도 자기
_{노 이 불벌}
덕이라고 내세우지 않는 것[有功而不德]은 (그 다음의) 두터움이 지극
_{유공 이 부덕}
한 것[厚之至]이니, 이는 자신이 공로를 세우고서도 다른 사람에게 몸
_{후 지 지}
을 낮추는 것[下人]을 말하는 것이다. 다움[德]으로 말하자면 성대하
_{하인}   _덕
고[盛] 예갖춤[禮]으로 말하자면 공손한 것[恭]이니, 겸손함[謙]이란
_성   _예   _공   _겸
공손함을 지극히 함[致恭]으로써 그 지위를 보존하는 것이다.”
_{치공}

공로를 세우고도 자랑하지 않는 문제는 바로『인물지』의 핵심 주
제이기도 하다. 이 책은 다음과 같은 말로 끝난다.

"크게 공로가 없으면서도 스스로 뽐내는 것이 맨 아래 등급이고
공로가 있다 해서 그것을 자랑하는 것이 중간 등급이며 공로가 큰데
도 자랑하지 않는 것이 맨 위 등급이다.”

5. 덧붙이는 말

『논어』풀이 격인 유향의 『설원』을 완역 해설한 『이한우의 설원
(상, 하)』에 이어 『논어』지인지감의 확장판인 『인물지』번역을 마침으
로써 『논어』에 대한 오해를 털어내고 『논어』본령으로 들어갈 수 있
는 길을 확보한 듯해 기쁜 마음 금할 수가 없다. 많은 독자가 이 향연
에 함께할 수 있게 되기를 바란다.

감사의 말을 전할 차례다.

두 분 스승 고(故) 김충렬 선생님과 이기상 선생님께 깊이 감사드

린다. 두 분이 안 계셨으면 20년 넘는 직장생활을 마치고 다시 학문하는 자세를 회복할 수 없었을 것이다.

아내 김동화와 아들 이상훈은 나에게 늘 든든한 버팀목이다.

20년 넘게 많은 경험을 쌓을 수 있게 해주신 조선일보 방상훈 사장님, 2016년 회사를 나온 이후 물심양면으로 지원과 응원을 아끼지 않으시는 LS그룹 구자열 회장님께 이 자리를 빌려 새삼 진심으로 고맙다는 말씀을 드린다.

21세기북스 김영곤 대표는 20년 가까이 필자의 작업을 응원해주었고 이제 함께 성과들을 공유하는 중이다. 늘 감사드린다.

2016년 이후 함께 공부하는 즐거움을 누리고 있는 우리 논어등반학교 대원들께도 진심으로 고맙다는 말을 전한다. 특히 서울숲 양현재 권혜진 대표는 제왕학 프로그램을 개발해 필자의 작업을 현대화하면서도 동시에 이번 작업에도 큰 도움을 주셨다. 감사의 마음을 전한다.

2023년 6월 탄주(灘舟) 이한우(李翰雨)
보심서실(普心書室)에서 쓰다

차례

위(魏)나라 산기상시(散騎常侍) 유소(劉劭) 찬(撰)

양(凉)나라
유림좨주(儒林祭酒) 유병(劉昞)[1] 주(注)

무릇 빼어난 이나 뛰어난 이²의 아름다움 중에서 귀 밝음과 눈 밝음[聰明]³보다 아름다운 것은 없다.【하늘은 해·달·별 삼광(三光)을 통해
총명
자기 모습을 드러내며 사람은 귀 밝음과 눈 밝음을 통해 그 도량을 구한다.】

귀 밝음과 눈 밝음의 귀함 중에서 사람을 알아보는 것[知人]⁴보다
지인
귀한 것은 없다.【글과 수[書計]에 밝은 것은 육예(六藝)⁵ 중 한 가지 기예이고,
서계
사람에 밝은 것은 관리로서의 재주[官材]를 총괄하는 으뜸이다.】
관재

사람을 알아보는 것이 진실로 지혜로우면[智=明] 많은 인재가 각
지 명
자 자기에 맞는 차례(와 지위)를 얻게 되어 수많은 공업(功業)이 일어나
게 된다.

---

1 유병(劉昞)은 북조 북위(北魏) 돈황(敦煌) 사람이다. 젊어서 경학박사 곽우(郭瑀)에게 배
웠다. 나중에 주천(酒泉)에 은거해 주군(州郡)의 부름에 응하지 않았다. 제자로 수업을 들
은 사람이 500여 명에 이르렀다. 서량(西涼) 이고(李暠) 때 유림좨주(儒林祭酒)와 종사중
랑(從事中郎)이 되었다. 얼마 뒤 무이호군(撫夷護軍)으로 옮겼다. 이고가 그를 두고 제갈
량(諸葛亮)이 유비(劉備)를 만난 격이라고 말했다.
북량(北涼) 저거몽손(沮渠蒙遜)이 주천을 평정한 뒤 비서랑(秘書郎)에 임명했고, 저거목
건(沮渠牧犍)이 존경해 국사(國師)로 삼았다. 위태무제(魏太武帝)가 양주(涼州)를 평정한
뒤 낙평왕(樂平王) 종사중랑(從事中郎)에 임명했다. 그해 말 고향 돈황으로 돌아가던 도중
죽었다. 나이 70여 세였다. 저서에 『양서(涼書)』, 『주역주(周易注)』, 『한자주(韓子注)』, 『인
물지주(人物志注)』, 『돈황실록(敦煌實錄)』이 있다.
2 필자는 성(聖)을 빼어남, 현(賢)을 뛰어남으로 옮긴다.
3 총명(聰明)이란 이총목명(耳聰目明)이며 총민명찰(聰敏明察)이다.
4 사람이 뛰어난지 어리석은지, 좋은지 나쁜지를 가려서 알아보는 것이다.
5 고대 중국 교육의 여섯 가지 과목으로 예(禮), 악(樂), 사(射), 어(御), 서(書), 수(數)를 이른
다. 글과 수란 서와 수를 가리킨다.

이 때문에 (『주역』에서) 빼어난 이가 효(爻)와 상(象)을 드러내게 되자 군자와 소인을 구별하는 말이 생겨났다.[6]【군자란 소인의 스승이고 소인이란 군자의 밑천(제자)과도 같다. 스승과 밑천[師資＝師弟]은 서로를 이뤄주는데, 그 유래가 아주 오래되었다.】

(『시경』에 나오는) 시(詩)의 뜻을 풀어내게 되면 풍속과 아정(雅正)[7]의 업이 구별되고【구토(九土)[8]의 풍습이 다르고 오방(五方)의 습속이 다르니, 이 때문에 빼어난 이는 그에 맞는 가르침을 세우되 그 지방을 바꾸지 않고 정교(政敎)를 제정하되 그 풍속을 고치지 않는다.】

(『예기』에 따라) 예를 제정하고 악을 지으면[制禮樂＝制禮作樂][9] 육예(六藝)에 담긴 삼가 오래가는 다움[祗庸之德]을 살피게 된다.【비록 그 지방을 바꾸지 않지만 늘 『시경』과 『예기』를 첫머리로 삼고, 비록 그 풍속을 고치지 않지만 늘 효도와 우애를 근본으로 삼는다.】

몸소 남면(南面)[10]하게 되면 재능이 특출난 사람[俊逸] 중에서 보필할 만한 인재들을 취하게 된다. 이상은 모두 여러 가지 좋은 일을 해내고 공적인 큰일[天功＝大功]을 해내는 요체라 할 것이다.【하늘과도 같은 도리를 몸으로 이어받아 일을 이뤄내야 하니[成物], 그 맡은 바가 지극히 무겁다. 그래서 뛰어난 이를 구하고 유능한 이를 들어 쓰면서도 항상 못 미치면 어떻게 하나 근심하고 걱정한다.】

6　괘보다 효와 상을 말한 것은 양효와 음효 및 그에 해당하는 상을 염두에 둔 표현이다. 일반적으로 양효는 군자, 음효는 소인을 상징하는 것으로 풀어낸다.

7　『시경』은 나라별 풍속을 노래하는 「국풍(國風)」과 「대아(大雅)」 및 「소아(小雅)」로 되어 있다.

8　천하를 가리키는 구주(九州)를 말한다. 뒤에 나오는 오방도 마찬가지다.

9　예를 제정하고 악을 지을 수 있는 것은 천자만의 고유 권한이다.

10　임금은 남면하고 신하는 북면한다.

천공(天功-하늘과도 같은 큰 공로)이 이미 이뤄지고 나면 아울러 명예를 얻게 된다.【충성스러운 신하가 온 힘을 다해 능력을 발휘하게 되면 눈 밝은 임금은 뛰어난 인재를 얻어 베개를 높이 하고 편안할 수 있으니, 위아래가 사랑하고 충성하는데 비방과 헐뜯기가 어디에서 생겨나겠는가?】

이 때문에 요(堯)임금은 극명준덕(克明俊德)[11]이라는 칭송을 얻었고 순(舜)임금은 16명의 인재를 얻어[12] 공업을 이룩했다. (은나라를 세운) 탕왕(湯王)은 신(莘) 땅에서 뛰어난 인재[13]를 발탁해 이름을 얻었고 문왕은 위수(渭水) 가에 있던 노인네[14]를 얻어 귀하게 되었다.

---

11 이는 큰 다움[俊德]을 능히 밝혔다[克明]는 뜻인데, 요임금의 사덕(四德)을 나타내는 말은 아니다. 요임금을 표현하는 사덕은 흠명문사(欽明文思)이다. 이에 대해 송나라 학자 진덕수(眞德秀, 1178~1235년)는 『대학연의』(이한우 옮김, 해냄)에서 이렇게 풀었다. "흠명문사(欽明文思), 즉 '처리하는 일마다 경건으로 임하시며 밝게 처결하시고, 열렬히 애쓰고 깊이 생각했다'라는 것은 요임금의 제왕다움[德]을 말하는 것입니다. 흠(欽)이란 삼가기[敬] 않음이 없다는 뜻이고, 명(明)이란 환하게 밝히지 않음이 없다는 뜻이며, 문(文)이란 (꽃부리) 안에 잠재되어 있던 것을 밖으로 멋지게 드러내 보여주는 것[英華之發見]이고, 사(思)란 뜻하고 생각하는 바가 깊고 멀다는 것입니다"라고 풀어냈다.

12 팔원팔개(八元八愷)를 가리킨다. 팔원팔개란 순임금이 재위 중에 고신씨(高辛氏)의 여덟 아들인 백분(伯奮)·중감(仲堪)·숙헌(叔獻)·계중(季仲)·백호(伯虎)·중웅(仲熊)·숙표(叔豹)·계리(季貍)의 팔원(八元)과 고양씨(高陽氏)의 여덟 아들인 창서(蒼舒)·퇴고(隤敱)·도연(檮戭)·대림(大臨)·방강(尨降)·정견(庭堅)·중용(仲容)·숙달(叔達)의 팔개(八愷) 등 현명한 인재를 선발했던 일을 말한다.

13 재상 이윤(伊尹)을 가리킨다. 이름이 이(伊)고, 윤(尹)은 관직 이름이다. 일명 지(摯)라고도 한다. 노예였다가 유신씨(有莘氏) 딸이 시집갈 때 잉신(媵臣)으로 따라갔다. 탕(湯)왕의 인정을 받아 등용되었다. 하(夏)나라를 멸하고 은나라를 건국하는 데 큰 공을 세웠다. 이로 인해 은나라의 재상이 되었다. 탕왕이 죽은 뒤 외병(外丙)과 중임(仲壬) 두 임금을 보좌했다. 중임이 죽고 뒤를 이어 왕위에 오른 태갑(太甲)이 정사를 돌보지 않고 탕왕의 법을 따르지 않자 그를 동(桐)으로 축출하고 일시 섭정했다. 3년 뒤 태갑이 잘못을 뉘우치자 다시 왕위에 올렸다. 일설에는 태갑이 올라야 함에도 이윤이 찬탈해 자립하면서 태갑을 쫓아냈는데, 7년 뒤 몰래 돌아와 그를 죽였다고 한다.

14 문왕과 무왕을 도와 주나라를 세운 여상(呂尙)을 말한다. 성은 강(姜)이고 이름은 상(尙)이며 자는 자아(子牙)이다. 집 안이 가난해 위수(渭水) 가에서 낚시하다가 문왕(文王)을

이로 말미암아 논하건대 빼어난 이는 자신의 임금다움을 불러일으킴에 있어 누구인들 자신의 귀 밝음과 눈 밝음을 갖고서 사람을 얻는 데 온 노고를 다하고 그들에게 일을 맡겨 부림으로써 평안함을 얻지 않는 자가 있었던가?【(백리해(百里奚)[15]라는) 소를 먹이던 선비를 찾아냈기에 진목(秦穆-진나라 목공)은 서융(西戎)을 제패할 수 있었고 "첫째도 중보(仲父-관중) 덕이요 (둘째도 중보 덕이요)"라고 말했기에 제환(齊桓-제나라 환공)은 제후들을 규합해 패자가 될 수 있었다.】

이 때문에 중니(仲尼-공자)는 등용되지 못하고 자신을 이끌어 높이 올려줄[援升] 자가 없게 되자 (벼슬길을 포기하고서) 오히려 (인물론 혹
<small>원승</small>
은 인재론으로 관심을 돌려) 제자들을 사과(四科)로 나눠 서열을 매기고[16] 그 밖의 많은 인재를 두루[泛=廣] 논해 삼등(三等)[17]으로 변별했다.【다
<small>범 광</small>

만났다. 문왕이 이야기를 나눠보고는 크게 기뻐하면서 "우리 태공이 그대를 기다린 지 오래입니다[吾太公 望子 久矣]"라고 말했다. 그래서 태공망(太公望) 또는 강태공(姜太公), 여망(呂望)이라고도 불린다. 문왕과 무왕(武王)을 도와 은(殷)나라를 치고 주나라를 세운 공으로 제(齊)나라에 봉해졌다. 무왕은 그를 높여 사상보(師尙父)라 했다. 도읍을 영구(榮丘)에 두었는데, 제나라 시조가 되었다. 정치를 잘해 많은 사람이 귀의했다. 주나라에 머물면서 태사(太師)가 되었고, 오후구백(五侯九伯)을 정벌할 권한을 가졌다. 병서(兵書) 『육도(六韜)』는 그가 지은 것이라고 한다.

15 우(虞)나라 출신이다. 백리씨(百里氏)로도 불린다. 일설에는 성이 백(百)씨고 이름은 해(奚)이며 자가 리(里)라고도 한다. 또는 자가 정백(井伯)이라고도 한다. 우나라 대부(大夫)로 있다가 진헌공(晉獻公)이 우나라를 멸망시키자 포로가 되어 진나라에 들어왔다. 진나라가 목희(穆姬)를 진(秦)나라에 시집보낼 때 잉신(媵臣)으로 따라갔다가 초(楚)나라 완(宛)땅으로 달아났다는데, 초나라 사람에게 잡혔다. 진목공(秦穆公)이 소식을 듣고 오고양피(五羖羊皮-검은 양 5마리의 가죽)를 주고 사 와 국정을 맡겼다. 이로 인해 '오고대부(五羖大夫)'로 불렸다. 이때 그의 나이 일흔이었다고 한다. 건숙(蹇叔)을 목공에게 추천하고, 유여(由餘) 등과 함께 목공의 패업 성취를 도왔다. 일설에는 우공(虞公)이 간언을 듣지 않자 진(秦)나라로 갔다고도 하며, 본래 초나라 비인(鄙人)인데 진목공이 현명하다는 말을 듣고 자신을 진나라에 팔아 소를 키우다가 목공 눈에 들었다고도 한다.

움과 행실[德行]을 사과(四科)의 으뜸으로 삼았고, 날 때부터 일의 이치나 사람을 아는 사람[生知]을 삼등의 첫머리로 서술했다. 다움과 덕행을 밝히는 것은 도리와 마땅함으로 들어가는 문이고, 뜻 그리고 기운의 바탕[質志氣]은 재주와 지혜의 뿌리다.】 또 적중해 오래 유지함[中庸]을 찬탄함으로써 빼어난 이의 다움[德]을 정확히 제시했고,【『논어』 「옹야(雍也)」편에 이르기를 "적중해 오래 유지하는[中庸] 다움이 지극하도다. 사람 중에 중용할 줄 아는 사람이 드물어진 지 오래되었다"[18]라고 했고 오직 빼어난 이만이 이에 능하다.】 다움을 높임으로써 요행을 바라는 이들[庶幾 = 徼倖][19]이 이 방향으로 배움에 힘쓰도록 권장했다.【"안씨의 아들(안회)은 거의 도리에 가까웠도다", "석 달 동안이나 어짊에서 떠나지 않는구나!"라고 했으니[20] 이는 곧 다움과 행실의 문을 엿본 것이다. 만약에 지사(志士)나 어진 사람의 매우 뛰어난 본성이 아니고서 한 달이나 하루에 한 번 어짊에 이르는 사람이 어찌 능히 잘 마칠 수 있으랴!】

---

16 『논어』 「선진(先進)」편에 나오는 말이다. 공자가 말했다. "진나라와 채나라에서 나를 따르던 제자들이 모두 다 성문에 이르지는 못했구나! (그동안 나를 따랐던 제자 중에) 덕행에는 안연·민자건·염백우·중궁이요, 언어에는 재아·자공이요, 정사에는 염유·계로요, 문학에는 자유·자하였다."

17 『논어』 「계씨(季氏)」편에 나오는 말이다. 공자가 말했다. "나면서 아는 자[生而知之]는 최고요, 배워서 아는 자[困而學之]는 다음이요, 겪고 나서야 그것을 배우는 자[困而學之]는 그다음이요, 겪고 나서도 배우려 하지 않는 자[困而不學]는 사람으로서 최하가 된다." 맨 마지막은 등급에서 빼버렸다.

18 민선구의(民鮮久矣)를 도치 문장으로 보아 "사람 중에 중용함을 오래 하는 사람이 드물다"로 옮기기도 한다. 그런데 여기서는 "오직 빼어난 이만이 이에 능하다"라고 했으니 그에 맞게 옮겼다.

19 진교초는 『예기』 「중용(中庸)」편에 근거를 두고서 이렇게 옮겼다. "소인은 위험한 일을 행함으로써 요행을 바란다."

20 앞의 인용문은 『주역』 「계사하(繫辭下)」에 나오는 말로 안회를 칭찬한 것이다. 그다음 인용은 『논어』 「옹야(雍也)」편에 나오는 말이다. 공자가 말했다. "안회는 그 마음이 3개월 동안이나 어짊을 어기지 않았고, 그 나머지 제자들은 하루나 한 달에 한 번 어짊에 이를 뿐이다."

육폐(六蔽)[21]를 가르침으로써[訓=誠] 한쪽으로 치우친 인재[偏材]
가 흔히 저지르게 되는 잘못을 경계시켰다.【어짊을 좋아하는 사람은 남
과 사물을 사랑한 나머지 그 폐단(혹은 가려짐)은 물터터진[無斷] 데 있고 신의
를 좋아하는 사람은 열렬함을 드러내느라 그 폐단은 숨기지 못함[無隱]에 있다.
이것이 한쪽으로 치우친 인재들이 흔히 저지르는 잘못이나 허물이다.】 광자(狂
者)[狂放]와 견자(狷者)[狷介]를 생각하게 함으로써[22] 너무 구애되거나
너무 치솟아 오르려는 인재들을 통하게 했다.【어떤 이는 도리와 마땅함
을 향해 지나칠 정도로 나아가고 어떤 이는 자기 몸을 청결하게 할 뿐 의미 있는
일일지라도 결코 하지 않는다. 윗자리에 있는 사람이 이 둘이 각각 능한 바를 순
리대로 잘 발휘하게 해준다면 구애되거나[拘=狷者] 치솟아 오르려는 인재[抗=
狂者]를 아울러 잘 쓸 수 있다.】 정성을 다하지 않는 데다가 신의까지 없
는 자[悾悾而無信][23]를 미워함으로써 겉만 실상과 비슷할 뿐 실은 실

---

21 이는 『논어』 「양화(陽貨)」편에 나오는 말이다. 공자가 말했다. "자로야, 너는 육언(六言)과 그
    에 따른 여섯 가지 폐단에 대해 들어보았느냐?" 이에 자로가 "아직 들어보지 못했습니다"라
    고 답하자 공자가 말했다. "앉거라! 내가 너에게 말해주마. 어짊[仁]을 좋아하기만 하고 (그
    에 필요한) 배움은 좋아하지 않는다면 그 폐단은 어리석게 된다[愚]는 것이다. 사람을 평하
    고 논하기[知]를 좋아하기만 하고 배움은 좋아하지 않는다면 그 폐단은 쓸데없는 데 시간과
    노력을 탕진하는 것[蕩]이 된다. 신의[信]를 좋아하기만 하고 배움을 좋아하지 않는다면 그
    폐단은 잔인해진다는 것[賊=殘]이다. 곧은 것[直]을 좋아하기만 하고 배우기를 좋아하지 않
    으면 그 폐단은 너무 강퍅해진다[絞]는 것이다. 용맹[勇]을 좋아하기만 하고 배우기를 좋아
    하지 않으면 그 폐단은 어지러워진다[亂]는 것이다. 강한 것[剛]을 좋아하기만 하고 배우기
    를 좋아하지 않으면 그 폐단은 경솔하게 된다[狂]는 것이다." 이것이 육언에 따른 육폐.

22 『논어』 「자로(子路)」편에 나오는 말이다. 공자가 말했다. "중도를 행하는 사람을 얻어 함께
    할 수 없다면, 반드시 광자(狂者)나 견자(狷者)와 함께하겠노라! 광자는 진취가 있고 견자
    는 삼가며 하지 않는 바가 있다." 여기서는 광자를 항(抗), 견자를 구(拘)라고 부른다.

23 『논어』 「태백(泰伯)」편에 나오는 말이다. 공자가 말했다. "거만한 데다가 곧지도 못하고, 어
    리석은 데다가 공손하지도 못하고, 정성을 다하지 않는 데다가 신의까지 없다면[狂而不直
    侗而不愿 悾悾而不信] 나는 그런 사람을 (어떻게 판단해야 할지) 알 수가 없다."

28

상과 동떨어진 짓을 하는 자는 보존 받기가 어렵다는 것을 분명히 했다.【후덕한 외모와 깊은 속내를 가진 사람에 대해 빼어난 이는 그 본모습을 알기가 어렵다고 여겼다. 하지만 일단 그가 하는 말을 들어보고서 그가 하는 행동을 살펴본다면 겉으로 아닌 척해도 실상을 숨길 수 없다.】²⁴ 또 (공자가) 말하기를 "그 편안해하는 바를 깊이 들여다보고 왜 그런 말과 행동을 하게 되었는지 연유를 살피라"²⁵고 했으니 이렇게 함으로써 그 사람의 행동거지의 품격[行]을 알 수 있다.【말은 반드시 시작과 끝이 부합되는지를 보고 일을 행하는 것은 반드시 처음을 갖고서 마침을 점검해야 한다. 이렇게 하면 속마음과 겉의 실상을 거칠게나마 살필 수 있다.】

사람을 살필 때는 이처럼 정밀하고 자세해야 한다.【정밀하고 자세하게 살피지 않을 경우 관리의 재목들은 그 차례를 잃게 되어 여러 정사의 일은 엉망이 된다.】

이 때문에 감히 빼어난 이(공자)의 가르침에 의거해 인물들의 차례를 기록해서 빼어난 이가 빠뜨리거나 잊어버린 부분을 보충해 채워 넣고자 했다. 부디 박식한 군자들이여, 그 마땅함[義=宜]²⁶을 잘 새겨

---

24 말을 들어보고서 다시 그 행동을 살피라는 말은 공자가 재아(혹은 재여)로부터 얻어낸 교훈이다. 『논어』 「공야장(公冶長)」편이다. 재여가 낮잠을 자자 공자가 말했다. "썩은 나무는 조각할 수 없고, 거름흙으로 쌓은 담장은 손질할 수가 없다. 내 재여에 대해 꾸짖을 것이 있겠는가?" 또 말했다. "내가 원래는 사람에 대해 그의 말을 듣고 나서 그의 행실을 믿었는데, 지금 나는 사람에 대해 그의 말을 듣고 나면 다시 그의 행실을 살펴보게 되었으니, 나는 재여로 인해 이렇게 고치게 되었다."

25 『논어』 「위정(爲政)」편에 나오는 공자 말의 일부이다. "(사람을 알고 싶을 경우) 먼저 그 사람이 행하는 바를 잘 보고, 이어 그렇게 하는 까닭이나 이유를 잘 살피며, 그 사람이 편안해하는 것을 꼼꼼히 들여다본다면 사람들이 어찌 그 자신을 숨기겠는가? 사람들이 어찌 그 자신을 숨기겠는가?"

26 반고의 『한서』 「공손홍전(公孫弘傳)」에서 이렇게 말했다. "옳고 그름을 밝히고 가한 일과 불가한 일을 판별하는 것을 일러 마땅함이라고 한다."

가며 읽어주기를 바란다.

夫 聖賢之所美 莫美乎聰明【天以三光著其象 人以聰明求其度】; 聰明之
부 성현 지소미 막미호 총명 천이 삼광 저 기상 인이 총명 구 기도　총명 지

所貴 莫貴乎知人【聰於書計者, 六藝之一術; 明於人物者 官材之總司】知人誠
소귀 막 귀호 지인 총어 서계자 육예 지일술 명어 인물 자 관재 시총사　지인 성

智 則衆材得其序 而庶績之業興矣.
지 즉 중재 득 기서 이 서적 지업 흥의

是以 聖人著爻象 則立君子小人之辭【君子者小人之師, 小人者君子之資
시이 성인 저 효상 즉입 군자 소인 지사 군자자 소인 지사 소인자 군자 지자

師資[=師弟]相成 其來尙矣】. 敍詩志 則別風俗雅正之業【九土殊風 五方異俗
사자 사제 상성 기래 상의 서 시지 즉별 풍속 아정 지업 구토 수풍 오방 이속

是以 聖人立其教不易其方 制其政不改其俗; 制禮樂 則考六藝祗庸之德【雖
시이 성인 입 기교 불역 기방 제 기정 불개 기속 제 예악 즉고 육예 지용 지덕 수

不易其方, 常以詩禮爲首; 雖不改其俗, 常以孝友爲本】; 躬南面, 則援俊逸輔相
불역 기방 상이 시예 위수 수 불개 기속 상이 효우 위본　궁 남면 즉원 준일 보상

之材. 皆所以達衆善而成天功也【繼天成物, 其任至重 故 求賢 常若不及】
지재 개 소이 달 중선 이성 천공 야 계천 성물 기임 지중 고 구현 상약 불급

天功旣成功 則並受名譽【忠臣竭力而效能 明君得賢而高枕 上下忠愛 謗毁
천공 기성 공 즉 병수 명예 충신 갈력 이 효능 명군 득현 이 고침 상하 충애 방훼

何從[=何由]生哉】. 是以 堯以克明俊德僞稱 舜以登庸[=登用]二八爲功;
하종 하유 생재 시이 요이 극명준덕 위칭 순이 등용 등용 이팔 위공

湯以拔有莘之賢爲名 文王以舉渭濱之爲貴.
탕 이 발 유신 지현 위명 문왕 이거 위빈 지 위귀

由此論之 聖人興德 孰不勞聰明於求人 獲安逸於任使者哉【朶士飯牛
유차 논지 성인 흥덕 숙 불로 총명 어 구인 획 안일 어 임사 자재 채사 반우

秦穆所以霸西戎; 一則仲父 齊桓所以成九合[=糾合]】? 是故 仲尼不試 無
진목 소이 패 서융 일즉 중보 제환 소이 성 구합 규합　시고 중니 불시 무

所援升 猶序門人以爲四科 泛論衆材以辨三等【舉德行爲四科之首舉 叙
소원승 유서 문인 이위 사과 범론 중재 이변 삼등 거 덕행 위 사과 지수 거 서

生知爲三等之上; 明德行者道義之門 質志氣者材智之根也明】又歎中庸以殊
생지 위 삼등 지상 명 덕행 자 도의 지문 질 지기 자 재지 지근 야명　우 탄 중용 이수

聖人之德【中庸之德 其至矣乎 人鮮久矣 唯聖人能之也】尙德[=上德]以勸庶幾
성인 지덕 중용 지덕 기 지의 호 인선 구의 유 성인 능지 야 상덕 상덕 이권 서기

之論【顏氏之子 其殆庶幾乎! 三月不違仁 乃窺德行之門. 若非志士仁人希邁之性
지론 안씨 지자 기태 서기 호 삼월 불위인 내규 덕행 지문 약비 지사 인인 희매 지성

日月至焉者 豈能終之】. 訓六蔽[=弊]以戒偏材之失【仁者愛物 蔽在無斷; 信者
일월 지언 자 기능 종지 훈 육폐 폐 이계 편재 지실 인자 애물 폐재 무단 신자

露誠 蔽在無隱. 此偏材之常失也】思狂狷以通之材【或進趨於道義 或 潔己而
노성 폐재 무은 차 편재 지 상실 야 사 광견 이통 지재 혹 진추 어 도의 혹 결기 이

無爲. 在上者兩順其所能 則拘抗並用】疾悾悾而無信 以明爲似之難保【厚貌
무위 재상자 양순 기 소능 즉 구항 병용 질 공공 이 무신 이명 위사 지 난보 후모

深情 聖人難之 聽其言而觀其所爲[=所行] 則似託不得逃矣. 又曰察其所安
심정 성인 난지 청 기언 이관 기 소위 소행 즉 사탁 부득 도의　우왈 찰기 소안

觀其所由 以知居止[=日常擧止]之行=品格]【言必契始以要終 行必道初以
관기 소유 이지 거지 일상 거지 지행 품격 언필 결시 이요종 행필 도초 이

30

求卒 則中外之情粗可觀矣】. 人物之察也 如此其詳【不詳察則官材失其序 而
구졸 즉 중외 지정조가관 의   인물 지 찰 야   여차 기상 불 상찰 즉 관재 실 기서 이

庶政之業荒矣】. 是以 敢依聖訓 志序人物 庶以補綴遺忘. 惟博識君子
서정 지 업 황의   시이 감의 성훈 지서 인물 서이 보철 유망   유 박식 군자

裁覽其義焉.
재람 기의 언

제 1 장

아홉 가지 징후

구징 제1(九徵第一)

대개 인물의 본모습은 정과 본성[情性]에서 나온다[出=生].【본성과 바탕은 자연으로부터 내려받는 것이고, 정의 달라짐은 물들거나 익힘에서 비롯된다. 이 때문에 사람을 살펴보고 일과 사물을 살필 때는 마땅히 그 본성과 바탕을 찾아내야 하는 것이다.】 정과 본성의 이치[1]는 매우 미묘하고 심오하다. 빼어난 이[聖人][2]의 통찰이 아니고서 그 누가 능히 정과 본성을 궁구하랴!【(이치에 대한) 앎이란 형체나 모양이 없기 때문에 일반인은 눈으로 볼 수가 없고 오직 빼어난 이라야 눈으로 보고서 훤하게 밝힐 수 있다.】

무릇 혈기를 가진 자[3]라면 원기(元氣)를 간직해 한결같이 그것을 바탕으로 삼지 않는 경우가 없고【(그래서) 바탕에까지 이르지 않으면 추위와 더위를 건널 수 없고 사계절을 거칠 수 없다.】 음과 양의 기운을 내려받아 본성을 세우며【본성은 음과 양을 밑천으로 삼기 때문에 굳셈과 부드러움의 뜻이 나뉘게 된다.】[4] 오행(五行)을 체화해 형체를 드러낸다.【(예를 들면) 뼈는 강하고 근육은 부드러운데 모두 쇠와 나무로부터 정을 내려받은 것이다.】 만일 형체와 바탕이 있다면 오히려 거기로 나아가[卽=就] 그 실상을 찾아낼 수 있을 것이다.【기색(氣色)으로부터 밖으로 형체가 드러나게 되니, 그

---

1 『순자』「정명(正名)」편에 본성과 정에 대해 이런 정의가 나온다. "날 때부터 본래 그러한 것을 일러 본성이라 하고 본성이 좋아하고 미워하고 기뻐하고 화내고 슬퍼하고 즐거워하는 것을 일러 정이라 한다."

2 『대대례기』에서 공자가 말했다. "이른바 빼어난 이란 앎이 큰 도리에 통하고 변화에 응하면서 끝이 없고 만물만사의 실상을 능히 잴 수 있는 사람이다."

3 사람을 가리킨다.

4 굳센 본성과 부드러운 본성의 나뉨을 말하는 것이다.

때문에 사람을 살피는 자는 그 정의 본모습[素=素質]을 알아낼 수가 있다.】
　　　　　　　　　　　　　　　　　　　　　　　　소　소질

蓋 人物之本 出乎情性【性質稟之自然 情變由於染習. 是以 觀人察物 當尋其
개 인물 지 본 출호 정성　성질 품지 자연　정변 유어 염습　시이 관인 찰물 당심 기

性質也】. 情性之理 甚微而玄; 非聖人察 其孰能究之哉【知無形狀 故 常人
성질 야　　정성 지 리 심 미이현　비 성인 찰 기 숙능 구지 재 지무 형상 고 상인

不能覩 惟聖人目擊而照之】.
불능 도 유 성인 목격 이 조지

凡有血氣者 莫不含元一以爲質【質不至則不能涉寒暑 歷四時】稟陰陽以
범 유혈기자　막불 함원 일이 위질　질부지 즉 불능 섭 한서 역 사시　품 음양 이

立性【性資於陰陽 故 剛柔之別矣】體五行而著形【骨勁筋柔 皆稟情於金木】.
입성 성 자어 음양 고 강유 지 별의　체 오행 이 저형　골경 근유 개 품정 어 금목

苟有形質 猶可卽而求之【由氣色外著 故 相者得其情素也】.
구유 형질 유 가 즉 이 구지　유 기색 외저 고 상자 득 기정 소 야

무릇 사람의 바탕과 도량[質量]은 중화(中和)를 가장 귀하게 여긴
　　　　　　　　　　　　질량
다.【바탕이 흴 때라야 다양한 채색을 받아들일 수 있고[5] 미각이 달아야 조화로
움을 받아들일 수 있다. 중화란 온갖 일을 행함의 근본이며 사람의 정의 훌륭한
밭이다.】 중화라는 바탕은 반드시 평담(平淡)[6]해 무미(無味)하다.【오직
싱거울[淡] 때라야 다섯 가지 맛이 조화로움을 얻을 수 있다. 쓴 경우에는 능히
　　　　담
단맛을 알 수가 없고 신 경우에는 짠맛을 알 수가 없다.】 그래서 능히 다섯 재
질[五材-수·금·목·화·토][7]을 조화시켜 변화를 이뤄내고 마땅히 절도
오재

5　이는 『논어』 「팔일(八佾)」편에 나오는 회사후소(繪事後素)와 그대로 통한다. 자하가 물었
　　다. "예쁜 웃음에 보조개가 뚜렷하고 아름다운 눈에 눈동자가 선명하도다. 하얀 본바탕에
　　화려한 꾸밈이 가해져 더욱 빛나는구나!'라는 시는 무슨 뜻입니까?"
　　공자가 말했다. "그림 그리는 일은 흰 비단을 마련한 후에 이뤄진다[繪事後素]."
　　　　　　　　　　　　　　　　　　　　　　　　　　　　　　　회사후소
　　자하가 말했다. "예가 (인이나 충신보다는) 뒤에 있겠군요."
　　공자가 말했다. "나를 흥기시키는 자는 자하이구나! 이제 비로소 너와 더불어 시를 논할
　　수 있겠다."
6　평이담백(平易淡白)하다는 말이다.
7　흔히 사람의 다섯 재질로 인(仁)·지(知)·용(勇)·충(忠)·신(信)을 든다.

36

있게 한다.【평담해 한쪽으로 치우치지 않아야[無偏=無僻] 뭇 인재들이 반드
시 찾아오게 되고, 일을 할 때는 마땅함이 있어야 달라짐을 통하게 하는 것[通變
=事]⁸에 있어 막힘이 없다.】 이 때문에 사람을 살펴볼 때는 바탕을 꿰뚫
어 보아야 하는데, 이때는 반드시 먼저 그가 평담한지를 살핀 다음에
그가 귀 밝고 눈 밝은지[聰明]를 찾아내야 한다.【기록(驥騄)과 같은 준마
에 비유하자면, 설사 그 말이 제아무리 뛰어나고 잘 달려도 만약에 기운과 본성
이 조화를 이루지 못하면 반드시 말과 수레를 잇는 가로막대가 부서져 머리가 깨
지고 가슴을 다치는 재앙이 있게 된다.】

凡人之質量 中和最貴矣【質白受采 味甘受和. 中和者百行之根本 人情之良田
也】. 中和之質 必平淡無味【惟淡也 故 五味得和焉. 若苦 則不能甘矣 若酸也
則不能鹹矣; 故 能調成五材 變化應節【平淡無偏 群材必御; 致用有宜 通變
無滯】. 是故 觀人察質 必先察其平淡 而後求其聰明【譬之驥騄 雖超逸絕群
若氣性不和 必有碎首決胸之禍也】.

귀 밝고 눈 밝음이란 음과 양의 정수(精髓)다.【이괘(離卦, ☲)는 눈이고
감괘(坎卦, ☵)는 귀이니 보고 듣는 것은 그로부터 말미암는다.】⁹ 음과 양이 맑
고 조화를 이뤄야 안은 슬기롭고 밖은 눈 밝을 수 있다[中睿外明]. 빼어

---

8   공자는 『주역』 계사전(繫辭傳)에서 일[事]을 정의하기를 "그 달라짐을 통하게 하는 것
    [通其變]"이라고 했다.
9   『주역』 「설괘전(說卦傳)」에 따르면 8괘를 사람 몸에 비유할 때 건괘(乾卦, ☰)는 머리, 곤괘
    (坤卦, ☷)는 배, 진괘(震卦, ☳)는 발, 손괘(巽卦, ☴)는 넓적다리, 감괘(坎卦, ☵)는 귀, 이괘(離
    卦, ☲)는 눈, 간괘(艮卦, ☶)는 손, 태괘(兌卦, ☱)는 입이다. 이괘는 남방의 괘이니 보는 것을
    주관하므로 눈이 된 것이고, 감괘는 북방의 괘이니 듣는 것을 주관하므로 귀가 된 것이다.

난 이는 크고 밝아서[淳耀=大耀=大明] 능히 이 두 가지 아름다움[10]을
순요 대요 대명
겸할 수 있다. 은미한 것(혹은 기미)도 알아내고[知微] 널리 드러난 것도
지미
알아내는[知章] 것[11]【눈과 귀를 겸해서 살펴보아 그윽한 곳과 통하고 은미한 것
지장
에 이르러 관리의 재능을 가진 자들에게 그에 맞는 방향을 제시해줌으로써[授方]
수방
인재를 들어 씀에 있어 놓치거나 잃어버리는 일이 없다.】은 스스로 빼어난 이
가 아니고서는 이 둘을 함께 해낼 수 없다.【설사 눈으로 얻었다고 하더라도
혹 귀로는 잃을 수가 있다.】

그래서 아주 뚜렷하고 환한 자[明白之士][12]는 움직임의 기틀
명백지사
[動之機]에는 통달하지만 그윽한 이치나 기틀[玄機]에는 어둡다.【내달
동지기   현기
리는 것[進趨]에 통달하되 머물러 고요한 것[止靜]에 어둡다. 그런 마음으로 내
진추   지정
달리게 되면 일을 빨리하려다가 병통(病痛)에 이르게 되고 그런 마음으로 깊이
생각을 하게 되면 반대 주장만 내세우며 그 속으로 들어가지 못한다.】

(반면에) 아주 그윽하고 사려가 많은 자[玄慮之人]는 고요함의 근
현려지인

---

10 안은 슬기롭고 밖은 눈 밝은 것을 말한다.

11 은미한 것을 알아내는 것이 눈 밝음[明]이고 널리 드러난 것을 알아내는 것이 귀 밝음[聰]
                               명   총
    이다. 널리 드러났지만 내 시야에는 없으니 결국 그것은 귀를 통해 간접적으로 들을 수밖
    에 없다. 『주역』「계사하(繫辭下)」에서 공자는 지미(知微)·지장(知章)과 관련해서 이렇게
    말했다. "기미나 조짐을 안다[知幾]는 것은 아마도 신묘하다[神]고 할 수 있으리라! 군자
                                   지기   신
    는 위와 사귐에 있어 아첨하지 않고[不諂] 아래와 사귐에 있어 함부로 하지 않으니[不瀆]
                               불첨   부독
    (註-위와 아래에 대해 늘 이런 마음을 갖고 있는 사람이라야 기미를 잘 읽어낼 수 있다) 아마도
    (이렇게 처신하기 때문에) 기미나 조짐을 안다고 할 수 있을 것이다. 기미나 조짐[幾=幾微]이
                                                                        기   기미
    란 (일을 하기 위해) 움직임에 있어서의 은미함[微=隱微]이자 길함(이나 흉함)이 먼저 나타
                                    미   은미
    나는 것이다. 군자는 기미를 보고서 일어나지[作=去] 하루를 마칠 때까지[終日] 기다리지
                                        작 거   종일
    않는다. 역(易)에 이르기를 '절개가 돌과 같아 하루도 되지 않아 (단호하게) 행동하니 반듯
    하고 길하다[介于石 不終日 貞吉]'라고 했다. 단연코 알 수 있다. 군자는 기미를 알고[知微]
              개 우석   부 종일 정길   지미
    훤히 드러나 있는 것을 알며[知彰] 부드러움을 알고[知柔] 굳셈을 알고 있으니[知剛], 모든
                        지창   지유   지강
    장부[萬夫]가 우러러본다."
        만부

12 외부 일에 통달한 사람을 말한다.

38

원[靜之原]은 훤히 알지만[識=審] 빠르고 민첩하게 대처해야 할 일에
서는 곤란을 겪는다.【성품이 안정되면 잠기어 말이 없지만, 앎이 임기응변하
기에 모자란다. 그런 마음으로 한가롭게 고요히 있으면 그윽하고 은미한 도리가
잘 이해되지만, 그런 마음으로 세상을 구제하려 하면 강하고 날래기는 해도 제대
로 이루는 바가 없다.】

이는 마치 불빛과 햇빛은 바깥을 비추지만 안은 드러낼 수 없고
쇠와 물[13]은 안으로 물체를 비춰주지만 (스스로를) 밖으로 빛낼 수 없
는 것과 같다.【사람은 각기 능력을 갖고 있고 외부의 일과 사물은 각기 성질을
갖고 있다. 이 때문에 빼어난 임금은 명백한 자에게는 내달리는 일을 맡기고 자
기를 지키며 이루려는 자에게는 그윽하게 생각하는 일을 맡긴다. 그런 다음이라
야 움직임과 멈춤[動止=動靜]이 절도를 얻게 되고 출처(出處)는 마땅함에 호응
하게 된다.】

이 둘의 도리가 같지 않음은 대개 음과 양의 차이에서 온다고 할
수 있다.【양은 움직임이고 음은 고요함이니, 이는 곧 하늘과 땅의 정해진 성질이
다. 하물며 사람과 사물임에랴!】[14]

聰明者 陰陽之精【離目坎耳 視聽之所由也】. 陰陽淸和 則中睿外明; 聖人
淳耀 能兼二美. 知微知章【耳目兼察 通幽達微 官材授方 擧無遺失】自非

---

13 고대 중국에서는 불이나 해는 양, 쇠나 물은 음이라고 보았다.

14 『논어』 「옹야(雍也)」편에 나오는 다음 구절을 음미할 필요가 있다. 공자가 말했다. "(어진
사람을 알아볼 줄) 아는 사람은 물을 좋아하고 어진 사람은 산을 좋아한다. (어진 사람을 알
아볼 줄) 아는 사람은 움직이고 어진 사람은 맑고 고요하다. (어진 사람을 알아볼 줄) 아는
사람은 즐거워할 줄 알고 어진 사람은 오래간다[知者樂水 仁者樂山 知者動 仁者靜 知者樂
仁者壽]."

聖人 莫能兩遂【雖得之於目 或失之於耳】. 故 明白之士 達動之機 而暗於
성인　막능 양수　수 득지 어목 혹 실지 어이　　고　명백 지사 달 동지기　이 암어

玄機【達於進趨 而暗於止靜 以之進趨 則欲速而成疾; 以之深慮 則抗奪而不入
현기　달어 진추 이 암어 지정 이지 진추　즉 욕속 이 성질　이지 심려　즉 항탈 이 불입

也】; 玄慮之人 識靜之原 而困於速捷【性安沈默 而智乏應機 以之閑靜 則
야　　현려 지인 식 정지원　이 곤어 속첩 성안 침묵 이 지핍 응기 이지 한정　즉

玄微之道捴; 以之濟世 則勁捷而無成】. 猶火日外照 不能內見; 金水內映
현미 지도 구　이지 제세　즉 경첩 이 무성　유 화일 외조 불능 내견　금수 내영

不能外光【人各有能 物各有性 是以 聖人任明白以進趨 委守成於玄慮 然後動止
불능 외광 인각 유능 물각 유성 시이 성인 임 명백 이 진추 위 수성 어 현려 연후 동지

得節 出處應宜矣】. 二者之義 蓋陰陽之別也【陽動 陰靜 乃天地之定性 況人物
득절 출처 응의 의　이자 지의 개 음양 지별 야 양동 음정 내 천지 지정성 황 인물

乎】.
호

만약에 사람의 재주와 바탕을 헤아리려 한다면 다섯 사물[五物][15]
　　　　　　　　　　　　　　　　　　　　　　　　　　　오물
에서 살펴보아야 한다. 다섯 사물의 징후는 또한 각각 그에 해당하는
물체에서 드러난다.【(예를 들면) 근육이 한창일[勇=旺盛] 때 색은 청색이고
　　　　　　　　　　　　　　　　　　　　용　왕성
피가 한창일 때 색은 붉은색인데, 이는 속에서 움직이면 겉으로 형체화하는 것이
니 어찌 숨길 수가 있겠는가!】

　　그것을 사람 몸으로 보자면 목(木)은 뼈이고 금(金)은 근육이며
화(火)는 기운이고 토(土)는 살이며 수(水)는 피이니, 이 다섯 가지가
다섯 사물의 상징[象]이다.【다섯 가지 본성은 형체를 이루는 도구이니 다
　　　　　　　상
섯 사물에게는 어머니가 된다. 그래서 기색(氣色)은 그로부터 나와서 갖춰진다.】
다섯 사물은 각기 실질이 있어 각자 이뤄내야 할 바[所濟=所成]가 있
　　　　　　　　　　　　　　　　　　　　　　　소제　소성
다.【다섯 가지 본성은 서로 같지가 않고 각기 (하늘로부터) 내려받은 바가 있다.
어느 한 본성이 많게 되면 쏠리거나 기울어지는 성향[偏性]이 생겨난다.】
　　　　　　　　　　　　　　　　　　　　　　　편성
　　이 때문에
　　뼈가 꼿꼿하면서도 부드러운 자[植而柔=正直且柔順]를 일러 도량
　　　　　　　　　　　　　　　식이유　정직 차 유순

15　뼈·근육·기운·살·피의 다섯 가지를 말한다.

이 넓고 과단성이 있다[弘毅][16]라고 하는데, 홍의(弘毅)는 어짊의 바탕
[仁之質]이다.【나무[木][17]는 그늘을 드리우니, 어짊의 바탕이 된다. 바탕이 넓고
굳세지 않으면 어짊을 이뤄낼 수가 없다.】[18]

기운이 맑으면서 또랑또랑한 자[淸而朗=純潔且明朗]를 일러 애쓰
는 이치[文理]를 잘 안다라고 하는데, 문리(文理)는 일을 다스림의 근
본[禮之本][19]이다.【불[火][20]은 환히 비춰 살피니 일을 다스림의 근본이 된다. 근
본에 애쓰는 이치가 없으면 일의 이치는 이뤄지지 않는다.】[21]

몸이 반듯하고 꽉 찬 자[端而實=端莊且健壯]를 일러 반듯하고 굳
다[貞固][22]라고 하는데, 정고(貞固)는 믿음의 터[信之基]다.【흙이나 땅
[土][23]은 반드시 생기(生起)를 토해내니, 믿음의 터가 된다. 터가 반듯하고 굳지
않으면 믿음은 이뤄지지 않는다.】

근육이 강하고 정밀한 자[勁而精=强勁且專精]를 일러 용기 있고 과

---

16 꼿꼿함은 굳셈과, 부드러움은 도량이 넓음과 서로 조응한다.

17 목은 어짊, 동쪽, 봄, 청색 그리고 음악에서는 각(角)이다.

18 『논어』「태백(泰伯)」편에 나오는 다음 구절을 음미할 필요가 있다. "증자가 말했다. '선비는
    도량이 넓고 과단성이 있지[弘毅] 않으면 안 되니, 맡은 바가 무겁고 가야 할 길이 멀기 때
    문이다. 어짊을 자신의 맡은 바로 삼으니 실로 무겁지 않겠는가? (그 길은) 죽은 뒤에라야
    끝나니 실로 멀지 않겠는가?'" 정확히 어짊의 문맥이다.

19 공자는 『예기』에서 예(禮)를 일을 다스림[治事]이라고 했다.

20 화는 일의 이치, 보는 것, 남쪽, 적색 그리고 음악에서는 치(徵)다.

21 문리(文理)를 살피는 차원에서 다루는 말은 『중용』에 나온다. "능히 애쓰는 이치를 잘 알
    아서 아주 치밀하고 샅샅이 살펴 족히 '사리 분별력'이 있게 된다[文理密察 足以有別也]."
    여기서 보듯 문리는 일을 살피는 실마리다.

22 『주역』에서 빈번하게 등장하는데, 바른 도리[正道]를 견고하게 잡아 쥔다는 뜻이다.

23 흔히 신(信)은 토(土)가 아니라 수(水)에 할당된다. 유병의 주석은 수와 토가 바뀌어 있다.
    일단 기존 오행설에 따라 풀이한다. 수는 믿음, 듣는 것, 북쪽, 흑색 그리고 음악에서는 궁
    (宮)이다.

감하다[勇敢]라고 하는데, 용감(勇敢)은 마땅함이 터지는 곳[義之決]이다.【쇠[金]²⁴는 무엇이든지 끊고 잘라낼 수 있으니, 마땅함이 터지는 곳이 된다. 터지는 것이 용기 있고 과감하지 않으면 마땅함은 이뤄지지 않는다.】²⁵

낯빛이 평온하면서 쫙 펴져 있는 자[平而暢=平和且舒暢]를 일러 은미함에 정통하다[通微]라고 하는데, 통미(通微)는 앎의 원천[智之原]이다.【물[水]²⁶은 흘러 막힌 곳을 터주고 구석구석까지 도달하니, 앎의 원천이 된다. 원천이 은미함에 정통하지 않으면 앎은 이뤄지지 않는다.】

이런 다섯 가지 바탕[五質]은 오래가는 성품이나 본성[恒性=常性]이니, 그래서 이를 일러 오상(五常)²⁷이라고 한다.

若量其材質 稽諸五物; 五物之徵 亦各著於厥體矣【筋勇色靑 血勇色赤 中動外形 豈可匿也】.其在體也; 木骨 金筋 · 火氣 · 土肌 · 水血, 五物之象也【五性者 成形之具 五物爲母 故 氣色縱之而具.】五物之實 各有所濟【五性 不同 各有所稟 性多者 則偏性生也.】. 是故:

骨植而柔者謂之弘毅; 弘毅也者 仁之質 也【木則垂蔭 爲仁之質; 質不弘毅 不能成仁.】.

氣淸而朗者謂之文理; 文理也者 禮之本也【火則照察 爲禮之本; 本無文理 不能成禮.】.

---

24 금은 마땅함, 말하는 것, 서쪽, 흰색 그리고 음악에서는 상(商)이다.

25 『논어』 「위정(爲政)」편에 나오는 공자 말이다. "마땅함을 보고서도 행동하지 않는다면[見義不爲] 용기가 없는 것이다."

26 여기서는 토를 살펴봐야 한다. 토는 앎, 생각하는 것, 가운데, 황색 그리고 음악에서는 우(羽)이다.

27 인의예지신(仁義禮智信)을 말한다.

體端而實者謂之貞固; 貞固也者 信之基也【土必吐生 爲信之基; 基不貞固
체 단이실 자 위지 정고　　정고 야자　신지기 야　토필 토생 위 신지기　기 불 정고

不能成信.】.
불능 성신

筋勁而精者謂之勇敢; 勇敢也者 義之決也【金能斷割 爲義之決; 決不勇敢
근 경이정 자 위지 용감　　용감 야자　의지결 야　금능 단할 위 의지결　결 불 용감

不能成義.】.
불능 성의

色平而暢者謂之通微; 通微也者 智之原也【水流疏達 爲智之原; 原不通微
색 평이창 자 위지 통미　　통미 야자　지지원 야　수류 소달 위 지지원　원 불 통미

不能成智.】.
불능 성지

五質恒性 故 謂之五常矣.
오질 항성 고 위지 오상 의

오상(五常)의 나뉨은 다섯 가지 다움[五德]으로 열거할 수 있다.[28]
　　　　　　　　　　　　　　　　오덕

이 때문에

---

28 다섯 가지 다움을 읽기에 앞서 먼저 『서경』 「우서(虞書) 고요모(皐陶謨)」편에 나오는 다음
내용을 숙지하면 크게 도움이 된다. 고요가 말한 아홉 가지 다움[九德]을 재구성한 것이
　　　　　　　　　　　　　　　　　　　　　　　　　　　　　　　　　　　　　구덕
바로 여기에 나오는 다섯 가지 다움이기 때문이다.

고요가 말했다. "훌륭하십니다. 행실에는 모두 아홉 가지 다움[九德]이 있습니다. 어떤 사
람이 가진 다움을 총괄해서 말할 때 이는 곧 그 사람이 구체적으로 어떤 어떤 일을 행했다
고 말하는 것입니다." 우왕이 물었다. "그 아홉 가지라는 게 무엇이냐?"

이에 고요가 답했다.

"너그러우면서 엄정하고[寬而栗], 부드러우면서 꼿꼿하고[柔而立], 삼가면서 공손히 하고
　　　　　　　　　　　　관이율　　　　　　　　　유이립
[愿而恭], 다스리는 능력이 뛰어나면서 경외하는 마음을 잃지 않고[亂而敬], 순하면서 과
원이공　　　　　　　　　　　　　　　　　　　　　　　　난이경
단성이 있고[擾而毅], 곧으면서 온화하고[直而溫], 털털하면서 깐깐하고[簡而廉], 굳세면서
　　　　　요이의　　　　　　직이온　　　　　　　간이렴
독실하고[剛而塞], 힘이 세면서도 의리에 맞게 행동하는 것[彊而義]입니다. 이 같은 다움
　　　　　강이색　　　　　　　　　　　　　　　　　강이의
이 오랫동안 이어지는 사람을 드러내어 쓴다면 길할 것입니다."

(또 고요가 말했다.)

"날마다 세 가지 다움을 펴서 밤낮없이 자기 집 안을 밝게 다스리시고, 날마다 여섯 가지
다움을 삼가 빈틈없이 공경하고 받들어 자기 나라를 공정하게 다스리셔야 합니다. 그리고
여러 분야에서 널리 인재를 구해 받아들이시고, 적재적소에 그에 맞는 인재들을 나눠 배
치해 백성을 향한 올바른 정책을 베풀도록 하셔야 합니다. 이렇게 하면 아홉 가지 다움 중
에서 한두 가지라도 갖춘 사람들이 모두 공직에 종사하게 되어, 재주와 지혜가 빼어난 인
물들이 자리에 있게 되고 모든 관리가 서로를 스승으로 삼을 것이며 모든 장인이 때에 맞
춰 세상의 순리를 따르니 모든 공업(功業)이 마침내 이뤄지게 될 것입니다."

온화하면서 곧고 순하면서 과단성이 있는 것[溫直而擾毅]²⁹은 나
무의 다움이다.【온화하기만 하고 곧지 못하면 나약하고[懦], 순하기만 하고 굳
세지 못하면 (모난 데가 없어) 비굴하다[剉].】

군세면서도 독실하고 도량이 넓으면서 과단성이 있는 것[剛塞而
弘毅]³⁰은 쇠의 다움이다.【군세기만 하고 내실이 채워지지 않으면 잔인해지고
[決], 도량이 넓되 과단성이 없으면 이지러진다[缺].】

삼가면서 공손히 하고 다스리는 능력이 뛰어나면서 삼가는 마음
을 잃지 않는 것[愿恭而理敬=亂敬]³¹은 물의 다움이다.【삼가되 공손히 하
지 않으면 도리에서 벗어나게 되고[悖], 다스리되 삼가는 마음이 없으면 어지러
워진다[亂].】

너그러우면서 엄정하고 부드러우면서 꼿꼿한 것[官栗而柔立]은 흙
이나 땅의 다움이다.【너그럽되 엄정하지 못하면 업신여김을 당하게 되고[慢],
부드럽기만 하고 꼿꼿함이 뒷받침되지 않으면 산만하게 흩어진다[散]³².】

털털하면서 사방으로 퍼져 있고 밝으면서 경계심을 풀지 않는 것
[簡暢而明]³³은 불의 다움이다.【털털하기만 하고 사방으로 퍼져 있지 않으면
막히게 되고[滯=凝], 밝기는 한데 경계심을 풀어버리면 가려지게 된다[翳=蔽].】

---

29 진교초는 이를 온유하고 정직하면서 능히 순리에 따라 일을 이뤄내는 것이라고 풀이했다.

30 색(塞)은 충(充)이나 실(實)과 같은 뜻으로 '꽉 차다'라는 뜻이다. 진교초는 고요의 구덕론
    에 입각해 홍의(弘毅)는 강의(彊義)가 되어야 한다고 했다.

31 여기서 이(理)와 난(亂)은 모두 '다스리다[治]'라는 뜻이다. 삼가는 것[愿=敬]은 내면이고
    공손함은 외면이다.

32 존중을 받지 못하게 된다는 말이다.

33 간(簡)은 좋은 의미로는 '털털하다', '대범하다', '일을 쉽게 쉽게 하다'라는 뜻이 있고 나쁜
    의미로는 '덜렁덜렁하다', '대충대충하다'라는 뜻이 있다. 진교초는 폄(砭)은 염(廉)이 되어
    야 한다고 했다.

비록 형체의 달라짐은 끝이 없겠지만 여전히 이 다섯 가지 바탕

[五質]에 의존하게 된다.【인정(人情)이란 만 가지 변화를 일으켜 이루 다 끝까
　　오질

지 셀 수는 없겠지만, 물길의 흐름은 결국 (거슬러 올라가면) 수원(水源)에 이르

게 되듯이 늘 이 다섯 가지에 달렸다.】

　　그래서 그 강유(剛柔), 명창(明暢), 정고(貞固)함의 징후는 형체의

모습에서 드러나고 목소리와 낯빛에서 드러나며 정취나 기분[情味]으
　　　　　　　　　　　　　　　　　　　　　　　　　　　　　　　　정미

로 발현되니, 각기 드러난 모습[象]34과 같게 된다.【자연의 이치란 신묘하
　　　　　　　　　　　　　　상

게 형색을 움직인다. 그래서 실로 마음 안에서 작용이 일어나면 다움의 광채가

밖으로 (정확히 반영되어) 빛나게 된다.】

五常之別 列爲五德. 是故:
오상 지 별　열위 오덕　　시고

溫直而擾毅 木之德也【溫而不直則懦, 擾而不毅則剷】.
온직 이 요의　목지덕 야【온이부직 즉나, 요이불의 즉좌】

剛塞而弘毅 金之德也【剛而不塞則決, 弘而不毅則缺】.
강색 이 홍의　금지덕 야【강이불색 즉결, 홍이불의 즉결】

愿恭而理敬 水之德也【愿而不恭則悖, 理而不敬則亂】.
원공 이 이경　수지덕 야【원이불공 즉패, 이이불경 즉난】

官栗而柔立 土之德也【寬而不栗則慢, 而不立則散】.
관율 이 유립　토지덕 야【관이불율 즉만, 이불립 즉산】

簡暢而明砭 火之德也【簡而不暢則滯, 明而不砭則翳】.
간창 이 명폄　화지덕 야【간이불창 즉체, 명이불폄 즉예】

雖體變無窮 猶依乎五質【人情萬化, 不可勝極, 尋流竟源, 常在於五】. 故 其
수 체변 무궁　유 의호 오질【인정만화, 불가 승극, 심류 경원, 상 재어 오】　고 기

剛柔明暢貞固之徵 著乎形容 見乎聲色 發乎情味 各如其象【自然之理
강유 명창 정고 지징 저호 형용　현호 성색　발호 정미　각여 기상【자연지리

神動形色 誠發於中 德輝外耀】.
신동 형색 성 발어 중 덕휘 외요】

　　그래서 마음 바탕[心質=心志]이 밝고 곧으면[亮直=光明正直] 그 의
　　　　　　　　　심질　심지　　　　　　　　　　　　양직　광명 정직

---

34 『주역』「계사전(繫辭傳)」에서 "조짐이 드러난 것을 일러 상(象)이라고 한다"라고 했다.

표[儀=儀表]³⁵는 강하고 견고하며[勁固=强勁堅定], 마음 바탕이 아름답
고 결단력이 있으면[休決=樂觀自信] 그 의표는 진취적이고 용맹스러우
며[進猛=進取奮發], 마음 바탕이 평온하고 잘 다스려져 있으면[平理=
平和順理] 그 의표는 평안하고 여유롭다[安閑=安靜從容].

　　무릇 의표가 움직이면 용모를 이루게 되고, 이에 따라 사람들은
각자 태도(態度)를 갖게 된다.

　　곧은 용모를 가진 사람의 움직임은 당당하고 강직하다[矯矯
行行]³⁶.

　　아름다운 용모를 가진 사람의 움직임은 늘 조심조심하며 차례가
있다[業業蹌蹌]³⁷.

　　(마음 바탕이 평온해) 다움을 갖춘 용모를 가진 사람의 움직임은 온
화해 우러러보게 만든다[顒顒卬卬]³⁸.

　　무릇 용모의 움직임 하나하나는 마음의 기운[心氣]에서 출발하며,
【마음의 기운은 안에 있고 용모는 밖으로 나타난다.】 마음의 기운을 징험할

35　겉으로 드러나는 모습을 말한다.

36　교교(矯矯)는 『시경』 「노송(魯頌)·반수(泮水)」편에 나오는 표현으로 '날랜 무신[矯矯虎臣]'
　　이라는 뜻이다. 그 후 문맥에 따라 '날래고 사나운 모습'을 나타내기도 하고 자부심 가득
　　한 사람을 표현할 때도 사용되었다. 위태로울 정도로 높은 모양을 나타내기도 한다. 항항
　　(行行)은 『논어』 「선진(先進)」편에 나온다. 공자는 제자 자로(子路)에 대해 "항항(行行)하
　　다"라고 말한다. 그런데 곧이어 공자는 "자로는 제 명에 죽지 못할 것"이라고 덧붙였다. 그
　　런 점에서 항항(行行)에는 부정적 의미의 강직함, 곧 강퍅함[絞]이라는 뜻 또한 포함되어
　　있다고 할 수 있다.

37　업업(業業)은 긍긍업업(兢兢業業)이나 전전긍긍(戰戰兢兢)과 같은 뜻으로, 조심하고 또
　　조심하는 모습이다. 창창(蹌蹌)은 『시경』 「소아(小雅)·초자(楚茨)」편을 비롯해 여러 시에
　　나오는 표현으로, 예의 바르게 걷거나 춤추는 모습이다.

38　『시경』 「대아(大雅)·권아(卷阿)」편에 나오는 구절이다.

수 있는 것은 바로 말소리의 달라짐[聲變]이다.【마음은 단 하나에 얽매여
          성변
있지 않기에 말소리는 여러 다른 소리와 조화를 이뤄 마침내 달라지게 된다.】

　　무릇 기운이 합해 소리를 이루고 소리는 율려(律呂)[39]와 조응한
다.【맑고 밝은 것이 율(律)이고 조화를 이뤄 평온한 것이 려(呂)다.】

　　이리하여 화평(和平)한 소리[40], 청창(淸暢)한 소리[41], 회연(回衍)[42]한
소리가 있게 된다.【마음의 기운이 같지 않기 때문에 소리가 나는 것 또한 서로
다르게 되는 것이다.】 무릇 소리가 기운을 통해 사방으로 퍼져나가면 속
마음이 용모와 얼굴빛에 나타나게 된다.【기운이 없으면 소리를 낼 수가 없
다. 소리를 내게 되면 용모(와 얼굴빛)가 그에 응한다.】

　　그래서 진실로 (마음속이) 어질면 반드시 따뜻하고 부드러운 (용모
와) 얼굴빛이 있게 되고, 진실로 (마음속이) 용감하면 반드시 긍지를 갖
고서 떨치려는[矜奮=奮勉] (용모와) 얼굴빛이 있게 되며, 진실로 지적이
          긍분　　분면
면 반드시 명석하고 통달한 (용모와) 얼굴빛이 있게 된다.【소리에서 이미
보통 때와 다른 것이 있게 되면 얼굴빛에서도 다른 상태가 나타나게 된다.】

故 心質亮直 其儀勁固; 心質休決 其儀進猛; 心質平理 其儀安閑. 夫
고　심질 양직　기의 경고　심질 휴결　기의 진맹　심질 평리　기의 안한　부

39 　십이율(十二律)의 양률(陽律)인 육률(六律)과 음려(陰呂)인 육려(六呂)를 통틀어 율려(律
　　呂)라고 한다. 육률은 황종(黃鐘)·태주(太簇)·고선(姑洗)·유빈(蕤賓)·이칙(夷則)·무역
　　(無射)이고, 육려는 대려(大呂)·협종(夾鐘)·중려(中呂)·임종(林鐘)·남려(南呂)·응종(應
　　鐘)인데, 십이율의 기수번(奇數番)이 율(律)이 되고 우수번(偶數番)이 려(呂)가 된다. 한편
　　송(宋)나라 학자 소강절(邵康節)은 말소리를 나타내는 데 율려를 썼는데, 성(聲)을 려(呂)
　　라 하고 운(韻)을 율(律)이라고 했다.

40 　『중용』에서 말했다. "입에서 나오는 모든 소리가 절도에 맞는 것[中節]을 일러 화(和)라고
　　　　　　　　　　　　　　　　　　　　　　　　　　　　　　　　중절
　　한다."

41 　맑고 깨끗해서 멀리까지 들리는 소리를 말한다.

42 　길게 여운이 남는다는 뜻이다.

儀動成容 各有態度: 直容之動 矯矯行行; 休容之動 業業蹌蹌; 德容之
動 顒顒卬卬.

夫 容之動作 發乎心氣【心氣於內 容見於外】; 心氣之徵 則聲變是也【心不
繫一 聲和乃變】. 夫 氣合成聲 聲應律呂【淸而亮者律 和而平者呂】; 有和平
之聲, 有淸暢之聲, 有回衍之聲【心氣不同 故聲發亦異也】. 夫 聲暢於氣 則
實存貌色【非氣無以成聲 聲成則貌應】; 故 誠仁 必有溫柔之色; 誠勇 必有
矜奮之色; 誠智 必有明達之色【聲旣殊常 故色亦異狀】.

무릇 낯빛이 겉모습에 드러난 것을 일러 신기가 징험됨[徵神]이라
고 한다.【용모와 낯빛이 느리고 빠른 것이 바로 신기의 징험이다.】 징신(徵神)
이 겉모습에 드러나면 본마음[情]이 눈빛에 나타난다.【눈은 마음의 척
후다. 그래서 마음에 호응해 (눈빛으로) 발현된다.】[43] 그래서 어짊은 눈의 정
기[目之精]이니 성실함으로써 단정하고【마음이 기울거나 삐딱하지 않으면
시선은 두리번거리지 않는다.】, 용감함은 쓸개[膽]의 정기이니 빛나면서
강하다.【의지가 겁이 많거나 나약하지 않으면 쇠하거나 시들지 않는다.】 그러
나 이 둘은 모두 한쪽으로 치우친 좋은[偏至=偏善] 재주를 가진 사람
들이며 몸에 더 많이 나타나는 것[勝體=多體]을 바탕으로 삼는 자들
이다.【능히 위압적으로 하지 않아도 위엄이 있으며, 화를 내지 않아도 권위가 선

---

43 맹자는 인의(仁義)에만 관심을 쏟아 인지(仁知)를 중심으로 하는 『논어』와는 큰 차이를
보인다. 그러나 『맹자』에도 딱 한 번 사람 보는 법과 관련해 눈의 중요성을 언급한다. 「이루
상(離婁上)」에서 맹자가 말했다. "사람을 살펴보는 것 중에 눈동자(를 보는 것)만큼 좋은
것은 없다. 눈동자는 그 사람의 나쁜 점을 숨기지 못한다. 마음이 바르면 눈동자는 밝고
마음이 바르지 못하면 눈동자는 흐리다. 그 사람이 하는 말을 가려서 듣고 그 사람의 눈
동자를 제대로 본다면 그 사람이 어찌 (자신의 본마음을) 숨기겠는가(存乎人者 莫良於眸子
眸子不能掩其惡 胸中正則眸子瞭焉 胸中不正則眸子眊焉 聽其言也 觀其眸子 人焉廋哉)!"

다.] 그래서 바탕만이 강할 뿐[勝質] 정밀하지 못해 그들이 하는 일은
제대로 수행되지 않는다.⁴⁴[능히 용감하면서도 제대로 겁을 낼 줄 모르면, 이
런 사람이 일을 해갈 경우 반드시 뉘우침이나 안타까움이 따르게 된다.]

이 때문에 곧기만 하고 부드럽지 못하면 나무[木]이고⁴⁵,[나무가
자기 강함만 믿고서 지나칠 정도로 남의 숨은 일까지 들춰내 헐뜯게 될 경우
[激訐] 자기의 곧음을 잃게 된다.] 강하기만 하고 정밀하지 못하면 힘으로
함[力]이며,[쇠솥을 짊어지다 정강이뼈가 부러지는 것이니, 바로 자기의 강함을
잃게 된다.] 고집만 내세우고 단정하게 살피지 못하면 어리석음[愚]이
고,[자기 마음대로 하면서 자기만 옳다고 여기면 어리석은 외고집에 빠진다.] 기
운은 세지만 맑지 못하면 남을 앞서거나 남의 일에 간섭함[越]이며⁴⁶,
[말이 맑고 순조롭지 않으면 아무리 설치고 다녀도 일이 이뤄지지 않는다.] 사방
으로 퍼지기만 할 뿐 하는 일이 온당(穩當)하지 못하면 들떠서 휘젓
고 다님[蕩]이다⁴⁷.[지혜를 좋아함이 끝이 없어 마구 휘젓고 다니느라 아무런
실속이 없다.]

이 때문에 중용(中庸)할 줄 아는 바탕은 이런 부류와는 다르다.[용
감해 제대로 겁낼 줄 알고 어질어서 제대로 결단할 줄 아니, 그 몸에 두 가지를
겸한다. 그래서 여러 재주 중에 으뜸이 되는 것이다.] 중용할 줄 아는 바탕은
이미 오상을 갖추고 있고 그것을 담백한 맛으로 감싸 안으니,[예를 들

---

44 그래서 공자는 예(禮)로써 가다듬어야 한다[修之=文之]고 말했다.

45 앞에서 나온 꼿꼿하면서도 부드러운 자[植而柔]와 연결된다. 식(植)을 직(直)의 잘못으로
    보는 시각도 있지만 식(植)을 '꼿꼿함'으로 풀이하면 큰 문제는 없다.

46 경거망동함을 말한다.

47 앞서 본 육폐(六蔽) 중 하나를 보자. "사람을 평하고 논하기[知=智]를 좋아하기만 하고 배
    움은 좋아하지 않는다면 그 폐단은 쓸데없는 데 시간과 노력을 탕진하는 것[蕩]이 된다."
    지(知)와 그 폐단인 탕(蕩)의 관계는 여기서도 확인된다.

면 이미 짠맛이나 신맛이 들어 있지만, 여기에다 무미로 제어한다는 말이다.】다
섯 가지 바탕이 안에서 꽉 차게 되면 다섯 가지 정기[五精]가 밖으로
드러나게 된다.【다섯 가지 바탕의 묽고 진함에 따라 순박한 정기와 화려한 정
기가 겉으로 드러나게 된다.】이로써 눈빛에서 오색의 광채가 드러나게 된
다.【마음이 맑으면 눈빛은 또랑또랑해 밝고 깨끗하게 스스로 빛난다.】

夫 色見於貌 所謂徵神【貌色徐疾 爲神之徵驗】; 徵神見貌 則情發於目
부 색 현어 모 소위 징신　모색 서질 위신지징험　징신 현모 즉정 발어 목

【目爲心候 故應心而發】. 故 仁 木之精 慤然以端【心不傾倚 則視不回邪】; 勇
목 위 심후 고 응심이발　고 인 목지정 각연 이단 심불경의 즉시 불회 야　용

膽之精 曄然以彊【志不怯懦 則不衰悴】; 然 皆偏至之材 以勝體爲質者也
담지정 엽연 이강 지불 겁나 즉불 쇠췌　연 개 편지 지재 이 승체 위질 자야

【未能不厲而威 不怒而嚴】. 故勝質不精 則其事不遂【能勇而不能怯 動必悔吝
미능 불려 이위 불노 이엄　고 승질 부정 즉 기사 불수 능용 이불능겁 동필 회린

隨之】. 是故 直而不柔則木【木彊激訐 失其正直】, 勁而不精則力【負鼎絶臏
수지　시고 직 이 불유 즉목 목강 격알 실기 정직 경 이 부정 즉 역 부정 절빈

失其正勁】, 固而不端則愚【專己自是 陷於愚戇】, 氣而不淸則越【辭不淸順
실기 정경　고 이 부단 즉우 전기 자시 함어 우당 기 이 불청 즉 월 사 불 청순

發越無成】, 暢而不平則蕩【好智無涯 蕩然失絶】.
발월 무성 창 이 불평 즉 탕 호지 무애 탕연 실절

是故 中庸之質 異於此類【勇以能怯 仁以能決 其體兩兼 故爲衆材之主】, 五常
시고 중용 지질 이어 차류 용이 능겁 인이 능결 기체 양겸 고 위 중재 지주 오상

旣備 包以澹味【旣體鹹酸之量 而以無味爲御】, 五質內充 五精外章【五質
기비 포이 담미 기체 함산 지량 이이 무미 위어 오질 내충 오정 외장 오질

澹凝 淳耀外麗】. 是以 目彩五暉之光也【心淸目朗 粲然自耀】
담응 순요 외려　시이 목채 오휘 지광 야 심청 목랑 찬연 자요

그래서 말하기를 "만물이 생겨나면 형체가 있게 되고 각 형체에
는 정신[神精]이 담기게 된다.【뛰어나든 어리석든 관계없이 모두 기질이라는
품성과 음양을 내려받았다. 다만 앎에는 정밀함과 거칢이 있고 형체에는 얕음과
깊음이 있을 뿐이다. 그 정신의 색깔을 파고들고 그것이 드러난 모습을 비교해 살
펴보면 아래도 하인과 목동에 이르기까지 모두 상상을 통해 알아낼 수 있다.】따
라서 능히 정신(精神)을 알아내면 이치를 끝까지 파고들어 본성을 다
발휘할 수 있다[窮理盡性]⁴⁸【빼어난 이는 천하의 움직임을 보고서 그에 맞는
궁리 진성

형체를 본떠 제시할 수 있다. 그렇기 때문에 이치를 끝까지 파고들어 본성을 다 발휘하게 함으로써 명(命)에 이르게 된다."라고 하는 것이다.

본성을 다 발휘한 것이 바로 아홉 가지 바탕의 징후다.【음과 양이 서로 생겨나게 해주지만 수는 구(九)[49]를 넘지 못한다. 그래서 본성과 정이 달라지면 바탕 또한 그에 따라 짝을 이루게 된다.】 그렇다면

평평한지 기울어졌는지[50]의 바탕은 신(神-정신이나 의지)에 달렸고, 【신이란 바탕을 주관하는 자다. 그래서 정신이 평평하면 바탕도 평평하고 정신이 기울어지면 바탕도 기울어진다.】

눈 밝은지 어두운지의 실상은 정(精-정밀함)에 달렸고,【정이란 실상이나 실질의 근본이다. 그래서 정기가 맑으면 실상은 밝아지고 정기가 흐리면 실상은 어두워진다.】[51]

용감한지 비겁한지의 기세는 근(筋-근력)에 달렸고,【근이란 기세의 쓰임이다. 그래서 근육이 강하면 기세는 용감하고 근육이 약하면 기세는 비겁하다.】

강한지 약한지의 기틀은 골(骨-뼈대)에 달렸고,【골이란 기틀의 근간이다. 그래서 뼈가 굳세면 기틀은 강하고 뼈가 부드러우면 기틀은 약하다.】

조급한지 차분한지의 결정은 기(氣)에 달렸고,【기란 결정이나 결단의

---

48 궁리진성(窮理盡性)은 『주역』 「설괘전(說卦傳)」에 나오는 말이다. "음과 양에서 달라짐을 잘 살펴보아[觀變] 괘(卦)를 세우고 굳셈과 부드러움[剛柔]을 떨치고 나타내[發揮] 효(爻)를 낳으니, 도리와 다움[道德]에 조화를 이뤄 고분고분하고[和順] 마땅함에 맞게 일을 처리하며 (하늘과 땅의) 이치를 궁구하고 그 (사람으로서의) 본성을 다 발휘함으로써 (하늘이 내려준) 명(命)에 이른다[觀變於陰陽而立卦 發揮於剛柔而生爻 和順於道德而理於義 窮理盡性 以致於命]."

49 아홉 가지 바탕을 말한다. 즉 신(神)·정(精)·근(筋)·골(骨)·기(氣)·색(色)·의(儀)·용(容)·언(言)이 그것이다.

50 공평한지 편파적인지를 말한다.

51 지혜나 앎을 바탕으로 사람이나 일의 실상을 밝혀낸다.

지반이니, 기운은 조급함에서는 왕성하게 결단하고 차분함에서는 부질없이 결단한다.】

슬픈지 기쁜지의 감정은 색(色)에 달렸고,【색이란 감정이 드러나는 것이니, 근심하는 낯빛은 슬픈 감정에서 비롯되고 기뻐하는 낯빛은 기쁜 감정에서 비롯된다.】

흐트러지는지[衰=懈]⁵² 단정한지의 모습은 의(儀-거동)에 달렸고,【의란 형체가 드러난 것이니, 흐트러진 거동은 위태로운 모습에서 비롯되고 단정한 거동은 엄숙한 모습에서 비롯된다.】

태도의 움직임은 용(容-행동거지)에 달렸고,【용이란 움직임의 신호와도 같다. 그래서 움직임이 흐트러질 때는 용모 또한 산만하고 움직임이 단정하면 용모에 절도가 있다.】

느긋하고 급하고의 상황은 언(言)에 달렸다.【언이란 마음 상태다. 그래서 마음이 넉넉하게 남을 품어주면 말이 느긋하고, 마음이 협량하면 말은 급해진다.】

故曰: 物生有形 形有神精【不問賢愚 皆受氣質之稟性陰陽, 但智有精粗 形有淺深耳. 尋其精色 視其儀像 下至皂隸牧圉 皆可想而得之也】; 能知精神 則窮理盡性【聖人有以見天下之動 而擬諸形容 故能窮理盡性 以至於命】.

性之所盡 九質之徵也【陰陽相生 數不過九 性情之變 質亦同之】. 然則: 平陂之質在於神【神者 質之主也 故神平則質平 神陂則質陂】, 明暗之實在於精【精者 實之本也 故精慧則實明 精濁則實暗】, 勇怯之勢在於筋【筋者 勢之用也 故筋勁則勢勇 筋弱則勢怯】, 彊弱之植在於骨【骨者 植之基也 故骨剛則植强 骨柔

---

52 쇠(衰)를 위축(萎縮)으로 볼 수도 있다.

則植弱】, 躁靜之決在於氣【氣者 決之地也 氣盛決於躁 氣冲決於靜矣】, 慘懌
之情在於色【色者 情之候也 故色悴由情慘 色悅由情懌】, 衰正之形在於儀【儀
者 刑之表也 故儀衰由形殆 儀正由形肅】, 態度之動在於容【容者 動之符也 故
衰動則容態 正動則容度】, 緩急之狀在於言【言者 心之狀也 故心恕則言緩 心褊
則言急】.

　그 사람됨이 바탕이나 근본[質=本]은 소박하고 평온담백하며
[平澹] 내면은 슬기롭고 외면은 명랑하며[中叡外朗][53] 근육은 강하고
뼈는 단단하며 목소리는 맑고 낯빛은 즐거우며 거동은 단정하고 용
모는 곧을 경우 아홉 가지 징후가 다 갖춰지게 되니, 이것이 바로 순
수한 다움[純粹之德]이다.【지극한 다움을 갖춘 대인(大人)이 아니고서 그 누
가 능히 이런 경지에 이를 수 있겠는가?】[54]

　이 아홉 가지 징후 중에 어긋나거나 잃는 바가 있으면[有違]【[위(違)]
란 어긋나거나 잃음이다.】한쪽으로 기울거나 잡스러운[偏雜][55] 재주를
가진 자다.【혹 목소리는 맑고 낯빛은 즐거우나 바탕은 평온담백하지 않은 자이
고, 혹 근육은 강하고 뼈는 단단한데 거동은 존엄함이나 곧음이 없는 자이다.】

53　앞에서는 中睿外明이라고 했는데, 같은 뜻이다. 내면은 지혜롭고 명민하며 기운이나 풍모
　는 확 열려 있다는 뜻이다.

54　『주역』건괘(乾卦, ䷀)「문언전(文言傳)」에서 공자는 이렇게 말했다. "위대하도다, 건(乾)이
　여! 강건중정(剛健中正)은 순수해 (그릇된 것이) 아무것도 섞이지 않았도다[純粹精]." 이를
　정이천(程伊川)은 다음과 같이 풀이했다. "강(剛)·건(健)·중(中)·정(正)·순(純)·수(粹)
　여섯 가지로 건도(乾道)를 형용했다. 정(精)은 이 여섯 가지의 순정함[精]이 지극함을 말
　한 것이다." 건괘에는 음효가 섞이지 않았다는 말이기도 하다.

55　편(偏)이란 두루 갖추지 못해 치우쳐 있다는 뜻이고, 잡(雜)이란 순수하지 못한 것이 섞여
　있다는 뜻이다.

이 세 가지(편재(偏才)·겸재(兼才)·겸덕(兼德)[56])는 서로 같지가 않아 그 다움에 대한 명칭도 다르다.【편재는 하나의 재주만 갖고 있는 것을 가리키는 이름이고, 겸재는 다움과 거동을 함께 가리키는 이름이며, 겸덕은 중용의 덕목을 체화한 것이다.】 그래서 기울거나 치우치지만 좋은 재주를 가진 자[偏至之才]는 그 재주로 이름을 삼고,【마치 백공이 온갖 재주를 갖추고서 각자 그에 따른 이름을 갖는 것과 같다.】 여러 가지 재주를 겸한 자[兼才]는 그에 맞는 다움으로 분류가 되고,【어짊과 마땅함, 일의 이치와 앎[仁義禮智] 중에서 각각 하나의 항목을 갖게 된다.】 여러 가지 다움을 겸한 자[兼德]는 더욱 아름다운 칭호를 갖게 된다.【도리란 하나의 몸체를 갖고서 설명할 수 없고, 다움은 한 방면으로 풀어낼 수 없다. 예를 들어 만물을 길러 주면서도 어짊을 행하지 않고 수많은 형체를 가지런히 하면서도 다움을 행하지 않는 채 담담하게 외부 사물들과 교제하는 것이 끝이 없다면 누가 그 이름을 알 수 있겠는가?】

其爲人也 質素平澹 中叡外朗 筋勁植固 聲淸色懌 儀正容直 則九徵
기 위인 야 질소 평담 중예 외랑 근경 식고 성청 색역 의정 용직 즉 구징

皆至 則純粹之德也【非至德大人 其孰能與於此】. 九徵有違【違爲乖戾也】 則
개 지 즉 순수지덕 야 비 지덕 대인 기숙 능여 어차 구징 유위 위위 괴려 야 즉

偏雜之材也【或聲淸色懌 而質不平澹; 或筋勁植固 而儀不崇直】.
편잡 지 재야 혹 성청 색역 이질 불평담 혹 근경 식고 이의 불 숭직

三度不同 其德異稱【偏材荷一至之名 兼材居儀之目 兼德體中庸之度】.
삼도 부동 기덕 이칭 편재 하일 지지명 겸재 거의 지목 겸덕 체 중용 지도

故 偏至之材 以材自名【猶百工衆伎 各有其名也】; 兼材之人 以德爲目
고 편지 지재 이재 자명 유 백공 중기 각유 기명 야 겸재 지인 이덕 위목

【仁義禮智 得其一目】; 兼德之人 更爲美號【道不可以一體說 德不可以一方待.
인의예지 득기 일목 겸덕 지인 갱위 미호 도불 가이 일체 설 덕불 가이 일방 대

育萬物而不爲仁 齊萬形而不爲德 凝然平澹 與物無際 誰知其名也】.
육 만물 이불 위인 제 만형 이불 위덕 응연 평담 여물 무제 수지 기명 야

---

56 전재(全才)라고도 한다. 다양한 장점을 다 갖춘 사람을 가리킨다.

이 때문에 (여러 가지 재주에다가) 다움을 겸해 지극한 사람[兼德而至]을 일러 중용(中庸)[57]이라고 한다.【적중함에 머무르면서 일정함을 밟아가는 것을 일러 중용이라고 한다.】 중용에 이르렀다라는 것은 빼어난 이[聖人=無不通=全才]에 해당하는 항목이다.【큰 어짊은 내 몸처럼 여길 수 없고, 큰 마땅함은 보답할 수 없다. 다움 없이 칭송을 받는 것은 빼어난 이에게 명성을 의탁하는 것이다.】

내실을 골고루 갖춰 은미한 데까지 이른 사람[具體而微][58]을 일러 덕행(德行)이라고 한다. 덕행이 있다라고 하는 것은 대아(大雅)를 칭하는 것이다.【외부의 일과 사물을 제 몸과 같이 여김으로써 어짊을 베풀고[施仁] 어짊을 이롭게 여김으로써[利仁][59] 마땅함을 세우기는 하는데, 간혹 도리를 잃어가면서 일을 이뤄낸다면 이런 다움은 아무래도 그다음[其次]이라 할 것이다.】

한 가지 재주만 좋은 사람을 일러 편재(偏材)라고 하는데, 편재란 소아(小雅)한 자질이다.【헛되이 어진 척하면서 마땅함이 없고 헛되이 마땅한 척하면서 어짊이 없다면 능히 겸해서 구제할 수 없다. 각자 한 가지 행실만 지킬 뿐이니, 이 때문에 각각은 대아에 이르지 못한다.】

한 가지 징후만 갖고 있는 사람을 일러 의사(依似-사이비)라고 하는데, 다움을 어지럽히는 부류[亂德之類]다.【순수하게 일러바치는 것이 곧은 것처럼 보이지만 곧음이 아니고, 순수하게 호탕한 것이 두루 통하는 것처럼 보이지만 통하는 것이 아니다.】

---

57 진교초는 이를 중화순정(中和純正)하다고 풀었다.

58 다움과 재질을 고루 갖췄지만 빼어난 이에게 조금 미치지 못하는 사람을 말한다.

59 『논어』「이인(利仁)」편에서 공자가 말했다. "인자(仁者)는 어짊을 편안히 여기고[安仁] 지자(知者)는 어짊을 이롭게 여긴다[利仁]."

한 가지 재주만 좋으면서 다른 한 가지는 어그러진 사람을 일러 간잡(間雜)이라고 하는데, 오래가는 마음이 없는 사람[無恒之人]60이다.【선과 악이 뒤섞여 있어 마음은 딱히 이것이 옳다 하는 바가 없고 오래가는 마음이 없으니 어찌 실상에 맞춰 의견을 낼 수 있겠는가?) 항심이 없는 사람이나 사이비는 허소(虛疏)하고 우활(迂闊)해 일을 맡길 수 없는 말류(末流)들이다.【그 마음이 크게 힘겨워하는 자[孔艱者]는 마침내 교화를 받아들이지 못하게 된다.】말류61의 바탕에 대해서는 이루 다 논할 필요가 없다. 이 때문에 생략하고 논평하지 않겠다.【온갖 것이 다 모여 무리를 이루는데 어찌 이루 다 셀 수가 있으랴!】

是故: 兼德而至謂之中庸【居中履常 故謂之中庸】; 中庸也者 聖人之目也【大仁不可親 大義不可報 無德而稱 寄名於聖人也】. 具體而微謂之德行; 德行也者 大雅之稱也【施仁以親物 立義以利仁 失道而成 德抑亦其次也】. 一至謂之偏材; 偏材 小雅之質也【徒仁而無義 徒義而無仁 未能兼濟 各守一行 是以各不及大雅】. 一徵謂之依似; 依似 亂德之類也【純訐似直而非直 純宕似通而非通】一至一違謂之間雜; 間雜 無恒之人也【善惡參混 心無定是 無恒之操 胡可擬議】. 無恒 依似 皆風人末流【其心孔艱者 乃有敎化之所不受也】; 末流之質 不可勝論 是以略而不槪也【蕃徒成群 豈可數哉】.

---

60 『논어』「술이(述而)」편에 나오는 공자의 말이다. "좋은 사람[善人]을 내가 만나볼 수 없다면 항심(恒心-오래가는 마음)을 가진 사람이라도 만나보면 좋겠다. 없으면서 있는 척하고 비었으면서 가득한 척하고 적으면서 많은 척하면 항심이 있는 사람이라 할 수 없다."

61 『논어』「자장(子張)」편에서 자공(子貢)이 말했다. "이 때문에 군자는 하류(下流)에 처하는 것을 싫어한다." 말류나 하류란 사람의 부류 중에서 더러운 인물이라 거기에는 온갖 안 좋은 사람이 몰려들기 때문이다.

제 2 장

성격에 따른 구별

체별 제2(體別第二)

무릇 중용이라는 다움은 그 바탕을 말로 표현할 수 없다.【두루두루 하여 어느 한 가지 모습에 얽매이지 않기 때문에 사람들은 그것을 뭐라고 칭할 수가 없다.】 그래서 (그 다움은) 짜면서도 소금기는 없고[鹹而不]【짠맛만 가리키는가? (아니다.) 소금기가 없는 맛도 받아들일 수 있다. 공평하게 온갖 소금을 이뤄내니 짠맛이 난다.】 싱거우면서도 아무런 맛이 없는 것은 아니며【싱거운 맛만 가리키는가? (아니다.) 맛에 더는 아무런 맛이 없는 것이 아니다.】 질박하면서도 아무런 무늬가 없지는 않고【질박함만 가리키는가? (아니다.) 은근한 조화로움이 있어 그냥 흰 비단은 아니다.】 문채가 있으면서도 호화롭지는 않다.【문채(文彩)만 가리키는가? (아니다.) 문채가 있으면서도 지나치게 화려하지는 않다.】[1]

(이런 중용을 갖춘 사람은) 위엄을 부려야 할 때는 능히 위엄을 드러내고 품어주어야 할 때는 능히 품어주며 말을 잘해야 할 때는 능히 말을 잘하고 말을 신중히 해야 할 때는 능히 어눌하게 할 수 있다.[2]【짠

---

1 중용(中庸), 그중에서도 '적중하다'라는 중(中)과 관련해 ~而不~이라는 표현법에 주목해야 한다. 이는 과유불급(過猶不及)과도 연결되어 있다. ~而不~이라는 표현은 그중에서도 과(過)를 경계시킨다. ~而不~이라는 표현법은 『논어』에 여러 차례 등장하는데, 대표적인 것이 「팔일(八佾)」편에 나오는 다음과 같은 공자 말이다. "『시경』의 관저(關雎)라는 시는 즐기면서도 음탕에 이르지 않고 슬퍼하면서도 마음을 상하게 하지는 않는다[樂而不淫 哀而不傷]."

2 『논어』「자장(子張)」편에 나오는 자하(子夏)의 말과 비교해볼 필요가 있다. "군자에게는 세 가지 달라짐이 있으니, 멀리서 바라보면 의연하고 가까이서 보면 온화하고[溫] 그 하는 말을 들으면 명징하다[厲=澄]."

맛과 싱거운 맛이 조화를 이루고 바탕과 애씀[質文]이 서로 잘 어우러져 있다.
질문
이 때문에 멀리서 바라보면 의연하고 가까이서 보면 문채가 나며 말을 하면 천하
를 가득 채우지만, 쓸데없이 말을 헤프게 하지 않는다[無辭費]³.] 그리하여 어
무 사비
떤 달라짐과 바뀜[變化]에든 두루 다 통해 이치에 통달하는 것을 자
변화
기 절도로 삼는다.【달라짐에 호응하고 바뀜에 적응해 외부의 일과 사물에 통

달하게 될 것임을 기약한다.】

　　이 때문에 너무 치솟아 오르려는 사람[抗者=狂者]은 (적중해야 할 도
항자　광자
리를) 지나치고[過之],【오직 내달리는 길에 힘써 떨쳐 나아가는 것이다.】 너무
과지
구애되는 사람[拘者=狷者]은 (적중해야 할 도리에) 미치지 못한다[不逮=
구자　견자　　　　　　　　　　　　　　　　　　　　　　　　　　　　불체
不及].【고지식하게 구애됨이나 치솟아 오름 이외에는 아무것도 하지 않는 것이다.】
불급

夫 中庸之德 其質無名【汎然不繫一貌 人無得而稱焉】. 故 鹹而不鹻【謂之鹹
부 중용 지덕 기질 무명　범연 불계 일모 인 무득이 칭언　고　함이불감　위지함

邪? 可容; 公成百鹵也. 與鹹同】. 淡而不醰【謂之淡邪? 味復不醀⁴】, 質而不縵
야　가용　공성 백로 야　여함동　담 이 불궤 위지담 야　미부불궤　질이불만

【謂之質邪? 理不縵素】, 文而不績【謂之文邪? 采不盡績】. 能威能懷 能辨能訥
위지 질야 이불 만소　문이불궤　위지문야　채불진궤　능위 능회 능변 능눌.

【居鹹淡之和 處質文之際 是以 望之儼然 卽之而文 言滿天下 無辭費】. 變化無方
거 함담 지화 처 질문 지제 시이 망지 엄연 즉지 이문 언만 천하 무 사비　변화 무방

以達爲節【應變適化 期於通物】.
이달 위절 응변 적화 기어 통물

是以 抗者過之【勵然抗奮於進趨塗】, 而拘者不逮【屯然無爲於拘抗之外】.
시이　항자 과지　여연 항분 어 진추 도　이 구자 불체 둔연 무위 어 구항 지외

　　무릇 이 두 유형의 사람은 (둘 다) 적중해야 할 도리에서 벗어나 있

기 때문에, 그래서 (한편으로는 한 가지) 좋은 점이 드러나지만, 이치상

3　『예기』「곡례(曲禮)」편에 나오는 말이다. "예(禮)에 따르면 (군자는) 망령되이 남을 기쁘게
　　하지 않고 말을 헤프게 하지 않는다."
4　발음은 '궤'이고 '아무런 맛이 없다[無味]'는 뜻이다.
　　　　　　　　　　　　　　　　무미

으로는 그릇된 바가 있게 된다.【모양 가꾸기를 심하게 하면 호랑이가 그 육신을 잡아먹고, 부잣집 가난한 집 가리지 않고 열심히 쫓아다녀도 병이 그 안을 공격한다.[5]】이 때문에

엄격하고 곧아서 굳세고 꼬장꼬장한 사람[厲直剛毅][6]의 경우, 잘못
여직 강의
된 것을 바로잡는 재주는 있지만 지나칠 정도로 남의 숨은 일까지 들춰내 헐뜯는[激訐] 문제점이 있다.【남의 잘못을 들춰내고 헐뜯는 것은 굳세
격알
고 엄격함에서 생겨난다.】

부드럽고 고분고분해 편안하고 동정심이 많은 사람[柔順安恕]의
유순 안서
경우, 매사에 너그럽고 남을 잘 품어주지만, 결단력이 부족한 문제점이 있다.【의심이 많은 것은 남을 지나치게 품어주거나 마음이 나약한 데서 생겨난다.】

씩씩하고 사나우며 호걸스럽고 강건한 사람[雄悍傑健]의 경우, 맡
웅한 걸건
은 일이 있을 때 담대하고 화끈하지만, 시기심이 많은 문제점이 있다.【법을 우습게 여기는 것은 호걸스럽고 사나운 데서 생겨난다.】

정밀하고 선량하며 매사 두려워하고 조심하는 사람[精良畏愼]의
정량 외신

---

5   『장자』 제19편 달생(達生)에 나오는 이야기를 압축해서 표현한 것이다.
    "전개지(田開之)가 말했다. '노(魯)나라에 선표(單豹)라는 은자(隱者)가 있었는데, 산중 암혈(巖穴) 속에 살면서 골짜기와 내의 물을 마시며 세상 사람들과 이해를 함께 다투지 않았습니다. 살아온 나이가 70이었는데도 오히려 어린아이와 같은 불그레한 얼굴색을 지니고 있었는데, 불행히도 굶주린 호랑이를 만나서 잡아먹히고 말았습니다. 또 한편으로 노나라에 장의(張毅)라는 사람이 있었는데, 그는 문이 높은 부잣집과 발을 늘어뜨린 가난한 사람들의 집에 열심히 쫓아다니지 않는 일이 없었습니다. 그러나 나이 40에 몸 안에서 열이 생기는 병에 걸려 죽고 말았습니다. 선표는 내면을 잘 길렀는데 호랑이가 바깥에 해당하는 육체를 잡아먹어 버렸고, 장의는 바깥을 잘 길렀는데 병이 그 안을 공격했으니, 이 두 사람 모두 자기의 뒤처진 부분을 채찍질하지 않은 경우입니다.'"
6   『논어』「자로(子路)」편에 나오는 공자의 말을 보자. "강의목눌(剛毅木訥)함이 어짊에 가깝다." 강(剛)이란 욕심이 없다는 뜻이고, 의(毅)란 과감하다는 뜻이다.

경우, 장점은 공손하고 삼가는 데 있지만, 의심이 많은 문제점이 있다.【매사 의심하며 어려워하는 것은 두려워하고 조심하는 데서 생겨난다.】

강인하고 모범적이며 굳건하고 끈질긴 사람[彊楷堅勁]의 경우, 나
　　　　　　　　　　　　　　　　　　　　　　　　강해 견경
라의 근간으로 쓸 수 있지만 모든 것을 제 마음대로 하고 자기 고집을 내세우는 문제점이 있다.【매사 자기 마음대로 하려는 것은 굳건하고 끈질긴 데서 생겨난다.】

시비에 대한 논리가 정연하고 이치를 잘 풀어내는 사람[論辨]의
　　　　　　　　　　　　　　　　　　　　　　　　　　　논변
경우, 얽히고설킨 것들을 풀어내는 능력이 있지만, 쓸데없이 말로만 떠들어대는 문제점이 있다.【남을 깔보며 말로만 떠들어대는 것은 그때그때 말재주를 잘 부리는 데서 생겨난다.】

오지랖이 넓어 두루 남의 급한 일을 주선하고 해결해주는 사람
[普博周急]의 경우, 남을 감싸주는 넉넉함을 갖고 있지만 두루뭉술하
보박 주급
다가 때가 묻는 문제점이 있다.【어지럽고 흐리게 행동하는 것은 두루 주선해주려는 데서 생겨난다.】

깨끗하고 기개가 있으며 깐깐하고 정결한 사람[清介廉潔]의 경우,
　　　　　　　　　　　　　　　　　　　　　　　청개 염결
검소하고 원칙을 지키는 절개가 있지만 좀스럽게 작은 일에 갇히는 문제점이 있다.【좀스럽게 작은 일에 갇히는 것은 깐깐하고 정결한 데서 생겨난다.】

움직임이 시원시원해 작은 일에 구애되지 않는 사람[休動磊落]의
　　　　　　　　　　　　　　　　　　　　　　　　휴동 뇌락
경우, 시원시원하게 일을 처리하는 장점이 있지만 엉성하고 덤벙거리는 문제점이 있다.【엉성하고 덤벙거리는 것은 작은 일에 구애되지 않는 데서 생겨난다.】

침착하고 고요하며 꼬치꼬치 일의 요체를 따지는 사람[沈靜機密]
　　　　　　　　　　　　　　　　　　　　　　　　　　침정 기밀
의 경우, 그 정밀함이 오묘함과 미묘함에까지 이르지만 굼떠서 일을 지체시키는 문제점이 있다.【굼떠서 일을 지체시키는 것은 침착하고 고요한

데서 생겨난다.】

　질박해 숨김이 없고 마냥 순진한 사람[樸露徑盡]의 경우, 마음속
이 진실하다는 장점이 있지만 은미한 일을 제대로 챙기지 못하는 문
제점이 있다.【속을 있는 그대로 드러내는 것은 마냥 순진한 데서 생겨난다.】

　지혜가 풍부하면서도 (칼집에 칼날을 숨기듯) 속내를 잘 숨기는 사람
[多智韜情]의 경우, 속임수와 책략을 통해 권도(權道-임기응변)를 잘 발
휘하지만, 가부 결단을 하지 못해 우물쭈물하는 문제점이 있다.【우물쭈
물하며 뭔가를 숨기거나 원칙을 어기는 것은 속내를 잘 숨기는 데서 생겨난다.】

夫 拘抗違中 故 善有所章 而理有所失【養形至甚 則虎食其外; 高門懸薄 則
부 구항 위중 고 선유 소장 이 이유 소실 　양형 지심 즉호 식기 외　고문 현박 즉

疾攻其內】是故:
질공 기내　시고

厲直剛毅 材在矯正 失在激訐【訐刺生於剛厲】.
여직 강의 재재 교정 실재 격알 　알자 생어 강려

柔順安恕 每在寬容 失在少決【多疑生於恕懦】.
유순 안서 매재 관용 실재 소결 　다의 생어 서나

雄悍傑健 任在膽烈 失在多忌【慢法生於桀悍】.
웅한 걸건 임재 담열 실재 다기 　만법 생어 걸한

精良畏愼 善在恭謹 失在多疑【疑難生於畏愼】.
정량 외신 선재 공근 실재 다의 　의난 생어 외신

彊楷堅勁 用在楨幹 失在專固【專己生於堅勁】.
강해 견경 용재 정간 실재 전고 　전기 생어 견경

論辨理繹 能在釋結 失在流宕【傲宕生於機辨】.
논변 이역 능재 석결 실재 유탕 　오탕 생어 기변

普博周急 弘在覆裕 失在溷濁【溷濁生於普周】.
보박 주급 홍재 복유 실재 혼탁 　혼탁 생어 보주

淸介廉潔 節在儉固 失在拘扃【拘扃生於廉潔】.
청개 염결 절재 검고 실재 구경 　구경 생어 염결

休動磊落 業在攀躋 失在疏越【疏越生於磊落】.
휴동 뇌락 업재 반제 실재 소월 　소월 생어 뇌락

沈靜機密 精在玄微 失在遲緩【遲緩生於沈靜】.
침정 기밀 정재 현미 실재 지완 　지완 생어 침정

樸露徑盡 質在中誠 失在不微【漏露生於徑盡】.
박로 경진 질재 중성 실재 불미 　누로 생어 경진

多智韜情 權在譎略 失在依違【隱違生於韜情】.
다지 도정 권재 휼략 실재 의위 　은위 생어 도정

이처럼 한쪽으로 치우친 재주를 가진 사람들이 자신들의 다움을 닦아나갈[進德=進修德行] 때면, 중용(中庸)을 법도로 삼아 자기 재주
진덕 진수 덕행
의 모자람이나 지나침[拘抗]을 경계하지 않을 뿐만 아니라【지나친 사
구항
람은 스스로 이 때문에 더욱더 그쪽으로 힘을 쓰고, 모자란 사람은 스스로 이
때문에 더욱더 작은 것에 집착해 그것을 지키려 한다.】(도리어) 남들의 단점
을 지적함으로써 자기의 문제점을 더한다.【모자란 자는 더욱 모자라게 되
고 지나친 자는 더욱 지나치게 되어, 혹 돌덩이를 등에 지고 물에 몸을 던지거나
혹 나무를 끌어안고 불에 뛰어들어 죽기도 한다.】이는 마치 진(晉)나라와 초
(楚)나라 사람이 칼을 찬 채로 마주 서서 상대방이 거꾸로 칼을 찼다
고 꾸짖는 것과 같다.【진나라 쪽에서 초나라를 보면서 그들이 왼쪽에 칼을 찬
것을 비웃고, 초나라 쪽에서 진나라를 보면서 그들이 오른쪽에 칼을 찬 것을 비
웃는다. 좌우가 비록 다르다고는 하지만 각기 그 쓰임이 있는 것이어서 어긴 바는
없는데도 서로 비방을 마구 해대는 것이, 마치 모자란 자와 지나친 자가 서로 반
대라고 해서 비난하는 것과 다를 바가 없다.】

이 때문에

강하고 꼬장꼬장한 사람[彊毅之人=剛愎武斷][7]은 사납고 굳세어
강의 지 인 강퍅 무단
[悍剛] 남과 화합하지 못하고 자기의 강함이 가져올 마찰이나 충돌
한강
[搪突]을 (미리) 경계하지 않는다. 그래서 순리에 고분고분함을 굽힘[撓
당돌   요
=卑屈]이라고 여기고 자기의 고항(高抗)함을 내세우는 데만 힘쓴다.【이
비굴
런 사람은 부드럽고 고분고분함을 굽힘이나 약함으로 여겨 마찰이나 충돌하려
는 마음을 더 고항하게 내세운다.】이 때문에 이런 사람과는 더불어 법을
세우는 일은 함께할 수 있지만 더불어 은미한 일을 하는 경지에 함께

---

7   유소는 강(彊)을 강(剛)과 같은 의미로 사용했다.

들어가기는 어렵다.【사납고 강하고 꼬장꼬장하고 억센 마음으로 어찌 이런 사람이 능히 기밀을 다루는 은미한 일에 들어갈 수 있겠는가?】[8]

부드럽고 고분고분한 사람[柔順之人]은 마음이 느슨해[緩心] 결단력이 부족하고[9] 일에 임해 제대로 처리하지 못함[不攝=不治]을 (미리) 경계하지 않는다. 그래서 굳게 잡아 쥠[抗]을 남을 해치는 것[劇=傷害]이라 여기고 느슨하게 퍼져 있는 것을 편안히 여긴다.【이런 사람은 사납고 강함을 남을 해치는 것이라 생각해서 남을 품어주고 스스로 참는 것을 편안히 여긴다.】이 때문에 이런 사람과는 더불어 상식을 따르는 일은 함께할 수 있지만 더불어 의심스러운 사안을 권도로 결단해야 하는 일[權疑]은 함께하기 어렵다.【마음이 느슨해 결단력이 부족한데 어찌 이런 사람이 능히 의심스러운 사안에 대해 권도를 발휘할 수 있겠는가?】

씩씩하고 사나운 사람[雄悍之人]은 기운을 맹렬하게 떨쳐 용감하게 결단을 내리지만 (그것이 지나쳐) 만용(蠻勇)을 부리다가 상대로부터 당하거나 스스로 자빠질 것을 (미리) 경계하지 않는다. 그래서 고분고분함을 겁먹는 것[怯]이라 여기고 자기가 가진 힘을 끝까지 다 쓰려고 한다.【이런 사람은 고분고분하고 참을성 있는 것을 겁을 먹어 그렇다고 여

---

8 이하에서는 더불어[與] 어떤 일을 함께할 수 없는지를 보여준다. 원래 '더불어 ~를 함께하다'는 공자가 사람을 등급을 매기면서 했던 말이다. 『논어』「자한(子罕)」편이다. 공자가 말했다. "더불어 함께 배울 수 있다[與共學]고 해서 (그 사람들 모두와) 더불어 도리를 행하는[與適] 데로 나아갈 수는 없으며, 또 더불어 도리를 행하는 데 나아간다고 해서 (그 사람들 모두와) 더불어 함께 조정에 서서 일을 토의할[與立=與議] 수는 없으며, 또 더불어 함께 조정에 서서 일을 토의할 수 있다고 해서 (그 사람들 모두와) 더불어 권도(權道)를 행할[與權] 수는 없다." 이를 염두에 두면서 이하 열두 가지 유형을 깊이 음미할 필요가 있다.

9 원문은 '관단(寬團)'으로 되어 있는데, 그러면 일종의 형용모순이 되어 뜻이 통하지 않는다. 진교초(陳喬楚)는 『인물지금주금역』에서 관(寬)을 과(寡)의 잘못으로 보았다. 그래야 글이 통한다.

겨서 만용을 부리다 상대로부터 당하거나 나가자빠진다.】 이 때문에 이런 사람과는 더불어 어려움을 건너는 일은 함께할 수 있지만 더불어 스스로를 다잡는 일[居約=處約]¹⁰은 함께하기 어렵다.【사납게 굴다가 나가자
빠져도 개의치 않은 성품이니, 어찌 이런 사람이 능히 자기를 다 잡아서 능히 잘 처신할 수 있겠는가?】

　두려움이 많고 신중한 사람[懼愼之人]은 환난을 두려워하고 꺼리는 게 많아서 마땅한 일을 행함에 있어 나약해질 수 있음에 대해 (미리) 경계하지 않는다. 그래서 용기 있는 행위를 경솔한 짓[狎]이라 여기고 그에 대한 의심이나 망설임을 더한다.【이런 사람은 용맹스러움이나 우직함을 남을 업신여기고 모욕하는 것이라 여겨서 의심하고 두려워하는 마음을 더한다.】 이 때문에 이런 사람과는 더불어 자기 몸이나 지키고 온전히 하는 일은 함께할 수 있지만 더불어 절의나 지조를 세우는 일은 함께하기 어렵다.【두려워하고 근심하며 꺼리는 것이 많은데, 어찌 이런 사람이 능히 절의를 세우는 일을 할 수 있겠는가?】

　스스로 남보다 강하다고 여기며 그것만을 모범으로 삼는 사람[凌楷之人]은 자기 소신을 꽉 잡아 쥐고 자기만 옳다고 굳게 여기느라 그런 성정이 지나치게 고집스러울 수 있다는 것[固護]을 (미리) 경계하지 않는다. 그래서 시비분변[辨]을 위선이라 여기고 자기 독선을 더 강화한다.【이런 사람은 논변이 뛰어나고 널리 아는 것을 둥둥 떠다니며 텅 비었다[浮虛]고 여겨서 자기만 홀로 옳다[專一]는 생각을 더 강화한다.】 이 때문에

---

10 『논어』「이인(里仁)」편에 나오는 공자의 말이다. "어질지 못한 사람은 (인이나 예를 통해 자신을) 다잡는 데 (잠시 처해 있을 수는 있어도) 오랫동안 처해 있을 수 없고[不可以久處約], 도리를 즐기는 데도 (조금 지나면 극단으로 흘러) 오랫동안 처해 있을 수 없다[不可以長處樂]."

이런 사람과는 더불어 바른 도리를 지키는 일은 함께할 수 있지만 더불어 중론(衆論)에 부합하는 일은 함께하기 어렵다.【자기 생각을 잡아 쥐고서 견지하니 어찌 이런 사람에게 많은 사람이 가서 붙겠는가?】[11]

논변이 뛰어나고 널리 아는 사람[辨博之人]은 논리가 그럴싸하고
말재주가 있어서 그 말이 실상과 동떨어져 둥둥 떠다닐 수 있다[汎濫
=浮虛]는 것을 (미리) 경계하지 않는다. 그래서 모범으로 삼아야 할 것
을 어디에 얽매이는 것이라 여기고 자기 말의 흐름에 휩쓸려 간다.【이
런 사람은 모범이나 표준에 따라 바르게 임하려는 것을 구애되거나 방해받는 것
으로 여겨서 자기 마음대로 하려는 마음을 그대로 행한다.】이 때문에 이런
사람과는 더불어 이런저런 주제에 대해 떠들어대는 일[汎序]은 함께
할 수 있지만 더불어 마음을 다잡는 일은 함께하기 어렵다.【논변이 뛰
어나고 널리 아는 것이 많지만 실상과는 동떨어져서 둥둥 떠다니니, 어찌 이런
사람이 능히 마음을 다잡아 세우는 일을 할 수 있겠는가?】

널리 사람을 사귀고 두루 잘 베푸는 사람[弘普之人]은 뜻이 남을
아껴주는 데 있어 두루 흡족하게 해주려 하다 보니 그런 사귐이 마
구 어지럽고 뒤섞일 수 있다[溷雜]는 것을 (미리) 경계하지 않는다. 그
래서 굳게 절개를 지키는 것[介]을 소극적이고 속 좁다[狷]고 여기고
그 맑지 못한 사귐을 계속 넓혀간다.【이런 사람은 원칙을 지키려는 것을 소
극적이고 속 좁다고 여겨 자기의 어지럽고 뒤섞인 마음을 그대로 넓혀간다.】이
때문에 이런 사람과는 더불어 무리를 어루만져주는 일은 함께할 수
있지만 더불어 풍속을 맑게 바로잡는 일[厲俗=敎化]은 함께하기 어렵

---

11 이는 『논어』「요왈(堯曰)」편에서 공자가 말한 관즉득중(寬則得衆), 즉 "너그러워야 무리를
    얻을 수 있다"와 정반대되는 경우라 하겠다.

다.【두루 흡족하게 해주려다 보니 자기 마음은 어지럽고 뒤섞이게 되니, 어찌 이런 사람이 능히 풍속을 진작시킬[厲=勵] 수 있겠는가?】
여 여

지조가 강하고 굳세어 절개를 지키는 사람[狷介之人]은 맑음을 극히 좋아하고 흐림을 물리치지만, 그 (행하는) 도리가 좁을 수 있다는
견개 지 인
것을 (미리) 경계하지 않는다. 그래서 두루 사귐을 더럽다고 여기고 그 구애됨을 더해간다.【이런 사람은 널리 사귀고 두루 잘 베푸는 것을 더럽고 잡스럽다고 여겨 자기의 협량한 마음을 더해간다.】 이 때문에 이런 사람과는 더불어 절의를 지키는 일은 함께할 수 있지만, 그 달라짐을 통하게 하는 일[變通=事]은 (함께)하기 어렵다.【속 좁고 시야가 한정되어 있으니, 어찌
변통 사
이런 사람이 능히 큰길을 건널 수 있겠는가?】

움직임이 시원시원한 사람[休動之人]은 남보다 뛰어나기를 지향하고 좋아하기에 그 뜻이 지나치게 외람될 수 있다[大猥]는 것을 (미리)
휴동 지 인   대외
경계하지 않는다. 그래서 고요함을 정체된 것이라고 여기고 그 날카로움(혹은 재빠른 처신)을 더 과감하게 한다.【이런 사람은 침착하고 고요한 것을 침체되고 굴종적이라고 여겨서 자기의 과단성 있고 재빠른 마음을 더해간다.】 이 때문에 이런 사람과는 (더불어) 저돌적으로 나아가는 일을 (함께)할 수 있지만 더불어 남 뒤에 머물며 겸손해하는 일[持後=謙讓]은
지후 겸양
함께하기 어렵다.【뜻이 남을 뛰어넘어 앞서려는 데 있으니, 어찌 이런 사람이 능히 겸손하게 남의 뒤에 머무르려 하겠는가?】

침착하고 고요한 사람[沈靜之人]은 도리를 잡아 쥐어[思=司] 생각
침정 지 인   사 사
하고 또 생각하기에 그 고요함이 남보다 크게 뒤처질 수 있다[遲後]는
지후
것을 (미리) 경계하지 않는다. 그래서 적극적으로 움직이는 것을 덤벙거림[疏=簡]이라고 여기고 자신의 나약함[懧=懦]을 (오히려) 아름답게
소 간   나 나
여긴다.【이런 사람은 조급하게 움직이는 것을 거칠고 성글다고 여기고 자기의

나약한 마음을 아름답게 여긴다.】 이 때문에 이런 사람과는 더불어 심사숙고해야 하는 일은 함께할 수 있지만 더불어 신속하게 처리해야 할 일은 함께하기 어렵다.【사려함이 늘 제자리를 맴도니, 어찌 이런 사람이 능히 신속한 일 처리[機速=迅速]를 할 수 있겠는가?】

기속   신속

질박해 숨김이 없는 사람[樸露之人]은 마음속이 알차고 소박하며

박로 지 인
천진해 그 알참이 지나치게 거칠고 우직할 수 있다[野直]는 것을 (미

야직
리) 경계하지 않는다. 그래서 기만술을 허튼짓이라 여겨 자신의 속내를 쉽게 드러낸다.【이런 사람은 필요에 따라 권도를 써서 상황에 따라 달라지는 것[權譎=權變]을 허황되다고 여겨 자신의 성실하고 진심 어린 마음을 밖으

권휼 권변
로 쉽게 드러낸다.】 이 때문에 이런 사람과는 더불어 신의를 세우는 일은 함께할 수 있지만 더불어 생겨났다 사라졌다 하며 변하는 상황[消息]에 대처하는 일은 함께하기 어렵다.【마음 바탕이 진실하고 털털하며

소식
곧으니, 어찌 이런 사람이 능히 일의 경중을 헤아릴 수 있겠는가?】

속내를 감추고 속이기를 좋아하는 사람[韜譎之人]은 다른 사람의

도휼 지 인
마음속으로 파고들어 잘 헤아려서 남으로부터 용납받으려 하다 보니 그 술책이 바른 도리에서 벗어날 수 있다[離正]는 것을 (미리) 경계하

이정
지 않는다. 그래서 온 정성을 남김없이 다하는 것[盡=誠]을 어리석다

진 성
고 여기고 실상과 동떨어진 것[虛]을 귀하게 여긴다.【이런 사람은 온 정

허
성을 다하는 것을 우직하다고 여기고 자기의 허황한 마음을 귀하게 여긴다.】 이 때문에 이런 사람과는 더불어 남의 좋은 점을 칭찬해주는 일은 함께할 수 있지만 그릇된 일을 바로잡는 일은 함께하기 어렵다.【속내를 감추고 바른 도리에서 떠나 있으니, 어찌 이런 사람이 능히 어긋하거나 그릇된 것을 바로잡을 수 있겠는가?】

及其進德之日 不止[=不只]揆中庸 以戒其材之拘抗【抗者自是以奮勵 拘者
급 기 진덕 지일 부지　 부지 규 중용 이계 기재 지 구항 항자 자시이 분려 구자

自是以守局】; 而指[=斥]人之所短【拘者愈拘 抗者愈抗 或負石沈軀 或枹木
자 시이 수경 　이 지 척 . 인지소단 구자 유구 항자 유항 혹부석 침구 혹 포목

燋死】以益以其失; 猶晉楚帶劍 遞相詭反也【自晉視楚 則笑其在左; 自楚
초사　 이익 이 기실 유 진초 대검 체상 궤반 야 자진시초 즉소기 재좌 자초

視晉 則笑其在右 左右雖殊 各以其用 不爲違者 橫相誹謗 拘抗相反 皆不異此】.
시진 즉소기 재우 좌우 수수 각이기용 불위 위자 횡상 비방 구항 상반 개불이차

是故:
시고

彊毅之人 猂剛[=悍剛]不和 不戒其彊之搪突 而以順爲撓 厲其抗【以
강의 지인 한강 한강 불화 불계 기강 지 당돌 이이 순위요 여 기항 이

柔順爲撓弱 抗其搪突之心】; 是故 可以立法 難與入微【悍彊剛戾 何機微之
유순 위 요약 항기 당돌 지심 시고 가이 입법 난여 입미 한강 강려 하 기미 지

能入】.
능입

柔順之人 緩心寬(寡)斷 不戒其事之不攝 而以抗爲劌 安其舒【以猛剛爲
유순 지인 완심 관 과 단 불계 기사 지 불섭 이이 항위귀 안 기서 이 맹강 위

劌傷 安其恕忍之心】; 是故 可與循常 難與權疑【緩心寡斷 何疑事之能權】.
귀상 안기 서인 지심 시고 가여 순상 난여 권의 완심 과단 하 의사 지 능권

雄悍之人 氣奮勇決 不戒其勇之毀跌 而以順爲恇雄 竭其勢【以順忍爲
웅한 지인 기분 용결 불계 기용 지 훼질 이이 순위 광웅 갈 기세 이 순인 위

恇怯 而竭其毀跌之勢】; 是故 可與涉難 難與居約【奮悍毀跌 何約之能居】.
광겁 이 갈 기 훼질 지세 시고 가여 섭난 난여 거약 분한 훼질 하 약지 능거

懼愼之人 畏患多忌 不戒其懦[=懧]於爲義 而以勇爲狎 增其疑【以勇戇
구신 지인 외환 다기 불계 기나 　나 어 위의 이이 용위 압 증 기의 이 용당

爲輕侮 增其疑畏之心】; 是故 可與保全 難與立節【畏患多忌 何節義之能立】.
위 경모 증기 의외 지심 시고 가여 보전 난여 입절 외환 다기 하 절의 지 능립

凌楷之人 秉意勁特 不戒其情之固護 而以辨爲僞 彊其專【以辨博爲浮虛
능해 지인 병의 경특 불계 기정 지 고호 이이 변위 위 강 기전 이 변박 위 부허

而彊其專一之心】; 是故 可以持正 難與附衆【執意堅持 何人衆之能附】.
이 강기 전일 지심 시고 가이 지정 난여 부중 집의 견지 하 인중 지 능부

辨博之人 論理贍給 不戒其辭之氾濫 而以楷爲繫 遂其流【以楷正爲繫礙
변박 지인 논리 섬급 불계 기사 지 범람 이이 해위 계 수 기류 이 해정 위 계애

而遂其流宕之心】; 是故氾序 難與立約【辨博氾濫 何質約之能立】.
이 수기 유탕 지심 시고 범서 난여 입약 변박 범람 하 질약 지 능립

弘普之人 意愛周洽 不戒其交之溷雜 而以介爲狷 廣其濁【以拘介爲狷戾
홍보 지인 의애 주흡 불계 기교 지 혼잡 이이 개위 견 광 기탁 이 구개 위 견려

而廣其溷雜之心】; 是故 可以撫衆 難與厲俗【周洽溷雜 何風俗之能厲】.
이 광기 혼잡 지심 시고 가이 무중 난여 여속 주흡 혼잡 하 풍속 지 능려

狷介之人 砭清【甫廉反[12]】激濁 不戒其道之隘狹 而以普爲穢 益其拘【以
견개 지인 폄청 보염반 격탁 불계 기도 지 애협 이이 보위 예 익 기구 이

弘普爲穢雜 而益其拘局之心】; 是故 可與守節 難以變通【道狹津隘 何通塗之
홍보 위 예잡 이익 기 구국 지심 시고 가여 수절 난이 변통 도협진애 하 통도 지

---

12 보와 염의 반절음이니 발음은 볌이 되지만, 큰 차이가 없어 그냥 폄이라고 했다.

能涉】.
능섭

休動之人 志慕超越 不戒其意之大猥 而以靜爲滯 果其銳【以沈靜爲滯屈
휴동 지 인 지모 초월 불계 기의 지 대외 이 이정 위체 과 기예 이 침정 위체굴

而增果銳之心】; 是故 可以進趨 難與持後【志在超越 何謙後之能持】.
이 증 과예 지심 시고 가이 진추 난여 지후 지재 초월 하 겸후 지 능지

沈靜之人 道思迴復 不戒其靜之遲後 而以動爲疏 美其懦【以躁動爲麤疏
침정 지 인 도사 회복 불계 기정 지 지후 이 이동 위소 미 기나 이 조동 위추소

而美其懦弱之心】; 是故 可與深慮 難與捷速【思慮迴復 何機速之能及】.
이 미 기 나약 지심 시고 가여 심려 난여 첩속 사려 회복 하 기속 지 능급

樸露之人 中疑[=中定]實硌 不戒其實之野直 而以譎爲誕 露其誠【以
박로 지 인 중의 중정 실함 불계 기실 지 야직 이 이휼 위탄 노 기성 이

權譎爲浮誕 而露其誠信之心】; 是故 可與立信 難與消息【實硌野直 何輕重之
권휼 위 부탄 이 노기 성신 지심 시고 가여 입신 난여 소식 실함 야직 하 경중 지

能量】.
능량

韜譎之人 原度取容 不戒其術之離正 而以盡爲愚 貴其虛【以款盡爲愚直
도휼 지 인 원탁 취용 불계 기술 지 이정 이 이진 위우 귀 기허 이 관진 위 우직

而貴其浮誕之心】; 是故 可與讚善 難與矯違【韜譎離正 何違邪之能矯】.
이 귀 기 부탄 지심 시고 가여 찬선 난여 교위 도휼 이정 하 위사 지 능교

무릇 배움이란 재질을 이뤄가는 방법이고【굳셈과 꼿꼿함을 배우면 그 고항함을 고요하고 맑게 만들 수 있고, 부드러움과 고분고분함을 배우면 그 나약함을 보다 좋은 쪽으로 진작시킬 수 있다.】서(恕-미뤄 헤아리는 마음)란 다른 사람의 속내를 미뤄 헤아리는 방법이다.【자기 마음을 미뤄 헤아려 남의 본성을 알아내는 것이다.】한 가지 재주에만 기울어지거나 쏠린 성품은 바꾸기가 어려우니,【자기 성분만을 고수하며 마땅함을 들어도 그쪽으로 옮겨가지 않기[聞義不徙][13] 때문이다.】비록 배움으로 그런 사람을 가
문의 불사
르친다고 해도 재질이 이미 이뤄져 있어 잘못이 그것을 따르게 되고,
【(예를 들면) 강의(剛毅-군세고 꼿꼿함)한 본성이 이미 이뤄져 있으면 지나칠 정

---

13 『논어』「안연(顔淵)」편에서 제자 자장(子張)이 숭덕(崇德-다움을 쌓음)하는 방법을 묻자 공자는 이렇게 말했다. "충신(忠信)을 위주로 하면서 마땅함으로 옮겨가는 것[徙義]이 숭
사의
덕하는 방법이 아니겠는가?"

도로 남의 숨은 일까지 들춰내 헐뜯으려는 마음[激訐之心]이 더욱 강화된다.】
격알 지 심
비록 서(恕)로 그런 사람을 일깨운다고 해도 남의 속내를 미뤄 헤아
리는 일은 각각 자기 마음을 따르게 된다.【서(恕)란 자기가 싫은 것은 남
에게도 기꺼이 하지 않는 것이다.】 믿으려는 자는 (남도 그러리라 생각하고서)
미리 믿고[逆信],【자기가 신의가 있다는 것을 미뤄 헤아려 남들도 모두 신의가
역신
있다고 여기는데 속이려는 자는 거짓된 것도 받아들일 수 있다.】 속이려는 자
는 (남도 그러리라 생각하고서) 미리 속인다[逆詐].[14]【자기가 속이려 하는 것
역사
을 미뤄 헤아려 남들도 모두 속이려 한다고 여기는데, 그렇게 되면 신의가 있는
사람은 간혹 자기가 의심스러워하는 것을 받아들이게 된다.】

그래서 (이런 사람은) 배운다고 해서 (중용의) 도리에 들어가지는 못
하고, 서(恕)를 갖고 온갖 사람[物][15]에 두루 미칠 수 없다.【한 가지 재주
물
에 쏠린 사람은 각자 자기 능력이 옳다고 여기니, 어떻게 도리에 능히 들어갈 수
있고 어떻게 온갖 사람들에 두루 미칠 수 있겠는가?】 이것이 바로 한 가지 재
주에 기울어지거나 쏠린 사람들이 잘못을 더해가는 까닭이다.【한 가
지 재주 때문에 능히 겸손할 수 없는 자를 가르칠 경우 더욱 잘못을 범하게 된다.
이 때문에 사람을 부리는 자가 사람을 쓰는 어짊[用人之仁]으로 그 탐욕스러움
용인 지 인
을 제거하고 사람을 쓰는 지혜[用人之智]로써 그 속이려는 마음을 제거한 다음
용인 지 지
에라야 한 가지 쏠린 재주를 가진 많은 이가 반드시 진출하게 되어 도리가 모든
사람과 일에 두루 펼쳐지게 된다.】

---

14 미리 속이려는 역사(逆詐)에 대해서는 이미 공자가 『논어』 「헌문(憲問)」편에서 이렇게 말
했다. "남이 나를 속일까 봐 미리 걱정하지 말고[不逆詐] 또 남이 나를 믿어주지 않을까 봐
불 역사
억측하지 말아야 하지만[不億不信], 역시 그것을 미리 알아차리는[先覺] 사람이야말로 뛰
불억 불신   선각
어나다고 할 것이다." 역(逆)이란 아직 오지 않은 것을 미리 맞이하는 것[迎]이다.
영
15 이때 물(物)은 일이나 사물이 아니라 사람이다.

夫 學所以成材也【彊毅靜其抗 柔順厲其懦】, 恕所以推情也【推己之情 通
부 학 소이 성재 야 강의 정 기항 유순 여 기나 서 소이 추정 야 추 기지정 통

物之性】. 偏材之性 不可移轉矣【固守性分 聞義不徙】 雖敎之以學 材成以
물지성 편재 지성 불가 이전 의 고수 성분 문의 불사 수 교지 이학 재성 이

隨之以失【剛毅之性已成 激訐之心彌篤】 雖訓之以恕 推情各從其心【意之
수지 이실 강의 지성 이성 격알 지심 미독 수 훈지 이서 추정 각 종 기심 의지

所非 不肯是之於人】. 信者逆信【推己之信 謂人皆信 而詐者得容爲僞也】, 詐者
소비 불긍 시지 어인 신자 역신 추 기지신 위인 개신 이 사자 득용 위위 야 사자

逆詐【推己之詐 謂人皆詐 則信者或受其疑也】. 故 學不入道, 恕不周物【偏材
역사 추 기지사 위인 개사 즉 신자 혹 수 기의 야 고 학 불입도 서 부 주물 편재

之人 各是己能 何道之能入 何物之能周?】. 此偏材之益失[=得失]也【材不能
지인 각 시 기능 하 도지 능입 하 물지 능주 차 편재 지 익실 득실 야 재불능

謙 敎之愈失 是以宰物者用人之仁去其貪 用人之智去其詐 然後群材必御 而道周
겸 교지 유실 시이 재물자 용인 지인 거 기탐 용인 지지 거 기사 연후 군재 필어 이 도주

萬物也矣】.
만물 야의

제 3 장

유형에 따른 직분
유업 제3(流業第三)

【삼재(三材)는 원천이고 익히는 자는 흐르는 물이다. 그래서 흐르는 물이 점점 원천을 잃게 되면 그 직분이 각자 달라진다.】

대개 사람의 유형에 따른 직분은 열두 가지다.【본성이 이미 같지가 않고, 물들거나 익히는 것에 따라 또 달라진다. 지류(枝流-유형)에는 조항별로 차이가 있어 각자 뜻을 두는 업이 있다.】

청절가(淸節家)[1]【행위가 남들의 모범이 된다.】, 법가(法家)[2]【법을 세우고 제도를 드리운다.】, 술가(術家)[3]【지모(智謀)와 사려함이 끝이 없다.】, 국체(國體-나라의 동량)[4]【덕·법·술 세 가지를 순수하게 갖추었다.】, 기능(器能-능력)[5]【삼재

---

1 지조가 높고 맑은 사람을 가리킨다.
2 법치를 엄격하게 시행하는 사람을 가리킨다. 유가처럼 친소(親疏)에 차별을 두지 않고 귀천(貴賤)을 구별하지 않는다. 전국시대 이회(李悝)·상앙(商鞅)·한비(韓非)가 이에 속하고 한나라 때 장탕(張湯)이 전형적이다. 이회는 전국시대 위(魏)나라 재상으로 법가로 나라를 다스려 국가를 부흥시켰다. 반면에 반고는 『한서』「예문지(藝文志)」에서 법가(法家)를 이렇게 풀이했다.

   "법가(法家)의 부류란 대개 이관(理官-옥을 다스리는 관리)에서 나왔기 때문에 신상필벌(信賞必罰)을 통해 예제(禮制)를 보완한다. 『주역(周易)』에 이르기를 "선왕(先王)은 그것을 갖고서 형벌을 밝히고 법을 엄히 했다(註-서합괘(噬嗑卦, ䷔)의 상(象) 풀이로, 서합이란 깨물어 합친다는 것이다)"라고 했으니, 이것이 법가의 장점이다. 법조문에 밝은 각자(刻者-각박한 관리)가 이를 행하게 되면 교화는 없어지고 어짊과 사랑[仁愛]은 버려진 채 모든 것을 오직 형법에만 맡기게 되므로, 그것으로 다스리려 하다 보니 지친(至親)에게까지 잔혹한 형벌이 이르게 돼 은혜를 해치고 두터움과 엷음이 뒤바뀐다."

3 권모술수에 능한 사람들로, 옛날에 율력(律曆)을 책임진 사람 중에 이런 계통이 많았다. 군사를 쓸 때[用兵]는 이들을 중시한다.
4 군주를 보좌하는 중요 대신을 말한다. 『춘추곡량전』 장공(莊公) 24년조에서 말했다. "국체(國體)란 임금의 팔다리[股肱]를 가리킨다. 예를 들면 주공(周公)과 태공(太公)은 성왕(成王)에게 팔다리와 같은 대신이다."
5 진교초는 그릇과 지식과 재주와 능력[器識才能]이 탁월한 사람이라고 하고서 제갈량(諸葛亮)·관중(管仲)·소하(蕭何)를 이에 속하는 인물로 보았다.

중 하나를 갖추고 있지만 미미하다.】, 장부(臟否-좋고 나쁨)⁶【선악이나 옳고 그름을 잘 분별한다.】, 기량(伎倆)【발상이 기발하고 정교하다.】, 지의(智意)⁷【많은 이가 의심스러워하는 것들을 잘 풀어낸다.】, 문장(文章)⁸【글을 통해 일을 근사하게 드러낸다.】, 유학(儒學)⁹【도리와 예법이 깊고 밝다.】, 구변(口辨)¹⁰【응대하는 것이 민첩하다.】, 웅걸(雄傑)¹¹【담력과 지략이 남들을 뛰어넘는다.】이 있다.

---

6   한나라 때 급암(汲黯, ?~기원전 112년)이 대표적이다. 경제(景帝) 때 음보(蔭補)로 태자세마 (太子洗馬)가 되었다. 무제(武帝) 초에 알자(謁者)가 되어 하남(河南) 지역의 화재(火災)를 시찰했는데, 제문(制文, 황제의 명령서)을 고쳐 창고를 열고 이재민을 구휼했다. 외직으로 나가 동해태수(東海太守)가 되었는데, 형벌을 경감하고 정치를 간소하게 집행하면서 가혹 하거나 지나치게 상세한 처결을 하지 않아 치적을 올렸다. 불려가서 주작도위(主爵都尉)에 올라 구경(九卿)의 한 사람이 되었다. 사람 됨됨이가 충간을 좋아하고 정쟁(廷諍)을 거침없 이 제기했는데, 무제가 속으로는 욕심이 많았지만, 겉으로 인의(仁義)를 많이 베푼 것도 그 의 힘이 컸다. 무제가 그를 두고 '사직(社稷)을 지탱하는 신하'라 칭송했다. 또 흉노와의 화 친을 주장하고 전쟁은 반대했다. 승상 장탕(張湯)과 어사대부(御史大夫) 공손홍(公孫弘) 등을 '문서로 장난을 쳐 법을 농간하는 법률 만능주의자'요 '천자에게 아첨하는 영교지도 (佞巧之徒-교묘하게 아첨하는 무리)'라고 비난했다. 황로지도(黃老之道)와 무위(無爲)의 정 치를 주장하며 왕에게 간했는데, 받아들여지지 않았다. 어떤 일로 면직되어 몇 년 동안 전 원에서 보냈다. 다시 불려와 회양태수(淮陽太守)가 되었고, 재직 중에 죽었다.

7   지의(智意)란 기미를 보고서 앞으로 전개될 일을 알아차릴 줄 아는 사람을 말한다.

8   진교초는 여기에 속하는 인물로 사마천 외에 사마상여(司馬相如, 기원전 179~117년)를 꼽 았다. 전한 촉군(蜀郡) 성도(成都) 사람으로 사부(辭賦)를 잘 지었다. 어렸을 때 독서와 검 술을 좋아했으며, 전국시대의 인상여(藺相如)를 사모해 자기의 이름을 상여로 바꾸었다. 임공(臨邛) 땅에서 탁왕손(卓王孫)의 딸인 탁문군(卓文君)과 만나 성도로 달아나 혼인한 이야기는 유명하다. 처음에 경제(景帝)를 섬겨 무기상시(武騎常侍)가 되었는데, 병으로 사 직했다. 양(梁)으로 와서 매승(枚乘)과 교유했다. 무제(武帝)에게 「상림부(上林賦)」를 지 어 바쳤는데, 무제가 이것을 읽고 재능이 있다고 여겨 불러 낭(郎)으로 삼았다. 나중에 중 랑장(中郎將)이 되었고, 사신으로 서남이(西南夷)와 교섭해 공을 세웠다. 효문원령(孝文園 令)에 임명되었지만, 병으로 사임했다. 한부(漢賦)의 제재와 묘사 방법을 보다 풍부하게 해 부체(賦體)를 한나라의 대표적인 문학 형태로 자리하게 하는 데 큰 공헌을 했다.

9   공자의 학술을 전승하는 사람을 말한다. 육예(六藝)를 법도로 삼는다.

10 말재주가 있는 사람으로, 빈객 응대에 능하다.

11 웅재(雄才)가 걸출한 사람이다.

蓋 人流之業 十有二焉【性旣不同 染習又異: 枝流條別 各有志業】: 有淸節家
개 인류 지업 십유 이언 성기 부동 염습 우이 지류 조별 각유 지업 유 청절가

【行爲物範】, 有法家【立憲垂制】, 有術家【智慮無方】, 有國體【三材純備】, 有
행위 물범 유 법가 입헌 수제 유 술가 지려 무방 유 국체 삼재 순비 유

器能【三材而微】, 有臧否【分別是非】, 有伎倆【錯意工巧】, 有智意【能鍊衆疑】,
기능 삼재 이미 유 장부 분별 시비 유 기량 착의 공교 유 지의 능련 중의

有文章【屬辭比事】, 有儒學【道藝深明】, 有口辨【應對給捷】, 有雄傑【膽略
유 문장 속사 비사 유 유학 도예 심명 유 구변 응대 급첩 유 웅걸 담략

過人】.
과인

　　예를 들면 다움과 행실이 높고 오묘하며[高妙] 용모와 행동거지
　　　　　　　　　　　　　　　　　　　　　고묘
가 본받을 만한 것, 이를 일러 청절가라고 하는데 연릉계자(延陵季子,
?~?)¹²와 안영(晏嬰, 기원전 578~500년)¹³이 이에 해당한다.

　　법과 제도를 세워 나라를 강하게 하고 백성을 부유하게 해주는

12　춘추시대 오(吳)나라 사람으로 계찰(季札) 혹은 공자 찰(公子札)로 불렸고 연릉(延陵)에
　　봉해져 연릉계자(延陵季子)라고도 했다. 나중에 또 주래(州來)에 봉해져 연주래계자(延州
　　來季子)라고도 불렸다. 오왕(吳王) 수몽(壽夢)의 넷째 아들이다. 아버지 수몽이 그의 뛰어
　　남을 높이 사 왕으로 세우려고 했지만 고사했고, 형 제번(諸樊)이 양보하려고 하자 또 사
　　양했다. 제번이 죽자 그 형 여제(餘祭)가 왕위에 올랐고, 여제가 죽은 뒤 이매(夷昧)가 왕위
　　에 올랐다. 이매가 죽자 나라를 주려고 하니 피해 받지 않아서 이매의 아들 요(僚)가 즉위
　　했다. 이처럼 왕이 될 수 있는데도 사양하는 것을 공자는 지덕(至德)이라고 했다. 공자 광
　　(公子光)이 전제(專諸)를 시켜 요를 살해하고 스스로 왕위에 오르니, 이가 바로 합려(闔閭)
　　다. 계찰이 비록 복종했지만, 요의 무덤에 가서 곡을 했다. 현명하고 해박했으며, 여러 차례
　　중원(中原)의 제후를 찾아 질문했는데, 안영(晏嬰)·자산(子産)·숙향(叔向) 등과 회견했다.
　　노(魯)나라에 가서 주악(周樂)을 관람했다. 서(徐)나라를 지났는데, 서나라 임금이 그가 차
　　고 있던 칼을 좋아했지만 여러 나라를 다니는 중이라 미처 주지 못했다. 나중에 돌아와 보
　　니 서나라 임금이 이미 죽었기에, 그의 무덤 앞 나무에 칼을 걸어놓고 떠났다.

13　중국 춘추시대 제(齊)나라 정치가로, 이름은 영(嬰)이고 자(字)는 중(仲)이며 시호(諡號)는
　　평(平)이다. 그래서 평중(平仲)이라고도 불렸으며, 안자(晏子)라고 존칭(尊稱)되기도 한다.
　　제나라 영공(靈公)·장공(莊公)·경공(景公) 3대에 걸쳐 몸소 검소하게 생활하며 나라를 바
　　르게 이끌어 관중(管仲)과 더불어 훌륭한 재상(宰相)으로 오래도록 존경받았다. 공자는
　　『논어』「공야장(公冶長)」편에서 안영에 대해 이렇게 평했다. "안평중(晏平仲)은 사람들과
　　잘 사귀었다[善交]. 사이가 오래되어도 삼가는 마음을 잃지 않았기 때문이다[久而敬之]."
　　　　　　　　　　　　　선교　　　　　　　　　　　　　　　　　　　　　　　구이경지
　　저술로『안자춘추』가 전한다.

것, 이를 일러 법가라고 하는데 관중(管仲, ?~기원전 645년)[14]과 상앙(商鞅, ?~기원전 338년)[15]이 이에 해당한다.

생각이 두루 달통해 도리로 세상을 바꿔 책략과 지모가 기이하고 오묘한 것, 이를 일러 술가라고 하는데 범려(范蠡, ?~?)[16]와 장량(張良,

---

14 춘추시대 제(齊)나라 영상(潁上) 사람으로 이름은 이오(夷吾)이고 자는 중(仲)이다. 가난한 소년 시절부터 포숙아(鮑叔牙)와 평생토록 변함없이 깊은 우정을 나눴던 관포지교(管鮑之交)가 유명하다. 처음에 공자 규(公子糾)를 섬겨 노(魯)나라로 달아났다. 제양공(齊襄公)이 피살당하자 공자 규와 공자 소백(公子小伯-환공)이 자리를 두고 다투었는데, 공자 규가 실패하고 살해당하면서 자신은 투옥되었다. 그때 포숙아는 소백 편에 섰는데, 그가 추천하자 환공이 지난날의 원한을 잊고 발탁해 노장공(魯莊公) 9년 경(卿)으로 삼고 높여 중보(仲父)라 불렀다. 제도를 개혁하고 국토를 효율적으로 구분했다. 도성을 사향(士鄉) 열다섯 군데와 공상향(工商鄉) 여섯 군데로 나누고, 지방 또한 오속(五屬)으로 구획해 오대부(五大夫)가 나눠 다스리도록 했다. 염철관(鹽鐵官)을 두고 소금을 생산하면서 돈을 제조하게 했다. 이렇게 군사력을 강화하고 상업과 수공업의 육성을 통해 부국강병을 꾀했다. 대외적으로는 동방이나 중원의 제후와 아홉 번 회맹(會盟)해 환공으로 하여금 제후의 신뢰를 얻게 했고, 남쪽에서 세력을 떨치기 시작한 초(楚)나라를 누르려고 했다. 그의 도움으로 제환공은 춘추오패(春秋五覇)의 한 사람이 되었다. 저서에 『관자(管子)』가 있는데, 후세 사람들에 의해 가필된 것으로 여겨진다.

15 전국시대 진(秦)나라 사람이다. 위앙(衛鞅) 또는 공손앙(公孫鞅)이라고도 한다. 위(衛)나라 공족(公族) 출신으로, 일찍부터 형명학(刑名學)을 좋아해 조예가 깊었다. 위(魏)나라에 벼슬하려 했지만 받아주지 않자 진(秦)나라로 가서 효공(孝公)에게 채용되었다. 부국강병의 계책을 세워 여러 방면에 걸친 대개혁을 단행함으로써 후일 진제국(秦帝國) 성립의 기반을 세웠다. 그 공적으로 열후에 봉해지고 상(商, 섬서성 상현(商縣))을 봉토로 받으면서 상앙이라 불렸다. 재상으로 있으면서 엄격한 법치주의 정치를 펴 많은 사람의 원한을 샀는데, 효공이 죽자 반대파에 의해 거열형(車裂刑)에 처해졌다. 그가 썼다고 하는 『상군서(商君書)』는 편마다 성립 연대가 달라 전국시대 말기 법가(法家)들의 손으로 이뤄졌다는 설도 있지만, 귀중한 역사적 자료임에는 틀림없다.

16 춘추시대 초(楚)나라 완(宛) 사람으로 월(越)나라 대부(大夫)였다. 이름은 여(蠡)이고 자는 소백(少伯)이다. 완령(宛令) 문종(文種)의 친구로, 그를 따라 월나라로 가서 월왕 윤상(允常)을 섬겼고 구천(句踐)이 이어 등극하자 그의 모신(謀臣)이 되었다. 월나라가 오나라에 패배하자 문종으로 하여금 나라를 지키게 하고 그는 오나라에 화해를 요청하며 구천을 따라 3년 동안 오나라에서 신복(臣僕)으로 있었다. 귀국해서는 문종과 함께 부국강병에 최선을 다했다. 구천 15년 오나라의 도성(都城)을 격파했고, 22년 오나라를 포위한 뒤 3년

?~기원전 186년)¹⁷이 이에 해당한다.

若夫 德行高妙 容止可法, 是謂淸節之家 延陵 晏嬰 是也.
<small>약부 덕행 고묘 용지 가법 시위 청절 지 가 연릉 안영 시야</small>

建法立制 彊國富人, 是謂法家 管仲 商鞅 是也.
<small>건법 입제 강국 부인 시위 법가 관중 상앙 시야</small>

思通道化 策謀奇妙, 是謂術家 范蠡 張良 是也.
<small>사통 도화 책모 기묘 시위 술가 범려 장량 시야</small>

삼재(三材)¹⁸를 겸해서 갖고 있는데 이 삼재가 모두 제대로 갖춰져

있어【청절과 법가와 술가가 모두 갖춰져 있는 것이다.】 그 다음이 족히 풍속

뒤에 멸망시켰으며 상장군(上將軍)에 올랐다. 높은 명성을 얻은 뒤에 구천과는 오랫동안 함께하기 어렵다는 사실을 깨닫고는 벼슬을 내어놓고 미인 서시(西施)와 더불어 오호(五湖)에 배를 띄우고 놀았다고 한다. 나중에 스스로 치이자피(鴟夷子皮)라 일컬으며 재물을 모았다가 그 재물을 모두 흩어 백성에게 나눠 준 다음, 다시 도(陶) 땅에 가서 호를 도주공(陶朱公)이라 일컬으며 수만 금(金)을 모아 대부호가 되었다. 왕이 공인(工人)에게 명해 금으로 그의 형상을 새기게 해 조정에서 예를 올렸다고 한다. 그러나 치이자피나 도주공이 그와 동일한 인물이었는지는 의심스러우며, 사마천(司馬遷)이 이전(異傳)을 모아서 그의 전기를 지어낸 것이 아닌가 한다. 저서에 『범려』가 있었다고 하는데 지금은 없어졌다.

17 자는 자방(子房)이고 시호는 문성(文成)이다. 할아버지와 아버지가 연이어 한(韓)나라 재상을 지냈다. 진(秦)나라가 조국 한나라를 멸망시키자 자객을 시켜 박랑사(博浪沙)에서 진시황을 암살하려 했지만 실패했다. 그 후 성명을 고치고 하비(下邳) 땅으로 달아나 살았는데, 흙다리 위에서 황석공(黃石公)이란 노인을 만나 태공망(太公望)의 병서(兵書) 『태공병법(太公兵法)』을 전수받았다고 한다. 진나라 이세(二世) 원년(기원전 209년) 무리를 모아 진승(陳勝)의 반란에 호응했고, 나중에 유방(劉邦)의 모신(謀臣)이 되었다. 유방이 군대를 이끌고 함양(咸陽)에 진군했을 때 번쾌(樊噲)와 함께 유방에게 궁실의 부고(府庫)를 봉쇄한 뒤 패상(覇上)으로 철군할 것을 권했으며, 홍문연(鴻門宴)에서는 기지를 발휘해 유방을 위기에서 구해냈다. 초한(楚漢) 전쟁 때는 여섯 나라가 공존할 수 없음을 제시해 영포(英布)와 팽월(彭越)과 연대하게 했고 한신(韓信)을 등용하는 등의 계책을 올렸다. 또 항우(項羽)를 공격해 궤멸시킬 것을 건의했는데, 모두 유방이 채택했다. 고조(高祖) 6년(기원전 201년) 유후(留侯)에 봉해졌다. 뜻을 이룬 뒤 속세를 벗어나 벽곡(辟穀)을 하고 신선술을 익히면서 여생을 보냈다고 한다.

18 청절가·법가·술가의 재질을 말한다.

을 교화할 수 있거나[19] 그 법이 족히 천하를 바로잡을 수 있거나[20] 그 술(術)이 족히 묘당(廟堂)[21]의 건재함을 도모할 수 있는[22] 사람, 이를 일러 국체(國體)라고 하는데 이윤(伊尹, ?~?)[23]과 여망(呂望)[24]이 이에 해당한다.

삼재를 겸해서 갖고 있지만, 삼재가 모두 미미해【삼재를 갖추고 있지만 모두 순정하지가 않다.】 그 다움이 족히 제후국 하나를 통솔할 수 있거나 그 법이 족히 향읍 정도를 바로잡을 수 있거나[25] 그 술이 족히 일의 마땅함[事宜]에 알맞게 권도를 발휘할 수 있는 것, 이를 일러 기
사의

---

19 덕행으로 사회적 풍조를 끌어올리는 것을 말한다.

20 법과 제도로 사회를 다스리는 것을 말한다.

21 재상들의 근무처로 조정을 가리킨다.

22 권모나 책략으로 종묘사직을 지켜내는 것을 말한다.

23 은(殷, 商)나라 초기 사람으로 이름이 이(伊)이고 윤(尹)은 관직 이름이다. 노예였다가 유신씨(有莘氏)의 딸이 시집갈 때 잉신(媵臣)으로 따라갔고, 탕왕(湯王)의 인정을 받아 등용되었다. 하(夏)나라를 멸하고 은나라를 건국하는 데 큰 공을 세워 은나라 재상이 되었다. 탕왕이 죽은 뒤 외병(外丙)과 중임(仲壬) 두 임금을 보좌했다. 중임이 죽고 그 뒤를 이은 태갑(太甲)이 정사를 돌보지 않고 탕왕의 법을 따르지 않자 그를 동(桐)으로 축출하고 일시 섭정했다가, 3년 뒤 태갑이 잘못을 뉘우치자 다시 왕위에 올렸다. 일설에는 태갑이 올라야 하는데 이윤이 찬탈해 자립하면서 태갑을 쫓아냈는데, 태갑이 7년 뒤 몰래 돌아와 그를 죽였다고 한다. 후세에 주공(周公)과 더불어 고대의 명재상으로 칭송을 받았다.

24 주(周)나라 때 동해(東海) 사람으로, 성은 강(姜)이고 이름은 상(尙)이다. 집 안이 가난해 위수(渭水) 강가에서 낚시하다가 문왕(文王)을 만났다. 문왕이 이야기를 나눠보고는 크게 기뻐하면서 "우리 태공이 그대를 기다린 지 오래입니다[吾太公望子 久矣]"라고 말했기에 태공망(太公望) 또는 강태공(姜太公), 여망(呂望)으로도 불린다. 문왕과 무왕(武王)을 도와 은(殷)나라를 치고 주나라를 세운 공으로 제(齊)나라에 봉해졌다. 무왕은 그를 높여 사상보(師尙父)라 했다. 도읍을 영구(營丘)에 두었는데, 제나라 시조가 되었다. 정치를 잘해 많은 사람이 귀의했다. 주나라에 머물면서 태사(太師)가 되었고, 오후구백(五侯九伯)을 정벌할 권한을 가졌다. 병서(兵書) 『육도(六韜)』는 그가 지은 것이라고 한다.

25 조선 시대로 치면 관찰사 정도를 맡을 수 있다는 뜻이다.

82

능(器能)이라고 하는데 자산(子産, 기원전 580~522년)[26]과 서문표(西門豹, ?~?)[27]가 이에 해당한다.

兼有三材 三材皆備【德與法術 皆純備也】其德足以厲風俗 其法足以正
겸유 삼재   삼재 개비 덕 여 법술 개 순비 야   기덕 족이 여 풍속 기법 족이 정

天下 其術足以謀廟勝, 是謂國體 伊尹 呂望 是也.
천하 기술 족이 모 묘승   시위 국체 이윤 여망 시야

兼有三材 三材皆微【不純備也】其德足以率一國 其法足以正鄕邑 其術
겸유 삼재   삼재 개미 불 순비 야   기덕 족이 솔 일국 기법 족이 정 향읍 기술

足以權事宜, 是謂器能 子産 西門豹 是也.
족이 권 사의   시위 기능 자산 서문표 시야

삼재 중에서 하나만 가진 아류들이 있다.【삼재가 원천이라면 익히는 것은 지류가 된다.】

청절가 아류는 널리 너그럽지 못해【맑음을 이치로 여기는데 어찌 능히 너그럽고 남을 품어줄 수 있겠는가[寬恕]?】 남을 비판하고 꾸짖기를 좋아하 관서
며 옳고 그름을 분별하는 데 힘쓰는 사람이니【자기가 너그럽지 못하고 품

---

26 춘추시대 정(鄭)나라 사람이다. 자국(子國)의 아들로, 이름은 교(僑)이다. 공손교(公孫僑) 또는 공손성자(公孫成子)로도 불린다. 시호가 성자이다. 정나라 목공(穆公)의 후손으로 태어나 기원전 543년 내란을 진압하고 재상이 되었다. 정간공(鄭簡公) 23년 정경(正卿)이 되어 집정(執政)했다. 정치와 경제 개혁을 하고, 북쪽의 진(晉)나라와 남쪽의 초(楚)나라 등 대국 사이에 끼어 어려운 처지에 있던 정나라에서 외교적으로 성공을 거두었다. 내정에 서도 중국 최초의 성문법을 정해 인습적인 귀족 정치를 배격했고, 농지를 정리해 전부(田賦)를 설정, 국가 재정을 강화했다. 미신 행사를 배척하는 등 합리적이고 인간주의적 활동 을 함으로써 공자(孔子) 사상의 선구가 되었다. 관맹상제(寬猛相濟)를 정치의 요체로 삼아 천도(天道)는 멀고 인도(人道)는 가깝다는 관점을 제시했다.

27 전국시대 초기 위(魏)나라 사람으로, 성격이 급해 가죽을 차고 다니면서 스스로 경계했다. 문후(文侯) 때 업(鄴)의 장관이 되어 선정을 베풀었다. 백성을 동원해 수로(水路)를 12개 파서 논으로 강물을 끌어들이는 관개 사업(灌漑事業)을 벌여 농업 생산 증대에 이바지했 다. 당시 그 고장 사람들은 무신(巫神)을 믿어 해마다 미녀를 골라 하백(河伯)을 위해 강물 에 던졌는데, 주창자인 무당을 강물에 던짐으로써 폐단을 일소했다.

어주지 못하면 시비 논란이 생겨난다.】, 이를 일러 장부(臧否-좋고 나쁨)라고 하는데 자하(子夏, 기원전 507~420년?)[28] 같은 무리가 이에 해당한다.

법가 아류는 창의적 생각이나 원대한 계책은 없지만【법률과 제도는 가까운 것이라 생각이 먼 데까지 미치지 못한다.】 능히 관직 하나는 맡을 수 있으며 이런저런 생각을 섞어 정교한 해법을 찾아내는 사람이니【일을 성공시키는 데만 힘쓰느라 교묘한 생각을 만들어낸다.】, 이를 일러 기량(伎倆)이라고 하는데 장창(張敞, ?~기원전 47년)[29]과 조광한(趙廣漢, ?~기원전 65년)[30]이 이에 해당한다.

---

28 전국시대 위(衛)나라 사람인데, 진(晉)나라 온(溫) 사람이라고도 한다. 성명은 복상(卜商)이다. 공자(孔子)의 제자로 공자보다 44세 연하였다. 공문십철(孔門十哲)의 한 사람이다. 공자가 죽은 뒤 위나라 문후(文侯)에게 초빙되어 스승이 되었지만, 공자의 죽음을 슬퍼해 실명(失明)했다고 한다. (또는 아들의 죽음 때문에 슬피 울다가 실명했다고도 한다.) 서하(西河)에서 강학(講學)했다. 이극(李克)과 오기(吳起), 전자방(田子方), 단간목(段干木) 등이 모두 그의 문하에서 배웠다. 위문후(魏文侯)가 그를 스승으로 섬겨 예(藝)를 배웠다. 학문은 시와 예에 통했고, 공자의 『춘추(春秋)』를 전공해 『공양전(公羊傳)』과 『곡량전(穀梁傳)』의 원류를 이뤘다. 주관적 내면성을 존중하는 증자(曾子) 등과 달리 예(禮)의 객관적 형식을 존중하는 것이 특색이다. 『논어(論語)』에 그의 말이 적지 않게 실려 있는 것을 통해 그 무렵 공문(孔門)에서의 위치가 어떠했는지 짐작할 수 있다. 『시서(詩序)』를 썼다고 전한다. 그런데 공자는 그를 다음과 같이 여겼다. 『논어』 「옹야(雍也)」편에서 공자가 자하를 평해서 하는 말이다. "너는 군자다운 유자[君子儒]가 되어야지 소인 같은 유자가 되지 말라!"

29 전한 경조(京兆) 두릉(杜陵) 사람으로 소제(昭帝) 때 태복승(太僕丞)이 되었다. 선제(宣帝) 때 태중대부(太中大夫)가 되었는데, 대장군 곽광(霍光)의 뜻을 거슬렀다가 한곡관도위(函谷關都尉)로 나갔다. 나중에 경조윤(京兆尹)에 올랐는데, 하루에 도둑 수백 명을 잡아 엄격하게 처벌하니 시장에 도적이 사라져서 황제의 칭찬을 받았다. 양운(楊惲)과 가깝게 지냈는데, 양운이 대역죄로 살해당하자 면직되고 귀향했다. 몇 개월 뒤 기주자사(冀州刺史)로 기용되자 도적들이 사라졌다. 원제(元帝)가 좌풍익(左馮翊)으로 기용하려고 했는데, 병사했다. 직언을 잘하고 상벌을 엄격히 했다. 일찍이 아내를 위해 눈썹을 그려주었다가 탄핵을 받았다. 선제가 까닭을 물어보니 규방(閨房) 안의 일이라면 눈썹을 그리는 것보다 더한 일도 있다고 대답하자 황제가 책망하지 못했다. 장창에 대해서는 역자가 옮긴 반고의 『한서』 「장창전」을 참고하면 된다.

30 전한 탁군(涿郡) 여오(蠡吾) 사람이다. 젊어서 군리(群吏)와 주종사(州從事)가 되어 치적

술가 아류는 새로운 제도나 규칙을 만들지는 못하지만【술책으로 공로를 구한다. 그렇기 때문에 법도를 세우지는 못한다.】능히 변화에 임해 권도를 쓸 줄 알아[遭變用權] 권모와 지략은 남음이 있지만, 공정함_{소변 용권}이 부족한 사람이니【권도에 장점이 있는 사람은 정도(正道)에 단점을 드러낸다.】, 이를 일러 지의(智意)라고 하는데 진평(陳平, ?~기원전 178년)[31]과 한안국(韓安國, ?~기원전 127년)[32]이 이에 해당한다.[33]

을 쌓았다. 거듭 승진해 경보도위(京輔都尉)에 오르고 경조윤(京兆尹)을 지냈다. 곽광(霍光)과 함께 선제(宣帝)를 옹립하는 일에 참여해 관내후(關內侯)에 봉해졌다. 선제 때 영천태수(潁川太守)가 되어 강호(强豪) 원씨(原氏)와 저씨(褚氏) 등을 주살(誅殺)했다. 본시(本始) 2년(기원전 72년) 조충국(趙充國) 등 5장군(將軍)을 따라 흉노(匈奴)를 격파했다. 다시 경조윤에 올랐는데, 자신의 직분에 충실해 법을 집행할 때 권귀(權貴)라도 용서하지 않았다. 나중에 일 때문에 정위사직(廷尉司直) 소망지(蕭望之)에게 탄핵을 당해 요참(腰斬)을 당했다. 조광한에 대해서는 역자가 옮긴 반고의 『한서』 「조광한전」을 참고하면 된다.

31 처음에는 항우(項羽)를 섬겼으나 이후 유방(劉邦)의 진영으로 옮겨가 한(漢)나라 통일에 공을 세웠다. 계략에 뛰어나 항우의 책사였던 범증이 쫓겨나게 모략을 꾸몄고, 항우 휘하 대장군으로 실력자였던 종리매가 신임을 잃도록 했다. 유방의 신임을 받아 고향의 호류후(戶牖侯)에 임명되었으며, 그 후 곡역후(曲逆侯)로 승진했다. 상국(相國) 조참(曹參)이 죽은 후에는 좌승상(左丞相)이 되어, 여씨의 난 때 주발(周勃)과 함께 이를 평정한 후 유방의 아들 문제(文帝)를 옹립했다. 진평에 대해서는 역자가 옮긴 반고의 『한서』 「진평전」을 참고하면 된다.

32 일찍이 전생(田生)에게 『한자(韓子)』와 잡설(雜說)을 배웠고, 양효왕(梁孝王)을 섬겨 중대부(中大夫)가 되었다. 오초(吳楚)가 반란을 일으키자 군사를 이끌고 오병(吳兵)을 격파해서 명성을 얻었다. 무제(武帝) 때 북지도위(北地都尉)와 대농령(大農令)을 지냈다. 건원(建元) 6년(기원전 135년) 어사대부(御史大夫)에 올랐는데, 사람됨이 충후(忠厚)하고 지략이 있으면서도 재물에 대한 욕심이 상당했지만, 그가 추천한 사람들은 모두 염사(廉士)였다. 원삭(元朔) 원년(기원전 128년) 흉노(匈奴)가 대거 침입하자 재관장군(材官將軍)으로 어양(漁陽)에 주둔했다가 패해 우북평(右北平)으로 옮겨서 주둔했는데, 울화병으로 피를 토한 뒤 죽었다. 한안국에 대해서는 역자가 옮긴 반고의 『한서』 「한안국전」을 참고하면 된다.

33 달리 말하면 권도(權道)는 중(中-적중함), 상도(常道)는 정(正-바름)이 되는데, 공자는 중을 써야 할 때는 중, 정을 써야 할 때는 정을 따랐다.

兼有三材之別 各有一流【三材爲源 則智者爲流也】.
겸유 삼재 지별 각유 일류 삼재위원 즉 습자 위류 야

淸節之流 不能弘恕【以淸爲理 何能寬恕】 好尙譏訶 分別是非【己不寬恕 則
청절 지류 불능 홍서 이청위리 하능관서 호상 기가 분별 시비 기불관서 즉

是非生】,是謂臧否 子夏之徒 是也.
시비 생 시위 장부 자하 지도 시야

法家之流 不能創思圖遠【法制於近 思不及遠】而能受一官之任 錯意施巧
법가 지류 불능 창사 도원 법제어근 사불급원 이능수 일관 지임 착의 시교

【務在功成 故巧意生】,是謂伎倆 張敞 趙廣漢 是也.
무 재 공성 고 교의 생 시위 기량 장창 조광한 시야

術家之流 不能創制垂則【以術求功 故不垂則】而能遭變用權 權智有餘
술가 지류 불능 창제 수칙 이술 구공 고불 수칙 이능 조변 용권 권지 유여

公正不足【長於權者 必短於正】,是謂智意 陳平 韓安國 是也.
공정 부족 장어 권자 필단어 정 시위 지의 진평 한안국 시야

이상 여덟 가지 직분은 모두 삼재를 근본으로 삼는다.【다움이 없으면 법을 바로잡을 수 없고, 법이 없으면 술수를 쓸 수가 없다. 이 때문에 여덟 가지 직분을 세우려면 늘 삼재를 근본으로 삼는 것이다.】 그래서 비록 분파와 아류[波流]에 따라 구별이 되기는 하지만 모두 다 중요한 일을 잘 분담해서 해낼 수 있는 재주[輕事之材][34]다.【눈과 귀는 서로 다른 기관이지만 그 쓰임에 있어서는 같은 공효가 있고, 여러 재주가 비록 다르기는 하지만 일을 이뤄내는 데 있어서는 하나가 된다.】

凡此八業 皆以三材爲本【非德無以正法 非法無以興術 是以八業之建 常以
범차 팔업 개 이 삼재 위본 비덕 무이 정법 비법 무이 흥술 시이 팔업 지건 상이

三材爲本】. 故 雖波流分別 皆爲輕事之材也【耳目殊管 其用同功; 群材雖異
삼재 위본 고 수 파류 분별 개위 경사 지재 야 이목 수관 기용 동공 군재 수이

成務一致】.
성무 일치

능히 글을 짓고 저술을 잘하는 사람, 이를 일러 문장(文章-문장

---

34 경사(輕事)는 진교초 주석에 따라 일을 분담해서 잘 해낸다는 뜻으로 풀었다.

가)이라고 하는데 사마천(司馬遷, 기원전 145~86년 추정)³⁵과 반고(班固, 32~92년)³⁶가 이에 해당한다.

능히 빼어난 이의 일을 세상에 전하지만 능히 일을 주관해 정사를 베풀 수 없는 사람, 이를 일러 유학(儒學)이라고 하는데 모공(毛公)³⁷과 관공(貫公)³⁸이 이에 해당한다.

논변이 아직 도리의 경지에 들어가지는 못했지만, 응대와 말솜씨가 특출난 사람[資給], 이를 일러 구변(口辯)이라고 하는데 악의(樂毅,
자급

---

35 전한 좌풍익(左馮翊)으로, 하양(夏陽) 사람이고 사마담(司馬談) 아들이다. 7세 때 아버지가 천문역법과 도서를 관장하는 태사령(太史令)이 된 이후 무릉(武陵)에 거주하며 고문을 익혔다. 20세 무렵 낭중(郎中)이 되어 무제(武帝)를 수행해서 강남(江南)과 산동(山東), 하남(河南) 등지를 사신으로 다니면서 여행했다. 원봉(元封) 원년(기원전 110년) 아버지가 죽으면서 『사기(史記)』의 완성을 부탁했고, 3년(기원전 108년) 태사령이 되면서 황실 도서에서 자료 수집을 시작했다. 태초(太初) 원년(기원전 104년) 역법(曆法) 개혁에 참여했고, 당도(唐都), 낙하굉(落下閎) 등과 함께 『태초력(太初曆)』을 수정했다. 천한(天漢) 2년(기원전 99년) 저술에 몰두하던 중 흉노(匈奴)의 포위 속에서 부득이 투항하지 않을 수 없었던 친구 이릉(李陵) 장군을 변호하다 황제의 노여움을 사서 남자로서는 가장 치욕스러운 궁형(宮刑)을 받았다. 출옥한 뒤 중서령(中書令)에 올랐다. 더욱 발분해 정화(征和) 3년(기원전 90년) 『사기』(원래 이름은 『태사공서(太史公書)』)를 완성했다. 사마천에 대해서는 역자가 옮긴 반고의 『한서』 「사마천전」을 참고하면 된다.

36 후한 초기 부풍(扶風) 안릉(安陵) 사람으로, 반표(班彪)의 아들이자 서역도호(西域都護) 반초(班超)의 형이며 반소(班昭)의 오빠다. 박학능문(博學能文)해서 아버지의 유지를 이어 고향에서 『사기후전(史記後傳)』과 『한서(漢書)』의 편집에 종사했지만, 영평(永平) 5년(62년)경 사사롭게 국사(國史)를 개작한다는 중상모략으로 투옥되었다. 반초가 상서해 적극적으로 변호해서 명제(明帝)의 용서를 받고 석방되었다. 20여 년 걸려서 『한서』를 완성했다. 명제가 그의 학문을 중시해서 난대영사(蘭臺令史)에 임명했다. 이후 낭(郎)과 전교비서(典校秘書)를 역임했다. 건초(建初) 4년(79년) 여러 학자가 백호관(白虎觀)에서 오경(五經)의 이동(異同)을 토론할 때 황제의 명령을 받고 『백호통의(白虎通義)』를 편집했다. 화제(和帝) 때 두헌(竇憲)의 중호군(中護軍)이 되어 흉노 원정에 수행했고, 영원(永元) 4년(92년) 두헌의 반란 사건에 연좌되어 옥사했다. 문학 작품에 「양도부(兩都賦)」, 「유통부(幽通賦)」, 「전인(典引)」 등이 있다.

?~?)[39]와 조구생(曹丘生, ?~?)[40]이 이에 해당한다.

---

37 대모공(大毛公) 모형(毛亨)과 소모공(小毛公) 모장(毛萇)을 통칭한 것이다. 모형은 전한 노(魯) 사람으로 일설에는 하간(河間) 사람이라고도 한다. 『시(詩)』를 전공했고, 고문경학인 모시학(毛詩學)의 개창자다. 『모전(毛傳)』은 자하(子夏)에게서 나와 순황(荀況)을 거쳐 그에게 전해졌다고 한다. 순황에게서 『시』를 배웠으며, 대모공(大毛公)으로 불린다. 학문은 조(趙) 땅 사람 모장(毛萇)에게 전해졌다. 저서에 『모시고훈전(毛詩詁訓傳)』이 있는데, 정현(鄭玄)이 전(箋)을 달고 공영달(孔穎達)이 소(疏)를 지었다. 지금 전하는 『시경』이 바로 모형이 전한 것이다. 모장은 모장(毛長)이라 쓰기도 한다. 고문경학인 모시학(毛詩學)의 초기 전수자로 전해진다. 전한 초기 노(魯) 땅에 스승이기도 한 모형(毛亨)이 있어 소모공(小毛公)이라 불렸다. 모형에게 『모시고훈전』을 배웠고, 『시경』에도 뛰어났다. 일찍이 하간헌왕(河間獻王)의 박사가 되었고, 같은 군의 관장경(貫長卿)에게 학문을 전수했다. 관장경은 해연년(解延年)에게 전수했으며, 해연년은 서오(徐敖)에게 전수했다. 당시 『시(詩)』에 제(齊)·노(魯)·한(韓)의 삼가(三家)가 있었는데 『모시(毛詩)』는 학관(學官)에 오르지 못했다가, 평제(平帝) 원시(元始) 5년에 학관에 모시박사(毛詩博士)를 설치했다. 위진(魏晉)시대 이후 삼가의 시는 모두 없어지고, 『모시』만 남아 성행했다.

38 전한 중기의 유학자로 조나라 사람이다. 가의 밑에서 『좌전』을 익혔고, 하간헌왕의 박사(博士)를 지냈다. 아들 관장경에게 좌전을 전수했다. 반고 『한서』 권88 「유림전」에 그의 이야기가 실려 있다.

39 전국시대인 기원전 3세기 전반에 활약한 연(燕)나라 장군이다. 위(魏)나라 초기의 장수 악양(樂羊)의 후손인데, 현자(賢者)이면서 전쟁을 좋아했다. 연나라 소왕(昭王)이 현자를 초빙한다는 말을 듣고 위나라에서 연나라로 가 아경(亞卿)이 되었다. 연 소왕 28년 상장군(上將軍)에 올랐다. 조(趙)·초(楚)·한(韓)·위·연 다섯 나라의 군사를 이끌고 당시 강대국임을 자랑하던 제(齊)나라를 토벌해 수도 임치를 함락시키고 5년에 걸쳐 70여 개의 성을 수중에 넣었는데, 이들을 모두 군현(郡縣)으로 만들어 연나라에 소속시켰다. 제나라의 재보(財寶)를 연나라로 옮겼고, 이 공으로 창국군(昌國君)에 봉해졌다. 혜왕(惠王)이 즉위한 뒤 제나라의 반간계(反間計)가 적중해 기겁(騎劫)을 악의 대신 장수로 임명하게 되자 이에 조나라로 달아났는데, 조나라가 그를 관진(觀津)에 봉하고 망제군(望諸君)이라 불렀다. 결국에는 조나라에서 죽었다.

40 초나라 출신으로 변술에 능해 여러 사람에게 아첨해서 명성을 얻었는데, 특히 문제(文帝)의 황후인 효문황후의 오빠 두건(竇建)과 친했다. 이를 들은 계포는 두건에게 편지를 보내 조구생을 가까이하지 말라고 했다. 조구생은 초나라로 돌아가면서 두건을 만나 계포를 만나겠다고 소개장을 청했고, 두건은 만류했으나 한사코 우겨 계포에게 소개장을 보냈다. 계포는 이를 받고 분노해 조구생을 기다렸는데, 조구생은 계포를 만나 말했다.
"초나라 사람들이 '황금 100냥을 얻는 것은 계포의 한 마디 승낙을 받는 것보다 못하다'라고 말하는데, 어떻게 양나라와 초나라 사이에서 그런 명성을 얻으셨습니까? 저도 족하도 담력이 일반인 수준을 훨씬 뛰어넘고 재주와 계략도 남들을 뛰어넘는 사람, 이를 일러 효웅(驍雄)이라고 하는데 백기(白起, ?~기원전 257년)[41]와 한신(韓信, ?~기원전 196년)[42]이 이에 해당한다.

能屬文著述, 是謂文章 司馬遷 班固 是也.
능 속 문 저술   시위 문장   사마천   반고   시야

모두 초나라 사람입니다. 제가 돌아다니며 족하의 이름을 천하에 날린다면 그 때문에 중히 여김을 받지 않겠습니까? 어찌하여 족하는 저를 이렇게 멀리하십니까?"

계포는 조구생의 말을 듣고 기뻐해 조구생과 교분을 쌓았고, 조구생이 돌아다니며 선전해 계포의 명성은 더욱 높아졌다. 사마천의 『사기』 「계포전」에 그에 관한 이야기가 나온다.

41 전국시대 말기 진(秦)나라 미현(郿縣) 사람으로 용병술에 뛰어난 재능을 보였다. 진소왕(秦昭王)에게 등용되어 13년 좌서장(左庶長)으로 군대를 이끌고 한(韓)나라를 공격했다. 다음 해 좌경(左更)이 되어 한나라와 위(魏)나라의 연합군을 이궐(伊闕)에서 격파하고 약 24만 명을 죽인 다음 국위(國尉)로 승진했다. 15년 대량조(大良造)에 올랐다. 위나라와 조(趙)나라 등 싸우는 대로 대승을 거두었으며, 한·위·조·초(楚) 등의 70여 개 성을 탈취했다. 29년 초나라의 수도 영(郢)을 공격해 함락시키고 무안군(武安君)에 봉해졌다. 장평(長平) 전투에서 조나라 군대에 대승을 거둔 다음 항복한 조나라 군사 약 40만 명을 하룻밤 사이에 구덩이에 묻어 죽여 천하를 경악시켰다. 이에 상국(相國) 범저(范雎)도 그를 꺼리게 되었다. 50년 진나라가 한단(邯鄲)을 포위했다가 실패했는데, 원래 이 전투에 찬성하지 않아 병을 핑계로 참전하지 않았다. 이로 인해 사오(士伍-일반 병사)로 강등되고, 재상 범저와 틈이 벌어져 자결했다.

42 전한 초기 회음(淮陰) 사람으로 진2세(秦二世) 2년(기원전 208년) 항량(項梁)과 항우(項羽)를 따라 낭중(郎中)이 되었지만 중용되지 못했다. 한왕(漢王) 유방(劉邦)에게 망명해 연오(連敖)와 치속도위(治粟都尉)에 임명되었다. 소하(蕭何)에게 인정을 받아 그의 추천으로 대장군(大將軍)에 올랐다. 유방에게 동쪽으로 향해 천하를 도모할 것을 건의했고, 군대를 이끌고 위(魏)와 대(代)를 격파한 뒤 연(燕)을 함락시키고 제(齊)를 취했다. 한나라 4년(기원전 203년) 상국(相國)에 임명되었고, 다음 해 제왕(齊王)이 되었다. 이어 유방과 함께 해하(垓下)에서 항우를 포위해 죽였다. 전한이 성립되자 초왕(楚王)이 되어 하비(下邳)에 도읍을 정했으나, 한제국(漢帝國)의 권력이 확립되자 차차 밀려났다. 누군가 그가 모반을 꾀한다고 고발하자, 한고조(漢高祖-유방)가 운몽(雲夢)으로 외유(外遊)를 나온 것처럼 꾸며 체포한 뒤 6년(기원전 201년) 회음후(淮陰侯)로 강등시켰다. 고조 10년(기원전 197년) 진희(陳豨)가 반란을 일으키자 몰래 내통해 호응하려고 했는데, 사인(舍人)이 그가 병사를 일으켜 여후(呂后)와 태자(太子)를 습격하려 한다고 고발해버렸다. 여후와 상국 소하의 계략에 걸려 장락궁(長樂宮)으로 유인된 뒤 살해당했다.

能傳聖人之業 而不能幹事施政, 是謂儒學 毛公 貫公 是也.
능전 성인 지 업 이 불능 간사 시정   시위 유학 모공 관공 시야

辯不入道 而應對資給, 是謂口辯 曹丘生 是也.
변 불 입도 이 응대 자급   시위 구변 조구생 시야

膽力絶衆 才略過人, 是謂驍雄 白起 韓信 是也.
담력 절중 재략 과인   시위 효웅 백기 한신 시야

  이상의 열두 가지 재능은 모두 남의 신하 된 자가 떠맡아야 할 바
[人臣之任]다.【이들은 각자 자기가 가진 한 가지 재주만을 내세웠고 다른 재주
인신 지 임
는 겸비할 수가 없었기에 한 가지 벼슬만을 지켜야 했다. 그래서 이는 남의 신하
된 자가 떠맡아야 할 재능들이다.】군주의 다움[主德=君德][43]은 이와 상관
                                        주덕   군덕
이 없다.

  군주의 다움[主德=君德]이란, 귀 밝고 눈 밝고 평온하면서도 담백
        주덕   군덕
해[聰明平淡][44] 여러 재능 있는 자를 두루 모아서 그들의 재능과 특성
  총명 평담
을 파악해 (적소에) 쓰는 것이지 일을 스스로 떠맡지는 않는다.[45]【(임금
은) 눈으로 직접 일을 보려 하지[視=視事] 않고 귀로 직접 일을 듣는[聽=聽事]
                          시 시사   청 청사
데 참여하지 않으면서 각 신하들로 하여금 자신들의 관할을 떠맡게 한다면 많은
인재가 몰려들 것이고, 이미 많은 인재가 몰려들면 임금은 팔짱만 끼고서[垂拱]
                                                수공
아무것도 하지 않아도 다스려진다[無爲而理=治].[46]】이 때문에 군주의 도리
            무위 이 이 치

---

43 예를 들어 명(明-눈 밝음)은 신하보다는 군주의 다움이다. 그래서 명군(明君)이라는 말은
    있어도 명신(明臣)이라는 말은 없다. 명신(名臣)이 전부다. 반대로 직신(直臣-곧은 신하)은
    있어도 직군(直君)이라는 말은 성립되지 않는다. 그러나 현(賢)은 현군(賢君), 현신(賢臣)에
    모두 쓰인다. 결국 현군은 곧 명군(明君)이고 현신은 곧 직신(直臣)이다.

44 여기서 담백하다는 말은 유가에서 말하는 고요함[靜]과 통한다.
                                              정

45 군주는 부리는[使] 자고 신하는 일하는[事] 자다. 이는 현대사회에서도 여전히 유효한 리
            사   사
    더십 개념이다.

46 이 말은 고스란히 『논어』 「위령공(衛靈公)」편에 나오는 공자 말에 관한 풀이라 할 수 있다.
    "무위하면서 다스린[無爲而治] 임금은 아마도 순임금일 것이다. 무릇 무엇을 했겠는가?
        무위 이 치
    몸을 공손하게 하고 바르게 남면(南面)했을 뿐이다." 여기서 보듯 무위(無爲)는 도가식 개

[主道=君道]⁴⁷가 제대로 세워지면 열두 가지 재능은 각각 그 떠맡아야
할 바를 얻게 된다.【위에서 무위(無爲)하면 아래에서는 임무를 떠맡게 된다
는 말이다.】

　　청절(淸節)의 다움은 (후사를 가르치는) 사씨(師氏)의 임무에 어울린
다.【도리와 다움을 담당하며 주자(冑子)⁴⁸들을 가르치고 인도한다.】

　　법가(法家)의 재능은 (범죄를 막고 처벌하는) 사구(司寇)의 임무에 어
울린다.【형벌과 법률을 담당하며 간사한 자와 난폭한 자들을 막는 일을 한다.】⁴⁹

　　술가(術家)의 재능은 (재상을 보좌하는) 삼고(三孤)⁵⁰의 임무에 어울
린다.【묘당(廟堂-정승이나 삼공의 근무처)에서 계책을 내는 일을 담당하며 삼
공을 도와 바른 도리를 논한다.】

　　삼재를 순전하게 갖춘 경우 삼공(三公)의 임무에 어울린다.【지위는
삼괴(三槐)⁵¹이며, 삼괴를 보고 앉아서 큰 도리를 논한다.】

　　삼재를 미미하게 갖춘 경우 총재(冢宰)⁵²의 임무에 어울린다.【천관

넘이 아니라, 일은 신하에게 맡긴 채 자신은 인사에 최선을 다할 뿐이라는 말이다.

47　곧 총명평담을 가리킨다.

48　주자는 원래는 임금의 맏아들만 가리키다가 점점 확대되어 천자로부터 경대부에 이르기
　　까지의 적자들을 가리키는 뜻으로 바뀌었다. 주자는 그래서 나라 사람의 아들이라 해서
　　국자(國子)와 통하며, 성균관 전신이 바로 국자감이나 주자감이었던 것도 그 때문이다. 대
　　체로 조선 시대에 이런 인물들은 정사에 참여하기보다는 주로 성균관에서 경력을 쌓았다.
　　성균관 좨주(祭主)가 대표적이다.

49　청절가가 교육을 담당하는 사도(司徒)에 어울린다면 법가는 범죄를 막는 일을 하는 사구
　　(司寇)에 어울린다. 형조판서의 뿌리라 하겠다.

50　삼고란 조선 시대 삼정승 바로 아래 찬성(贊成)과 참찬(參贊)에 해당한다. 찬성은 정승이
　　일을 이루는 것을 돕는다는 뜻이고, 참찬은 그 돕는 일에 참여한다는 뜻이다.

51　삼괴란 삼공(三公)을 달리 이르는 말로, 옛날에 조정(朝廷) 뜰에 세 그루의 회화나무를 심
　　고 삼공이 이것을 향해 앉았다는 데서 온 말이다.

52　총재는 삼공 바로 아래 승상이나 재상으로, 실권을 갖고서 백관을 지휘한다.

(天官-이조판서)의 경(卿)으로 백관을 총괄한다.】

장부(臧否)의 재능은 사씨(師氏) 보좌에 어울린다.【옳고 그름을 분별함으로써 사씨(師氏)를 보좌한다.】[53]

지의(智意)의 재능은 총재 보좌에 어울린다.【사(師)의 일을 마땅함으로써 제어해 천관을 보좌한다.】

기량(伎倆)의 재능은 사공(司空-토목 담당)의 임무에 어울린다.【생각을 섞어 정교한 해법을 찾아내는 사람은 그래서 동관(冬官-조선 시대 공조판서)을 담당한다.】

유학(儒學)의 재능은 안민(安民-백성 교화)의 임무에 어울린다.【다움과 떳떳함을 담당하며 그 사람됨을 보호하고 지켜낸다.】[54]

문장(文章)의 재능은 국사(國史-역사 서술)의 임무에 어울린다.【법도가 되는 모범을 서술해 후대에 드리운다.】

변급(辯給)의 재능은 행인(行人-외교관)의 임무에 어울린다.【저쪽의 제안에 이쪽이 제대로 반응하며, 길에서 다른 나라의 외교관을 잘 보낼 수 있다.】

효웅(驍雄)의 재능은 장수(將帥)의 임무에 어울린다.【군사를 통할하며, 고분고분하지 않은 자들을 토벌하고 평정한다.】

이를 일러 '군주의 도리가 갖춰지면 신하의 도리가 그에 맞는 차례를 얻게 되어 관리들은 자신이 해야 할 일정한 역할이 바뀌지 않으니, 태평이 그로써 이뤄진다'라고 하는 것이다. 만일 군주의 도리가 평담하지 않아 한 가지 재주만을 가진 사람을 자기가 좋아한다고 해서 쓰게 되면, 바로 그 한 가지 재주를 가진 사람이 권력을 행사하는

---

53 성균관 관리들이 이에 해당한다.
54 옛날의 사도(司徒)가 이에 해당한다.

자리를 차지하게 되어 나머지 다른 재능을 가진 여러 사람은 자기가 맡아야 할 바를 잃게 된다[失任].[55]
실임

凡此十二材 皆人臣之任也【各抗其才 不能兼備 保守一官 故爲人臣之任也】.
범차 십이 재 개 인신 지임 야 각항기재 불능 겸비 보수 일관 고위 인신 지임 야

主德不預焉.
주덕 불예 언

主德 者 聰明平淡 總達衆材而不以事自任者也【目不求視 耳不參聽 各司
주덕 자 총명 평담 총달 중재 이불 이사 자임 자야 목불구시 이불 참청 각사

其官 則衆材達 衆材旣達 則人主垂拱 無爲而理】, 是故 主道立 則十二材各得
기관 즉 중재 달 중재 기달 즉 인주 수공 무위 이리 시고 주도 립 즉 십이 재 각득

其任也【上無爲 則下當任也】:
기임 야 상 무위 즉 하 당임 야

淸節之德 師氏之任也【掌以道德 敎道[=敎導]胄子】.
청절 지 덕 사씨 지임 야 장이 도덕 교도 교도 주자

法家之材 司寇之任也【掌以刑法 禁止姦暴】.
법가 지재 사구 지임 야 장이 형법 금지 간폭

術家之材 三孤之任也【掌以廟謨 佐公論正】.
술가 지재 삼고 지임 야 장이 묘모 좌공 논정

三材純備 三公之任也【位於三槐 坐而論道】.
삼재 순비 삼공 지임 야 위어 삼괴 좌 이 논도

三材而微 冢宰之任也【天官之卿 總御百官】.
삼재 이미 총재 지임 야 천관 지경 총어 백관

臧否之材 師氏之佐也【分別是非 以佐師氏】.
장부 지재 사씨 지 좌 야 분별 시비 이좌 사씨

智意之材 冢宰之佐也【師事制宜 以佐天官】.
지의 지재 총재 지 좌 야 사사 제의 이좌 천관

---

55 유향의 『설원』 「임금의 도리」편에 실린 이야기 중 하나다.
(춘추시대) 진(晉)나라 평공(平公)이 (악사) 사광(師曠)에게 말했다.
"임금의 도리란 어떤 것인가?"
대답해 말했다.
"임금의 도리는 깨끗하고 맑아서, 억지로 행함이 없어야 하고 널리 사랑하는 데 힘써야 하며 뛰어난 이[賢=賢臣]에게 일을 맡기느라 바빠야 합니다. 눈과 귀를 널리 열어 온 사방을 살펴야 합니다. 세속 흐름에 푹 빠져서도 안 되고, 좌우 측근들에 얽매여도 안 됩니다. 마음을 활짝 열어 멀리 보고, 우뚝하게 자기 생각을 세워야 합니다. 신하들에게 임할 때는 일과 성과를 여러 차례 살펴야 합니다. 이것이 임금이 잡아 쥐어야 할 도리입니다."
평공이 말했다.
"좋도다!"

伎倆之材 司空之任也【錯意施巧 故掌冬官】.
기량 지 재 사공 지 임 야 착 의 시교 고 장 동관

儒學之材 安民之任也【掌以德敎 保安其人】.
유학 지 재 안민 지 임 야 장 이 덕교 보안 기인

文章之材 國史之任也【憲章紀述 垂之後代】.
문장 지 재 국사 지 임 야 헌장 기술 수지 후대

辯給之材 行人之任也【掌之應答 送迎道路】.
변급 지 재 행인 지 임 야 장지 응답 송영 도로

驍雄之材 將帥之任也【掌轄師旅 討平不順】.
효웅 지 재 장수 지 임 야 장할 사려 토평 불순

是謂主道得而臣道序 官不易方 而太平用成[=以成]. 若道不平淡 一材
시위 주도 득 이 신도 서 관 불 역방 이 태평 용성　　이성　약 도 불 평담 일재

同好 則一材處權 而衆材失任矣.
동호 즉 일재 처권 이 중재 실임 의

제 4 장

재질과 이치
재리 제4(材理第四)

무릇 일을 일으키고[1] (그 속에서) 마땅함을 세우려면 어느 한순간도 이치에 따라 정하지 않으면 안 된다.【말이 먼저 정해지면 미혹되지 않고[不惑], 일이 먼저 (그 방향이) 정해지면 실패하지 않는다.[2]】 (그러나) 논란이 생기게 되면 능히 방향을 잘 정하는 이가 드물다. 대체 어째서인가? 이는 대개 이치에는 종류가 많고 또 사람마다 재질이 다르기 때문이다.【일에는 만 가지 단서가 있고 사람의 속마음도 온갖 유형이 뒤섞여 있으니 누가 능히 그 방향을 쉽게 알 수 있겠는가?】 무릇 이치에 종류가 많으면 (달라진 것) 통하게 하기[通=通其變]가 어렵고, 사람마다 재질이 다르면 실상[情]을 속이는 일이 있게 된다. 실상을 속이고 통하게 하기가 어렵게 되면 이치를 잃게 되고 일도 어긋난다.【실상을 속이고 이치가 많을 경우 무엇을 실마리로 삼아 실상을 얻을 수 있겠는가?】[3]

---

1 일에 관한 의견을 낸다는 말이다.
2 『중용』 제20장에 나오는 말이다.
3 『중용』 제20장은 이 장 전반을 이해하는 중요한 지침이 된다.
   노나라 애공이 정치하는 도리에 관해 묻자 공자가 말했다.
   "문왕과 무왕의 정사가 역사서에 널리 기록돼 있으니, (역사서에 따르면) 그에 맞는 사람이 있으면 바른 정사가 일어나고 그에 맞는 사람이 없으면 바른 정사는 그치게 됩니다. 사람의 도리는 정치에 빠르게 나타나고 땅의 도리는 나무에 빠르게 나타나니, 무릇 정치라는 것은 (그에 맞는 사람만 쓸 줄 안다면) 빨리 자라는 창포나 갈대와 같을 것입니다. 그러므로 (제왕이 좋은) 정치를 하는 것은 사람(을 얻는 것)에 (달려) 있으니, 사람을 취할 때 (임의대로 할 것이 아니라) 임금다움으로써 판단해 뽑아 써야 하고, 그 임금다움은 도리로써 닦고, 그 도리는 사람을 사랑하는 마음으로써 닦아야 합니다. 인(仁)이라는 것은 사람다움이니, 부모님을 비롯한 혈육을 내 몸과 같이 여김이 가장 중요하고, 의(義)라는 것은 마땅함이니 뛰어난 이를 높임이 가장 중요합니다. 혈육을 내 몸과 같이 여기는 것의 줄여나감과 뛰어난 이를 높이는 것의 차례를 정하는 것이 예의 시작입니다. (중복문은 생략) 그러므로 군자는 (우선) 몸을 삼가 닦지 않을 수 없고, 수신(修身)을 하려고 생각한다면 어버이를 제대로 섬기지 않을 수 없습니다. 사친(事親)을 하려고 생각한다면 사람을 아는 것[知人]을 생각해야 하고, 지인(知人)을 하려고 생각한다면 하늘과도 같은 이치를 알지 않으면 안 됩니다. 천하에 두루 지켜져야 하는 도리가 다섯이고, 그 도리를 행할 수 있게 해주는 것은 셋입니다. 곧 군신과 부자와 부부와 형제와 친구의 관계가 다섯으로 천하의 두루 지켜져야 하는 도리이고, (그 다섯 가지 도리를 행할 수 있게 해주는) 지(知)·인(仁)·용(勇) 셋이 천하의 두루 닦아야 하는 다움이니, 지(知)·인(仁)·용(勇) 셋을 행하는 것은 (결국) 하나입니다. 어떤 이는 나면서부터 달도(達道)하고 어떤 이는 배워서 그것을 알며 어떤 이는 애써서 겪고 나서야 그것을 알게 되지만 마침내 그들이 (결국) 그것을 알게 된다는 점에서는 차이가 없습니다. 어떤 이는 편안하게 받아들여 그것을 행하고 어떤 이는 이롭게 여겨 그것을 행하며 어떤 이는 겪고 나서야 그것을 행하지만, 마침내 그들이 성공에 이른다는 점에서는 차이가 없습니다."

(공자가 말했다.) 배우기를 좋아하는 것은 지(知)에 가깝고, 행하기를 힘쓰는 것은 인(仁)에 가깝고, 부끄러움을 아는 것은 용(勇)에 가깝다. (따라서) 이 세 가지를 알면 곧 몸을 닦는 길을 알게 될 것이요, 몸을 닦는 길을 알게 되면 사람을 다스리는 길을 알게 되고, 사람을 다스리는 길을 알면 곧 천하와 국가를 다스리는 길을 알게 될 것이다. 천하와 국가를 다스리는 데는 아홉 가지 법도[九經]가 있다.

첫째는 자신의 몸을 닦는 것이고, 둘째는 뛰어난 이를 그에 걸맞게 대우하는 것이고, 셋째는 혈육을 내 몸처럼 여기는 것이고, 넷째는 대신을 존중하는 것이고, 다섯째는 여러 신하를 마음으로써 보살피는 것이고, 여섯째는 일반 백성을 자식처럼 사랑하는 것이고, 일곱째는 세상의 각종 전문가가 모여들게 하는 것이고, 여덟째는 먼 나라 사람들도 찾아오고 싶도록 품어 안는 것이고, 아홉째는 여러 제후가 자발적으로 따르게 만드는 것이다.

몸을 닦으면 도리가 서고, 뛰어난 이를 그에 걸맞게 대우하면 불혹(不惑)하게 되고, 혈육을 내 몸처럼 여기면 아버지의 형제들인 숙부(叔父)들이나 친형제들이 원망하지 않게 되고, 대신을 존중하면 현혹되지 않고, 여러 신하를 마음으로써 보살피면 선비들이 임금에게 보답하려는 예(禮)가 두텁게 되고, 일반 백성을 자식처럼 사랑하면 백성이 부지런해지고, 세상의 각종 공인이 모여들면 재물의 쓰임이 풍족하게 되고, 먼 나라 사람들도 찾아오고 싶도록 품어 안으면 사방에서 찾아오게 되고, 여러 제후가 앞을 다투어 자발적으로 따르게 하면 천하가 두려워하게 될 것이다.

재계해 몸과 마음을 깨끗이 하며 성복을 갖춰 입고서 예가 아니면 움직이지 않는 것[非禮勿動]이 몸을 닦는 것이다. 참소하는 자를 물리치고 여색을 멀리하며 재물을 가벼이 여기고 다움을 귀하게 여기는 것은 뛰어난 이를 진정으로 권면하는 것이다. 그의 자리를 높이고 그의 녹을 두텁게 하며 그의 좋아하고 싫어함을 함께하는 것은 혈육을 내 몸과 같이 여김을 권면하는 길인 것이다. 부하 관리들을 많이 두어 마음껏 부리게 함은 대신을 권면하는 길이다. 진실한 믿음으로 대우해주고 녹(祿)을 충분히 주는 것은 낮은 직급의 관리

夫 建事立義 莫不須理而定【言前定則不惑 事前定則不躓】; 及其論難 鮮
부 건사 입의 막불 수리 이정 언전정 즉불혹 사전정 즉부지 급기 논란 선

能定之. 夫何故哉? 蓋 理多品而人材異也【事有萬端 人情舛雜 誰能定之】.
능 정지 부 하고 재 개 이 다품 이 인재 이 야 사유 만단 인정 천잡 수능 정지

夫 理多品則難通 人材異則情詭; 情詭難通 則理失而事違也【情詭理多
부 이 다품 즉 난통 인재 이 즉 정궤 정궤 난통 즉 이실 이 사위 야 정궤 이 다

何由而得】.
하유 이 득

들을 권면하는 길이다. 때에 맞춰 부리고 세금을 가볍게 해주는 것은 백성을 권면하는 길
이다. 날마다 살피고 다달이 시험해 그에 맞게 급여를 주어 일에 어울리게 하는 것은 공장
들을 권면하는 길이다. 가는 것을 보내고 오는 것을 맞이하며 잘하는 것을 칭찬해주고 못
하는 것을 불쌍히 여기는 것은 먼 나라 사람들을 부드럽게 하는 길이다. 끊어진 세대를 이
어주고 피폐한 나라를 일으켜주며 어지러움을 다스려 위태로움을 붙들어주고 조회(朝會)
와 빙례(聘禮)를 때에 맞춰서 하며 보내주는 것을 두터이 하고 가져오는 것을 가벼이 하는
것은 제후를 품어 안는 길이다.

이처럼 천하와 국가를 다스리는 데는 아홉 가지 법도가 있으나, 총괄적으로 보자면 그것을
행하는 것은 결국 하나다. 모든 일이란 것이 앞서 대비하면 제대로 서고 대비하지 않으면 무
너지니, 말도 사전에 그 방향을 정하면 넘어지지 않고 일도 사전에 정하면 곤경에 빠지지 않
는다. 또 행동을 사전에 정하면 걱정할 일이 없고 길도 미리 정하면 막히지 않게 된다. 아랫
자리에 있으면서 윗사람으로부터 (믿음을) 얻지 못하면 백성을 다스릴 수 없게 될 것이다. 윗
사람으로부터 믿음을 얻는 데는 길이 있으니, 먼저 벗으로부터 믿음을 얻지 못하면 윗사람
으로부터도 얻지 못할 것이다. 벗으로부터 믿음을 얻는 데도 길이 있으니, 어버이에게 순하
지 못하면 벗으로부터 믿음을 얻지 못할 것이다. 어버이에게 순하는 데도 길이 있으니, 자신
의 몸을 돌이켜봐 매사에 열렬하지 못하면 어버이에게 순할 수 없다. 자기 자신에게 열렬하
게 하는 데도 길이 있으니, 선(善)에 밝지 못하면 자기 자신에게 열렬할 수 없다.

열렬함[誠]이라는 것 자체는 하늘의 도(道)요, 열렬함에 이르려는 것은 사람의 도(道)다.
열렬함이라는 것은 굳이 애쓰지 않아도 중도(中道)에 맞고 힘써 생각하지 않아도 얻게 되
어 조용히 도리에 적중하니, 이를 갖춘 사람이 성인(聖人)이다. 열렬함에 이르려는 것은 선
(善)을 잘 가려내어 그것을 굳게 잡는 것이다. 그것을 널리 배우고, 그것을 따져가며 깊이
묻고, 그것을 신중하게 생각하고, 그것을 밝게 가려내며, 그것을 독실하게 행해야 한다. 배
우지 않는 것이 있을지언정 일단 배우기 시작하면 능해지지 않고는 그만두지 않는다. 묻지
않음이 있을지언정 일단 묻기 시작하면 알지 않고는 그만두지 않는다. 생각하지 않음이 있
을지언정 일단 생각하기 시작하면 도리를 얻는 차원에 이르지 않고는 그만두지 않는다. 가
려내지 않음이 있을지언정 일단 가려내기 시작하면 밝히지 않고서는 그만두지 않는다. 행
하지 아니함이 있을지언정 일단 행하게 되면 독실해지지 않고서는 그만두지 않는다. 남이
한 번에 능하거든 자신은 백 번을 하고, 남이 열 번에 능하거든 자기는 천 번을 할 일이다.
과감히 (노력해) 이 도리에 능해진다면 그 사람이 비록 머리가 나쁘다 해도 반드시 밝아질
것이며, 비록 마음이 유약하다 해도 반드시 강해질 것이다.

무릇 이치[理]에는 네 가지 부문[四部]이 있고【도리의 이치, 마땅함의 이치, 일의 이치, 정감의 이치는 각각 자기 부문을 갖는다.】, (이치에) 밝음[明]에는 네 가지 유형[四家]이 있으며【네 가지 부문에 밝게 통달한 각각의 네 가시 유형이 있다.】, 성정[情]에는 아홉 가지 치우침[九偏]이 있고【성정으로 밝음을 어김으로써 득실에 아홉 가지가 있다.】, 그럴듯한 주장을 펴는[流=游辭] 데는 일곱 가지 사이비[七似]가 있으며【얼핏 옳은 듯하지만 실은 그렇지 못한[似是而非=似而非] 그럴듯한 주장의 종류로 일곱 가지가 있다.】, 논변[說]에는 (흔히 저지르는) 세 가지 잘못[三失]이 있고【말은 그럴싸한데 이치가 뒷받침해주지 못하면 흔히 저지르는 살못은 세 가시나.】, 님의 질못을 힐난하는 데[難]는 여섯 가지 함정[六構]이 있으며【강한 자나 훌륭한 이들을 보면 다투려는 기운이 있어 분노를 맺히게 하는 데 여섯 가지가 있다.】, 통하게 하는[通] 데는 여덟 가지 능함[八能]이 있다.【귀 밝고 생각이 깊으며 눈 밝고 두루 통달해 능통한 데는 여덟 가지가 있다.】

夫 理有四部【道義事情 各有部也】 明有四家【明通四部 各有其家】 情有九偏
부 이유 사부 도의사정 각유부야 명유 사가 명통 사부 각유 기가 정유 구편

【以情犯明 得失有九】 流有七似【似是而非 其流有七】 說有三失【辭勝理滯
이정 범명 득실유구 유유 칠사 사시 이 비 기류 유칠 설유 삼실 사 승 이 체

所失者三】難有六構【彊良競氣 忿構有六】通有八能【聰思明達 能通者八】.
소실자 삼 난유 육구 강량 경기 분구 유육 통유 팔능 총사 명달 능통자 팔

저 하늘과 땅의 기운이 바뀌어서 가득 차면 텅 비고 덜어지면 더해지는 것[4]이 바로 도리의 이치[道之理]다.【도리로 사람들을 교화하는 일은 때와 더불어 변화한다.】

---

4 『주역』손괘(損卦, ䷨)에서 말했다. "덜어내고 더하고 가득 차고 텅 비는 것은 때와 함께 행해진다."

법도를 제정해 일을 바로잡는 것이 바로 일의 이치[事之理]다.⁵【법
사지리
으로써 사람을 다스리려면 법을 제정하는 일에 힘써야 한다.】

예(禮)와 가르침을 통해 바른길을 가도록 하는 것이 바로 마땅함
의 이치[義之理]다.【이치로써 사람을 가르칠 때는 나아가고 멈춰 서는 것이 마
의지리
땅함을 얻어야 한다.】

사람의 마음속 실상[人情]을 일의 기틀로 삼는 것이 바로 성정의
인정
이치[情之理]다.【외부 일이나 사람의 실상을 살피는 것은 언어에 달렸다.】
정지리

若夫 天地氣化 盈虛損益 道之理也【以道化人 與時消息】.
약부 천지 기화 영허 손익 도지리 야 이도 화인 여시 소식
法制正事 事之理也【以法理人 務在憲制】.
법제 정사 사지리 야 이법 이인 무재 헌제
禮教宜適 義之理也【以理教之 進止得宜】.
예교 의적 의지리 야 이리 교지 진지 득의
人情樞機 情之理也【觀物之情 在於言語】.
인정 추기 정지리 야 관 물지정 재어 언어

네 가지 이치가 같지 않기에 그 재질을 먼저 밝혀주어야만 비로
소 훤히 드러나는데, 그런 밝힘이란 바탕[質]⁶이 있고 나서야 가능한
질
것이다. 이 때문에 바탕은 이치와 부합해야 하고, 부합하게 되면 밝음
이 있게 되며, 이런 밝음이 있으면 족히 이치를 볼 수 있어 그 이치가
족히 일가(一家)를 이룰 수 있게 된다.【도리와 마땅함, 일의 이치와 실상이
각각 자기만의 가(家-유파)를 갖게 된다.】

이 때문에

---

5 『한비자』「해로(解老)」편에서 말했다. "사려함이 성숙하면 일의 이치를 얻게 되고 일의 이
   치를 얻으면 반드시 공로를 이룬다."
6 바탕은 본성에 가까운 것이다.

바탕이나 본성[質性]이 평담하고 생각과 마음이 그윽하고 은미해
[玄微]【혹시라도 조급하거나 혼탁해지지 않는다면 그 마음은 상세하고 치밀할
수 있다.】 능히 스스로 그러함과 통할 수 있는 것, 이것이 도리의 이치
에 일가를 이룬 유파[道理之家]다.【도리를 이치로 삼기 때문에 스스로 그러
함과 능히 통할 수 있는 것이다.】

바탕이나 본성이 놀랄 만큼 투철하고 권모와 책략이 상황에 따라
매우 민첩해【혹시라도 지체되거나 무뎌지지 않는다면 그 마음은 매우 민첩할
수 있다.】 능히 번잡하고 시급한 일을 잘 처리할 수 있는 것, 이것이 일
의 이치에 일가를 이룬 유파[事理之家]다.【일을 이치로 삼기 때문에 번잡
한 일을 잘 처리함에 있어 정교할 수 있다.】

바탕이나 본성이 화평해 능히 예와 가르침을 논할 수 있고【혹시라도
상대방을 잃지 않는다면 예와 가르침은 적중함을 얻은 것이다.】 그에 따른 얻고
잃음을 분변할 수 있는 것, 이것이 마땅함의 이치에 일가를 이룬 유파
[義理之家][7]다.【마땅함을 이치로 삼기 때문에 얻고 잃음에 밝을 수 있다.】

바탕이나 본성이 기민하고 이해력이 뛰어나 실상을 잘 미뤄 헤아
리고 남의 속으로 잘 거슬러 올라가【혹시라도 망령된 행동을 하지 않는다
면 상대의 속으로 잘 거슬러 올라가 뜻을 얻을 수 있다.】 능히 그 달라짐에 적
응하는 것, 이것이 성정의 이치에 일가를 이룬 유파[情理之家]다.【정감
이나 실상을 이치로 삼기 때문에 일이나 다른 사람의 마음의 달라짐을 그 끝까
지 따라갈 수 있다.】

四理不同 其於才也 須明而章 明 待質而行. 是故 質於理合 合而有明
사리 부동 기어 재 야 수명 이장 명 대질 이행   시고 질 어리 합 합 이 유명

---

7 진교초의 지적에 따라 의례(義禮)를 의리(義理)로 바꿔 옮겼다.

明足見理 理足成家【道義與事情 各有家】.
명 족견 리 이 족성 가 도의 여 사정 각 유가

是故
시고

質性平淡 思心玄微【容不躁擾 (則)其心詳密】能通自然, 道理之家也【以道
질성 평담 사심 현미 용불 조요 즉 기심 상밀 능통 자연 도리 지 가 야 이도

爲理 故能通自然也】.
위리 고 능통 자연 야

質性警徹 權略機捷【容不遲鈍 則其心機速】能理煩速, 事理之家也【以事
질성 경철 권략 기첩 용불 지둔 즉 기심 기속 능리 번속 사리 지 가 야 이사

爲理 故審於理煩也】.
위리 고 심어 이번 야

質性和平 能論禮教【容不失敵 則禮教得中】辯其得失, 義理之家也【以義
질성 화평 능론 예교 용불 실적 즉 예교 득중 변기 득실 의리 지 가 야 이의

爲理 故明於得失也】.
위리 고 명어 득실 야

質性機解 推情原意【容不妄動 則原物得意】能適其變, 情理之家也【以情
질성 기해 추정 원의 용불 망동 즉 원물 득의 능적 기변 정리 지 가 야 이정

爲理 故能極物之變】.
위리 고 능극 물지변

네 가지 유형[四家]의 밝음이 이미 각기 달라서 (그로 인해 다음과
사가

같은) 아홉 가지 치우친 실상이나 성정[九偏之情]이 있게 된다. 그 같
구편 지정

은 치우친 성품으로 인해 밝음을 어기게 되니, 그에 따라 각각 얻음과

잃음이 있게 된다.【눈 밝음은 참됨에서 나오고, 정(情)은 성향에 따라 나타난

다. 정이 눈 밝음을 이기면 가려지고, 그렇게 되면 비록 얻는다 하더라도 반드시

잃게 된다[喪=失].】
상 실

(첫째,) 굳세지만, 대충대충 하는 사람[剛略之人=强簡之人][8]은 은미
강략 지인 강간 지인

한 일을 제대로 처리할 줄을 모른다.【마음 씀[用意]이 거칠고 듬성듬성하
용의

면 뜻이 그윽하고 은미하지 못하다[不玄微].】 그래서 일의 큰 골격[大體]을
불 현미 대체

논할 때는 그 주장이 크고 넓으며 고상하고도 원대하지만【성향이나 성

---

8 여기서 약(略)은 소략(疏略)하다고 할 때의 약이니, 소(疏-성글다)나 간(簡-대충대충 하다)
과 같은 뜻이다.

품이 굳세면 뜻은 원대하다.】 섬세한 이치를 다루게 되면 대충대충[宕=泛] 지나가면서 엉성하게 건너뛴다.【뜻이 원대하기만 하면 대충 건너뛰면서 엉성하다.】⁹

(둘째,) 엄정함이 지나쳐 자신을 뻣뻣하게 내세우는 사람[抗厲之人]은 우회하거나 굽힐 줄을 모른다.【마음 씀이 사납고 떨치려고만 하면 뜻이 유연하지 못하다[不旋屈].】 법을 곧게 논할 때는 법대로 집행하고[括處=依法行事] 공정하지만【성향이나 성품이 뻣뻣하면 원칙에 너무 얽매인다.】 변통(變通)을 이야기할 때는 막히고 어그러져 사안의 본질에 들어가기를 못한다.【원칙에 너무 얽매이면 지체되거나 가로막힌다.】¹⁰

(셋째,) 고집스럽고 강경한 사람[堅勁之人]은 일의 속내[事實]를 파고들기를 좋아한다.【마음 씀이 반듯하고 확신에 차 있으면 말이 여유롭지 못하다[不慮徐].】 (그 과정에서) 미세한 이치를 지적할 때는 겉으로 드러난 것에 대해서는 남김없이 파고들지만【성향이나 성품이 확신에 차 있으면 말을 남김없이 다하게 된다.】 큰 도리를 건너야[涉=濟=渡] 할 때는 단순 소

---

9 『논어』「옹야(雍也)」편에 나오는 자상백자가 이에 해당한다.
   공자가 말했다. "중궁은 군주 자리도 능히 맡을 만하다." 중궁이 자상백자(子桑伯子)에 관해 묻자 공자가 말했다. "그의 대범 소탈함[簡]도 (군주의 자리를 맡기에) 괜찮다." 이에 중궁이 말했다. "마음은 늘 삼가면서 행동은 대범 소탈하게 해[居敬而行簡] 이로써 그 백성을 대한다면 남면할 만한 자질이 있다고 할 수 있지 않겠습니까? (그런데) 마음을 대충대충 하면서 행동도 대범 소탈하게 한다면[居簡而行簡] 그것은 지나치게 대범 소탈한 것이 아니겠습니까?" 공자가 말했다. "중궁의 말이 옳다."
   중궁은 마음속을 읽어낼 줄 아는 제자였던 것이다.
10 공자 제자 자로(子路)가 이에 해당한다. 『논어』「헌문(憲問)」편에 나오는 이야기다.
   자로가 말했다. "제나라 환공이 공자 규를 죽이자 소홀은 죽었고 관중은 죽지 않았으니, 관중은 어질지 못합니다."
   공자가 말했다. "환공이 제후들을 규합함에 있어 무력을 사용하지 않은 것은 관중이 힘쓴 덕분이었으니, 누가 그의 어짊만 하겠는가? 누가 그의 어짊만 하겠는가?"

박한 견해를 쉽게 드러내면서 오직 그것만을 고집한다.【말이 너무 긴절하게 되면 마땅함이 적어진다.】

(넷째,) 변론을 잘해 말재주가 좋은 사람[辯給之人]은 말이 번잡스럽고 의견이 날카롭다.【마음 씀이 너무 빠르고 급하면 뜻은 조금도 물러나거나 꺾이려[挫=折] 하지 않는다.】 인사(人事)를 미뤄 헤아릴 때는 정밀하게 인식하고서 이치를 끝까지 파고들지만【성향이나 성품이 너무 날카로우면 이치를 끝까지 파고든다.】 대의(大義) 앞에서는 말만 거창하고 요란할[恢愕] 뿐 주도면밀하지 못하다[不周=不密].【이치가 너무 자세하다 보면 큰 것을 놓치게 된다.】

(다섯째,) 둥둥 떠다니며 이랬다저랬다 하는 사람[浮沈之人]은 제대로 침잠해 깊게 생각하지 못한다.【마음 씀이 텅 비고 허전하면 뜻이 깊거나 치밀하지 못하다.】 (그래서) 듬성듬성한 일과 촘촘한 일[疏數]을 구별해 차례를 정하는 일을 할 때는 활달하고 오만할 정도로 박식하지만【성향이나 성품이 둥둥 떠다니면 뜻이 오만하게 된다.】 (정작) 일의 요체를 세울 때는 세찬 불길이 바람에 휘둘리듯[爁炎] 오락가락한다.【뜻이 오만하면 이치상 성글게 된다.】[11]

(여섯째,) 이해력이 낮은 사람[淺解之人]은 어려운 일을 깊이 생각지 못한다.【마음 씀이 얕고 거칠면 생각이 깊거나 성숙하지 못하다.】 (그래서) 남의 변설을 들으면 날카로운 논리를 펴는 쪽에 서서 쉽게 기뻐하지만【성향이나 성품이 얕으면 쉽게 기뻐한다.】 정작 이치를 정밀하게 따져야

---

11 공자 제자 염유(冉有)가 이에 해당한다. 이런 사람을 한마디로 재(宰)라고 하는데, 집사는 맡길 수 있어도 작은 공직 하나 맡길 수 없다. 재(宰)란 원래 임금 요리사를 가리켰다. 어느 상황에서든 좋은 요리를 해낼 수 있다는 뜻이다. 거기서 재상(宰相)이란 말도 나왔다.

할 때는 이리저리 왔다 갔다 하면서 (독자적으로는) 아무런 근거도 제시하지 못한다.【쉽게 기뻐하기 때문에 아무런 근거가 될 만한 것이 없다.】

(일곱째,) 너그러워 남에게 잘 대해주는 사람[寬恕之人]은 민첩하지
　　　　　　　　　　　　　　　　　　　　　　관서 지 인
못하다.【마음 씀이 평온해 느리게 되면 생각이 신속하지 못하다.】 어짊과 마
땅함[仁義]을 논할 때는 넓으면서도 상세하고 유장하면서도 우아하
　　인의
지만【성향이나 성품이 남을 잘 품어주게 되면 이치상 우아하다.】 시무(時務)
에 나아가 일을 해야 할 때는 더디고 느려서 제대로 처리하지 못한
다.【평온하고 우아하면 지체되고 처지게 된다.】[12]

(여덟째,) 따스하고 부드러운 사람[溫柔之人]은 힘을 써야 할 때 제
　　　　　　　　　　　　　　　　　　　　온유 지 인
대로 강함을 발휘하지 못한다.【마음 씀이 따스하고 촉촉하면 뜻이 크고 아
름답지 못하다.】 (그래서) 도리를 음미할 때는 고분고분하게 도리에 나아
가 화창하지만【성향이나 성품이 화합에만 힘쓰면 이치상 고분고분하다.】 의
심스러운 일이나 어려운 일을 결단해야 할 때는 나약함에 젖어 끝까
지 파고들지 못한다[不盡].【이치상 고분고분하기 때문에 가부를 잘 결정하지
　　　　　　　부진
못하고 우물쭈물한다[依違].】
　　　　　　　의위
(아홉째,) 기발하거나 기이한 것을 좋아하는 사람[好奇之人]은 제멋
　　　　　　　　　　　　　　　　　　　　　　　　호기 지 인
대로 마음을 풀어놓고서 기발한 것만 찾아다닌다.【마음 씀이 기발하고
특이한 것을 좋아하니 뜻은 늘 새로운 어떤 것을 향한다.】 (그래서) 권도나 궤
휼(詭譎-기만책)을 만들어낼 때는 어디에도 얽매이지 않아[儦儻] 탁월
　　　　　　　　　　　　　　　　　　　　　　　　척당
하지만【성향이나 성품이 기발한 것을 좋아하면 화려한 것을 숭상한다.】 맑은
도리[淸道]를 살피는 데서는 상도(常道)를 훨씬 벗어나 끝도 없이 황
　　청도
당한 지경으로 나아간다[恢迂].【기발하고 특이한 것을 좇기에, 그래서 황당
　　　　　　　　　　　회우

---

12 흔히 말하는 헛되이 착하기만 하고 무능한 사람이다.

하거나 남을 속이는 지경[恢詭]에까지 나아간다.】[13]
회궤

  (이것이) 이른바 성품에는 아홉 가지 치우침이 있다는 것으로, 각
각은 자기 마음이 이치로 여기는 것을 따른다.【마음이 각기 자기 이치로
여길 수 있는 것들은 옳고 그름이 서로를 가려 결국은 끝이 없게 된다.】

四家之明旣異 而有九偏之情; 以性犯明 各有得失【明出於眞 情動於性. 情
사가 지명 기이 이유 구편 지정   이성 범명 각유 득실 명 출어 진 정 동어 성 정

勝明則蔽 故雖得而必喪】:
승명즉폐 고수득이필상

剛略之人 不能理微【用意麤疏[=麤疏] 意不玄微】; 故 其論大體則弘博而
강략 지인 불능 이미 용의 추소   추소 의불 현미   고 기논 대체 즉 홍박 이

高遠【性剛則志遠】歷纖理則宕往而疏越【志遠故疏越】.
고원 성강즉지원 역 섬리 즉 탕왕 이 소월 지원고 소월

抗厲之人 不能回撓【用意猛奮 志不旋屈】; 論法直則括處而公正【性厲則理
항려 지인 불능 회요 용의 맹분 지불 선굴   논법 직즉 괄처 이 공정 성려즉이

毅】說變通則否戾而不入【理毅則滯礙】.
의 설 변통 즉 부려 이 불입 이의즉 체애

堅勁之人 好攻其事實【用意端確 言不虛徐】; 指機理則穎灼而徹盡【性確則
견경 지인 호공 기 사실 용의 단확 언불 허서   지 기리 즉 영작 이 철진 성확즉

言盡】涉大道則徑露而單持【言切則義少】.
언진 섭 대도 즉 경로 이 단지 언절즉의소

辯給之人 辭煩而意銳【用意疾急 志不在退挫】; 推人事則精識而窮理【性銳
변급 지인 사번 이 의예 용의 질급 지부재 퇴좌   추 인사 즉 정식 이 궁리 성예

則窮理】即大義則恢愕而不周【理細故遺大】.
즉궁이 즉 대의 즉 회악 이 부주 이세고유대

浮沈之人 不能沈思【用意虛廓 志不淵密】; 序疏數則豁達而傲博【性浮則志
부침 지인 불능 침사 용의 허곽 지불 연밀   서 소수 즉 활달 이 오박 성부즉지

傲】立事要則羷炎而不定【志傲則理疏】.
오 입 사요 즉 남염 이 부정 지오즉이소

淺解之人 不能深難【用意淺脫 思不深熟】; 聽辯說則擬鍔而愉悅【性淺則
천해 지인 불능 심난 용의 천탈 사불 심숙   청 변설 즉 의악 이 유열 성천즉

易悅】審精理則掉轉而無根【易悅故無根】.
이열 심 정리 즉 도전 이 무근 이열고 무근

寬恕之人 不能速捷【用意徐緩 思不疾速】; 論仁義則弘詳而長雅【性恕則理
관서 지인 불능 속첩 용의 서완 사불 질속   논 인의 즉 홍상 이 장아 성서즉이

---

13 이런 사람을 색은행괴(索隱行怪)라고 한다. 매우 하찮고 작은 것이나 찾으면서 말이나 행
   동은 괴상하게 하는 사람이다. 『한서』「예문지(芸文志)」에서 공자가 말했다. "색은행괴하
   는 자에 대해 후세에서 칭송하는 경우가 있는데, 나는 이런 짓을 하지 않는다."

雅】趨時務則遲緩而不及【徐雅故遲緩】.
아 추 시 무 즉 지 완 이 불 급　서 아 고 지 완

溫柔之人 力不休彊【用意溫潤 志不美悅】; 味道理則順適而和暢【性和則理
온 유 지 인 역 불 휴 강　용 의 온 윤 지 불 미 열　미 도 리 즉 순 적 이 화 창　성 화 즉 리

順】擬疑難則濡愞而不盡【理順故依違】.
순　의 의 난 즉 유 나 이 부 진　이 순 고 의 위

好奇之人 橫逸而求異【用意奇特 志不同物】; 造權譎則倜儻而瑰壯【性奇則
호 기 지 인 횡 일 이 구 이　용 의 기 특 지 불 동 물　조 권 휼 즉 척 당 이 괴 장　성 기 즉

尙麗】案淸道則詭常而恢迂【奇逸故恢詭】.
상 려　안 청 도 즉 궤 상 이 회 우　기 일 고 회 궤

所謂性有九偏 各從其心之所可以爲理【心之所可以爲理 是非相蔽 終無休
소 위 성 유 구 편　각 종 기 심 지 소 가 이 위 리　심 지 소 가 이 위 리　시 비 상 폐 종 무 휴

已】.
이

만약에 성품이 정밀하고 두루 통달하시[精暢=明達] 못하면 각 유
　　　　　　　　　　　　　　　　　정창　명달
형에 따라 일곱 가지 사이비[似=似而非]¹⁴가 있게 된다.
　　　　　　　　　　사　사이비

(첫째,) 아무 생각 없이 입에서 나오는 대로 떠드는 사람은 실은 막
힘없이 말을 (제대로) 잘하는 사람의 사이비다.【둥둥 떠다니는 어지러운
말을 나오는 대로 떠들게 되지만 마치 곧장 실행에 옮길 수 있는 말처럼 보인다.】

(둘째, 알고 있는) 이치는 적으면서 (제시하는) 실마리가 많은 사람은
실은 (제대로) 널리 생각하는 사람의 사이비다.【말이 무성하고 깨우쳐주
는 것이 넓은 것이 마치 생각이 진짜로 넓고 큰 사람처럼 보인다.】

(셋째,) 빙 에둘러 말해 뜻을 합치고자 하는 사람은 실은 (제대로)
찬성해 이해하는 사람의 사이비다.【이런 사람은 겉으로는 칭찬하는 척하면
서 그 속을 알 수가 없다.】

(넷째,) 뒤로 물러나서 연장자나 지위가 높은 사람처럼 처신하면서
[持長]¹⁵ 무리가 편안히 여기는 바를 그저 따르기만 하는 사람은 실은
　지장

14　얼핏 보면 비슷하지만, 실상은 아닌 것을 말한다.
15　진교초 풀이에 따라 이렇게 옮겼다.

능히 잘 듣고서 결단하는 사람의 사이비다.【실은 스스로 아는 것도 없는데 마치 알면서도 말하지 않는 사람처럼 처신하며 무리가 하는 말을 잘 관찰하고서 그들이 좋아하는 쪽을 찬성한다.】

(다섯째,) 어려움은 피하고 대응하지 않으려 하는 사람은 마치 여유가 있는 사람처럼 보이지만 실은 아무것도 아는 것이 없는 사람이다.【실은 아무것도 알지 못하면서 겉으로는 짐짓 대응하지 않는 것처럼 하는 사람은 정말로 아는 바가 있지만 대답하지 않는 사람과 겉모습이 비슷하다.】

(여섯째,) 통달한 사람을 사모한다면서 입으로만 떠드는 사람은 마치 남의 말을 즐거워하는 사람처럼 보이지만 실은 기쁜 마음으로 복종하지[懌=悅服=順從] 않는 사람이다.【남의 말을 들으면 즉시 기뻐하기 때
　　　　　　　　　역　열복　순종
문에 얼핏 보면 남의 말을 다 알아들은 사람처럼 보이지만 마음속이 지리멸렬해 전혀 깨닫지 못하고 있다.】

(일곱째,) 이기려는 마음 때문에 실상에서 벗어나 궁색해지면 묘한 말로 핑계를 대고【말이 이미 궁색해지면 스스로 자기는 신묘한데 다 풀어내지 못할 뿐이라고 여긴다.】 이치를 잃어 자기모순에 봉착하면 남의 말꼬리를 잡는 사람은【이치를 이미 잃었는데도 억지로 근거를 끌어들인다.】 실은 양쪽이 비기기를 구하는 것이니, 이런 사람은 이치상 굴하지 않는 사람의 사이비다.【말이 궁색해지고 이치가 모순에 빠졌는데도 마음속으로는 양쪽이 비기는 것을 노리고서 말은 오히려 그치지 않으니, 그것을 지켜보는 사람은 그가 아직 굴복하지 않았다고 여기게 된다.】

이상 이 일곱 가지 사이비는 많은 이가 미혹되는 바다.【맑은 거울이 아니고서 어찌 그것을 능히 비출 수 있겠는가?】

若乃性不精暢 則流有七似:
약내 성 불 정 창 즉 유유 칠사

有漫談陳說 似有流行者【浮漫流雅 似若可行】.
유 만담 진설 사유 유행 자 부만 유아 사약 가행

有理少多端 似若博意者【辭繁喩博 似若弘廣】.
유 이소 다단 사약 박의 자 사번유박 사약 홍광

有說合意 似若讚解者【外佯稱善 內實不知】.
유 회설 합의 사약 찬해 자 외양 칭선 내실 부지

有處後持長 從衆所安 似能聽談者【實自無知 如不言 觀察衆談 讚其所安】.
유 처후 지장 종 중 소안 사능 청담 자 실자 무지 여불언 관찰 중담 찬기 소안

有避難不應 似若有餘而實不知者【實不能知 妄佯不應 似有所知而不答者】.
유 피난 불응 사약 유여 이 실 부지 자 실불능지 망양 불응 사유 소지 이 부답 자

有慕通口解 似悅而不懌者【聞言卽悅 有似於解者 心中漫漫不能悟】.
유 모통 구해 사 열 이 불역 자 문언 즉열 유사 어 해자 심중 만만 불능 오

有因勝情失 窮而稱妙【辭已窮矣 自以爲妙而未盡】. 跌則掎蹠【理已跌矣 而
유 인승 정실 궁 이 칭묘 사이 궁의 자 이위 묘이 미진 질 즉 기척 이이 질의 이

彊牽據】實求兩解 似理不可屈者【辭窮理屈 心樂兩解 而言猶不止 聽者謂之
강 견서 실구 양해 사 이 불가 굴 자 사궁 이굴 심낙 양해 이언 유 부지 청자 위지

未屈】.
미굴

凡此七似 衆人之所惑也【非明鏡 焉能鑑之】.
범차 칠사 중인 지 소혹 야 비 명경 언능 감지

무릇 논변을 잘한다고 할 때, 이치나 논리가 승한 경우가 있고【이치나 논리가 지극히 잘 갖춰져 있으면 동요시킬 수 없다.】 말발이나 말재간이 승한 경우가 있다.【말이 정교하면 꺾을 수 없다.】

이치나 논리가 승한 경우 흑백(옳고 그름)을 바로잡아 논지를 넓혀 가고 미묘한 지점들을 풀어내어 논리가 통하게 한다.【일을 설명하는 것이 분명하면 이는 마치 화장을 잘한 것과 같고, 명쾌하게 구별하면 말에는 어그러지거나 뒤섞이는 것이 없다.】

말발이나 말재간이 승한 경우 바른 이치를 깨뜨려 특이한 논리를 추구하는데, 특이한 논리를 추구하게 되면 바른 이치를 잃어버린다.【이런 사람은 흰말은 말이 아니라는 논리[16]로 하루아침에 1000명을 설복시키

---

16 명가(名家)의 공손룡(公孫龍)이 펼친 주장이다. 그의 계몽적 궤변(詭辯)으로 유명한 '백마비마론(白馬非馬論)', '견백이동론(堅白異同論)' 등에 보이는 논리는 사물의 외관과 본체를

고, 중대한 사안에서 가로막히게 될 경우에도 그것을 곧장 돌파해 지나간다.】

무릇 아홉 가지 유형의 치우친 재질을 가진 사람들이 어떤 주제를 논할 경우 같은 것[同]도 있고 상반되는 것[反]도 있고 두 가지가 뒤섞인 것[雜]도 있다. 같은 경우에는 서로를 이해하게 되고[相解]【물에 비유하자면 물에 떠내려가는 것이다.】, 상반될 경우에는 서로를 비판하고[相非]【이는 마치 불이 물에 의해 꺼지는 것과 같다.】, 뒤섞인 경우에는 서로 적당히 타협을 한다[相恢].【반드시 같은 것도 아니고 또 반드시 다른 것도 아니기 때문에 적당한 타협에 이르게 된다.】

그래서 논전을 잘하는 사람은 자기 장점을 잘 헤아려가며 논하고【자기가 능한 바를 기반으로 삼는다면 그 말은 남들이 쉽게 깨닫는다.】, 자기 논리를 펼쳐도 상대방이 (감동하거나) 꿈쩍도 하지 않으면 (그 방향으로는) 더는 말을 하지 않으며【속마음이 다른 데 있으면 저쪽은 다른 날을 기다린다.】, 옆에 있는 사람이 잘 알아듣지 못한다고 해서 그 사람을 힐난하지는 않는다.【무릇 서로 논란을 하게 되면 주변에 있는 사람들도 그것을 듣게 된다.】

논전을 잘못하는 사람은 뒤섞이거나 상반되는 것을 갖고서 말을 한다.【저쪽의 뜻은 개에 있는데 말을 갖고서 설득하려 한다거나, 저쪽의 뜻은 크게 일치하는 부분에 있는데 작은 차이를 들어 말한다.】 (그런데 이처럼) 뒤섞이거나 상반되는 것을 갖고서 말을 하면 상대방에게 먹혀들지 않는다.【각진 물건을 동그란 구멍에 넣으려 하는 것이니 이치상 결국은 불가능하다.】

비유를 잘 쓰는 사람은 한마디 말로 여러 가지 일을 밝히고【말이

혼동해서는 안 된다는 것을 말한 것으로, 단순한 궤변이라기보다는 오히려 정치도(政治道)의 경고로 쓰인 것으로 여겨진다.

이치에 부합하면 말을 적게 해도 일은 분명해진다.】, 비유를 쓸 줄 모르는 사람은 백 마디 말로도 한 가지 뜻을 밝히지 못한다.【말이 이치와 멀리 떨어져 있으면 봇물이 터진 듯 많은 말을 해도 자기 스스로 분명하지 않은데 하물며 남임에랴!】 (이처럼) 백 마디 말로도 한 가지 뜻을 밝히지 못하면 상대방은 그의 말을 알아듣지 못한다.【스스로 뜻이 분명하지 못한데 누가 그것을 알아듣겠는가!】

이것이 바로 말을 할 때 흔히 저지르게 되는 세 가지 잘못이다.[17]

夫 辯 有理勝【理至不可動】, 有辭勝【辭巧不可屈】. 理勝者 正白黑以廣
부 변 유 이승 이지불가동 유 사승 사교불가굴 이승 자 정 백흑 이광

論 釋微妙而通之【說事分明 有如粉黛 朗然區別 辭不潰雜】. 辭勝者 破正理
론 석 미묘 이 통지 설사 분명 유여 분대 낭연 구별 사불궤잡 사승 자 파 정리

以求異 求異則正失矣【以白馬非馬 一朝而服千人 及其至關禁錮 直而後過也】.
이구 이 구이 즉 정실 의 이백마비마 일조 이복천인 급 기지관 금고 직 이후 과야

夫九偏之材 有同 有反 有雜. 同則相解【譬水流於水】反則相非【猶火滅於
부 구편 지재 유동 유반 유잡 동 즉 상해 비수유어 수 반 즉 상비 유화 멸어

水】雜則相恢【亦不必同 又不必異 所以恢達】. 故善接論者 度所長而論之
수 잡 즉 상회 역불필동 우불필이 소이 회달 고 선 접론 자 탁 소장 이 논지

【因其所能 則其言易曉】; 歷之不動則不說也【意在杓馬 彼俟他日】; 傍無聽達
인 기 소능 즉 기언 이효 역지 부동 즉 불설 야 의재표마 피사 타일 방무 청달

則不難也【凡相難講 爲達者聽】. 不善接論者 說之以雜反【彼意在狗 而說以
즉 불난 야 범상 난강 위 달자 청 불선 접론 자 설지 이잡반 피의 재구 이 설이

馬; 彼意大同 而說以小異】; 說之以雜反 則不入也【以方入圓 理終不可】. 善喩
마 피의 대동 이 설이 소이 설지 이잡반 즉 불입 야 이방 입원 이종 불가 선유

者 以一言明數事【辭附於理 則言寡則事明】; 不善喩者 百言不明一意【辭
자 이일 언명 수사 사부어 리 즉 언과 즉 사명 불 선유 자 백언 불명 일의 사

遠乎理 雖泛濫多言 己不自明 況他人乎】, 百言不明一意則不聽也【自意不明
원호 리 수 범람 다언 기불 자명 황 타인 호 백언 불명 일의 즉 불청 야 자의 불명

誰聽之】. 是說之三失也.
수 청지 시 설지 삼실 야

논란을 잘하는 사람은 일의 근본을 풀어내려고 힘쓰는 데 반해

---

17 이 주제를 집중적으로 다룬 것이 유향(劉向)의 『설원(說苑)』(이한우 옮김), 권11 말 잘하는 법[善說]이다.
선설

【매번 이치를 얻을 때마다 거기에 머물러 지낸다.】논란을 제대로 못 하는 사람은 근본을 버리고 지엽말단만 따진다[理=辨].【그 말만 쫓으면서 (근본을 놓친 채) 말에 얽매인다.】근본을 버리고 지엽말단만 따지게 되면 말을 (억지로) 짜내게 된다[辭構].【근본과 이치는 찾으려 하지 않고 번쇄한 글을 갖고서 문장만 따진다.】[18]

논조가 강한 자를 잘 공격하는 사람은 일단 그의 드세고 날카로운 기세를 피하고서【상대방이 강하고 꺾일 줄[彊梁] 모르면 처음 기운은 반드시 드셀 것이니, 그 때문에 강한 자를 잘 공격하는 사람은 일단 상대방의 초기 공세[初鼓]를 피한다.】그 본래의 뜻을 드러내 가며 점점 상대의 허점을 공격하는 데 반해【세 번 북을 두드려 기운이 올라가면 상대방은 쇠퇴하게 되어 공격하기 쉬워진다.】, 논조가 강한 자를 제대로 공격하지 못하는 사람은 상대방의 잘못된 말을 꼬투리로 삼아 그의 날카로운 뜻을 꺾으려 한다.【논조가 강한 자는 뜻이 날카로워 말을 하다가 혹 일시적인 잘못을 할 수가 있는데, 이런 잘못을 공격해 그의 날카로운 기운을 꺾으려 하는 것은 이치상 어려운 일이다.】상대방의 날카로운 뜻을 좌절시킬 경우 그의 기세만 돋우게 된다[氣構].【부질없이 쓸데없는 말만 어지러이 오가게 될 뿐만 아니라 결국은 그의 목소리와 낯빛만 자극하게 된다.】

상대방의 잘못을 잘 짚어내는 사람은 상대방이 잘못한 바를 (정확히) 지적하는데【상대가 비틀거리거나 잘못이 있을 경우 일단 실상에 맞지 않는 점들을 지적한다.】상대방의 잘못을 제대로 짚어내지 못하는 사람은 그저 상대를 굴복시키려고만 하다가 (괜히) 그의 성질만 건드린다.【상대의 굴복이나 잘못을 능멸하며 그를 꺾으려고만 한다.】그저 상대를 굴

---

18 진교초는 여기서의 '말'을 송사(訟辭)라고 보았다. 쟁송이 일어난다는 말이다.

복시키려고만 할 경우 (괜히) 그의 성질만 건드리면 원망만 사게 된다[怨構].【목소리와 낯빛(이 변할)뿐 아니라 원한이 미리 마음에 맺히게 한다.】
원구

어떤 사람은 늘 어떤 것을 찾아내려고 생각하다가 오랜 시간 끝에 마침내 그것을 얻게 되면 갑자기 그것을 남에게 가르치려 하는데, 그 사람이 빨리 알아듣지 못하면 곧장 그 사람은 일깨워주기 어려운 사람이라고 간주한다.【자기는 스스로 오래 생각하고서 남에게는 그런 것을 허용해주지 않는다.】 이렇게 그 사람을 일깨워주기 어려운 사람이라고 간주할 경우 그 사람은 분한 마음을 품게 된다[忿構].【원한을 품을 뿐 아니라 드디어 화를 내며 다투게 된다.】
분구

무릇 논란이 치열할 때는 상대방의 잘못을 계속 밀어붙이기가 어렵다.【기운이 성대해 말에 잘못이 있으면 일단은 그 기세를 피해야 한다.】 그래서 논란을 잘하는 사람은 증거를 들이대어 상대방으로 하여금 (자기의 주장을) 돌이켜보게 한다.【기세가 꺾여 뜻이 돌아오게 만들어서 자기주도적으로 서로 공방이 진행되도록 한다.】 논란을 제대로 못 하는 사람은 상대방을 능멸하며 격동시키기 때문에 비록 돌아볼 구실을 찾으려 한다 해도 형세상 그런 구실을 찾을 길이 없다.【잘못에 대해 돌아볼 구실을 찾지 못하게 되면 그 말을 듣지 않는다.】 이처럼 형세상 그런 구실을 찾을 길이 없게 되면 마구잡이 공박만 오가게 된다[妄構].【망언을 하면서도 비방이라 여기지 않고 입에서 나오는 대로 마구 떠든다.】
망구

무릇 사람이 어떤 것을 골똘히 생각하고 있을 경우에는 귀로 장차 아무것도 들을 수가 없다.【생각과 마음이 하나가 되면 뇌성벽력도 들리지 않는다.】 이 때문에 대화하는 두 사람은 각자 자기 생각만 말하게 되어 경쟁하듯이 상대방을 제지하면서 자기 말을 들어주기만을 바란다.【상대방 말을 막고서 자기 말만 듣게 하려고 한다.】 상대방 역시 자기 생각 때문에 상대가 자기 말에 주의를 기울이지 않으면 자기 뜻을 이해하지 못한다고 여긴다.【이해하지 못하는 것이 아니라 자기 생각만 많이 풀어 놓을 뿐이고 저쪽에서도 자기 생각으로 맞서다 보니, 그래서 이해하지 못하는 것처럼 보이는 것이다.】인지상정으로 볼 때 사람들은 누구나 남이 자기에게 이해하지 못한다고 하면 싫어하게 마련이다.【상대방에게 이해하지 못한다고 말하면 그는 본성상 꺼리고 화를 내게 된다.】이처럼 이해하지 못한다고 비판하면 노여움을 품게 된다[怒構].【도리와 시비를 돌아보지 않고 말을 함부로 하면 상대방은 거친 분노를 표출한다.】

무릇 이 여섯 가지 함정[六構]이야말로 새로운 분란이 일어나는 원인이라 할 수 있을 것이다. 그러나 비록 뜻하지 않는 함정이기는 하지만 오히려 얻는 바도 있다.【일을 하고 마땅함을 세울 때는 마땅히 이치가 정해지기를 기다려야 한다. 그래서 비록 분란이 있고 작은 변고가 있다 하더라도 결국에 가서는 이치가 정해지고 공로가 세워진다.】만약에 자기 말만 하고 논란은 하지 않은 채 자기 소견만을 진술한다면 상대 주장의 이유나 근거[所由]를 알 기회가 없기 때문이다.【사람마다 경쟁적으로 자기 말만 하고 논란해 바로잡으려 하지 않는다면 어떤 사람의 말이 쓸 만한 것인지를 알 수가 없다.】

善難者 務釋事本【每得理而止住】; 不善難者 舍本而理末【逐其言而接之】.

舍本而理末 則辭構矣【不尋其本理 而煩辭相文】.

善攻彊者 下其盛銳【對家彊梁 始氣必盛 故善攻彊者 避其初鼓也】扶其本旨 以漸攻之【三鼓氣勝 衰則攻易】; 不善攻彊者 引其誤辭以挫其銳意【彊者意 銳 辭或暫誤; 擊誤挫銳 理之難也】挫其銳意 則氣構矣【非徒群言交錯 逐之動 其聲色】.

善躡失者 指其所跌【彼有跌失 暫指不逼】; 不善躡失者 因屈而抵其性【陵
선섭실자　지기 소질 피유질실 잠지불핍　　불선섭실자　인굴이저기성 능

其屈跌 而抵挫之】, 因屈而抵其性 則怨構矣【非徒聲色而已 怨恨逆結於心】.
기 굴질 이저좌지　인굴이저기성　즉원구 의 비도 성색 이이 원한 역 결어 심

或常所思求 久乃得之 倉卒諭人; 人不速知 則以爲難諭【己自久思 而不
혹 상 소사구 구내득지 창졸 유인　인불 속지　즉이위 난유 기자구사 이불

恕人】, 以爲難諭 則忿構矣【非徒怨恨 遂生忿爭】.
서인　이위 난유 즉분구 의 비도 원한 수생 분쟁

夫 盛難之時 其誤難迫【氣盛辭誤 且當避之】; 故善難者 徵之使還【氣折
부　성난 지시 기오난박 기성사오 차당 피지　고 선난자　징지 사환 기절

意還 自相應接】 不善難者 凌而激之 雖欲顧藉 其勢無由【棄誤顧藉 不聽
의환 자상 응접　불선난자　능이 격지 수욕 고자 기세 무유 기오 고자 불청

其言】, 其勢無由 則妄構矣【妄言非訾 縱橫恣口】.
기언　기세 무유 즉 망구 의 망언 비자 종횡 자구

凡人心有所思 則耳且不能聽【思心一至 不聞雷霆】, 是故 並思俱說 競相
범 인심 유 소사　즉이차 불능 청 사심 일지 불문 뇌정　시고　병사 구설 경상

制止 欲人之聽己【止他人之言 欲使聽己】人亦以其方思之故 不了己意 則
제지 욕 인지 청기 지타인지언 욕사 청기　인역 이기 방사 지고　불요 기의　즉

以爲不解【非不解也 富己出言 由彼方思 故人不解】. 人情莫不諱不解【謂其
이위 불해 비불해야 부기 출언 유피 방사 고인 불해　인정 막불 휘 불해 위기

不解 則性諱怒】, 諱不解則怒構矣【不顧道理是非 於其兇怒忿肆】.
불해 즉성휘노　휘 불해 즉 노구 의 불고 도리 시비 어기 흉노 분사

凡此六構 變之所由興矣. 然雖有變構 猶有所得【造事立義 當須理定 故
범차 육구 변지 소유흥 의　연 수유 변구　유유 소득 조사 입의 당수 이정 고

雖有變說小故 終於理定功立】; 若說而不難 各陳所見 則莫知所由矣【人人
수유 변설 소고 종어 이정 공립　약 설이 불난 각진 소견 즉 막지 소유 의 인인

競說 若不難質 則不知何者可用也】.
경설 약불 난질 즉 부지 하자 가용 야

이로 말미암아 논하건대[19], 말만 갖고서 이치를 정할 수 있는 사람
은 매우 드물다.【이치는 실마리가 많고 사람의 정은 다 다르기 때문에 발언이
조정을 가득 채워도 기꺼이 그 허물을 잡아내지 못한다.】 (그렇기 때문에 이치를
결정할 때는) 반드시 이렇게 해야 한다.

귀 밝음은 능히 그 말 속에 담긴 뜻의 차례[序]를 알아들을 수 있
어야 하고【높은 곳에 올라 능히 부(賦)를 읊조릴 수 있고 사물을 찾아내 이
름을 붙일 수 있다면, 이는 마치 안회(顏回)가 곡소리를 듣고서 거기에 담긴 일

---

19 이때 논한다는 것은 확실히 알고서 말을 할 수 있다는 뜻이다.

을 훤히 알아낸 것[20]과 같다.】 깊은 사려는 능히 말의 실마리[端=萌]를 파
악해낼 수 있어야 하고【자전(子展, ?~기원전 544년)[21]이 진(晉)나라를 침략
할 것을 모의해 마침내 제후들의 회맹을 끌어냈다.】 눈 밝음은 능히 그 말 속
의 기미[機=動之微]를 볼 수 있어야 하며【유변(臾騈)[22]은 직접 진(秦)나라
사자의 눈이 흔들리는 것을 보고서 진나라가 물러가리라는 것을 이미 알아차렸
다.[23]】 말을 할 때는 자기 뜻을 잘 변론[24]할 수 있어야 하고【이적(伊籍)
이 오왕에게 답했다. "한 번 절하고 한 번 일어난 것은 힘들 것도 없다."[25]】 민첩

---

20 『공자가어(孔子家語)』제18편 「안회」에 나오는 이야기다.
  공자가 위(衛)나라에 있을 때 동이 틀 무렵 일찍 일어났다. 안회가 곁에서 모셨는데, 매우
  구슬프게 곡하는 자의 울음소리가 들려왔다. 공자가 물었다. "회야! 너는 이것이 무슨 곡
  소리인 줄 알겠느냐?" 안회가 대답했다. "제 생각에 이 곡소리는 죽은 사람을 위해서일 뿐
  아니라 생이별하는 일이 있어서 우는 소리일 것입니다." 공자가 물었다. "어떻게 아느냐?"
  안회가 대답했다. "제가 듣건대, 환산(桓山)에 사는 새가 새끼 4마리를 낳았는데 새끼들이
  날 수 있게 되어 사해로 흩어져 날아가려고 하자 그 어미가 슬피 울면서 그들을 보냈다고
  합니다. 어미의 슬픈 울음소리가 이 곡소리와 비슷하니, 떠나가면 다시는 돌아오지 않기
  때문입니다. 저는 그 소리가 비슷해 알았습니다." 공자가 사람을 시켜 곡하는 자에게 물으
  니, 곡을 하는 자가 과연 다음과 같이 말했다. "아버지가 죽었는데, 집이 가난해 자식을 팔
  아 장례를 치르고 자식과 영영 이별하려고 합니다." 공자가 말했다. "회는 소리를 잘 식별
  하는구나."
21 춘추시대 정(鄭)나라 사람으로 자한(子罕)의 아들이다. 정손자(鄭孫子)의 난 때 정공(鄭
  公)과 함께 제(齊)나라로 달아났다가 나중에 돌아왔다. 여러 차례 정나라 내란을 평정했
  다. 중요 군사 활동으로는 송나라를 침공하고 진(陳)나라를 정벌한 일 등이 있다. 여러 차
  례 정공과 함께 진(晉)나라에 사신을 다녀왔는데, 원만하게 자신의 직무를 완수했다.
22 진(晉)나라 장수다.
23 이 일은 『춘추좌씨전』 문공 12년(기원전 615년)에 나온다.
24 일을 분명하게 설명한다는 뜻이다.
25 유비의 참모였던 이적은 말을 잘하는 사람이었다. 오나라에 사신으로 갔는데, 손권은 그
  가 말을 잘한다는 것을 듣고 대화하면서 그를 누르고자 했다. 이적이 손권에게 배읍지례
  (拜揖之禮)를 행할 때 손권이 물었다. "노사무도지군호(勞事無道之君乎)", 즉 무도한 군주
  를 위해 일하느라 힘들지 않느냐는 것이었다. 이적이 즉시 대답했다. "일배일기(一拜一起),
  미족위로(未足爲勞)", 즉 그저 절 한 번 하고 일어났을 뿐이니 힘들 것도 없다는 말이다. 졸

함은 능히 자기 잘못을 추스를 줄 알아야 하며【곽회(郭淮, 187~255년)²⁶ 가 위(魏)나라 황제에게 말했다. "신은 요순시대를 만났으니 방풍씨(防風氏)와 같은 주살은 면할 수 있으리라는 것을 스스로 알고 있습니다."²⁷】 수비할 때는 능히 상대 공격에 대응할 수 있어야 하고【묵자(墨子)가 초나라 사람에게 말했다. "나의 제자들이 이미 송나라에서 배웠다."²⁸】 공격할 때는 상대를 깨

지에 무도한 군주는 유비가 아니라 손권이 되어버렸다.

26 후한 헌제(獻帝) 건안(建安) 중에 효렴(孝廉)으로 천거되어 평원부승(平原府丞)에 올랐다. 승상병조의령사(丞相兵曹議令史)로 옮겨 한중(漢中) 정벌에 참여했다. 조조(曹操)가 왕위에 오르자 관내후(關內侯)에 오르고, 진서장사(鎭西長史)로 옮겼다. 다시 강호군(羌護軍)을 정벌하고 장합(張郃), 양추(楊秋)를 도와 관중(關中)을 정벌했다. 황초(黃初) 원년(220년) 옹주자사(雍州刺史)로 있으면서 사양정후(射陽亭侯)에 봉해졌다. 태화(太和) 2년(228년) 제갈량(諸葛亮)의 제1차 북벌 때 위명제(魏明帝)가 대장군 조진을 대도독으로 삼고 그를 부도독으로 삼아서 군사를 통솔해 맞아 싸우게 했다. 나중에 좌장군(左將軍)에 임명되어 농서(隴西)에 주둔했다. 제왕(齊王) 조방(曹芳) 정시(正始, 240~248년) 연간에 반란을 일으킨 강(羌)을 격파해 전장군(前將軍)에 올랐다. 강유(姜維)가 농서로 진격했을 때 군사를 이끌고 추격해 요화(廖化)를 격파했다. 가평(嘉平) 원년(249년) 정서장군(征西將軍)에 오르고 옹주(雍州)와 양주(凉州) 일대의 군사 업무를 총괄했다. 다시 거기장군(車騎將軍)과 의동삼사(儀同三司)가 되고 양곡후(陽曲侯)로 진봉(進封)되었다.

27 황초 원년에 곽회는 명을 받들어 위문제(조비)의 즉위를 축하하러 갔는데, 병으로 인해 제때에 도착하지 못했다. 이에 문제가 말했다. "옛날에 우왕이 제후들을 도산에 모이게 했는데 방풍씨가 늦게 도착하자 곧바로 참형에 처했소." 그러자 곽회가 이렇게 답했던 것이다. 이에 문제는 곽회를 정서장군으로 승진시켰다.

28 이는 '묵수(墨守)'라는 말과 관계된다. 『묵자(墨子)』 「공수반(公輸盤)」편에 보이는 말로, 묵적지수(墨翟之守)라고도 한다. 묵자는 춘추시대 사상가로서 겸애설(兼愛說)과 비전론(非戰論)을 주창했으며, 목수이자 기계 기사이기도 했다.
송나라에서 푸대접을 받은 공수반이 초나라를 위해 운제계(雲梯械-구름사다리)를 만들어 송나라를 공격하려 한다는 소문을 들은 묵자는 초나라를 방문해 공수반을 만나 다음과 같이 말했다. "당신은 의리에 어긋나는 짓은 하지 않는다고 들었습니다. 그런데 지금 당신을 다소 푸대접했다는 이유로 새 기계를 만들어 당신이 나고 자란 송나라를 친다고 하니 이것이 선한 일이겠습니까?" 대답이 궁해진 공수반이 왕의 핑계를 대자, 묵자는 초왕을 만나게 해달라고 졸라, 왕을 만난 자리에서 '부강한 나라가 가난한 나라를 공격하는 것은 비단옷을 입은 자가 이웃집 헌 옷을 훔치는 행위와 같다'라고 왕을 설득했다. 대답이 궁해진 초왕이 공수반의 재주를 보고 싶었기 때문이라는 핑계를 대자 묵자는 즉시 자기가 공

뜨릴 수 있어야 하며【모수(毛遂, ?~?)[29]가 나아가 말했다. "지금 합종하는 것
은 초나라를 위하는 것이지 조나라를 위하는 것이 아닙니다." 초왕은 합종하기
로 하고 모수에게 사과했다.】상대를 깨뜨릴 때는 깨뜨리고 나서 능히 상
대를 그에 걸맞게 예우할 수 있어야 한다.【상대방의 창을 상대방의 방패로
바꾸면 주객이 전도되어 말이 궁해진다.】[30]

이 여덟 가지를 겸한 다음이라야 마침내 능히 천하의 이치에 통할

수반의 기계를 막아보겠다는 제의를 했고, 그리하여 초왕 앞에서 공수반과 묵자의 기묘한
공방전이 벌어졌다. 묵자는 허리띠를 풀어 성책을 만들고 나무 조각으로 방패 대용의 기계
를 만들어 운제계로 공격하는 공수반과 모의 전쟁을 벌였는데, 공수반이 아홉 번을 공격
했으나 아홉 번을 모두 막아냈다. 그러나 공수반은 패배를 인정하면서도 묵자만 없애면 문
제가 없다고 생각했다. 이를 눈치챈 묵자는 "나를 죽이면 송나라를 공격할 수 있다고 생각
할지 모르나 그것은 큰 착각입니다. 설사 내가 죽더라도 이미 송나라에는 나의 제자 300명
이 내가 만든 기계와 똑같은 것을 배워서 철저하게 대비하고 있을 것입니다"라고 해 초나
라의 공격을 미연에 방지했다. 이로부터 '묵수'라는 말은 나라를 지켰다는 비유가 되었고,
견고한 수비를 일컫는 말이 되었다.

29 전국시대 조(趙)나라 사람으로 평원군(平原君)의 식객(食客)이었다. 효성왕(孝成王) 9년
진(秦)나라가 조나라를 공격해 한단(邯鄲)을 포위하자 왕이 평원군을 시켜 초(楚)나라에
구원을 청하게 했다. 이때 식객 가운데 문무를 겸비한 사람 20명을 대동하고 가게 되었다.
19명까지는 선발했지만 1명이 부족하자 그가 자천(自薦)하고 나서 동행하게 되었다. 이때
평원군이 그렇게 두각을 나타내지 못한 그를 미덥지 못하게 여기자 "이번에 주머니 속에
넣어주기만 한다면 끝뿐 아니라 자루[柄]까지 드러내 보이겠다"라고 자신했다. 이때 고사
성어 낭중지추(囊中之錐)가 나왔다. 초나라에 도착한 뒤 평원군이 초나라와 회담을 했지
만, 타결되지 못했는데, 그때 그가 칼을 뽑아 들고 올라가서 합종설에 입각해 조나라를 구
하고 진나라를 공격하는 일에 대한 이점을 말해서 초나라가 협약을 맺도록 했다. 초나라
군사 덕분에 조나라는 위기에서 벗어났다. 평원군이 '삼촌지설(三寸之舌)이 백만의 대군보
다 위력이 있다'면서 상객(上客)으로 삼았다.

30 유병의 주석은 易(이)를 '昜(역-바꾸다)'으로 보고 予를 矛의 착오로 본 듯하다. 풀이도 다
소 억지스럽다. 그러나 진교초는 『인물지금주금역』에서 『예기』 「단궁(檀弓)」편에 나오는
구절을 근거로 삼아 易를 '쉽다, 간략하다[簡易]'로 보고 予는 于의 착오로 본다. "신하로
서 간략하게 예를 행할 사람은 간략한 예를 행하고, 임금으로서 큰 예를 행할 사람은 큰
예를 행합니다[易則易 于則于]." 于에는 크다, 광대하다는 뜻이 있다. 그래서 진교초 풀이
에 입각해 옮겼다.

수 있고, 천하의 이치에 통하게 되면 능히 다른 사람과 통할 수 있다.

이 여덟 가지를 겸해서 소유하지 못하고 그저 한 가지 능력만 갖고 있을 경우【이른바 한쪽으로 치우친 재주를 가진 사람이다.】 그가 도달하는 바는 한쪽으로 치우치게 되어 그 소유한 재능에 따라 각기 다른 이름으로 불리게 된다.【각자 자기가 능통한 바를 갖고서 자기 이름을 세우게 된다.】 이 때문에

귀 밝음이 능히 그 말 속에 담긴 뜻의 차례[序]를 알아들을 수 있는 사람을 일러 일과 사물에 이름을 잘 붙이는 인재[名物之材]라고 한다.

깊은 사려가 능히 말의 실마리[端]를 파악할 수 있는 사람을 일러 논리적 구성 설계가 뛰어난 인재[構架之材]라고 한다.

눈 밝음이 능히 그 말 속의 기미[機]를 볼 수 있는 사람을 일러 사리와 통찰이 뛰어난 인재[達識之材]라고 한다.

자기 뜻을 잘 변론할 수 있는 사람을 일러 말재간이 넉넉한 인재[贍給之材]라고 한다.

민첩함이 능히 자기 잘못을 추스를 줄 아는 사람을 일러 임기응변에 능한 인재[權捷之材]라고 한다.

수비할 때는 능히 상대 공격에 대응할 수 있는 사람을 일러 논조를 견지할 줄 아는 인재[持論之材]라고 한다.

공격할 때는 상대를 깨트릴 수 있는 사람을 일러 잘 미뤄 헤아려 뚫고 들어갈 줄 아는 인재[推徹之材]라고 한다.

상대를 깨트릴 때는 깨뜨리고 나서 능히 상대를 그에 걸맞게 예우할 수 있는 사람을 일러 남의 주장을 바꿔서 생각할 줄 아는 인재[貿說之材]라고 한다.

由此論之 談而定理者眇矣【理多端 人情異 故發言盈庭 莫肯執其咎】. 必也
유차 논지 담이 정리 자묘의 이다단 인정이 고 발언 영정 막긍 집 기구　　필야

聰能聽序【登高能賦 求物能名 如顏回聽哭 蒼舒量象】思能造端【子展謀侵晉
총능 청서 등고 능부 구물 능명 여안회 청곡 창서 양상　사능 조단 자전 모침 진

乃得諸侯之盟】明能見機【史騈(臾騈)³¹親目動 旣知秦師退】辭能辯意【伊籍答
내득 제후 지맹 명능 견기 사변 유변 친 목동 기지 진사 퇴 사능 변의 이적 답

吳王: "一拜一起 未足爲勞"】捷能攝失【郭淮答魏帝曰: "自知必免防風之誅"】守
오왕　일배 일기 미족 위로 첩능 섭실 곽회 답위제 왈 자지 필면 방풍 지주 수

能待攻【墨子謂楚人: "吾弟子已學於於宋"】攻能奪守【毛遂進曰: "今日從爲楚
능 대공 묵자 위 초인 오 제자 이학 어송 공능 탈수 모수 진왈 금일 종위 초

不爲趙也", 楚王從而謝之】奪能易予【以子之矛 易子之盾 則物主辭窮】.
불위 조야 초왕 종이 사지 탈능 이여 이 자지모 역 자지순 즉 물주 사궁

兼此八者 然後乃能通於天下之理 通於天下之理 則能通人矣. 不能
겸차 팔자 연후 내능 통어 천하 지리 통어 천하 지리 즉능 통인 의 불능

兼有八美 適有一能【所謂偏材之人】則所達者偏 而則所有異目矣【各以
겸유 팔미 적유 일능 소위 편재 지인 즉 소달자 편 이즉 소유 이목 의 각이

所通 而立其名】. 是故:
소통 이입 기명　시고

聰能聽序謂之名物之材.
총능 청서 위지 명물 지재

思能造端謂之構架之材.
사능 조단 위지 구가 지재

明能見機謂之達識之材.
명능 견기 위지 달식 지재

辭能辯意謂之贍給之材.
사능 변의 위지 섬급 지재

捷能攝失謂之權捷之材.
첩능 섭실 위지 권첩 지재

守能待攻謂之持論之材.
수능 대공 위지 지론 지재

攻能奪守謂之推徹之材.
공능 탈수 위지 추철 지재

奪能易予謂之貿說之材.
탈능 이여 위지 무설 지재

　　두루 통하는[通]³² 재주를 가진 사람은 이미 이 여덟 가지 재질을 겸해 갖고 있어 도리를 통해 그것을 행하고, 서로 통하는 사람과 말을 하게 될 경우 같은 이해를 갖고 있어 마음으로 서로 깨닫고【같다는

---

31 史는 臾의 잘못인 듯하다.
　　사　　유
32 온갖 일을 두루 알고 있다는 뜻이다.

것은 곧 서로 옳다고 여기는 바가 같은 것이니, 이 때문에 마음으로 서로 깨닫는다.】, 일반 대중과 말을 하게 될 경우 안색을 깊이 뚫어보고서 그의 성향을 그대로 따라준다.【대중이 한창 기세를 올릴 때는 그들의 단점을 언급하지 않고 피한다.】 비록 다양한 이치를 밝게 포괄하지만 다른 사람 위에 있으려[尙=誇]
상 과
하지 않고【항상 같은 마음으로 겸손하게 자기를 낮추니, 그 때문에 결국 남의 위에 있게 된다.】 귀 밝음과 슬기로움이 넉넉하지만 다른 사람보다 앞서려 하지 않으니【한결같은 마음으로 물러나 남의 뒤에 있으려 하니, 그 때문에 결국 남보다 앞서게 된다.】, 자기가 좋은 말을 하지만 이치가 충분히 전달되면 거기서 그친다.【이치가 통하면 그칠 뿐 번잡스럽게 말을 하는 데 힘쓰지 않는다.】 남에게 비루함이나 잘못이 있으면 그냥 지나치고 몰아세우지 않으며【남의 잘못이나 실패를 보면 그때마다 마땅히 그냥 건너뛰거나 피한다.】, 남이 품고 있는 생각을 잘 드러내 주고 남이 잘할 수 있는 것을 부추겨준다.【남들의 능한 점을 부추겨주고 도와주면서도 사람들이 각자 다 자기가 스스로 잘한 것으로 여기게 해준다.】[33] 비슷한 일을 갖고서 남이 섭섭하게 여기는 바[所嫭]【호(胡)와 고(故)의 반절음이다.[34]】를 건
소호
드리지 않고【맹인과 말을 할 때 애꾸눈 부류를 피하지 않는다.】, 예를 들어 말을 할 때는 자기 장점은 예로 들지 않는다.【자기에게 무력이 있으면 영리한 호랑이에 대해서도 언급하지 않는다.】 말을 곧게 할 때든 상황에 맞춰 에둘러가며 할 때든 두려워하거나 싫어하는 바가 없다.【두루 통하는 재주를 가진 사람은 마음이 평안하고 이치에 밝아 윗사람에게 신임을 얻은 후에

---

33 『논어』 「안연(顏淵)」편에서 공자가 말했다. "군자는 남들의 좋은 점은 이뤄주고 남들의 나쁜 점은 이뤄주지 않으니 소인은 이와 정반대로 한다."

34 嫭의 발음이 호의 ㅎ과 고의 ㅗ를 합친 것이니 발음은 '호'가 된다.

야 간언을 하니, 비록 임금의 역린을 건드리더라도 아무런 해로움을 당하지 않는다.】벌레 같은 소리 중에서도 좋은 소리는 채택하고【소리가 추하다고 해서 좋은 곡조마저 버리지는 않는다.】, 어리석은 사람이 우연히 맞는 소리를 할 때도 칭찬을 해준다.【사람이 어리석다고 해서 그의 아름다운 말마저 폐기하지는 않는다.】[35] 남의 논지를 깨뜨리거나 받아들일 때는[奪與] 마땅함이 있고 물러나거나 나아갈 때는 머뭇거림이 없다[不留]. 바야흐로 상대방 기세가 성대할 때는 자신을 굽혀 굴복하는 것에 인색하지 않고【상대방 기세가 성대할 때는 피하지 않고 그에게 굽히는 것을 안타까워하지 않는다.】바야흐로 상대가 논쟁에서 이기기 어려웠을 때는 마침내 그를 이겼다고 해서 자기를 내세우지 않는다.【이치상 저절로 이기게 되어 있었는데 무슨 내세울 바가 있겠는가?】

마음은 평안하고 뜻은 평탄해 무조건 이리로 가야 한다는 것도 없고 무조건 저리로 가면 안 된다는 것도 없으니[無敵無莫]【옳고 그름이란 도리에 달렸으니 이기기를 탐함으로써 유명세를 구해서는 안 된다.】도리를 얻기를 기대할 뿐이다.[36] (그래서) 이런 사람과는 세상 경영[經世]과 백성 다스림[理物=治人]에 관해 더불어 논할 수 있다[與論=與議].【이런 사람은 마음이 탁 트여 있고 사사로운 욕심을 품지 않기에 지극히 마땅한 사람에게 일을 맡기니 이 때문에 세상일이 저절로 경영되고 만백성이 저절로 다스려

---

35 『논어』「위령공(衛靈公)」편에서 공자가 말했다. "군자는 말을 잘한다고 해서 그 사람을 들어 쓰지 않으며, 사람이 나쁘다 해 그의 좋은 말까지 버리지 않는다."

36 이는 정도(正道)보다는 중도(中道)를 강조하는 대목이라는 점에서 유병의 주석은 아쉬움이 있다. 『논어』「이인(里仁)」편에 나오는 공자 말이 그 답이다. 여기서 도리란 공자가 말하는 마땅함과 같다. "군자가 천하에 나아가 일을 할 때는 오로지 주장함도 없고 그렇게 하지 않음도 없으니[無適也 無莫也], 마땅함[義]에 따라 행할 뿐이다."

진다[自理=自治].】
　　자리　자치

通材之人 旣兼此八材 行之以道 與通人言 則同解而心喩【同則相是 是以
통재 지인 기겸차 팔재 행지 이도 여통인 언 즉동해 이심유 동즉 상시 시이

心相喩】; 與衆人之言 則察色而順性【下有盛色 避其所短】. 雖明包衆理
심상유 여중인 지언 즉찰색 이순성 하유 성색 피기 소단 수명포 중리

不以尙人【恒懷謙下 故處物上】聰叡資給 不以先人【常懷退後 故在物先】
불이 상인 항회 겸하 고처 물상 총예 자급 불이 선인 상회 퇴후 고재 물선

善言出己 理足則止【通理則止 不務煩辭】. 鄙誤在人 過而不迫【見人過跌 輒
선언 출기 이족 즉지 통리 즉지 불무 번사 비오 재인 과이 불박 견인 과질 첩

當歷避】, 寫人之所懷 扶人之所能【扶贊人之所能 則人人自任矣】, 不以事類
당역피 사 인지소회 부 인지소능 부찬 인지 소능 즉 인인 자임 의 불이 사류

犯人之所婟【胡故反. 與盲人言 不諱眇瞎】 不以言例及己之所長【己有武力
범 인지소호 호고반 여맹인 언 불휘 묘할 불이 언례 급 기지소장 기유 무력

不與娬虎】, 說直說變 無所畏惡【通材平釋 信而後諫 雖觸龍鱗 物無害者】, 采
불여 호호 설직 설변 무 소외오 통재 평석 신이 후간 수촉 용린 물무해 자 채

蟲聲之善音【不以聲醜 棄其善曲】贊愚人之偶得【不以人愚 廢其嘉言】, 奪與
충성 지 선음 불이 성추 기기 선곡 찬 우인 지 우득 불이 인우 폐기 가언 탈여

有宜 去就不留. 方其盛氣 折謝不吝【不避銳跌 不惜屈撓】; 方其勝難 勝
유의 거취 불류 방기 성기 절사 불인 불피 예질 불석 굴요 방기 승난 승

而不矜【理自勝耳 何所矜也】. 心平志諭 無適無莫【付是非於道理 不貪勝以
이 불긍 이자승 이 하 소긍 야 심평 지유 무적 무막 부시비어 도리 불탐승 이

求名】期於得道而已矣. 是可與論經世而理物也【曠然無懷 委之至當 是以
구명 기어 득도 이이의 시 가 여론 경세 이 이물 야 광연 무회 위지 지당 시이

世務自經 萬物自理】.
세무 자경 만물 자리

제 5 장

재질과 능력
재능 제5(材能第五)[1]

어떤 사람이 말하기를 "사람의 재질 중에는 큰일에는 능하지만 작은 일에는 능하지 않는 경우가 있으니 이는 마치 소를 담을 수 있는 큰 솥으로는 닭을 삶을 수 없는 것과 같다"라고 하는데, 어리석은 내 생각으로 이는 말이 안 된다[非名].【무릇 인재란 그릇과 같아서 크고 작은 차이가 있는데 혹자는 큰 솥으로는 닭을 삶아서는 안 된다고 한다. 비유하자면 큰 인재는 작은 일을 다스릴 수 없다고 하는 것이니, 그 실상을 잃은 것이다.】
비명

무릇 능력이라는 말은 이미 정해진 명칭인데【먼저 정해진 자질이 있은 다음이라야 명칭이 생겨날 수 있다.】 어찌 큰일에는 능하지만 작은 일에는 능하지 않는 경우가 있을 수 있겠는가? 대개 이른바 큰일에는 능하지만 작은 일에는 능하지 않다는 이 말은 성품이나 본성[性]에 너그러움과 급함[寬急=緩急]이 있어서 생겨나는 것이다.【너그러운 사람은 성
관급   완급
그릇이 크고 넓어 넉넉하고[弘裕], 급한 사람은 성미가 급하고 서두른다[急切].】
홍유   급절
성품에 너그러움과 급함이 있기 때문에 (일의) 마땅함에 있어 크고 작음이 있는 것이다.【너그럽고 그릇이 크고 넓으면 마땅히 큰 것을 잘 다스리고, 성미가 급하고 서두르는 사람은 마땅히 작은 것을 잘 다스린다.】

너그러워 마음이 넓은 사람[寬弘之人]은 마땅히 군(郡)이나 국(國-
관홍 지 인
제후국)을 다스리기에 적합하고 아랫사람들로 하여금 각기 자기 능력을 펼칠 수 있게 해줘 그 일을 통괄해서 이뤄낸다.【성미가 급하고 서두르는 사람은 번거롭고 자잘해 큰일을 이루지 못한다.】 급하고 소심한 사람[急小
급소

---

1   재(材)는 타고난 자질이나 재질을 말하고 능(能)은 재간이나 능력을 말한다.

之시은 마땅히 사방 100리 정도의 현(縣)을 다스리기에 적합하고 일
은 (아랫사람에게 맡기는 것이 아니라) 자기가 직접 풀어나간다.【그릇이 크
고 넓으며 넉넉한 사람은 일 처리가 허술해서 일들을 망치게 된다.】

　　그렇다면 군과 현이란 통치 단위의 크고 작음이 다른 것이다.【눈
밝음이 능히 큰 군을 다스릴 수 있으면 작은 군도 얼마든지 다스릴 수 있고, 능
히 큰 현을 다스릴 수 있으면 역시 작은 현도 얼마든지 다스릴 수 있다.】실제적
인 이치로써 너그러움과 급함을 논변해보자면, 마땅히 '크고 작은 것
에는 각각 그에 마땅한 일이 있다'라고 해야지 '큰일에는 능하지만 작
은 일에는 능하지 않다'라고 말해서는 안 된다.【만약 큰일에는 능하지만
작은 일에는 능하지 못하다고 한다면, 중니가 어찌 계씨의 신하 노릇을 하지 못
했던가?】예를 들어 저 닭과 소도 역시 몸통 크기에 크고 작음이 있을
뿐이다.【큰 솥은 능히 황소를 삶을 수 있지만, 또한 닭도 얼마든지 삶을 수 있다.
냄비는 능히 닭을 삶을 수 있지만, 또한 송아지도 얼마든지 삶을 수 있다.】그래
서 솥에도 역시 크고 작음이 있어야 하는 것이다. 송아지를 삶을 수
있는데 어찌 닭을 삶을 수 없겠는가?【다만 마땅함과 마땅하지 못함이 있
을 뿐이지, 어찌 능함과 능하지 못함이 있을 수 있겠는가?】그래서 큰 군을 제
대로 다스릴 수 있다면 또한 작은 군도 제대로 다스릴 수 있다. 이를
갖고서 미뤄 헤아려보건대 사람의 재질에 각각 그 마땅함이 있다는
것은 단지 크고 작은 것만을 일러 말하는 것이 아니다.【문에 능한 사람
은 백관을 다스리고 무에 능한 사람은 군사를 다스린다.】

或曰: 人材有能大而不能小 猶函牛之鼎不可以烹雞; 愚以爲且非名也
　　혹왈　인재 유 능대 이 불능소　유 함우 지 정 불가이 팽계　우 이위 차 비명 야

【夫人材猶器 大小異 或者以大鼎不能烹雞 喩大材不能治小 失其名也】. 夫 能之
　부 인재 유기 대소 이 혹자 이 대정 불능 팽계 유 대재 불능 치소 실기명 야　부 능지

爲言 已定之稱【先有定質 而後能名生焉】; 豈有能大而不能小乎? 凡所謂
위언 이정 지칭【선유 정질 이후 능명 생언】　기유 능대 이 불능소 호　범 소위

128

能大而不能小 其語出於性有寬急【寬者弘裕 急者急切】; 性有寬急 故
능대 이 불 능소　기어 출어 성유 관급　관자 홍유　급자 급절　　성유 관급 고

宜有大小【寬弘宜治大 急切宜治小】. 寬弘之人 宜爲郡國 使下得施其功
의유 대소　관홍 의치대 급절 의치소　　관홍 지인 의위 군국 사 하 득시 기공

而總成其事【急切則煩碎 大事不成】; 急小之人 宜理百里 使事辨於己【弘裕
이 총성 기사　급절 즉 번쇄 대사 불성　　급소 지인 의리 백리 사 사판 어기 홍유

則網漏 庶事荒矣】. 然則 郡之與縣 異體之大小者也【明能治大郡則能治
즉 망루 서사 황의　　연즉 군 지여 현 이체 지 대소 자야 명 능치 대군 즉 능치

小郡 能治大縣 亦能治小縣】. 以實理寬急論辨之 則當言大小異宜 不當言
소군 능치 대현 역 능치 소현　　이 실리 관급 논변 지 즉 당언 대소 이의 부당 언

能大不能小也【若能大而不能小 仲尼豈不爲季氏臣】. 若夫雞之與牛 亦異體
능대 불 능소 야　약 능대 이 불 능소 소 중니 기 불위 계씨 신　　약부 계 지여 우 역 이체

之小大也【鼎能烹牛 亦能烹雞; 銚能烹雞 亦能烹犢】 故 鼎亦宜有大小 若以
지 소대 야 정 능 팽우 역 능 팽계 요 능 팽계 역 능 팽독　　고 정 역 의유 대소 약이

烹犢 則豈不能烹雞乎【但有宜與不宜 豈有能與不能】? 故能治大郡 則亦
팽독 즉 기 불능 팽계 호 단유 의여 불의 기유 능여 불능　　고 능치 대군 즉 역

能治小郡矣. 推此論之 人材各有所宜 非獨大小之謂也【文者理百官 武者
능치 소군 의　추차 논지 인재 각유 소의　비독 대소 지위 야 문자 리 백관 무자

治軍旅】.
치 군려

　　무릇 사람의 재질이란 같지 않기에 능력 또한 각기 차이가 있다.
스스로 어떤 일이든 떠맡으려는 능력【자기를 닦고 몸가짐을 깨끗이 해 백
관을 통솔한다.】, 법을 세워 남을 부리려는 능력【법을 내걸어 사람들이 두
려워하게 함으로써 감히 법을 어기지 못하게 한다.】, 일의 생성과 소멸[消息]²
　　　　　　　　　　　　　　　　　　　　　　　　　　　　소식
을 잘 풀어서 설명하는 능력【지의(智意)가 뛰어나 일을 잘 풀어서 설명함
으로써 일을 잘 주선해 적절함을 얻어낸다.】, 다움과 가르침으로 남의 스승
이 될 수 있는 능력【도술이 깊고 밝아서 그의 움직임 하나하나가 다른 사람에
게 가르침이 된다.】, 일을 행하며 남을 부리면서 견책할 수 있는 능력【말
을 하면 이치에 맞고 그의 마땅함은 때와 조화를 이룬다.】, 규찰해 남의 잘못
을 잘 짚어내는 능력【옳고 그름을 명확하게 살펴내 사안을 샅샅이 구별하지
못함이 없다.】, 상황에 맞는 기발한 해법과 속임수[權奇=權變奇譎]를 쓸
　　　　　　　　　　　　　　　　　　　　　　　　　권기　권변 기휼

2　한 번은 생겨났다가 한 번은 사라진다는 뜻으로 일과 상황의 변화를 가리킨다.

줄 아는 능력【기발한 계책으로 일을 풀어가기 때문에 일을 이루고 공로를 세운다.】, 위엄과 용맹을 부릴 줄 아는 능력【용맹과감을 훤히 드러내 상대국에 위력을 떨친다.】 등이 있다.

무릇 능력은 재질에서 나오는데, 재질은 그 도량이 같지 않다. 재질과 능력이 이미 각기 다르므로 맡겨야 할 정사도 다르다. 이 때문에

스스로 어떤 일이든 떠맡으려는 능력[自任之能]은 청절(淸節)의 재질에서 나온다. 그래서 조정에서는 총재(冢宰)의 임무를 맡고, 나라를 다스릴 경우[3] 잘못을 바로잡고 굽은 것을 곧게 하는 정치[矯直之政]를 한다.【그 몸가짐을 바르게 한다. 그래서 천관(天官-이조)을 담당해 백관을 통솔한다.】

법을 세우는 능력[立法之能]은 치가(治家-법가)[4]의 재질에서 나온다. 그래서 조정에서는 사구(司寇)의 임무를 맡고, 나라를 다스릴 경우 공정하고 바른 정치[公正之政]를 한다.【법 집행에 사사로움이 없다. 그래서 추관(秋官-형조)을 맡아 간사함과 난폭함을 단속한다.】

책략을 잘 세우는 능력[計策之能]은 술가(術家)의 재질에서 나온다. 그래서 조정에서는 삼고(三孤)의 임무를 맡고, 나라를 다스릴 경우 변화에 잘 대처하는 정사[變化之政]를 한다.【계책과 심모원려에 능하다. 그래서 삼괴(三槐-삼공)를 보필해 도리를 논하는 것을 돕는다.】

사람의 일을 잘 다루는 능력[人事之能][5]은 지의(智意)의 재질에서 나온다. 그래서 조정에서는 총재(冢宰)를 보좌하고, 나라를 다스릴 경

---

3   이는 재상이 되었을 경우를 말한다.

4   진교초는 치(治)는 법(法)의 잘못으로 보았다.

5   인사를 잘 주선하는 능력을 말한다.

우 의견을 두루 화합시키는 정사[諧和之政]를 한다.【지의가 깊고 자세하
해화 지 정
다. 그래서 천관을 보좌해 조정 안팎을 화합시킨다.】

일을 잘하는 능력[行事之能]⁶은 견양(譴讓-견책)의 재질에서 나온
행사 지 능
다. 그래서 조정에서는 사구를 보좌하고, 나라를 다스릴 경우 감독하
고 견책하는 정사[督責之政]를 한다.【다양한 일을 잘 분별한다. 그래서 추관
독책 지 정
을 보좌해 오만방자한 자들을 감독한다.】

상황에 맞는 기발한 해법을 낼 줄 아는 능력[權奇之能]은 기량(伎
권기 지 능
倆)의 재질에서 나온다. 그래서 조정에서는 사공(司空)의 임무를 맡
고, 나라를 다스릴 경우 일을 풀어가는 과정에서 다양한 기예를 발휘
하는 정사[藝事之政]를 한다.【기량이 매우 공교하다. 그래서 동관(冬官-공
예사 지 정
조)을 맡겨 다양한 기예를 발휘하게 한다.】

잘 살펴 남의 잘못을 잘 짚어내는 능력[司察之能]⁷은 장부(臧否-좋
사찰 지 능
고 나쁨)의 재질에서 나온다. 그래서 조정에서는 사씨(師氏)를 보좌하
고, 나라를 다스릴 경우 엄격한 잣대로 그릇된 것들을 깎아내는 정사
[刻削之政]를 한다.【옳고 그름이 분명하다. 그래서 사씨를 보좌해 선함과 악함
각삭 지 정
을 살핀다.】

위엄과 용맹을 부릴 줄 아는 능력[威猛之能]은 호걸(豪傑)의 재주
위맹 지 능
에서 나온다. 그래서 조정에서는 장수(將帥)의 임무를 맡고, 나라를
다스릴 경우 엄격하게 독려하는 정사[嚴厲之政]를 한다.【몸이 과감하고
엄려 지 정
굳건하다. 그래서 군대를 통솔해 위엄과 무용을 떨친다.】

---

6 일의 이치를 잘 살피는 능력을 말한다.

7 사찰(司察)은 사찰(伺察)로 봐야 한다. 사(伺)는 '엿보다', '살피다'라는 뜻이고 사(司)는
   '맡다', '담당하다'라는 뜻이다. 뒤에는 원문에도 사찰(伺察)로 나온다.

夫 人材不同 能各有異【修己潔身 總御百官】. 有立法使人之能【法懸人懼
부 인재 부동 능각 유이　수기 결신 총어 백관　　유 입법 사인 지능 법현 인구

無敢犯也】消息辨護之能【智意辨護 周旋得節】有以德敎師人之能【道術
무감 범야　소식 변호 지능 지의 변호 주선 득절　유 이덕 교사 인지능 도술

深明 動爲物敎】有行事使人譴讓之能【云爲得理 義和於時】有司察[=伺察]
심명 동위 물교　유 행사 사인 견양 지능 운위 득리 의화 어시　유 사찰　사찰

糾摘之能【督察是非 無不區別】有權奇之能【務以奇計 成事立功】有威猛之
규적 지능 독찰 시비 무불 구별　유 권기 지능 무이 기계 성사 입공　유 위맹 지

能【猛毅昭著 振威敵國】.
능 맹의 소저 진위 적국

夫 能出於材 材不同量; 材能旣殊 任政亦異. 是故:
부 능 출어 재 재불 동량　재능 기수 임정 역이　시고

自任之能 淸節之材也 故在朝也 則宰之任; 爲國 則矯直之政【其身正
자임 지능 청절 지재야 고 재조 야 즉 총재 지임　위국 즉 교직 지정 기신 정

故掌天官而總百揆】.
고 장 천관 이 총 백규

立法之能 法家之材也 故在朝也 則司寇之任; 爲國 則公正之政【法無私
입법 지능 법가 지재야 고 재조 야 즉 사구 지임　위국 즉 공정 지정 법무사

故掌秋官而詰姦暴】.
고 장 추관 이 힐 간폭

計策之能 術家之材也 故在朝也 則三孤之任; 爲國 則變化之政【計慮明
계책 지능 술가 지재야 고 재조 야 즉 삼고 지임　위국 즉 변화 지정 계려 명

輔三槐而助論道】.
보 삼괴 이 조 논도

人事之能 智意之材也 故在朝也 則冢宰之佐; 爲國 則諧合之政【智意審
인사 지능 지의 지재야 고 재조 야 즉 총재 지좌　위국 즉 해합 지정 지의 심

故佐天官而諧內外】.
고 좌 천관 이 해 내외

行事之能 譴讓之材也 故在朝也 則司寇之佐; 爲國 則督責之政【辨衆事
행사 지능 견양 지재야 고 재조 야 즉 사구 지좌　위국 즉 독책 지정 변중사

故佐秋官而督傲慢】.
고 좌 추관 이 독 오만

權奇之能 伎倆之材也 故在朝也 則司空之任; 爲國 則藝事之政【伎能巧
권기 지능 기량 지재야 고 재조 야 즉 사공 지임　위국 즉 예사 지정 기능교

故任冬官而成藝事】.
고 임 동관 이 성 예사

伺察之能 臧否之材也 故在朝也 則師氏之佐也; 爲國 則刻削之政【是非
사찰 지능 장부 지재야 고 재조 야 즉 사씨 지좌 야　위국 즉 각삭 지정 시비

章 故佐師氏而察善否】.
장 고좌 사씨 이 찰 선부

威猛之能 豪傑之材也 故在朝也 則將帥之任; 爲國 則嚴厲之政【體果毅
위맹 지능 호걸 지재야 고 재조 야 즉 장수 지임　위국 즉 엄려 지정 체 과의

故總六師而振威武】.
고 총 육사 이 진 위무

치우친 재질을 가진 사람들은 모두 다 한 가지 좋은 맛만 가지고

있다.【비유하자면 단술[飴]은 단맛을 이름으로 삼고 그냥 술은 쓴맛을 실상으로 삼는다.】 그래서 한 관직을 주관하는[辦=主] 데는 장점을 발휘하지만 한 나라를 다스리는 데는 단점을 드러낸다.【활 장인은 활 만드는 재료를 자유자재로 다루면서도 힘이 남지만, 만일 질그릇 만드는 일을 겸하게 할 경우 그릇은 제대로 만들어내지 못한다.】 어째서인가? 저 한 관직의 임무는 (자신이 가진) 한 가지 맛으로 다섯 가지 맛에 대처하는 것이지만【소금 담당이 소금 맛을 맞추고 식초 담당이 식초 맛을 맞추면 다섯 가지 맛은 이뤄진다. 비유하자면 목수가 나무를 맡아서 하고 토관이 담장을 맡아서 하면 건물이 완성되는 것이다.】, 한 나라의 정사는 담백한 맛[無味=淡]으로 다섯 가지 맛을 조화시켜야 한다.【물은 아무런 맛이 없으므로 다섯 가지 맛이 그 조화를 얻을 수 있다. 이는 마치 임금이 평담함을 체화하면 백관이 각기 자기 쓰임새를 베풀 수 있는 것과 같다.】 또 나라에는 풍속과 교화가 있고 백성 사이에도 번잡해서 다스리기 어려운 사람과 쉽게 다스릴 수 있는 사람[劇易=難易]이 있다.【오방(五方-동서남북과 중앙)이 서로 같지 않으니 풍속이 각기 다르고 땅에도 강함과 부드러움이 있으며 백성 사이에도 다스리기 어려운 사람과 쉬운 사람이 있다.】 게다가 사람의 재질이 같지 않기 때문에 정사에도 얻고 잃음이 있게 된다.【간결해 다스림이 평이하면 얻고 다스림이 번거로우면 잃는다.[8]】 이 때문에

8 　원래 『주역』 「계사상전(繫辭上傳)」에서 공자는 임금이 일하는 방식은 평이함[易], 신하가 일하는 방식은 간결함[簡]이라고 했다.
　"건(乾-임금)은 평이함[易](註-정약용은 평이함의 반대가 힘겨움[艱=難]이라고 했다)으로 (큰 시작을) 주관하고[知], 곤(坤-신하)은 간결함[簡]으로 능히 (일을) 해낸다[能]. 평이하면 알기 쉽고, 간결하면 (아랫사람들이) 따르기 쉽다[易從]. 알기 쉬우면 제 몸처럼 여기는 사람들이 있게 되고[有親](註-더불어 함께하려는 사람들이 많아진다는 뜻이다), 따르기 쉬우면 성과가 있게 된다[有功]. 제 몸처럼 여기는 사람들이 있으면 오래 지속할 수 있고[可久],

(첫째,) 왕도로 교화하는 정치[王化之政]는 큰 나라를 통치하는 데
적합하지만【이간(易簡)하면 천하의 이치가 달성된다.】 이런 도리로 작은 나
라를 다스리게 되면 우활(迂闊-실상과 동떨어짐)하게 된다.【그물망이 성
글면 배를 삼킬 만큼 큰 간사함도 빠져나간다.】

(둘째, 일의 생성과 소멸을) 잘 풀어서 설명하는 정치[辨護之政]는 번
잡한 일들을 다스리는 데 적합하지만【모든 일을 다 잘 풀어서 설명하니,
번잡스럽고 어지러운 일들이 마침내 다스려진다.】 이런 도리로 간결해야 할
일을 다스리게 되면 오히려 더 복잡하게 된다.【독촉하기를 심하게 하니,
백성은 불편하다.】

(셋째,) 책략과 술수로 하는 정치[策術之政]는 어려운 일이나 상황
을 다스리는 데 적합하지만【권모와 책략[權略]은 수가 무궁무진해서 환난
을 풀어낼 수 있다.】 이런 도리로 평상시를 다스리게 되면 별다른 효과
를 보지 못한다.【술수는 대중을 번거롭게 하니, 백성은 불안하다.】

(넷째,) 고항함을 바로잡으려는 정치[矯抗之政]는 사치함을 다스리
는 데 적합하지만【잘못과 지나침을 바로잡음으로써 사치함을 엄격히 단속하
게 된다.】 이런 도리로 폐단을 다스리게 되면 백성이 고통스럽다.【풍속
의 폐단을 다스리는 것이 너무 엄격하면 백성은 손발 둘 곳이 없게 된다.】

성과가 있게 되면 (일을) 크게 할 수 있다[可大](註-'큰일을 할 수 있다'라고 옮겨도 무방하
다). 오래할 수 있으면 (그것이 바로) 뛰어난 이의 다음[賢人之德]이고, 크게 할 수 있으면
(그것이 바로) 뛰어난 이의 공적[業]이다(註-주희가 말했다. "다음은 자기가 얻은 것을 말하고
공적은 일을 이뤄내는 것을 말한다."). (건과 곤의) 평이함과 간결함[易簡]에서 천하의 이치가
얻어지고 천하의 이치가 얻어지면(註-이는 그런 이치를 체화하는 것을 말한다) 그 (하늘과
땅) 안에서 (사람의) 자리가 이뤄진다[成位]."
그러나 여기서도 그렇지만 그 후로는 그냥 간이(簡易) 혹은 이간(易簡)이라고 해서 굳이 임
금과 신하를 구별하지 않고 쓴다.

(다섯째, 좋은 게 좋은 식으로) 조화로움만을 중시하는 정치[諧和之政]는 새로운 상황을 다스리는 데 적합하지만【나라가 새롭다 해서 예도(禮度)를 낮추는 것은 구차스러운 영합일 뿐이다.】이런 도리로 낡은 것을 다스리게 되면 공허해질 수 있다.【구차스러운 영합으로 가르치려는 것은 예의 실상[禮實]을 잃은 것이다.】

(여섯째,) 공정함만 내세우는 각박한 정치[公刻之政]는 간사함을 규찰하는 데 적합하지만【법 적용을 심히 각박하게 하지 않으면 간사함과 어지럽힘을 그치게 할 수 없다.】이런 도리로 덜 중요한 영역[邊]까지 다스리게 되면 대중을 잃을 수 있다.【많은 백성이 법을 꺼리게 되면 도망치거나 반란을 일으키기 쉽다.】

(일곱째,) 위엄과 용맹을 위주로 하는 정치[威猛之政]는 어지러움을 토벌하는 데 적합하지만【어지러움을 빚어내는 사람이나 역도들은 위엄이 없이는 복종시킬 수 없다.】이런 도리로 선량한 사람들까지 다스리게 되면 폭정이 될 것이다.【정사가 사나워지면 백성이 힘들고 선량한 사람들에게까지 함부로 하게 된다.】

(여덟째,) 상인과 공인을 중시하는 정치[伎倆之政]는 백성을 부유하게 하는 데 적합하지만【나라는 그로써 강해지고 백성을 그로써 부린다.】이런 도리로 가난한 사람을 다스리게 되면 아래에서 백성은 힘들고 곤궁하게 될 것이다.【재물을 교환하고 화폐를 유통하게 되면 백성은 농업을 버리게 된다[失業].】

그래서 능력을 헤아려 관직을 주는 일은 신중하게 헤아려 하지 않으면 안 된다.

凡偏材之人 皆一味之美【譬飴以甘爲名 酒以苦爲實】; 故 長於辦一官【弓工
범 편재 지 인 개 일미 지 미 비이감 위명 주이고 위실   고 장어 판 일관 궁공

揉材 而有餘力】而短於爲一國【兼掌陶冶 器不成矣】. 何者? 夫一官之任 以
유재 이유여력　이 단어 위일국　겸장 도야 기불성의　　하자　부 일관 지 임 이

一味協五味【鹽人調鹽 醯人調醯 則五味成矣. 譬梓里治材 土官治墻 則廈屋成】;
일미 협 오미　염인 조염 혜인 조혜 즉 오미 성의　비 재리 치재 토관 치장 즉 하옥 성

一國之政 以無味和五味【水以無味 故五味得其和 猶君體平淡 則百官施其用】
일국 지 정 이무미 화 오미　수이 무미 고 오미 득 기화 유 군체 평담 즉 백관 시 기용

又國有俗化 民有劇易【五方不同 風俗各異 土有剛柔 民有劇易】; 而人材
우 국유 속화　민유 극이　오방 부동 풍속 각이 토유 강유 민유 극이　　이 인재

不同 故 政有得失【以簡治易則得 治煩則失】. 是以:
부동 고 정유 득실　이간 치이 즉득 치번 즉실　　시이

王化之政 宜於統大【易簡而天下之理得矣】以之治小則迂【網疏而吞舟之姦
왕화 지 정 의어 통대　이간 이 천하지리 득의　　이지 치소 즉 우　망소 이 탄주 지 간

漏】.
누

辨護之政 宜於治煩【事皆辨護 煩亂乃理】以之治易則無易【甚於督促 民
변호 지 정 의어 치번　사개 변호 번란 내리　　이지 치이 즉 무이　심어 독촉 민

不便也】.
불편 야

術策之政 宜於治難【權略無方 解釋患難】以之治平則無奇【術數煩衆 民
술책 지 정 의어 치난　권략 무방 해석 환난　　이지 치평 즉 무기　술수 번중 민

不安矣】.
불안 의

矯抗之政 宜於治侈【矯枉過正 以勵侈靡】以之治弊則殘【俗弊治嚴 則民
교항 지 정 의어 치치　교 왕과 정 이려 치미　　이지 치폐 즉 잔　속폐 치엄 즉민

殘矣】.
잔의

諧和之政 宜於治新【國新禮殺 苟合而已】以之治舊則虛【苟合之教 非禮實
해화 지 정 의어 치신　국신 예쇄 구합 이이　　이지 치구 즉 허　구합 지교 비 예실

也】.
야

公刻之政 宜於糾姦【刻削不深 姦亂不止】以之治邊則失衆【衆民憚法 易
공각 지 정 의어 규간　각삭 불심 간란 부지　　이지 치변 즉 실중　중민 탄법 이

逃叛矣】.
도반 의

威猛之政 宜於討亂【亂民桀逆 非威不服】以之治善則暴【政猛民殘 濫良善
위맹 지 정 의어 토란　난민 걸역 비위 불복　　이지 치선 즉 폭　정맹 민잔 남 양선

矣】.
의

伎倆之政 宜於治富【國以彊 民以使】以之治貧則勞而下困【易貨改鑄 民
기량 지 정 의어 치부　국 이강 민 이사　　이지 치빈 즉 노 이 하곤　역화 개주 민

失業矣】.
실업 의

故 量能授官 不可不審也.
고 양능 수관 불가 불심 야

무릇 이런 능력들은 모두 치우친 재질을 가진 사람들의 것이다.

136

그래서 어떤 사람은 말을 잘하면서 일은 제대로 행하지 못하고, 어떤 사람은 일은 잘 행하면서 말은 제대로 하지 못한다.【지혜가 뛰어나면 말을 잘하고, 재주가 뛰어나면 일을 잘한다.】 나라의 동량이 되는 사람[國體之人]은 말도 잘하고 일도 잘한다. 그래서 여러 재질 중에서도 특출난 준재[雋=俊才]다.

임금의 능력은 이것들과는 다르다.【평담무위함으로써 여러 능력 있는 자들에게 일을 맡긴다.】 그래서 신하는 어떤 일을 떠맡는 것을 능력으로 삼지만【온 힘을 다해 공로를 이뤄냄으로써 벼슬과 지위를 얻는다.】 임금은 사람을 쓰는 것[用人]을 능력으로 삼고【뛰어난 이에게 맡기고 능력 있는 자를 부리면 국가는 저절로 다스려진다.】, 신하는 말을 잘하는 것을 능력으로 삼지만【각자 자기가 능한 바를 말해 관직을 받는다.】 임금은 잘 들어주는 것을 능력으로 삼으며【신하들의 말을 듣고 그가 일을 행하는 것을 살펴서 그에 맞는 관직을 준다.】, 신하는 일 잘하는 것을 능력으로 삼지만【자기가 말한 것은 반드시 실행한다.】 임금은 제대로 상벌 내리는 것을 능력으로 삼는다.【신하들의 공로와 잘못을 반드시 그에 맞게 평가한다.】 임금과 신하는 따라서 능한 바가 다르다.【임금은 무위하고 신하는 맡은 일이 있다.】 그러므로 (제대로 된 임금은) 여러 재질을 가진 사람들을 상대로 능히 임금 노릇을 할 수 있는 것이다.【만약에 임금이 뭔가를 하겠다며[有爲] 대목수가 하는 일을 대신한다면 여러 능력 있는 자들이 자기의 전문성을 잃게 되고 공업은 이뤄지지 않는다.】

凡此之能 皆偏材之人也. 故 或能言而不能行 或能行而不能言【智勝則能言 材勝則能行】; 至於國體之人 能言能行 故 爲衆材之雋也.

人君之能異於此【平淡無爲 以任衆能】; 故 臣以自任爲能【竭力致功 以取

爵位】君以用人爲能【任賢使能 國家自理】; 臣以能言爲能【各言其能 而受
작위　군 이 용인 위능　임현 사능　국가 자리　　신 이 능언 위능　각언 기능 이수

爲官】君以能聽爲能【聽言觀行 而授其官】; 臣以能行爲能【必行其所言】. 君
위관　군 이 능청 위능　청언 관행 이수 기관　　신 이 능행 위능　필행 기 소언　　군

以能賞罰爲能【必當其功過也】; 所能不同【君無爲而臣有事】. 故 能君衆材
이 능상벌 위능　필당 기 공과 야　　소능 부동　군 무위 이신 유사　고 능군 중재

也【若君以有爲代大匠斲 則衆能失巧 功不成矣】
야　약군 이 유위 대 대장 착 즉 중능 실교 공 불성 의

제 6 장

이로움과 해로움
이해 제6(利害第六)

대체로 사람이 하는 일의 유형을 보면 각각 이로움과 해로움이 있다.【물의 흐름이 점점 계속되다 보면 원천을 잃게 된다. 그래서 이로움과 해로움이 생겨난다.】

무릇 청절가(淸節家)가 일하는 방식은 거동과 용모에서 드러나고 다움과 행실[德行]로 나타난다.【마음이 맑고 뜻이 바르면 다움과 용모에서 밖으로 드러나게 된다.】 조정에 아직 쓰이지 않아도 훤히 드러나게 되니, 그 도리는 고분고분해 남을 교화시키게 된다.【다움의 광채가 훤히 드러나기 때문에 쓰이지 않아도 효험을 드러내고, 효험이 특히 다른 사람에게서도 나타나기 때문에 모두가 교화되지 않음이 없다.】 그래서 아직 벼슬이 현달하지 않았을 때라도 많은 사람이 그가 가리키는 방향으로 나아가려 하고【이치가 고분고분하면 많은 이가 그리로 즐거이 나아간다.】, 이미 현달하게 되면 위아래가 모두 존경한다.【다움이 남들과의 화합을 이뤄내고 이치가 고분고분한데 누가 그런 사람을 깔보겠는가?】 그의 이로움은 족히 혼탁한 무리를 몰아내고 깨끗한 무리를 끌어 올려주는 것[激濁揚淸]이라서 동료와 벗들에게 사표로서 모범이 된다. 그가 일하는 것을 보면 아무런 폐단이 없고 늘 이름을 드날리게 되니【단지 폐단이 없는 데 그치지 않고 남들이 알아주어 존귀하게 된다.】, 그래서 세상은 그를 귀하게 여긴다.【다움과 신의를 일정하게 유지하면 사람들이 감히 천시할 수가 없다.】

蓋 人業之流 各有利害【流漸失源 故利害生】:
개 인업 지류 각유 이해 유점 실원 고 이해 생

夫 淸節之業 著于儀容 發於德行【心淸意正 則德容外著】; 未用而章 其道
부 청절 지업 저우 의용 발어 덕행 심청 의정 즉 덕용 외저 미용 이 장 기도

順而有化【德輝昭著 故不試而效; 效理於人 故物無不化】故 其未達也 爲衆人
순 이 유화 덕휘 소저 고 불시 이효 효리어인 고물 무불화 고 기 미달 야 위 중인

之所進【理順 則衆人樂進之】; 旣達也 爲上下之所敬【德和理順 誰能慢之】.
지 소진 이순 즉 중인 낙 진지 기달 야 위 상하 지 소경 덕화 이순 수능 만지

其功足以激濁揚淸 師範僚友. 其爲業也 無弊而常顯【非徒不弊 存而
기공 족이 격탁양청 사범 요우 기 위업 야 무폐 이 상현 비도 불폐 존이

有顯】故 爲世之所貴【德信有常 人不能賤】.
유현 고 위 세지 소귀 덕신 유상 인 불능 천

법가(法家)가 일하는 방식은 법률과 제도에 뿌리를 두고 있고 일
이 이뤄지기를 기다리고서야 효험이 있게 된다.【법률로 간사함을 금지하
면 간사함은 그치고 마침내 효과를 내게 된다.】 그 도리는 처음에는 고통스
럽지만, 뒤에는 다스려지게 되며[前苦而後治], 엄격하기는 하지만 대
                                             전고 이 후치
중을 위한 것이다.【처음 법률이 반포되었을 때는 위엄이 있어 엄격하니, 이 때
문에 힘들고 고통스러운 것이다. 끝에 가서 도리로 교화되니, 이 때문에 백성이
다스려진다.】 그래서 아직 벼슬이 현달하지 않았을 때는 많은 사람이
꺼리고【간사한 무리는 어지러움을 좋아하고 법을 꺼리는 자가 많다.】, 이미 쓰
이게 되면 위아래가 모두 꺼린다.【법을 지키는 것이 숙연해 안팎에서 두려
움에 떨게 된다.】 그의 이로움은 족히 법을 세워 다스림을 이뤄내는 것
[立法成治]에 있다.【백성이 그릇된 짓을 하지 않으면 다스리는 도리는 마침
 입법 성치
내 이뤄진다.】 그 폐단은 수많은 그릇된 사람과 원수지간이 되는 것이
다.【법을 총애받는 이와 존귀한 이들에게 시행할 경우 결국 그들로부터 해코지
를 당하게 된다.】 그가 일하는 것을 보면 이런 폐단으로 인해 그 도리를
늘 쓸 수는 없다.【눈 밝은 임금은 이에 그들을 제대로 쓸 줄 알지만, 강명한 임
금이 계속 이어질 수는 없기에 법가가 늘 중용되지는 않는다.】 공로는 크지만,
끝을 제대로 마치지 못한다.【이 때문에 상군(商君)은 거열형(車裂刑)을 당
했고, 오기(吳起, 기원전 440~381년)[1]는 사지가 찢겨 죽었다[支解].】
                                                          지해

法家之業 本于制度 待乎成功而效【法以禁姦 姦止乃效】. 其道前苦而
법가 지업 본우 제도 대호 성공 이 효 법이 금간 간지내효　기도 전고 이

後治 嚴而其爲衆【初布威嚴 是以勞苦; 終以道化 是以民治】. 故未達也 爲
후치 엄이 기위중 초포 위엄 시이 노고　종 이도 화 시이 민치　고 미달 야 위

衆人之所忌【姦黨樂亂 忌法者衆】; 已試也 爲上下之所憚【憲防肅然 內外
중인 지 소기 간낭 요란 기법자 중　이시 야 위 상하 지 소탄　헌방 숙연 내외

振悚】. 其功足以立法成治【民不爲非 治道乃成】其弊也 爲其群枉之所讎
진송　기공 족이 입법 성치 민불위비 치도 내성 기폐 야 위기 군왕 지 소수

【法行寵貴 終受其害】. 其爲業也 有敝而不常用【明君乃能用之 彊明不繼世 故
법행 총귀 종수 기해　기 위업 야 유폐 이불 상용 명군 내능 용지 강명 불 계세 고

法不常用】. 故攻大而不終【是以商君車裂 吳起支解】.
법 불 상용　고 공대 이 부종　시이 상군 거열 오기 지해

　　술가(術家)가 일하는 방식은 총명함과 사려 깊음[聰思]에서 나오
　　　　　　　　　　　　　　　　　　　　　　　　　총사
며 모책이 성공하고 나서야 빛을 보게 된다.【일이 아직 행해지지 않았을

때 결단을 내리니, 사람 중에 그것을 믿는 사람들이 없다. 공로가 이뤄지고 일이

효과를 낸 다음이라야 마침내 훤히 드러나기 때문이다.】그 도리는 먼저는 미

미하다가 뒤에는 훤히 드러나고[先微而後著], 또 이 도리는 정교하면
　　　　　　　　　　　　　　　　선미 이 후저
서도 현묘하다.【계책과 모의가 미미하면서도 현묘하니, 그 시작은 지극히 정

밀 정교하지만, 시종일관 징후에 부합한다. 이 때문에 도리가 드러나게 된다.】그

래서 아직 벼슬이 현달하지 않았을 때는 많은 사람이 그를 알아보지

1　오자(吳子)로 통칭된다. 위(衛)나라 사람이며, 증자(曾子)에게 배우고 노군(魯君)을 섬겼다.
　제(齊)나라가 노나라를 침공했을 때 노나라는 그를 장군으로 삼으려고 했다. 그는 제나라
　여자를 아내로 삼고 있었으므로 의심을 받는다고 해서 아내를 죽여 충성을 나타낸 뒤, 노
　나라 장군으로서 제나라 군대를 격파했다. 그러나 노나라 사람들이 오기를 모질고 박정한
　사람이라고 왕에 고해 노나라를 떠나게 되었다. 위(魏)나라에 가서 문후(文侯)를 섬겨 장
　군이 되고, 진(秦)나라를 쳐서 5성(城)을 빼앗았다. 병사들을 사랑해 생활을 같이했고, 문
　후의 아들 무후(武侯)가 위나라 산천이 험한 것을 자랑하자 나라의 자랑은 군왕의 임금다
　움에 있다고 설파해 문후를 감격시키기도 했다. 그러나 위나라 공주가 그를 싫어했기 때문
　에 다시 위나라를 떠나 초(楚)나라에 가서, 도왕(悼王)의 재상이 되어 법치적 개혁으로 초
　나라를 강대하게 했다. 그러나 초나라 귀족들의 질시를 받아서 도왕이 죽은 뒤 대신들이
　일으킨 정변으로 피살되었다. 손무(孫武-孫子)와 병칭되는 병법가로서『오자』라는 병법에
　　　　　　　　　　　　　　　　　　　손자
　관한 책을 남겼다.

못하지만【모의는 공로가 이뤄지기 전에 이미 세워져 있었으니, 대중이 어떻게 그것을 알 수 있겠는가?】, 그가 등용되면 눈 밝은 임금은 그를 보배처럼 여긴다.【어두운 군주는 보는 눈이 없으니 어찌 능히 그를 귀하게 여기겠는가?】 그의 이로움은 족히 계책을 부려 달라진 바를 통하게 하는 것[運籌變通운주변통]에 있다.【변화를 통해 통함을 구하니, 그래서 능히 그 공로를 이룰 수 있다.】 물러나 있을 때는 (자신의 계모를) 은미한 곳에 숨겨 둔다.【계책은 작고 은밀한 곳에서 나오니 이 때문에 겉으로 드러나지 않는다.】 그가 일하는 것을 보면 기묘하다 보니 드물게 쓰인다.【계책을 부리는 것이 신묘하고 기이하다 보니 그를 쓰는 사람은 드물다.】 그래서 혹 끝까지 침체되어 한미한 채로 지내거나 세상에 스스로를 드러내지 않기도 한다.【세상에서 그를 쓰는 것이 드무니, 도리가 어떻게 훤히 드러날 수 있겠는가?】

術家之業 出於聰思 待於謀得而章【斷於未行 人無信者; 功成事效 而後乃彰也】. 其道先微而後著 精而且玄【計謀微妙 其始至精 終始合符 是以道著】. 其未達也 爲衆人之所不識【謀在功前 衆何由識】 其用也 爲明主之所珍【暗主昧然 豈能貴之】. 其功運籌通變【變以求通 故能成其功】. 其退也 藏於隱微【計出微密 是以不露】. 其爲業也 奇而希用【主計神奇 用之者希也】. 故或沈微而不章【世希能用 道何由彰】.

지의가(智意家)가 일하는 방식은 다른 사람의 마음을 헤아리고 그 근원으로 파고드는 것[原度원탁]에 뿌리를 두고 있고, 그 도리는 고분고분해 원칙에서 벗어나지 않는다.【때의 마땅함[時宜시의]을 잘 받아들여 고분고분하니 어찌 원칙에서 벗어나거나 거스름[[忤=逆=乖]오역괴]이 있겠는가?】 그래서 아직 벼슬이 현달하지 않았을 때는 많은 사람으로부터 용납을 받고【많은 일을 하면서 도리나 원칙을 거스르지 않으니 좋은 사람들이 와서 그와 친하게 된다.】, 이미 현달하게 되면 임금에게 총애를 받는 자들이 그를 아름답게 여긴다.【무리와 잘 동화되니 안팎의 사람들이 다 그를 좋게 여긴다.】 그의 이로움은 족히 계책과 사려를 밝히는 일을 도울 수 있다.【상황을 잘 파악해 그에 고분고분하기 때문에 계책을 말하면 신뢰를 받는다.】 그 폐단은 나아갈 줄만 알고 물러나지를 않아【남들에게 꺼림이나 해코지를 당하지 않다 보니 이 때문에 앞으로 나아가려고만 한다.】, 혹 바른 도리에서 벗어나 자기만 보전하려는 것이다.【마음 씀에 아첨하려는 속셈이 많다 보니, 그래서 바른 도리에서 벗어나게 된다.】 그가 일하는 것을 보면 순간적인 재치[謂]는 있지만 오래 지탱하기는 어렵다.【마음을 숨기고 순간적인 재치나 작은 지혜를 부리려는 것은 바른 도리가 아니다.】 그래서 (이런 사람은) 혹 처음에는 이롭다가도 뒤에는 해로울 수 있다.【나아가는 것만 알고 물러나는 것을 잊는다면 이는 후회하는 길을 선택하는 것이다.】

智意之業 本於原度 其道順而不忤【將順時宜 何忤之有】. 故 其未達也 爲衆人之所容【庶事不逆 善者來親】; 已達也 爲寵愛之所嘉【與衆同和 內外美之】. 其功足以讚明計慮【媚順於時 言計是信也】. 其蔽也 知進而不退【不見忌害 是以慕進也】 或離正以自全【用心多媚 故違於正】. 其爲業也 謂而難持【韜情謂智 非雅正之倫也】. 故或先利而後害【知進忘退 取悔之道】.

장부가(臧否家)가 일하는 방식은 옳고 그름을 가리는 데 뿌리를 두고 있으니, 그 도리는 깐깐하고 또 돌침처럼 콕콕 찌른다[廉而且砭].【맑은 것과 흐린 것이 섞여 있을 때는 돌침으로 검부러기를 콕 찍어내듯이 제거한다.】 그래서 아직 벼슬이 현달하지 않았을 때는 많은 사람에게 알

려지고【청결해 조금도 더럽혀짐이 없는 것은 그윽하면서도 눈 밝음에 달렸다.】,
이미 현달하게 되면 많은 사람이 칭송한다.【평소 일하는 방식이 늘 명백
하면 세상에 나아갔을 때 기림을 받게 된다.】 그의 이로움은 족히 옳고 그
름을 상황에게 맞게 꿰뚫어 보는 것[變察是非]에 있다.【이치가 맑고 도리
가 깨끗하면 옳고 그름을 헷갈리지 않는다.】 그 폐단은 그로부터 비판이나
꾸짖음을 받은 사람[詆訶]에게 원망을 사는 것이다.【비판이나 꾸짖음
을 받는 무리는 자기 잘못이나 허물을 듣는 것을 좋아하지 않는다.】 그가 일하
는 것을 보면 너무 엄격해 여유가 없다[峭而不裕].【일이나 사람을 지나치
게 엄격하게 살펴보는 사람이 어찌 능히 너그럽고 넉넉할 수 있겠는가?】 그래서
혹 처음에는 사람들 마음을 얻지만, 뒤에는 대중의 지지를 잃게 된
다.【맑고 깨끗하면 때에 따라 상황에 따라 칭송을 받기도 하지만, 따지는 이치가
너무 엄격하면 대중은 그런 사람을 꺼리게 된다.】

臧否之業 本乎是非 其道廉而且砭【清而混雜 砭去纖芥】. 故 其未達也
爲眾人之所識【清潔不汚 在幽而明】; 已達也 爲眾人之所稱【業常明白 出
則受譽】. 其功足以變察是非【理清道潔 是非不亂】 其蔽也 爲詆訶之所怨
【詆訶之徒 不樂聞過】. 其爲業也 峭而不裕【峭察於物 何能寬裕】. 故 或先得
而後離眾【清亮爲時所稱 理峭爲眾所憚】.

기량가(伎倆家)가 일하는 방식은 일을 잘 해내는 것에만 뿌리를
두고, 그 도리는 분별력이 있고 또 빠르다[辨而且速].【기량과 계획이 귀신
과도 같아서, 이 때문에 빠르고 분별력이 있는 것이다.】 아직 벼슬이 현달하
지 않았을 때는 많은 사람이 기이하다고 여기고【기량과 능력이 출중하
니, 그래서 비록 한미할 때도 명성이 드러난다.】, 이미 현달하게 되면 관사(官

司)가 일을 맡긴다.【일을 수행해 좋은 결과를 이뤄내는 것은 정사가 힘써야 할 바다.】그의 이로움은 족히 번거로운 일을 잘 처리하고 그릇된 것을 잡아낸다.【번거로운 일을 풀어내고 그릇된 자를 다스리는 일 또한 모름지기 기량이다.】그 폐단은 백성이 힘들어하고 아랫사람들이 곤궁에 처한다는 것에 있다.【위에서 하는 일이 반듯하지 못하면 아래 백성이 곤궁에 빠진다.】그가 일하는 것을 보면 세밀하다 보니 큰마음이 없다[細而不泰]². 그래서 다스림 중에서는 말류(末流)라 할 것이다.【도리가 공평하지도 못하고 크지도 않은데 어찌 능히 넉넉할 수 있겠는가?】

伎倆之業 本于事能 其道辨而且速【伎計如神 是以速辨】. 其未達也 爲
기량 지 업 본우 사능 기도 변 이차 속 기계 여신 시이 속변 기 미달 야 위

衆人之所異【伎能出衆 故雖微而顯】; 已達也 爲官司之所任【遂事成功 政
중인 지 소이 기능 출중 고수미이현 이달 야 위 관사 지 소임 수사 성공 정

之所務】. 其功足以理煩糾邪【釋煩理邪 亦須伎倆】其蔽也 民勞而下困【上
지 소무 기공 족이 이번 규사 석번 이사 역수 기량 기폐 야 민로 이 하곤 상

不端 而下困】. 其爲業也 細而不泰. 故 爲治之末也【道不平弘 其能泰乎】.
부단 이 하곤 기 위업 야 세이 불태 고 위치 지 말야 도불 평홍 기능 태호

2　『논어』「자로(子路)」편에서 공자는 이렇게 말했다. "군자는 큰마음을 갖되 교만하지 않고 [泰而不驕], 소인은 교만하기만 하고 큰마음이 없다[驕而不泰]."
　　　　　　　　　　　태이불교　　　　　　　　　　　　　　　　　　　교이불태

제 7 장

사람을 알아보는 법

접식 제7(接識第七)

무릇 사람이란 처음에는 알아보기가 매우 어려운데도【용모는 두텁고 속마음은 깊기 때문에 알아내기가 어렵다.】관직에 있는 사람들은 지위가 높고 낮음[衆寡=上下]을 떠나 모두 스스로 사람을 잘 볼 줄 안다고 생각한다. 그래서 자기가 남을 볼 때는 얼마든지 알 수 있다고 생각하고【자기가 청절을 숭상하면 모든 청절한 사람들을 자기는 알 수 있다고 여기는 것이다.】, 남이 다른 사람을 깊이 살피는 것을 보면서는 잘 알지 못할 것이라고 생각한다.【자기는 청절을 높이는 데 반해 남은 이익과 욕망을 좋아하기 때문에 시비 판단이 다른 사람과 다르게 되니, 곧바로 남은 사람을 잘 볼 줄 모른다고 여기는 것이다.】대체 어째서일까? 이 때문이다. (한 가지 치우친 재질을 가진 사람은) 자기와 같은 재질을 가진 사람의 좋은 점은 능히 알아차리지만【본성상 모책을 생각하는 데 장점이 있는 사람은 책략을 잘 꾸미는 사람을 좋게 여긴다.】간혹 자기와 도량이 다른 사람의 아름다운 점을 놓치곤 한다.【(예를 들면) 법도를 잘 따르는 사람은 비록 아름답기는 해도 결국 모책을 좋아하는 사람에게 채택되기는 어렵다.】

夫 人初甚難知【貌厚情深 難得知也】而士無衆寡 皆自以爲知人. 故 以己
부 인초심난지 모후정심난득지야 이사무중과 개자이위지인 고 이기

觀人 則以爲可知也【己尙淸節 則凡淸節者 皆己之所知】; 觀人之察人 則
관인 즉이위가지야 기상청절 즉범청절자 개기지소지 관 인지찰인 즉

以爲不識也. 夫 何哉【由己之所尙在於淸節 人之所好在於利欲 曲直不同於他
이위불식야 부 하재 유기지소상재어청절 인지소호재어이욕 곡직부동어타

便謂人不識物也】? 是故 能識同體之善【性長思謀 則善 策略之士】而或而失
편위인불식물야 시고 능식동체지선 성장사모 즉선 책략지사 이혹이실

異量之美【遵法者雖美 乃思謀之所不取】.
이량지미 준법자수미 내사모지소불취

어째서 그렇다고 말할 수 있는가?

무릇 청절지인(淸節之人)은 바름과 곧음[正直]을 사람 보는 척도로 삼는다. 그래서 그가 여러 재질의 사람을 짚어볼 때는 능히 성품과 일을 행함의 일정함을 잘 알아차리지만【척도가 바름과 곧음[正直]에 있기 때문에 오래가는[有恒=有久] 마음이 있는 사람을 좋아한다.】 간혹 법가나 술가의 궤변이나 책략에 대해서는 의심을 품는다.【바른 도리를 지키면 충분히 지극한 다스림을 행할 수 있는데 어째서 법가나 술가를 행할 필요가 있는가라는 말이다.】

법제지인(法制之人)은 분수(分數)를 사람 보는 척도로 삼는다. 그래서 능히 반듯하고 곧은 사람의 역량[方直之量]을 잘 알아차리지만【척도가 법률과 분수에 있기 때문에 방정하고 곧은[方直] 마음이 있는 사람을 좋아한다.】 그때마다 달라지고 바뀌는[變化] 술수는 귀하게 여기지 않는다.【법률과 분수를 지키면 충분히 일을 이룰 수 있는데 어째서 술수와 모의를 쓸 필요가 있는가라는 말이다.】

술모지인(術謀之人)은 사려와 모책[思謨]을 사람 보는 척도로 삼는다. 그래서 능히 책략의 기이함을 이뤄낼 수 있지만【척도가 사려와 모책에 있기 때문에 책략을 쓸 줄 아는 사람을 귀하게 여긴다.】 법을 준수하는 선량한 마음을 알지는 못한다.【사려와 모책이 있으면 충분히 백성을 교화할 수 있는데 어째서 법률과 제도를 쓸 필요가 있는가라는 말이다.】

기능지인(器能之人)은 변호(辨護)를 사람 보는 척도로 삼는다. 그래서 능히 방략(方略)의 규모는 잘 알아차리지만【척도가 변호에 있기 때문에 방략과 계책을 가진 사람을 좋아한다.】 제도의 근원은 알지 못한다.【방략과 계책이 있으면 충분히 공로를 세울 수 있는데 어째서 제도를 쓸 필요가 있는가라는 말이다.】

지의지인(智意之人)은 남의 속내의 근원으로 올라가는 것[原意]을
사람 보는 척도로 삼는다. 그래서 능히 감춰진 꾀로 임기응변하는 것
은 잘 알아차리지만【척도가 남의 속내의 근원으로 올라가는 데 있기 때문에
속임수 같은 것을 감추고 있는 사람을 좋아한다.】법과 교화의 일정함을 귀
하게 여기지 않는다.【남의 속내의 근원으로 올라갈 줄 알면 충분히 바른 도리
를 행할 수 있는데[爲正] 어째서 법과 교화[法理=法敎]를 따로 쓸 필요가 있는
가라는 말이다.】

기량지인(伎倆之人)은 공로를 추구하는 것[邀功=徼功=求功]을 사람
보는 척도로 삼는다. 그래서 능히 진취하려는 공로는 잘 알아차리지
만【척도가 공로를 추구하는 것에 있기 때문에 공로를 세우는데 능한 사람을 좋
아한다.】도리와 다움으로 교화를 이뤄내는 일은 이해하지 못한다.【기
량이 있으면 충분히 일을 이뤄낼 수 있는데 어째서 도리와 다움이 따로 있어야
하는가라는 말이다.】

장부지인(臧否之人)은 몰래 살피는 것[伺察]을 사람 보는 척도로
삼는다. 그래서 능히 꾸짖거나 따끔하게 주의를 주는 눈 밝음은 잘
알아차리지만【척도가 몰래 살피는 것에 있기 때문에 남을 꾸짖거나 주의를 주
는 사람을 좋아한다.】큰 기개를 가진 사람의 탁월함[倜儻之異]은 이해하
지 못한다.【꾸짖고 주의를 주는 것만으로도 충분히 교화를 이뤄내는데 어째서
너그러움과 넓은 마음을 쓰겠는가라는 말이다.】

언어지인(言語之人)[1]은 변석(辨析)을 사람 보는 척도로 삼는다. 그

---

1 『논어』「선진(先進)」편에서 공자는 사람을 보는 네 가지 잣대[四科]를 제시했다. "덕행(德
行)에는 안연(顔淵)·민자건(閔子騫)·염백우(冉伯牛)·중궁(仲弓)이요, 언어(言語)에는 재
아(宰我)·자공(子貢)이요, 정사(政事)에는 염유(冉有)·계로(季路)요, 문학(文學)에는 자
유(子游)·자하(子夏)이다." 덕행은 청절가에 가깝고, 정사는 지의가나 장부가를 가리키

래서 능히 민첩하게 대응하는 혜택은 잘 알아차리지만【척도가 쪼개어

분석하는 것에 있기 때문에 민첩하고 재빠른 대응을 할 줄 아는 사람을 좋아한

다.】마음속에 품고 있는 아름다움[含章之美]²는 알지 못한다.【일을 분
　　　　　　　　　　　　　　함장 지 미

별하고 논하는 것이 곧 다스림인데 어째서 마음속에 아름다움을 품고 있는 것

[含章]을 쓰겠는가라는 말이다.】
　함장

　　이 때문에 서로 비난하고 반박만 하지 상대가 옳을 수 있다는 것

을 긍정하지 않는다.【사람들이 모두 스스로 옳다고만 여기니 누가 기꺼이 다

른 사람이 옳다는 것을 말하겠는가?】(그래서) 같은 재질을 가진 사람을 만

나게 되면 서로 접촉해 이야기를 해서[接論] 상대를 이해하게 되지만
　　　　　　　　　　　　　　　　　접론

【본성과 능력이 진실로 같다면 설사 오랑캐라 하더라도 서로 접하면서 마음이

통하게 된다.】, 다른 재질을 가진 사람을 만나게 되면 비록 오랜 시간

동안 겪어보더라도 (결국) 서로를 알지 못한다.【본성과 능력이 구구하게

다르다면 설사 어깨를 나란히 할 만큼 가깝다 하더라도 해가 갈수록 점점 서로

는 소원해진다.】

何以論其然?
하이 논 기연

夫 淸節之人 以正直爲度. 故 其歷衆材也 能識性行之常【度在正直 故悅
부 청절 지인 이 정직 위도 고 기 역 중재 야 능식 성행 지상 도재 정직 고열

有恒之人】而或疑法術之詭【謂守正足以致治 何以法術爲也】.
유항 지인　이 혹 의 법술 지 궤　위 수정 족이 치치 하이 법술 위야

法制之人 以分數爲度. 故 能識方直之量【度在法分 故悅方直之人】而不貴
법제 지인 이 분수 위도 고 능식 방직 지량 도재 법분 고열 방직 지인　이 불귀

고, 문학은 기량지인에 근접한다고 볼 수 있다. 사마천은 『사기』「중니제자열전(仲尼弟子列

傳)」에서 재아와 자공에 대해 이렇게 말했다. "재아는 말재주가 있어 변명하는 말에 능했

다[利口辯辭]", "자공은 말재주가 있어 말을 정교하게 했다[利口巧辭]".
　이구 변사　　　　　　　　　　　　　　　　　　　　　이구 교사

2　『주역』에 나오는 용어로, 신하가 아름다운 자질이 있으면서 그것을 밖으로 내세우지 않는

　　것을 말한다.

154

變化之術【謂法分足以濟業 何以術謀爲也】.
변화 지 술 위법분 족 이 제업 하이 술모 위야

術謀之人 以思謨爲度. 故 能成策略之奇【度在思謀 故貴策略之人】而
술모 지인 이 사모 위도 고 능성 책략 지기 도재 사모 고귀 책략 지인 이

不識遵法之良【謂思謨足以化民 何以法制爲也】.
불식 준법 지량 위 사모 족 이 화민 하이 법제 위야

器能之人 以辨護爲度. 故 能識方略之規【度在辨護 故悅方計之人】而
기능 지인 이 변호 위도 고 능식 방략 지규 도재 변호 고열 방계 지인 이

不知制度之原【謂方計足以立功 何以制度爲也】.
부지 제도 지원 위 방계 족 이 입공 하이 제도 위야

智意之人 以原意爲度. 故 能識韜諝之權【度在原意 故悅韜諝之人】而不貴
지의 지인 이 원의 위도 고 능식 도서 지권 도재 원의 고열 도흅 지인 이 불귀

法敎之常【謂原意足以爲正 何以法理爲也】.
법교 지 상 위 원의 족 이 위정 하이 법리 위야

伎倆之人 以邀功爲度. 故 能識進趣之功【度在邀功 故悅功能之人】而
기량 지인 이 요공 위도 고 능식 진취 지공 도재 요공 고열 공능 지인 이

不通道德之化【謂伎倆足以成事 何以道德爲也】.
불통 도덕 지화 위 기량 족 이 성사 하이 도덕 위야

臧否之人 以伺察爲度. 故 能識訶之人【度在伺察 故悅譴訶之人】而不暢
장부 지인 이 사찰 위도 고 능식 가펌 지인 도재 사찰 고열 견가 지인 이 불창

倜儻之異【謂譴訶乃成敎 何以寬弘爲也】.
척당 지 이 위 견가 내 성교 하이 관홍 위야

言語之人 以辨析爲度. 故 能識捷給之惠【度在剖析 故悅敏給之人】而
언어 지인 이 변석 위도 고 능식 첩급 지혜 도재 부석 고열 민급 지인 이

不知之美【謂辨論事乃理 何以含章爲也】.
부지 지 미 위 변 논사 내 이 하이 함장 위야

是以 互相非駁 莫肯相是【人皆自以爲是 誰肯道人之是】. 取同體也 則接論
시이 호상 비박 막긍 상시 인개자 이위 시 수긍 도 인지시 취 동체 야 즉 접론

而相得【性能苟同 則雖胡越 接響而情通】; 取異體也 雖歷久而不知【性能苟
이 상득 성능 구동 즉수 호월 접향 이 정통 취 이체 야 수 역구 이 부지 성능 구

異 則雖比肩 歷年以逾疏矣】.
이 즉수 비견 역년 이 유소 의

　　무릇 이런 부류의 인물들은 모두 한 가지 재질만 가진 사람들이
다.【그래서 같은 재질이면 친해지고 다른 재질이면 소원해진다.】만약에 두 가
지 이상의 재질을 가진 사람이라면 역시 그가 겸한 재질에 따라 더
높은 단계[異數]에 이르게 된다.【(예를 들어) 법가가 술수를 겸하게 되면 술
수로써 법가를 보완할 수 있다.】

　　그래서 한 가지 재질만 가진 사람은 능히 (자신과 같은) 한 가지 재
질의 장점만 알 수 있고【법으로 다스리는 자는 법을 어기지 않는 사람을 천

거한다.】, 두 가지 재질을 가진 사람은 능히 두 가지 재질의 아름다움을 알 수 있으며【법률과 술수를 체화한 사람은 법률과 술수를 겸해서 시행한다.】, 여러 가지 유형을 다 가진 사람이라면 역시 능히 다양한 재주에 겸해서 통달할 수 있다.【여덟 가지 유형을 체화해 통달하게 되면 여덟 가지 재주가 마땅한 자리를 얻게 되어 일이 다스려지지 않음이 없다.】 그래서 이처럼 여러 재질을 겸한 사람은 나라의 동량[國體]과 재질이 같다고 할
국체
수 있다.【이들 여덟 가지 재주를 가진 사람이라야 비로소 진언을 올릴 수 있고, 총재의 관직에 있게 되면 아랫사람들이 행하는 바를 꿰뚫어 볼 수 있다.】

凡此之類 皆謂一流之材也【故同體則親 異體則疏】. 若二至已上 亦隨其
범 차지류 개 위 일류 지 재 야 고 동체 즉 친 이체 즉 소 약 이지 이상 역 수 기
以及異數【法家兼術 故能以術輔法】. 故 一流之人 能識一流之善【以法治者
이급 이수 법가 겸 술 고능 이술 보법 고 일류 지인 능식 일류 지선 이법 치자
所以舉不過法】二流之人 能識二流之美【體法術者 法術兼行】盡有諸流 則
소이 거 불과 법 이류 지인 능식 이류 지미 체 법술 자 법술 겸행 진유 제류 즉
亦能兼達衆材【體通八流 則八材當位 物無不理】. 故 兼材之人 與國體同【謂
역 능 겸달 중재 체통 팔류 즉 팔재 당위 물 무 불리 고 겸재 지인 여 국체 동 위
八材之人 始進陳言 冢宰之官 察其所以】.
팔재 지인 시진 진언 총재 지관 찰 기 소이

사람의 한 귀퉁이만 살펴보고자 한다면 아침나절이면 충분히 알 수 있고, 그 상세한 면까지 다 궁구하고자 한다면 사흘이면 충분하다.[3] 어째서 사흘이면 충분하다고 하는가? 무릇 나라의 동량이 될 만

---

3 사마천의 『사기』 「공자세가(孔子世家)」에 나오는 제나라 경공(景公)과 공자의 대화를 보자. 경공이 공자에게 "옛날 진(秦)나라 목공(穆公)은 나라도 작고 외진 곳에 있었는데, 무엇으로 패주가 되었소?"라고 물었다. 이에 공자는 "진은 나라는 작지만, 뜻이 컸고, 외진 곳에 있었지만, 그 행하는 것이 공평했습니다. 오고(五羖)를 직접 발탁해 오랏줄을 풀어주고 대부로 삼아서 사흘을 이야기한 끝에 정사를 맡겼습니다. 이런 것을 본받는다면 왕 노릇도 할 수 있으니, 패주는 사소한 것입니다"라고 답했다. 경공이 기뻐했다.

한 사람은 세 가지 재질을 겸하고 있다. 그래서 (적어도) 사흘 정도 담론하지 않으면 그를 죄다 알 수는 없다. 하루는 도리와 다움을 논하고, 하루는 법과 제도를 논하고, 하루는 책략과 술수를 논한다. 그런 다음이라야 마침내 능히 그의 장점을 남김없이 다 알아낼 수 있고, 그래서 천거함에 있어 의심할 바가 없어지는 것이다.[4]【임금이나 재상처럼 윗자리에 있는 사람이 여덟 가지 재질에 대해 겸해서 밝은 다음이라야 마침내 능히 아랫사람이 올리는 것을 남김없이 파악할 수 있어 사람을 쓰고 나서는 의심할 일이 없게 된다.】

欲觀其一隅 則終朝足以識之; 將究其詳 則三日而後足. 何謂三日而後
욕관 기 일우   즉 종조 족이 식지 장구 기상 즉 삼일 이후 족 하위 삼일 이후
足? 夫 國體之人 兼有三材 故 談不三日 不足以盡之. 一以論道德 二以
족 부 국체 지인 겸유 삼재 고 담불 삼일 부족이 진지 일이 논 도덕 이이
論法制 三以論策術 然後乃能竭其所長 而擧之不疑【在上者兼明八材
논 법제 삼이 논 책술 연후 내 능갈 기 소장 이 거지 불의 재상자 겸명 팔재
然後乃能盡其所進 用而無疑矣】.
연후 내 능진 기 소진 용 이 무의 의

　그렇다면 무엇으로 그 사람이 재주나 재질을 겸비했는지 치우쳤는지[兼偏]를 알아서 그와 더불어 말을 할 수 있는가?【다른 사람의 말
　　　　겸편
을 살필 때 무엇으로 그가 치우친 재질을 가진 사람인지 겸비한 재질을 가진 사람인지를 알아차리는가?】 그 사람됨이 자기 유형에 따라 재질을 드러내 보이면서 남의 장점을 추켜올려주고 그에 걸맞게 칭찬하는 명칭을 붙여준다면 이런 사람은 재질을 겸비한 자다.【매번 일의 유형에 입각해서 남

4　『여씨춘추』「우합(遇合)」편에 나오는 말이다. "사람을 들어 쓰는 근본 중에 가장 좋은 것은 그 사람의 뜻을 살피는 것이고, 그다음은 그가 보여준 업무 능력이며, 그다음은 그가 세운 공로다."

의 장점을 남김없이 진술하고 그에 걸맞게 명칭을 붙여주며 말에 더는 불필요한 점이 없다.】(반면에) 자기 장점을 늘어놓으면서 그에 대해 남이 칭찬해 주기를 바라고【자기에게 좋은 점이 있으면 일을 갖고서 스스로 떠들어대며 또 남들로 하여금 늘 자기를 칭찬하는 말을 하게 만들려 한다.】정작 남이 가진 재질은 알고 싶어 하지도 않는다면 이런 사람은 한 가지 재질에 치우친 자다.【남에게 좋은 점이 있어도 귀로 듣기를 좋아하지 않고 남이 자기 입으로 자기 칭찬을 할 경우 두 사람은 불화하게 된다.】

다른 사람을 알고 싶어 하지 않는다면 남의 말에 대해서도 의심하지 않는 바가 없을 것이다.【법도를 들으면 그것이 각박하고 엄격할 것을 의심하고, 술책을 들으면 그것이 거짓과 속임수일 것을 의심한다.】이 때문에 식견이 얕은 사람에게 깊은 이치를 말하면 내용이 깊어질수록 그만큼 더 의견 차이가 벌어지게 되고【식견이 얕은 사람은 뜻이 비근한 데 있다. 그래서 심오한 이치를 들으면 마음은 더욱 떠벌리게 된다. 이 때문에 상군(商君)은 제왕의 도리를 유세했지만 받아들여지지 않게 되자 강한 군대를 만들어야 하는 마땅함으로써 그것을 보여주었다.】, 의견 차이가 벌어지면 서로 등을 돌리게 되며, 등을 돌리면 서로 비난만 하게 된다.【심오한 이치를 들으면 마음은 떠벌리고 싶어지며 서로 다 옳게 보인다. 이 때문에 이태(李兌)는 귀를 막고 소진(蘇秦)의 유세를 듣지 않았던 것이다.[5]】

---

5   유향의 『전국책』 「조책(趙策)」편에 나오는 일화다.
    소진이 이태에게 유세했다.
    "낙양 승헌리 출신 소진은 집은 가난하고 양친은 연로하며, 낡은 수레 하나, 늙은 말 한 필, 뽕나무로 만든 수레바퀴 하나조차 없었습니다. 그래서 쑥대로 엮은 상자 하나에 헝겊으로 발을 싸매고 책을 짊어진 채 괴나리봇짐을 메고서는, 흙먼지를 밟고 서리와 이슬을 뒤집어 쓰며 장수(漳水)·하수(河水)를 건너오느라 발이 겹겹의 누에고치처럼 부어올랐는데, 하루 100리를 걸어야 겨우 쉴 자리를 얻어 잠을 자면서 이제 바깥채에 도착했습니다. 바라건

然則 何以知其兼偏 而與之言乎【察言之時 何以識其偏材 何以識其兼材也】?
연즉 하이 지기 겸편 이 여지 언호 찰언 지시 하이 식기 편재 하이 식기 겸재 야

其爲人也 務以流數 杼人之所長 而爲之名目 如是(者)兼也【每因事類
기 위인 야 무이 유수 저 인지소장 이위 지 명목 여시 자 겸 야 매 인 사류

대 앞에서 뵙고 천하의 일을 이야기하고 싶습니다."

이태가 말했다.

"선생이 귀신 이야기로 나를 만나자면 좋지만, 인간의 일이라면 내가 모두 알고 있소."

소진이 대답했다.

"저는 실로 귀신의 이야기로 뵙자는 것입니다. 인간의 이야기가 아닙니다."

이태가 소진을 만나보니 소진이 말했다.

"오늘 제가 오던 때가 저녁이었습니다. 곽문(郭門)이 닫힌 뒤라 쉴 만한 자리를 찾았지만 얻지 못해 남의 밭에서 자게 되었습니다. 그 옆에 큰 사당이 있었는데, 한밤중에 토우(土偶)와 목우(木偶)가 싸우기 시작했습니다. (토우가) '너는 나만 못하다. 나는 흙으로 만들어졌다. 나에게 비바람이 몰아치더라도 나는 허물어져 흙으로 돌아가면 그만이다. 너는 나무뿌리 아니면 나뭇가지로 만들어졌다. 네가 비바람을 만나면 장수·하수를 거쳐 동쪽 바다로 흘러가 둥둥 떠다니며 어디 머물 곳도 없을 것이다'라고 했습니다. 그래서 저는 속으로 토우가 이겼다고 여겼습니다. 지금 군(君)께서는 주부(主父-무령왕)를 죽이고 이를 멸족시켰습니다. 그렇게 하고도 군께서 천하에 서 있는 것은 계란을 포개 쌓는 것보다 더 위험합니다. 군께서 저의 계책을 들으면 살 수 있으려니와, 저의 계책을 듣지 않으면 죽게 됩니다."

이태가 말했다.

"선생은 숙소로 가 계시다가 내일 다시 와서 저를 만나주십시오."

소진이 나갔다.

이태의 사인(舍人)이 이태에게 말했다.

"제가 군과 소진의 대화를 엿들어보았더니 소진의 언변이 군보다 낫고 그 박식함도 군보다 나았습니다. 소진의 계책을 능히 들어주실 수 있겠습니까?"

이태가 말했다.

"들어줄 수 없을 것이다."

사인이 말했다.

"군께서 들어줄 수 없다면, 바라건대 군께서는 두 귀를 막고 그의 말을 듣지 마십시오."

이튿날 다시 만난 두 사람은 종일 말을 나누고서야 헤어졌다. 사인이 나와서 소진을 전송하자 소진이 사인에게 물었다.

"어제는 내가 대강만 말해도 움직이더니 오늘은 아주 자세히 말해도 움직이지 않으니, 어찌 된 일이오?"

사인이 말했다.

"선생의 계책은 크고 그 규모가 높아서 저의 주인께서 이를 쓸 수가 없습니다. 그래서 제가 주인께 두 귀를 틀어막고 당신의 이야기를 듣지 말라고 했지요. 비록 그렇기는 하나 선생께서 내일 다시 와보십시오. 제가 선생에게 후한 용돈을 노자로 드리도록 청해놓겠습니다."

杼盡[=舒盡]人之所能 爲之名目 言不容口】; 如陳以美 欲人稱之【己之有善
저진 서진 인지 소능 위지 명목 언불 용구　여진 이미 욕인 칭지 기지 유선

因事自說 又欲令人言常稱己】不欲知人之所有 如是者偏也【人之有善 耳
인사 자설 우 욕령인언상 칭기　불욕 지 인지소유　여시자 편 야 인지 유선 이

不樂聞 人稱之口 不和也】.
불락 문 인 칭지 구 불화 야

不欲知人 則言無不疑【聞法則疑其刻峭 聞術則疑其詭詐】. 是故 以深說淺
불욕 지인 즉언 무불 의 문법 즉의 기 각초 문술 즉의 기 궤사　시고 이심 설천

益深益異【淺者意近 故聞深理而心愈衒 是以商君說帝王之道不入 則以彊兵之義
익심 익이 천자 의근 고문 심리 이심 유현 시이 상군 세 제왕 지도 불입 즉이 강병 지 의

示之】; 異則相返; 反則相非【聞深則術焉 得而相是 是以李兌塞耳 而不聽蘇秦
시지 이 즉 상반 반 즉 상비 문심 즉 현언 득이 상시 시이 이태 색이 이 불청 소진

之說】.
지 세

이 때문에

곧게 처신하는 것에 대해 말을 많이 하게 되면 아름답게 보이려
한다고 여기고【여러 가지 방책을 많이 말하니 얼핏 아름답게 보일 수 있다.】,

　가만히 듣기만 하고 말을 하지 않으면 텅 비어 아무것도 모른다고
여기고【때가 오기를 기다려 말을 하려는 것인데 그가 아무것도 모른다고 의심
한다.】,

　고항하게 목소리를 높여 말하면 공손하지 못하다고 여기고【말이
확신에 차 있고 이치가 높으면 자기를 능멸한다고 의심한다.】,

　겸손하게 사양하면서 할 말을 다하지 않으면 천박하고 비루하다
고 여기고【말을 겸손하게 하고 기운을 낮추면 천박하다고 의심한다.】,

　말을 할 때 한 가지 좋은 점에 관해서만 이야기하면 널리 알지 못
한다고 여기고【감히 여러 가지를 진술하지 않으면 시야가 좁다고 의심한다.】,

　여러 가지 진기한 이야기만 이어서 하면 복잡하기만 하고 정리가
안 되어 있다고 여기고【온갖 이를 유형별로 두루 말을 하면 그것을 풀어내려
하고, 나아가 너무 복잡다단하다고 여긴다.】,

　상대의 뜻을 먼저 헤아려가면서[先意=先意承志] 말을 하면 자기에
선의 선의 승지

게 잘 보이려고 한다고 여기고【말이 자기 뜻에 합치하면 자기에게 잘 보이려 한다고 의심한다.】,

실언으로 인해 어려움에 빠지면 똑똑하지 못하다고 여기고【잘못을 보완하려 하면 도리어 똑똑하지 못해서 그렇다고 여긴다.】,

자기와 반대되는 의견을 말하면 자기와 비교되려 한다고 여기고【자기가 말한 사실에 반대하며 명확한 의견을 내면 이에 그가 자기와 대등해지려고 한다고 의심한다.】,

박식함으로 그와 다른 복잡한 이야기를 하면 요점이 없다고 여긴다.【마음에 품은 바를 남김없이 다 털어놓으면 말에 초점이 없다고 말한다.】

(그래서 이런 사람은) 자기와 재질과 같은 사람과 이야기한 다음이라야 마침내 기뻐한다.【형제끼리 싸움이 일어났을 때 관숙(管叔)과 채숙(蔡叔)의 일[6]을 이야기해주면 흔쾌해하면서 기뻐한다.】 이리하여 친애하는 정이 생겨나고 서로를 천거하고 칭찬하는 일이 이어진다.【상대가 하는 말이 자기와 합치되면 친애할 뿐 아니라 마침내 그를 칭찬하며 천거하기까지 한다.】

이것이 바로 하나에 치우친 재질을 가진 사람들이 늘 저지르는 잘못이다.【뜻이 늘 남에게 인정받는 데 있어 남들이 자기와 같기를 바라지만, 자기도 남의 마음을 반드시 얻게 되는 것이 아닌데 어떻게 남에게 별안간 인정을 받을 수 있겠는가?】

是故 多陳處直 則以爲見美【以其多方 疑似見美】;
시고 다진 처직 즉 이위 견미 이 기 다방 의사 견미

靜聽不言 則以爲虛空【待時來語 疑其無實】;
정청 불언 즉 이위 허공 대 시래 어 의 기 무실

抗爲高談 則以爲不遜【辭護理高 疑其凌己】;
항위 고담 즉 이위 불손 사 호 이 고 의 기 능기

---

6 주공의 형제들인데, 주공이 성왕의 자리를 노린다고 의심해 반란을 일으켰다가 주벌되었다.

遜讓不盡 則以爲淺陋【卑言寡氣 疑其淺薄】;
손양 부진 즉 이위 천루 비언 과기 의기 천박

言稱一善 則以爲不博【未敢多陳 疑其陋狹】;
언칭 일선 즉 이위 부박 미감 다진 의기 누협

歷發衆奇 則以爲多端【徧擧事類 則欲以釋之 復以爲多端】;
역발 중기 즉 이위 다단 편거 사류 즉 욕이 석지 부 이위 다단

先意而言 則以爲分美【言合其意 疑分己美】;
선의 이언 즉 이위 분미 언합 기의 의분 기미

因失難之 則以爲不喩【欲補其失 反不喩也】;
인실 난지 즉 이위 불유 욕보 기실 반불유 야

說以對反 則以爲較己【欲反其事而明言 乃疑其較也】;
설이 대반 즉 이위 교기 욕반 기사 이명언 내의 기교 야

博以異雜 則以爲無要【控盡所懷 謂之無要】.
박이 이잡 즉 이위 무요 공진 소회 위지 무요

論以同體 然後乃悅【兄弟忿肆 爲陳管蔡之事 則欣暢而和悅】, 於是乎有之情
논이 동체 연후 내열 형제 분사 위진 관채 지사 즉 흔창 이화열 어시 호 유지 정

稱擧之譽【苟言之同 非徒親愛而已 乃至譽而擧之】.
칭거 지예 구언지 동 비도 친애 이이 내지 예이 거지

此偏材之常失也【意常姻護 欲人同己 己不必得 何由暫得】.
차 편재 지 상실 야 의상 고호 욕인 동기 기 불필 득 하유 잠득

제 8 장

영재와 웅재

영웅 제8(英雄第八)[1]

무릇 풀 중에서 가장 특출난 것을 영(英)이라 하고, 짐승 중에서 가장 출중한 것을 웅(雄)이라고 한다.【식물과 동물 중에도 특출나고 출중한 것이 있는데 하물며 사람들임에랴!】 그래서 사람 중에서 문재와 무재가 빼어난 이들에 대해 여기서 이름을 따서 부른다.【문재는 영(英)을, 무재는 웅(雄)을 명칭으로 삼았다.】 이 때문에 귀 밝음과 눈 밝음[聰明]이 우뚝 솟은 사람을 일러 영재(英才)라 하고, 담력이 남보다 뛰어난 사람을 일러 웅재(雄才)라 한다. 이는 그 대체를 구분한 명칭이다. 예를 들어 이 둘의 분수를 비교해보면, 서로 어금니와 수염처럼 호응하며【영(英)은 웅(雄)의 성분을 얻은 연후라야 펴질 수가 있고[成章] 웅은 영의 성분을 얻은 연후라야 굳세질 수 있다[成剛].[2]】 각각 영과 웅으로 나뉘어 있기는 하지만 각기 저쪽을 취한 다음이라야 마침내 온전해진다.【담력이란 웅의 성분이고 지력이란 영의 성분이니, 영에게는 총명함이 있지만, 담력을 더해야만 온전해질 수 있고 웅에게는 담력이 있지만, 지력을 더해야만 제대로 설 수 있다.】

　　夫 草之精秀者爲英 獸之特群者爲雄【物尙有之 況於人乎】. 故 人之文武
　　부　초 지 정 수 자 위 영　수 지 특 군 자 위 웅　물 상 유 지　황 어 인 호　　고　인 지 문 무

茂異 取名於此【文以英爲名 武以雄爲號】. 是故 聰明秀出 謂之英; 膽力
무 이　취 명 어 차　문 이 영 위 명　무 이 웅 위 호　　시 고　총 명 수 출　위 지 영　담 력

過人 謂之雄, 此其大體之別名也. 若校其分數 則牙則須【英得雄分 然後
과 인　위 지 웅　차 기 대 체 지 별 명 야　약 교 기 분 수　즉 아 즉 수　영 득 웅 분　연 후

1　진교초가 말했다. "최고의 문재가 영(英)이고 최고의 무재가 웅(雄)이다. 영재는 재상이 될 만하고 웅재는 장수가 될 만하다."

2　성장(成章)과 성강(成剛)이 뒤바뀐 듯하다. 특히 장(章)은 문(文)과 통한다는 점에서 특히 이런 의문을 품게 된다.

成章: 雄得英分 然後成剛], 各以二分 取彼一分 然後乃成【膽者雄之分 智者
성장 웅득영분 연후성강   각 이 이분 취 피 일분 연후 내성 담자 웅지분 지자

英之分, 英有聰明 須[=待]膽而後成; 雄有膽力 須智而後立].
영지분 영유총명 수 대 담이후성 웅유담력 수지이후립

어째서 그렇다고 말할 수 있는가? 서 귀 밝음과 눈 밝음은 영재의
성분이지만 웅재의 담력을 얻지 못하면 말이 실행으로 옮겨지지 않
는다.【지력은 있지만, 담력이 없으면 바르게 말을 할 수가 없다.】담력이란 웅
재의 성분이지만 영재의 지혜를 얻지 못하면 일은 (처음부터) 제대로
진행될 수 없다.【용맹하지만, 모책이 없으면 일을 제대로 이룰 수 없다.】이 때
문에 영재는 그 귀 밝음으로 일의 시작을 도모하고 그 눈 밝음으로
(일의 진행 과정에서) 기틀을 살펴보며【지혜로 모책을 세우는 것은 일의 시작
이고 눈 밝음으로 보는 것은 일의 기틀이다.】웅재의 담력을 기다려 일을 행
한다.【(웅재의 담력으로) 확 터주지 않으면 일을 제대로 행할 수 없다.】웅재는
담력으로 대중을 복속시키고 그 용맹함으로 어려움을 극복하며【담력
이 없으면 대중이 복속하지 않고 용맹함이 없으면 어려움을 극복할 수 없다.】영
재의 지혜를 기다려 일을 이뤄낸다.【지혜로 마땅함을 제어하고 정교해야
마침내 일을 이뤄낸다.】그런 다음이라야 마침내 능히 각각은 자기의 장
점을 발휘하게 된다.【비유하자면 쇠가 물을 기다려서 예리해지듯이 사물들은
물을 기다려서 길러지게 된다.】

何以論其然? 夫 聰明者 英之分也 不得雄之膽 則說不行【智而無膽 不能
하이 논 기연 부 총명 자 영지분 야 부득 웅지담 즉 설 불행 지이무담 불능

正言】; 膽力者 雄之分也 不得英之智 則事不立【勇而無謀 不能立事】. 是故
정언   담력 자 웅지분 야 부득 영지지 즉 사 불립 용이무모 불능 입사   시고

英以其聰謀始 以其明見機【智以謀事之始 明以見事之機】待雄之膽行之
영 이 기총 모시 이 기명 견기 지이 모 사지시 명이 견 사지기 대 웅지담 행지

【不決則不能行】; 雄以其力服眾 以其勇排難【非力眾不服 非勇難不排.】待
불결 즉 불능행 웅 이 기력 복중 이 기용 배난 비력중불복 비용난불배 대

英之智成之【智以制宜 巧乃可成】; 然後乃能各濟其所長也【譬金待水而後成
영지지 성지 지이 제의 교내 가성 연후 내 능 각 제 기 소장 야 비 금 대수 이후성

利功 物得水然後成養功】.
이공 물 득수 연후 성 양공

    만일 귀 밝음은 능히 일의 시작을 도모할 수 있는데 눈 밝음이 없어 기틀을 볼 수 없다면 결국 앉아서 말만 할 뿐[坐論] 일에 대처할 수 없다.【지혜가 능히 앉아서 말을 할 수 있더라도 눈 밝음이 기틀을 제대로 볼 수 없다면 어찌 일에 제대로 대처할 수 있겠는가?】 만일 귀 밝음은 능히 일의 시작을 도모할 수 있고 눈 밝음은 기틀을 볼 수 있는데 용맹함이 없어 일을 능히 행할 수 없다면, 통상적인 일은 그럭저럭 따라갈 수 있지만 급변하는 사태에는 사려 깊게 대응할 수 없다.【눈 밝음이 능히 통상적인 일을 따라갈 수 있지만 용맹함이 없어 능히 일을 행할 수 없다면 어찌 급변하는 사태에 대응할 수 있겠는가?】 만일 힘은 다른 사람보다 뛰어난데 용맹함이 없어 일을 제대로 수행할 수 없다면 힘을 쓰는 사람[力人]이라고는 할 수 있지만 (성을 공격할 때) 가장 앞에서 올라가는 선봉장[先登]이라고 할 수는 없다.【힘이 비록 무리 중에서 으뜸이라 하더라도 담력을 가진 웅이 터주지 않는다면 어찌 능히 선봉장을 맡을 수 있겠는가?】 만일 힘은 다른 사람보다 뛰어나고 용맹함은 능히 일을 해낼 수 있지만 지혜가 부족해 사태 판단을 제대로 할 수 없다면, 선봉장은 될 수 있지만 장수가 되기에는 아직 부족하다.【힘은 능히 선봉장이 될 수 있지만 일에 임해 아무런 모책이 없다면 어찌 장수를 능히 맡을 수 있겠는가?】

    반드시 귀 밝음은 능히 일의 시작을 도모할 수 있고 눈 밝음은 기미를 볼 수 있으며 담력은 능히 결단할 수 있는 다음이라야 영재라고 할 수 있다. 장량(張良)이 이에 해당한다.

    기운과 힘은 다른 사람보다 뛰어나고 용맹함은 능히 일을 해낼 수 있으며 지혜는 충분히 사태 판단을 제대로 할 수 있어야 마침내 웅재라고 할 수 있다. 한신(韓信)이 이에 해당한다.

若聽能謀始 而明不見機 乃可以坐論 而不可以處事【智能坐論 而明
약 총 능 모시 이 명 불 견 기 내 가이 좌론 이 불가이 처사 지능 좌론 이 명

不見機 何事務之能處】. 聽能謀始 明能見機 而勇不能行 可以循常 而
불 견기 하 사무 지능처 총 능 모시 명 능 견기 이 용불 능행 가이 순상 이

不可以慮變【明能循常 勇不能行 何應變之能爲】. 若力能過人 而勇不能行
불가이 여변 명능 순상 용 불능행 하 응변 지 능위 약 역능 과인 이용 불능행

可以爲力人 未可以爲先登【力雖絶群 膽雄不決 何先鋒之能爲】. 力能過人
가이 위 역인 미 가이 위 선등 역수 절군 담웅 불결 하 선봉 지 능위 역 능 과인

勇能行之 而智不能斷事 可以爲先登 未足以爲將帥【力能先登 臨事無謀
용 능 행지 이 지 불능 단사 가이 위 선등 미 족이 위 장수 역능 선등 임사 무모

何將帥之能爲】. 必聽能謀始 明能見機 膽能決之 然後可以爲英, 張良
하 장수 지 능위 필 총 능 모시 명 능 견기 담 능 결지 연후 가이 위영 장량

是也. 氣力過人 勇能行之 智足斷事 乃可以爲雄, 韓信是也.
시야 기력 과인 용 능 행지 지 족 단사 내 가이 위웅 한신 시야

재질과 성분이 같지 않기 때문에 그중에서 상대적으로 많은 쪽을 갖고서 이름을 짓는다. 그래서 영재와 웅재는 각기 다른 이름으로 불리는 것이다.【장량은 영특한 지혜가 많았고, 한신은 웅재의 담력이 두드러졌다.】 그러나 둘 다 한쪽으로 치우침이 지극한 재질이니 남의 신하라는 임무에 어울린다. 그래서 영재는 재상이 될 수 있고【가깝게는 상대방을 제압할 수 있다.】, 웅재는 장수가 될 수 있다【멀게는 위엄을 떨칠 수 있다.】 만일 한 사람의 몸에 영재와 웅재를 겸하고 있을 경우 능히 세상의 주인이 될 수 있으니[長世]³, 고조(高祖-유방)와 항우(項羽)가 이에 해당한다.

그러나 영재의 성분이 웅재의 성분보다 많으면 상관없지만, 영재의 성분이 적어서는 안 된다.【영재로써 지혜를 갖추니, 지혜는 능히 웅재를 부릴 수 있는데 어찌 영재 성분이 적어서야 되겠는가?】 영재의 성분이 적을

---

3 장구(長久)로 볼 경우 그냥 오랫동안 이어질 수 있다는 뜻으로 풀이할 수도 있다.

경우 지혜를 가진 자들이 떠나간다. 그래서 항우는 기력이 세상을 덮을 정도였고 눈 밝음이 능히 어떤 변화에도 능수능란하게 대처할 수 있었지만【담력이 대단해 아무도 앞에서 방해할 수가 없었으니, 강을 건너 군량을 불태웠다.】 기이(奇異)한 계책을 듣고서 채용하는 데 능하지 못해 한 명뿐인 범증(范增, 기원전 277~204년)[4]도 제대로 쓰지 못했고, 이 때문에 진평(陳平)과 같은 무리가 모두 달아나 고조에게 귀의하게 된 것이다. 고조는 영재의 성분이 많았기 때문에 많은 웅재가 그에게 복종했고, 영재들도 그에게 귀의해 영재와 웅재 모두 쓸 수 있었다.【웅재들이 이미 복종하자 영재 또한 귀의했다.】 그래서 능히 진나라를 삼키고 초나라를 깨트려 천하를 소유할 수 있게 된 것이다.

體分不同 以多爲目. 故 英雄異名【張良英智多 韓信雄膽勝】. 然皆偏至
之材 人臣之任也. 故 英可以爲相【制勝于近】 雄可以爲將【揚威于遠】. 若
一人之身 兼有英雄 則能長世; 高祖 項羽是也. 然英之分 以多於雄
而英不可以少也【英以致智 智能役雄 何可少也】. 英分少 則智者去之. 故
項羽氣力蓋世 明能合變【膽烈無前 濟江焚糧】 而不能聽采奇異 有一范增
不用 是以陳平之徒 皆亡歸高祖. 英分多 故 群雄服之 英才歸之 兩得
其用【雄旣服矣 英又歸之】. 故能吞秦破楚 宅有天下.

---

4   항우(項羽)를 위해 일한 모사(謀士)다. 진(秦)나라 말 농민군이 일어났을 때 항량(項梁)에게 초(楚)나라 귀족의 후예를 세워 널리 호소하라고 권했고, 항량이 죽자 항우 휘하에 들어가 훌륭한 계책을 많이 제안했다. 항우로부터 아부(亞父)라는 칭호를 받으면서 존중되었으나, 여러 번 유방(劉邦)을 죽이라고 충고했지만 끝내 받아들여지지 않았다. 오히려 유방의 반간계(反間計)로 항우의 의심을 사서 직책을 잃고 권한을 빼앗기게 되자, 울분을 못이겨 떠났다가 등창이 도져 도중에 병사했다.

그렇다면 영재와 웅재의 성분이 많고 적음은 능히 자신이 이길 수 있는지 없는지를 가리는 관건[數]이 된다.【이기는 바가 자신에게 달렸다면 얼마든지 외물을 이길 수 있다.】 한갓되이 영재만 있고 웅재가 없으면 웅재들이 복종하지 않을 것이고【안으로 마음속에서 주관하는 것이 없다면 외부 사물이 무엇을 통해 들어오겠는가?】, 한갓되이 웅재만 있고 영재가 없으면 지혜로운 자들이 귀의하러 오지 않는다.【아무런 이름도 없는 자들을 우대한다면 지혜로운 자들은 무엇을 통해 가겠는가?】 그래서 웅재는 웅재를 얻을 수 있지만, 영재를 얻을 수 없고【무소나 호랑이는 자기들끼리 무리를 이룬다.】, 영재는 영재를 얻을 수 있지만, 웅재를 얻을 수 없다.【난새와 봉황은 자기들끼리 서로 친하다.】 그래서 한 사람의 몸에 영재와 웅재를 겸해서 갖추고 있어야만 마침내 능히 영재와 웅재를 부릴 수 있다. 능히 영재와 웅재를 부릴 수 있으니, 그래서 능히 대업을 이뤄낼 수 있는 것이다.【무로써 복종시키고 문으로써 편안케 해주니, 대업이 해마다 더 융성해지고 복이 후세에까지 미치게 된다.】

然則 英雄多少 能自勝之數也【勝在於身 則能勝物】. 徒英而不雄 則雄材
연즉 영웅 다소 능 자승 지수 야 승재어 신 즉능 승물 도영이 불웅 즉 웅재

不服也【內無主於中 外物何由入】; 徒雄而不英 則智者不歸往也【無名以
불복 야 내무주 어중 외물 하유 입 도웅이 불영 즉 지자 불 귀왕 야 무명 이

接之 智者何由往】. 故 雄能得雄 不能得英【兕虎自成群也】; 英能得英 不
접지 지자 하유 왕 고 웅 능득 웅 불능 득 영 시호 자성군 야 영 능득 영 불

能得雄【鸞鳳自相親也】. 故 一人之身 兼有英雄 乃能役英與雄. 能役英與
능득 웅 난봉 자 상친 야 고 일인 지신 겸유 영웅 내 능역 영 여웅 능역 영 여

雄 故能成大業也【武以服之 文以綏之 則業隆當年 福流後世】.
웅 고 능성 대업 야 무이 복지 문이 수지 즉 업융 당년 복류 후세

제 9 장

사람을 살피는 여덟 가지

팔관 제9(八觀第九)

사람을 살피는 여덟 가지란 무엇인가.

첫째, 그가 남의 것을 빼앗거나 남을 구원해주는 바[奪救]를 잘 살
핌으로써 그 사이에 섞여 있는 복합 감정[間雜]을 밝혀낸다.【혹 자애로
운 마음에 남을 구제하고 구휼하려 하면서도 인색한 마음이 작동해 어짊을 베풀
려는 마음을 빼앗아가고 혹 구제하려 함이 넓고 두터워 보이지만 식초를 구해다
주는 것[1]을 은혜로움이라고 여긴다.】

둘째, 그가 상황이 달라지는 것에 감응하는 바[感變]를 잘 살핌
으로써 그가 평소에 갖고 있는 일정한 원칙[常度]을 깊이 들여다본
다.【그가 서운해하거나 부끄러워하는 바를 가까이에서 살펴보면 평소 그가 가진
일정한 원칙을 들여다볼 수 있다.】

셋째, 그가 품고 있는 뜻과 바탕[志質]을 잘 살핌으로써 그가 가진
명성의 근본[其名]을 알아낸다.【그가 지향하는 바와 바탕이 상응하는지를
잘 살펴서 그 명성이 실상과 부합하는지를 알아낸다.】

넷째, 그가 말미암는 동기나 이유[所由]를 잘 살핌으로써 그가 사
이비인지 아닌지[依似]를 판별해낸다.【남을 까발리는 것인지 곧은 발언인
지를 한순간에 밝히는 것은 어렵지만, 그가 마음속으로 편안해하는 바를 꿰뚫

---

1 식초 이야기는 『논어』 「공야장(公冶長)」편에 나온다.
공자가 말했다. "누가 미생고를 곧다[直]고 하는가? 어떤 사람이 식초를 빌리려 하자 그의
이웃집에서 빌려다가 주는구나." 즉 공자가 볼 때 미생고는 곧은 것이 아니라 남에게 좋은
평판을 듣고 싶어서 식초를 구해다 주었다는 것이다. 한마디로 곧지 못한 사람[不直]이다.

어 보면[察其所安]² 명확하게 분별할 수 있다.】
                  찰 기 소안

　　다섯째, 그가 사랑하고 공경하는 바[愛敬]를 잘 살핌으로써 그가
　　　　　　　　　　　　　　　　　　애경
통하는 실상과 막히는 실상[通塞]을 알아낸다.【순전히 사랑하면 외물은
　　　　　　　　　　　　통·색
가까워져 실상이 통하게 되지만, 순전히 공경만 하면 이치는 소원해지고 실성은
막히게 된다.】

　　여섯째, 그의 마음속 기틀[情機]을 잘 살핌으로써 그가 받아들이
　　　　　　　　　　　　　　　정기
는 바와 의혹을 품는 바[恕惑]를 판별해낸다.【그가 하고자 하는 바를 얻게
　　　　　　　　　　서혹
되면 받아들일 수 있고, 그가 하고자 하는 바와 어긋나게 되면 의혹을 품게 된다.】

　　일곱째, 그의 단점[所短]을 잘 살핌으로써 그의 장점을 일아낸
　　　　　　　　　　소단
다.【까발리거나 남을 찌르는 것이 비록 단점이긴 하지만, 곧다는 점에서는 장점
이 될 수도 있다.】

　　여덟째, 그의 귀 밝음과 눈 밝음[聰明]을 잘 살핌으로써 그가 어디
　　　　　　　　　　　　　　　　총명
에 얼마까지 통달한지[達]³를 알아낸다.【한 몸에 많은 재주를 갖고 있다 하
　　　　　　　　·달

2　『논어』「위정(爲政)」편에 나오는 말이다.
　　공자가 말했다. "(사람을 알고 싶을 경우) 먼저 그 사람이 행하는 바를 잘 보고[視其所以],
　　　　　　　　　　　　　　　　　　　　　　　　　　　　　　　시 기 소이
　　이어 그렇게 하는 까닭이나 이유를 잘 살피며[觀其所由], 그 사람이 마음속으로 편안해하
　　　　　　　　　　　　　　　　　　　관기 소유
　　는 바를 꿰뚫어 본다면[察其所安] 사람들이 어찌 그 자신을 숨기겠는가? 사람들이 어찌
　　　　　　　　　　　찰 기 소안
　　그 자신을 숨기겠는가?"
3　『논어』「옹야(雍也)」편에 나오는 말이다.
　　공자가 "자공은 통달했다[達]"라고 평했다.
　　　　　　　　　　　　달
　　계강자가 물었다. "중유(자로)는 정사를 맡길 만한 사람입니까?"
　　공자가 말했다. "중유는 과단성이 있으니[果=勇] 정사를 맡기는 데 무슨 어려움이 있겠습
　　　　　　　　　　　　　　　　　과 용
　　니까?"
　　"자공은 정사를 맡길 만한 사람입니까?"
　　"자공은 사리에 통달했으니[達] 정사를 맡기는 데 무슨 어려움이 있겠습니까?"
　　　　　　　　　　　　　달
　　"염구(염유)는 정사를 맡길 만합니까?"
　　"염구는 재예(藝)를 갖추고 있으니[藝=宰] 정사를 맡기는 데 무슨 어려움이 있겠습니까?"
　　　　　　　　　　　　　　　예 재

더라도 재주가 눈 밝고 귀 밝지 못해 일마다 가려지고 막힌다면 그런 사람을 어

찌 통달했다고 하겠는가?】**4**

八觀者:
팔관 자

一曰 觀其奪救 以明間雜【或慈欲濟恤 而恡[=吝]奪某仁; 或救濟廣厚 而乞醯
일왈 관 기 탈구 이명 간잡 혹자욕 제휼 이인 인 탈모인 혹 구제 광후 이 걸혜
爲惠】.
위혜

二曰 觀其感變 以審常度【親其慍怍 則常度可審】.
이왈 관 기 감변 이심 상도 친기 온작 즉 상도 가심

三曰 觀其志質 以知其名【徵質相應 覩色知名】.
삼왈 관 기 지질 이지 기명 징질 상응 도색 지명

四曰 觀其所由 以辨依似【依訐似直 倉卒難明 察其所安 昭然可辨】.
사왈 관 기 소유 이변 의사 의알사직 창졸 난명 찰기 소안 소연 가변

五曰 觀其愛敬 以知通塞【純愛則物視而情通 純敬則理疏而情塞】.
오왈 관 기 애경 이지 통색 순애 즉물 시이 정통 순경 즉이 소이 정색

六曰 觀其情機 以辨恕惑【得其所欲則恕 違其所欲則惑】.
육왈 관 기 정기 이변 서혹 득 기 소욕 즉서 위기 소욕 즉혹

七曰 觀其所短 以知所長【訐刺雖短 而長於爲直】.
칠왈 관 기 소단 이지 소장 알자 수 단 이 장어 위직

八曰 觀其聰明 以知所達【雖體衆材 而材不聰明 事事蔽塞 其何能達】.
팔왈 관 기 총명 이지 소달 수체 중재 이재 불총명 사사 폐색 기하 능달

---

4   『제갈량집』에는 사람의 밑바닥 본성을 꿰뚫어 보는 「지인성(知人性)」이라는 짧은 글이 있
    는데, 여기서 제갈량은 먼저 사람의 이중성을 이렇게 통찰했다.
    "사람 본성을 아는 것보다 더 살피기 어려운 것은 없다. 선과 악은 이미 구별되지만, 감정
    과 외모가 반드시 일치하지는 않는다. 어떤 이는 외모가 온화하고 선량하나 실제로는 매
    우 간사하기도 하고, 어떤 이는 외관상 공손하지만, 속으로는 음험하기도 하며, 어떤 이는
    용감한 것처럼 보이지만 사실은 비겁하기도 하고, 어떤 이는 최선을 다하는 듯하지만 실은
    불충하기도 하다."
    이어 그는 다음과 같은 일곱 가지 방법이 있으면 얼마든지 사람을 알 수 있다[知人]고 말
    한다.   지인
    "첫째, 어떤 일을 물어[問之] 그 대답의 옳고 그름을 통해 그 속마음을 살핀다. 둘째, 말로
                    문지
    궁지에 몰아넣어[窮之] 그 임기응변을 살핀다. 셋째, 계책에 관해 말해보게 해서[咨之] 그
            궁지   자지
    식견의 깊이를 살핀다. 넷째, 재난이 났다고 말해주어[告之] 그 용기를 살핀다. 다섯째, 술
                                        고지
    에 취하게 해서[醉之] 그 밑바닥 성품을 살핀다. 여섯째, 재물로 유혹해서[臨之] 그 청렴함
              취지   임지
    을 살핀다. 일곱째, 어떤 일을 하기로 약속해서[期之] 그 신뢰성을 살핀다."
                                        기지

그가 남의 것을 빼앗거나 남을 구원해주는 바[奪救]를 잘 살핌으
로써 그 사이에 섞여 있는 복합 감정[間雜]을 밝혀낸다는 것은 무슨
말인가?

무릇 바탕에는 지극한 것도 있고 어그러진 것도 있는데【굳센 바탕
과 욕심 없음은 지극해지는 까닭이 되고 탐욕스러운 마음이 혹 두드러지게 되면
어그러진다.[5]】, 만약에 어그러진 것이 지극한 것을 이기게 되면[勝=多]
나쁜 정이 지극한 것을 빼앗아 겉으로는 그럴듯하지만 실은 그렇지
못한 행동이 나오게 된다.【욕심이 굳셈을 이기게 되면 이것이 바로 겉으로는
굳세 보이지만 실은 굳세지 못한 것이다.[6]】 그래서 어짊은 자애로움[慈=慈愛
-내리사랑]에서 나오지만 자애로우면서도 어질지 못한 자가 있고, 어
질면 반드시 남을 불쌍히 여기는 마음이 있지만 어질면서도 남을 불
쌍히 여기지 않는 자가 있으며, 엄정하면 반드시 굳센 마음이 있지만
엄정하면서도 굳세지 못한 자가 있다.

예를 들어 무릇 가련한 자를 보면 눈물을 흘리지만【자애로운 마음
은 가슴속에서 나온다.】 장차 자기 것을 나눠 줘야 할 때는 인색해진다
면, 이 사람은 자애롭기는 하되 어질지 못한 자다.【어진 사람은 반드시
남을 구제 구휼해준다.】 위급한 상황을 목격하게 되면 측은해하지만【어
진 마음은 안에서 발동한다.】 장차 가서 구원해주어야 할 때는 두려워하
고 걱정만 한다면, 이 사람은 어질기는 하되 남을 불쌍히 여기지 않

---

5   지극한 것이란 좋은 것이고 어그러진 것이란 나쁜 것이다.
6   공자는 굳셈의 사이비를 욕심이라고 했다.
    『논어』「공야장(公冶長)」편이다. 공자가 말했다. "나는 아직 진정으로 굳센 사람을 보지 못
    했다." 어떤 사람이 "신정이 있습니다"라고 대답하자 공자가 말했다. "신정은 욕심이니, 어
    찌 굳세다고 할 수 있겠는가?"

는 자다.【불쌍히 여기는 사람은 반드시 위험에 처한 이가 있으면 달려간다.】 마
땅함이 결여된 상황[虛義]⁷에 처하면 낯빛이 엄정해지지만[色厲]【엄정
　　　　허의　　　　　　　　　　　　　　　　　　색려
함은 외모로 드러난다.】 자기의 이익이나 욕심을 고려할 때는 마음속이
약해진다면[內荏]⁸, 이는 엄정하기는 하되 군세지 못한 자다.【군센 자는
　　　　내임
반드시 욕심이 없어야 한다.】

　　그렇다면 자애롭기는 하되 어질지 못한 자는 인색함이 자애로움
을 빼앗은 때문이고【재물을 아끼다 보면 자애로움을 상하게 된다.】, 어질기
는 하되 남을 불쌍히 여기지 않는 자는 (자기가 손해 볼 것에 대한) 두려
움이 어짊을 빼앗은 때문이며【겁이 많아 두려워하면 어짊을 덜어내게 된
다.】, 엄정하기는 하되 군세지 못한 자는 욕심이 엄정함을 빼앗은 때
문이다.【이익에 대한 욕심은 군셈을 해친다.】

　　그래서 말한다.

　　자애로움이 능히 인색함을 이기지 못하면 결코 그런 사람을 어질
다고 할 수 없고【사랑한다면서 정작 베풀지 않는다면 어찌 어짊을 능히 행할
수 있겠는가?】, 어짊이 능히 두려움을 이기지 못하면 결코 그런 사람을
남을 불쌍히 여긴다고 할 수 없고【두려워하고 나약해 과감하지 못하면 어
찌 구휼을 능히 해낼 수 있겠는가?】, 엄정함이 능히 욕심을 이기지 못하면
결코 그런 사람을 군세다고 할 수 없다.【이욕에 계속 마음을 둔다면 어찌
군셈을 능히 이뤄낼 수 있겠는가?】

　　이 때문에 어질지 못한 바탕이 우세하면 기교와 힘은 (오히려) 자

7　위선이나 거짓 주장 등을 듣는 경우를 말한다.

8　색려내임(色厲內荏)은 『논어』에 나오는 공자의 말이다. 「계씨(季氏)」편이다.
　　"얼굴빛은 위엄을 보이면서 내면이 유약한 자는, 소인에 비유해서 말하자면 (벽을 뛰어넘을
　　용기도 없어) 벽을 뚫고 들어가는 도둑놈과 같다." 전형적인 사이비(似而非)다.

기를 해치는 기구가 되고【어진 바탕이 이미 약해졌는데 기교와 힘만 갖고 있으면 이는 자기를 해치는 수단이다.】, 탐욕으로 어그러진 성품이 우세하면 강함과 사나움은 재앙을 낳는 사다리[禍梯]가 된다.【청렴한 바탕이 이미
_{화제}
탐욕에 눌렸는데 성질까지 강하고 사나우면 이는 자기에게 화를 부르는 사다리가 된다.】

또 선한 마음으로 나쁜 사람을 구원해주는 경우가 있는데, 그래도 해(害)가 되는 데는 이르지 않는다.【나쁜 사람은 제거해 없애버려야 하지만 순진해서 선한 사람은 그를 불쌍하게 여겨 도와주기도 하는데, 이는 오지랖이 넓은 것이지 크게 해로운 것은 아니다.】 사랑과 은혜를 나눠 주는 것이 도타우면 설사 오만하고 친압하는 자[傲狎]라 할지라도 떠나가지 않
_{오압}
는다.【평생 교유를 해와서 정분이 두텁고 깊으니, 비록 원양(原壤)이 공자를 걸터앉아서 기다렸지만 서로 버리지 않았던 것⁹은 큰 허물이 아니었기 때문이다.】 좋은 사람을 돕고 현명한 사람을 드러낸다면 비록 악한 자를 미워하더라도 해악을 당하지 않는다.【만일 무도한 자를 죽여 없애 나라가 도리가 있는 데로 나아간다면¹⁰ 악을 미워함이 비록 심하기는 하지만 큰 잘못은 아니다.】 남을 구제하는 일을 지나칠 정도로 두텁게 한다면 설사 남의 재

---

9 이 일은 『논어』 「헌문(憲問)」편에 나온다.
   원양이 걸터앉아서 공자를 기다렸다. 공자는 이를 보고서 "어려서 공손하지 않고, 장성해서 칭찬할 만한 일이 없고, 늙어서 죽지 않는 것이 바로 도적이다" 하고는 지팡이로 그의 정강이를 톡톡 내리쳤다. 원양은 공자의 오랜 친구다.

10 이는 『논어』 「안연(顏淵)」편에 나오는 계강자(季康子) 말이다.
   계강자가 공자에게 정치에 관해 물으면서 물었다. "만일 무도한 자를 죽여 없애 나라가 도리가 있는 데로 나아간다면 그것은 어떻습니까?" 공자가 말했다. "대부여! 정치를 하면서 어찌 죽임을 쓸 수 있겠습니까? 대부께서 선하고자 한다면 자연스레 백성이 선해질 것이니, 군자의 덕은 바람이요 소인의 덕은 풀입니다. 풀에 (죽임과 같은) 거센 바람이 가해지면 풀은 반드시 쓰러지고 말 것입니다."

물을 취한다 해도 탐욕스럽다고 하지 않는다.【남의 물건을 가져다가 구제해주는 바가 있다면 비록 식초를 구해다 주었다는 비판[11]은 받겠지만 크게 탐욕스러운 것은 아니다.】

이 때문에 그가 남의 것을 빼앗거나 남을 구원해주는 바[奪救]를 잘 살피면 그 사이에 섞여 있는 복합 감정[間雜]을 (그 사람이 어떤 사람인지를) 알아낼 수가 있다.【혹 두려움이나 욕심이 자애로움과 어짊을 빼앗거나 혹 남의 잘못을 구원해 자기 본분을 이뤄내면, 평담한 군주는 순리로 여겨 너그럽게 받아들인다.】

何謂觀其奪救 以明間雜?
하위 관 기 탈구 이명 간잡

夫 質有至有違【剛質無欲 所以爲至; 貪情或勝 所以爲違】若至不勝違 則
부 질유지 유위 강질 무욕 소이 위지 탐정 혹 승 소이 위위 약지 불승 위 즉

惡情奪正 若然而不然【以欲勝剛 以此似剛而不剛】. 故 仁出於慈 有
악정 탈정 약 연이 불연 이욕 승강 이차 사강 이 불강 고 인 출어 자유

慈而不仁者; 仁必有恤 有仁而不恤者; 厲必有剛 有而不剛者.
자이불인 자 인필 유휼 유 인이불휼 자 여필 유강 유 여이불강 자

若夫見可憐則流涕【慈心發於中】將分與則吝嗇, 是慈而不仁【爲仁者 必
약부 견 가련 즉 유체 자심 발 어중 장 분여 즉 인색 시 자이불인 자 위인자 필

濟恤】. 睹危急則惻隱【仁情動於內】將赴救則畏患, 是仁而不恤者【爲恤者
제휼 도 위급 즉 측은 인정 동 어내 장 부구 즉 외환 시 인이불휼 자 위휼자

必赴危】. 處虛義則色厲【精厲見於貌】顧利慾則內荏, 是厲而不剛者
필 부위 처 허의 즉 색려 정려 현어 모 고 이욕 즉 내임 시 여이불강 자

【爲剛者 必無慾】.
위강자 필 무욕

然而 慈而不仁者 則吝奪之也【愛財傷於慈】, 仁而不恤者 則懼奪之也
연이 자이불인 자 즉 인 탈지 야 애재 상어 자 인이불휼 자 즉 구 탈지 야

【惺怯損於仁】, 而不剛者 則慾奪之也【利慾害於剛】.
광겁 손어 인 여이불강 자 즉 욕 탈지 야 이욕 해어 강

故曰: 慈不能勝吝 無必其能仁也【愛則不施 何仁之能爲】; 仁不能勝懼
고왈 자 불능 승인 무필 기 능인 야 애즉 불시 하인지 능위 인 불능 승구

無必其能恤也【畏懦不果 何恤之能行】; 厲不能勝慾 無必其能剛也【情存
무필 기 능휼 야 외나 불과 하휼지 능행 여 불능 승욕 무필 기 능강 야 정존

利慾 何剛之能成】.
이욕 하 강지 능성

---

11 앞에서 본 미생고의 일화다.

是故 不仁之質勝 則伎力爲害器【仁質旣弱 而有伎力 此害己之器也】; 貪悖
시고 불인 지 질승 즉 기력 위 해기 인질 기약 이유 기력 차 해기 지기 야 탐패

之性勝 則彊猛爲禍梯【廉質旣負 而性强猛 此禍己之梯也】.
지 성승 즉 강맹 위 화제 염질 기부 이성 강맹 차 화기 지제 야

亦有善情救惡 不至爲害【惡物宜弱而除 純善之人 憐而救之 此稱厚之人 非
역 유 선정 구악 부지 위해 악물 의 약이제 순선 지인 연 이 구지 차 조후 지인 비

大害也】; 愛惠分篤 雖傲狎不離【平生交結 情厚分深 雖原壤夷俟 而不相棄 無
대해 야 애혜 분독 수 오압 불리 평생 교결 정후 분심 수 원양 이사 이 불 상기 무

大過也】; 助善著明 雖疾惡無害也【如殺無道 以就有道 疾惡雖甚 無大非也】;
대과 야 조선 저명 수 질악 무해 야 여살 무도 이취 유도 질악 수심 무 대비 야

救濟過厚 雖取人不貪也【取人之物 以有救濟 雖譏在乞醯 非大貪也】.
구제 과후 수 취인 불탐 야 취 인지물 이유 구제 수 기재 걸혜 비 대탐 야

是故 觀其奪救 而(明)¹²間雜之情 可得知也【或畏怵奪慈仁 或救過濟其分
시고 관기 탈구 이 명 간잡 지정 가득 지 야 혹 외희 탈자인 혹 구과 제 기분

而平淡之主順而恕.】.
이 평담 지 주 순 이서

그가 상황이 달라지는 것에 감응하는 바[感變]를 잘 살핌으로써
감변
그가 평소에 갖고 있는 일정한 원칙[常度]을 깊이 들여다본다는 것은
상도
무슨 말인가?

무릇 사람의 얼굴이 두텁고 속뜻이 깊어서 장차 그 속내를 알아
내고자 한다면 반드시 그가 하는 말의 뜻[辭旨]을 살펴보고 그가 다
사지
른 사람과 호응하거나 찬동하는 것[應贊]을 꿰뚫어 봐야 한다.【발언의
응찬
취지를 살펴보고 호응이나 화답하는 것을 꿰뚫어 봐야 한다.】 모름지기 그가
하는 말의 뜻을 살펴본다는 것은 마치 음색이 좋은지 추한지를 들어
서 아는 것과 같고【일단 소리를 내면 그것이 좋은지 추한지가 구별된다.】, 그
가 다른 사람과 호응하거나 찬동하는 것[應贊]을 꿰뚫어 보는 것은
응찬
마치 상대방의 지혜가 능한지 아닌지를 들여다보는 것과 같다.【소리가
호응하면 능한지 아닌지가 구별된다.】 그래서 말을 살펴보고 호응하는 바
를 꿰뚫어 보면 충분히 서로를 구분해 식별할 수 있다.【저쪽이 말을 꺼

---

12 진교초의 풀이에 따라 명(明) 자를 빼고 옮겼다.

내고 이쪽이 화답을 하면 옳고 그름이 서로 생겨난다.】

그렇다면 그 논(論)이 명확하고 내세우는 것이 바른 사람은 순정한 사람[白]이다.【말이 명확하고 말을 꺼내는 바가 바르면 이를 일러 명백하다고 한다.】

말하기와 응답하기를 제대로 하지 않는 사람[13]은 의뭉한 사람[玄=隱]이다.【마음속에 간직하고 드러내지 않는 사람[默而識之][14]을 일러 의뭉하다고 한다.】

씨줄과 날줄, 검은색과 흰색을 명확하게 분별할 줄 아는 사람은 이치에 통달한 사람[通]이다.【옳고 그름을 명확하게 분별하는 사람은 이치에 통달한 사람이라 할 수 있다.】

쉽게 이리저리 왔다 갔다 하며 정론이 없는 사람은 뒤섞인 사람[雜]이다.【이치에 일정한 근거가 없어 말과 뜻이 흐리고 뒤섞여 있는 사람이다.】

어떤 일이 일어나기 전에 미리 알고 있으면서도 그렇지 않은 것처럼 하는 사람은 빼어난 사람[聖][15]이다.

아직 드러나지 않은 일을 추론해 생각으로 알아내는 사람은 예지력이 있는 사람[叡][16]이다.

일을 파악하는 데 있어 남보다 뛰어난 사람은 눈 밝은 사람[明]이다.

이치를 밝게 알면서도 그것을 아둔한 척하며 숨길 줄 아는 사람은 지혜로운 사람[智]이다.【마음속으로는 밝게 알면서도 늘 부족한 듯이 여

---

13 말에 희로애락이 잘 드러나지 않는 사람을 말한다.

14 원래 이는 공자가 한 말로 자기를 내세워 자랑하지 않는다는 긍정적인 뜻인데, 여기서는 정반대로 속이 시커먼 사람을 가리킨다.

15 빼어난 이는 지나간 일을 살펴서 앞으로 올 일을 알아낸다.

16 일에 밝은 사람을 예(叡)라고 한다.

기는 사람이다.】

　은미하거나 소홀히 여기기 쉬운 일까지 반드시 알아내는 사람은 신묘한 사람[妙]이다.【이치가 아무리 은미해도 능히 그것을 꿰뚫어 본다.】
　　　　묘

　마음가짐이 호탕하면서 사리에 어둡지 않은 사람은 탁 트인 사람[疏=簡]이다.【마음이 훤히 밝은 곳에까지 이르니, 이런 사람을 탁 트이고 유쾌
　　소　간
한 사람[疏朗]이라 한다.】
　　소랑

　헤아려볼수록 그 속이 더욱 깊어지는 사람은 속이 꽉 찬 사람[實]이다.【마음속에 지혜가 알차서 탐구할수록 더욱 정밀하니, 이는 마치 샘물에서
　　　　　　　　　　　　　　　　　　　실
물이 점점 더 솟아나 재보면 더욱 깊은 것과 같다.】

　마지못해 비위를 맞춰가면서 현란하게 과장하는 사람은 허황된 사람[虛]이다.【길에서 듣고 길에서 말하는 사람[道聽塗說]¹⁷이니, 아무리 세월
　　　　허　　　　　　　　　　　　　　　　　　도청도설
이 흘러도 아무런 실속이 없다. 이는 마치 연못에 원천이 없이 물이 새서 다 말라버려 텅 비게 되는 것과 같다.】

　스스로 자기 장점만 드러내려는 사람은 모자란 사람[不足]이다.【지
　　　　　　　　　　　　　　　　　　　　　　　　부족
혜가 넉넉하지 못해 사람들이 자기를 알아주지 않을까 봐 두려워하는 사람이다.】

　자기 능력을 자랑하지 않는 사람은 여유가 넘치는 사람[有餘]이
　　　　　　　　　　　　　　　　　　　　　　유여
다.【알지 못하는 것을 겁내지 않는 사람이다.】

　그래서 말한다. 무릇 일이나 사람이 일정한 법도에 맞지 않는 데는 반드시 그럴 만한 까닭이 있다.【낯빛이나 행동거지가 평소와 다른 것은 반드시 근심이나 기쁨이 있기 때문이다.】

　우환이 있는 사람의 낯빛은 피로에 찌들어 꺼칠하다[乏而且荒].【우
　　　　　　　　　　　　　　　　　　　　　　핍 이차 황

17　『논어』「양화(陽貨)」편에 나오는 공자의 말이다. "길에서 듣고 길에서 말하면 다움[德]을
　　　　　　　　　　　　　　　　　　　　　　　　　　　　　　　　덕
버리는 것이다."

환이 마음에 있기 때문에 형색이 꺼칠한 것이다.】

　겉은 멀쩡하지만 속으로 근심 걱정이 가득한 사람[疾疢]의 낮빛은
　　　　　　　　　　　　　　　　　　　　　　　　　　　질진
어지럽고 때까지 뒤섞여 있다[亂而垢雜].【황색과 검은색이 섞이면 이치상
　　　　　　　　　　난 이 구잡
(얼굴에) 먼지와 때가 많다.】

　기뻐하는 낮빛[喜色]은 유쾌해 즐겁고, 서운해하는 낮빛[慍色]은
　　　　　　　　희색　　　　　　　　　　　　　　　　　　온색
쌀쌀해 그 마음을 숨기지 못하고 살짝 드러내며, 질투와 의혹을 품은
낮빛은 제멋대로여서 일정함이 없이 바뀐다.【거칠게 흰색과 붉은색이 섞
여서 나타나면 씩씩대는 마음이 얼굴에 그대로 표현된다.】

　이런 낮빛이 발현되자마자 대개 동시에 말에서도 그대로 드러난
다.【낮빛에 이미 드러나면 말 또한 그것을 따른다.】 이 때문에 그 말투가 매
우 즐거운 듯하지만, 낮빛을 정밀하게 살필 때 실은 따르지 않으려는
자는 마음속에 못마땅함이 있는 것이다.【마음속에 한스러움을 품고 있다
면 말을 억지로 온화하게 해도 낮빛과 행동거지는 끝내 말과 합치되지 않는다.】
(반대로) 말에는 못마땅해하는 바가 있지만, 낮빛을 정밀하게 살필 때
실은 믿을 만한 자는 말솜씨가 치밀하지 못한 것이다[不敏].【말로 다 표
　　　　　　　　　　　　　　　　　　　　　　　　불민
현하지 못했기 때문으로, 말에는 비록 못마땅한 바가 있더라도 낮빛과 행동거지
는 믿을 만한 것이다.】 말을 아직 내뱉지도 않았는데 성난 낮빛이 먼저
나타난다면 이는 마음속이 분노로 끓어오르기 때문이다.【분노로 가슴
이 꽉 찬 사람은 아직 말을 하지 않았더라도 낮빛과 행동거지가 이미 그렇게 표
출된다.】 장차 말을 내뱉으려고 하면서 동시에 성난 낮빛을 날려 보내
는 것은 억지로 그렇지 않은 척하려고 하기 때문이다.【억지로 그렇지 않
은 것처럼 하려고 하기 때문에 화난 기운이 말을 돕는 것이다.】

　이런 유형들은 모두 마음속 징후들이 겉으로 드러나는 것이니,
(낮빛이) 감추거나 덮을 수가 없다.【마음으로는 두려워하면서 화난 얼굴을

하거나, 속으로는 한스러워하면서 화합하는 모습을 보이거나 하는 것 등이다.】 설사 아닌 척하려고 해도 미세한 낯빛이 그것을 따라주지 않는다.【마음이 움직이면 용모는 그것을 따르게 된다.】 (그래서) 갑자기 반응을 하게 될 때 드러나는 것은 설사 아무리 순식간에 (그걸 감추기 위해 낯빛을) 바꾼다고 해도 다 알아낼 수가 있다.【정(情)이 비록 마음속에 있지만 감응해 갑자기 밖으로 드러나게 되면 천 가지 만 가지 형태와 모습이라 하더라도 거칠게나마는 알아낼 수 있다.】

이 때문에 그가 상황이 달라지는 것에 감응하는 바[感變]를 잘 살핌으로써 그가 평소에 갖고 있는 일정한 원칙[常度]의 실상은 얼마든지 알아낼 수가 있는 것이다.【사람의 말과 낯빛을 살펴보면 그 마음을 알 수 있고 사람에게는 그가 평소에 갖고 있는 일정한 원칙이 있은 다음이라야 깊이 들여다볼 수 있다.】

何謂觀其感變 以審常度?
하위 관기 감변 이심 상도

夫 人厚貌深情 將欲求之 必觀其辭旨 察其應贊【視發言之旨趣 觀應和
부 인 후모 심정 장 욕구 지 필관기 사지 찰기 응찬 시 발언 지 지취 관 응화
之當否】. 夫 觀其辭旨 猶聽音之善醜【音唱而善醜別】; 察其應贊 猶視
지 당부 부 관기 사지 유 청 음지선추 음창 이 선추 별 찰기 응찬 유시
智之能否也【聲和而能否別】. 故 觀辭察應足以互相別識【彼唱此和 是非
지지능부 야 성화 이 능부 별 고 관사 찰응 족이 호상 별식 피창 차화 시비
相擧】.
상거

然則: 論顯揚正 白也【辭顯唱正是曰明白】;
연즉 논현 양정 백야 사 현창정 시왈 명백

不善言應 玄也【默而識之 是曰玄也】;
불선 언응 현야 묵이지지 시왈 현야

經緯玄白 通也【明辨是非 可謂通理】;
경위 현백 통야 명변 시비 가위 통리

移易無正 雜也【理不而據 言意渾雜】;
이이 무정 잡야 이 불이거 언의 혼잡

先識未然 聖也;
선식 미연 성야

追思玄事 叡也;
추사 현사 예야

見事過人 明也;
견사 과인 명야

以明爲晦 智也【心雖明之 常若不足】;
이명 위회 지야 심수 명지 상약 부족

微忽必識 妙也【理雖之微 而能察之】;
미홀 필식 묘야 이수지미 이능 찰지

美妙不昧 疏也【心致昭然 是曰疏朗】;
미묘 불매 소야 심치 소연 시왈 소랑

測之益深 實也【心有實智 探之愈精 猶泉滋中出 測之益深也】;
측지 익심 실야 심유 실지 탐지 유정 유천 자중출 측지 익심 야

假合炫耀 虛也【道聽塗說 久而無實 池水無源 洩而虛竭】;
가합 현요 허야 도청도설 구이무실 지수 무원 설이 허갈

自見其美 不足也【智不瞻足 恐人不知以自我】;
자현 기미 부족 야 지불 섬족 공인 부지 이 자아

不伐其能 有餘也【不畏不知】.
불벌 기능 유여 야 불외 부지

故曰: 凡事不度 必有其故【色貌失實 必有憂喜之故】:
고왈 범사 부도 필유 기고 색모 실실 필유 우희 지 고

憂患之色 乏而且荒【憂患在心 故形色荒】;
우환 지색 핍 이차 황 우환 재심 고 형색 황

疾疢之色 亂而垢雜【黃黑色雜 理多塵垢】;
질진 지색 난 이 구잡 황흑색 잡 이 다 진구

喜色 愉然以懌;
희색 유연 이역

慍色 厲然以揚;
온색 여연 이양

妒惑 冒昧無常【粗白粗赤 憤憤在面】;
투혹 모매 무상 조백조적 분분 재면

及其動作 蓋並言辭【色旣發揚 言亦從之】.
급기 동작 개병 언사 색기 발양 언역 종지

是故 其言甚懌 而精色不從者 中有違也【心恨而言强和 色貌終不相從】;
시고 기언 심역 이 정색 부종 자 중 유위 야 심한 이언 강화 색모 종 불 상종

其言有違 而精色可信者 辭不敏也【言不盡 故辭雖違而色貌可信】; 言
기언 유위 이 정색 가신 자 사 불민 야 언불 자진 고사 수위 이 색모 가신 언

未發而怒色者 意憤溢也【憤怒塡胸者 未言而色貌已作】; 言將發而怒氣
미발 이 노색 자 의분 일야 분노 전흉자 미언 이 색모 이작 언 장발 이 노기

送之者 彊所不然也【欲强行不然之事 故怒氣助言】.
송지 자 강 소불연 야 욕강행 불연지사 고 노기 조언

凡此之類 微見於外 不可奄違【心懼而怒容 意恨而和貌】; 雖欲違之 精色
범 차지류 미 현어 외 불가 엄위 심구 이노용 의한 이 화모 수 욕위 지 정색

不從【心動貌從】; 感愕以明 雖變可知【情雖在內 感愕發外 千形萬貌 粗可知
부종 심동 모종 감악 이명 수변 가지 정수 재내 감악 발외 천형 만모 조 가지

矣】. 是故 觀其感變 而常度之情 可知也【觀人辭色 而知其心 物有常度 然後
의 시고 관기 감변 이 상도 지정 가지 야 관인 사색 이지 기심 물유 상도 연후

審矣】.
심의

그가 품고 있는 지극함과 바탕[至質=善質]을 잘 살핌으로써 그가
가진 명성의 근본을 알아낸다는 것은 무슨 말인가?

무릇 치우친 재질을 가진 성품 중에서 두 가지 지극함[二至] 이상
을 가진 경우, 지극함과 바탕이 서로 작용해 아름다운 이름이 생겨난
다.【두 가지 지극함이란 바탕과 기운을 이르는 말이다. 바탕이 곧고 기운이 맑으
면 좋은 이름이 생겨난다.】 이 때문에 몸가짐이 곧고 기운이 맑으면 아름
답다[休=美]는 이름이 생겨난다.【몸가짐과 기운이 서로 호응하면 이름이 이
때문에 아름답다.】 기운이 맑고 힘이 강하면 세차다[烈]는 이름이 생겨난
다.【기운이 이미 맑은 데다 힘까지 강하면 세차다고 할 수 있다.】 지혜가 강하고
이치에 정통하면 유능하다[能]는 이름이 생겨난다.【지혜가 이미 강한데 이
치까지 정통하면 능하다는 칭송을 받게 된다.】 지혜롭고 곧으며 굳세면 맡길
만하다[任]는 이름이 생겨난다.【곧은 데다가 아름다우니, 이 때문에 (위에서
일을) 맡겨주는 것이다.】 반듯한 자질로 모이게 되면 아름다운 다움[令德=
善德]이 이뤄지고【바탕이 모여 반듯하게 화합하면 좋은 다움은 이뤄진다.】, 거
기에 배움이 더해지면 애씀의 이치[文理]가 환하게 빛나게 된다.【규옥
(圭玉)에는 바탕이 있으니 이를 잘 갈고닦으면 애씀이 이뤄진다.】

이 때문에 그가 잘하는 바[所至]의 많고 적음을 잘 살피게 되면
각기 다른 이름이 생겨나는 이유를 알 수가 있다.【그 바탕과 기운을 파
고들어 그것들의 맑고 흐림을 살펴본다면 비록 다소간의 차이는 있겠지만 각자
특이한 명칭을 갖게 된 연유를 명백하게 알 수 있다.】

何謂觀其至質 以知其名?
하위 관기 지질 이지 기명

凡偏材之性 二至以上 則至質相發 而令名生矣【二至 質氣之謂也. 質直
범 편재 지성 이지 이상 즉 지질 상발 이 영명 생의 이지 질기 지위 야 질직

氣淸 則善名生矣】. 是故 骨直氣淸 則休名生焉【骨氣相應 名是以美】; 氣淸
기청 즉 선명 생의 시고 골직 기청 즉 휴명 생언 골기 상응 명 시이 미 기청

力勁 則烈名生焉【氣旣淸矣 力勁則烈】; 勁智精理 則能名生焉【智旣勁矣
역경 즉 열명 생언 기 기 청 의 역경 즉 열 경지 정리 즉 능 명 생언 지기 경의

精理則能稱】; 智直彊愨 則任名生焉【直而又美 是而見任】; 集于端質 則
정리 즉 능 칭 지 직 강각 즉 임명 생언 직 이 우미 시 이 견임 집 우 단질 즉

令德濟焉【質徵端和 善德乃成】; 加之學 則文理灼焉【圭玉有質 瑩則成文】.
영덕 제언 질 징 단화 선덕 내 성 가지 학 즉 문리 작언 규옥 유질 형 즉 성문

是故 觀其所至之多少 而異名之所生可知也【尋其質氣 覽其淸濁 雖有多少
시고 관 기 소지 지 다소 이 이명 지 소생 가지 야 심 기 질기 남 기 청탁 수유 다소

之異 異狀之名 斷可知之】.
지 이 이상 지 명 단 가지 지

그가 말미암는 동기나 이유[所由]를 잘 살핌으로써 그가 사이비
인지 아닌지를 판별해낸다는 것은 무슨 말인가?

무릇 오로지 남의 잘못을 들춰내려고만 한다면[純訐] 성품이 어
그러져 있어 능히 공정할 수가 없고【바탕과 기운 모두 남의 잘못을 들춰내
는 데 있는데 어찌 바른 마음이 있다고 할 수 있겠는가?】, 남의 잘못을 잘 들
춰내는 듯한 사람은 얼핏 곧아 보이지만 실은 그 들춰냄이란 좋은 사
람을 고자질하는 것이다.【얼핏 곧아 보이지만 실은 남의 잘못을 들춰내는
사람의 계책은 훌륭하고 좋은 사람에게까지 미친다.】[18] 오로지 호탕한 사람
[純宕]은 진짜 물 흐르듯 하는 사람[流]과 비슷해 보이지만 도리에 통
달할 수 없고【바탕과 기운 모두 호탕하다면 어찌 능히 통달했다고 할 수 있겠
는가?】, 호탕해 보이는 듯한 사람은 얼핏 도리에 통달한 듯이 보이지만

---

18 고자질[訐]과 직언[直]의 차이에 대해 『논어』「양화(陽貨)」편에서 공자와 제자 자공은 이
렇게 말하고 있다.
자공이 공자에게 말했다. "군자도 미워함이 있습니까?" 공자가 말했다. "미워함이 있다. 다
른 사람의 나쁜 점을 말하는 자를 미워하고, 아래에 있으면서 윗사람을 헐뜯는 자를 미워
하며, 용맹하기는 하되 예(禮)가 없는 사람을 미워하고, 과감하기만 하고 앞뒤가 꽉 막힌
자를 미워한다." 이어 공자가 자공을 향해 "사야! 너도 미워함이 있느냐"라고 묻자 자공
은 이렇게 대답했다. "살피는 것을 사람 아는 것으로 여기는 자를 미워하며, 겸손하지 않은
것을 용맹으로 여기는 자를 미워하며, 남의 잘못을 들추는 것[訐]을 곧음[直]으로 여기는
자를 미워합니다."

실은 행실이 오만하고 절도를 잃어 지나치다.【얼핏 통달하고 호탕해 보이는 사람은 용모가 오만하고 절도가 없다.】

그래서 말한다. 곧은 자도 남의 잘못을 들춰내고 남의 잘못을 들춰내기를 좋아하는 사람도 남의 잘못을 들춰내니, 둘 다 남의 잘못을 들춰낸다는 점에서는 똑같지만, 그 둘이 들춰내는 까닭은 서로 다르다.【곧은 사람이 고발하는 것은 악한 자를 들춰내고 잘못을 규탄하는 것이지만, 오로지 남의 잘못을 들춰내기만 하는 사람이 고자질하는 것은 선한 자를 고자질하고 옳은 일을 공격한다.】 도리에 통달한 자도 호탕하고 호탕한 자도 호탕하지만, 그 둘이 호탕한 까닭은 서로 다르다.【통달한 사람의 호통함은 대범해 도리에 통달해 있지만, 오로지 호탕하기만 한 사람은 오만하고 편벽되어 제 마음대로 한다.】

그렇다면 무엇을 갖고서 이 둘을 구별할 것인가?

곧으면서도 능히 따뜻한 사람은 다움이 있는 사람[德]이다.【온화하면서 곧게 행동하기 때문에 다움이 있다고 한다.】

곧기는 하지만 남의 잘못을 들추기를 좋아하는 사람은 편벽된 사람[偏]이다.【성품은 곧지만 지나치게 남의 잘못 들추기를 좋아하기 때문에 편벽되었다고 한다.】

남의 잘못을 들춰내면서 곧지 못한 사람은 사이비 같은 사람[依=擬=似而非]이다.【오로지 남의 잘못을 들춰내기만 할 뿐 겉으로만 곧기 때문에 사이비 같다고 한다.】

도리를 갖추고서 능히 절제할 줄 하는 사람은 도리에 통달한 사람[通]이다.【도리로써 스스로를 절제할 줄 알기 때문에 통달했다고 한다.】

도리에 통달했지만 때때로 절도를 잃고 지나친 사람은 편벽된 사람[偏]이다.【성품은 통달했지만 때때로 지나치기 때문에 편벽되었다고 한다.】

호탕한 듯하지만, 절도가 없는 사람은 사이비 같은 사람[依]이다.【오
로지 호탕하기만 할 뿐 겉으로만 통달한 척하기 때문에 사이비 같다고 한다.】

치우침이나 편벽됨[偏=偏僻]과 사이비[依]는 지향은 같지만, 바탕
이 다르니, 사이비란 이른바 얼핏 그런 것 같지만 실은 그렇지 않는
사람[似是而非=似而非]이다.【바탕은 같아서 통달하거나 곧지만, 혹 편벽되고
혹 사이비 같다.】

이 때문에 쉽게 응낙하는 사람은 얼핏 보면 의욕이 펄펄 넘치는
것[烈=熾] 같지만 믿음이 모자라고【자기 역량은 헤아리지 못하고 가벼이
남을 위해 죽겠다고 말하지만 정작 어려움을 만나면 두려움과 겁이 많아 제대로
(대의를 위해) 목숨을 바치지 못한다.】, 쉽게 쉽게 일하는 사람은 얼핏 보
면 유능한 사람[能] 같지만 아무런 효과가 없고【자기 재능을 고분고분 받
아들이지 않고 날마다 일을 잘 해낼 수 있다고 떠들면서 정작 일을 맡으면 요란
하기만 할 뿐[猖獗] 아무런 효험도 내지 못한다.】, 나아가는 것이 재빠른 사
람은 얼핏 보면 정교한 사람[精] 같지만 그만두는 것도 신속하고【성미
가 조급한 사람은 능히 임무를 오랫동안 맡지를 못한다.】, 잘 따지는 사람은
얼핏 보면 잘 살피는 사람[察] 같지만 일을 번잡스럽게 만들고【남을 꾸
짖고 잘 따지는 사람은 매번 일을 번잡스럽고 어지럽게 하는 경우가 많다.】, 남
의 잘못을 잘 들춰내는 사람은 얼핏 보면 지혜로운 사람[惠=慧] 같지
만 아무것도 이뤄내지 못하고【당시에는 민첩해 보이지만 결국 아무것도 이
뤄내는 바가 없다.】, 면전에서 복종하는 사람은 얼핏 보면 충성스러운
사람[忠] 같지만 물러나서는 태도를 바꾸니【눈앞에서는 아첨하고 고분고
분하지만 물러나서는 자기만이 옳다고 여긴다.】, 이들이 바로 얼핏 그런 것
같지만 실은 그렇지 않는 사람[似是而非]이다.【자색이 붉은색을 어지럽히
는 것을 성인(聖人-공자)은 미워했다.[19]】

또한 (반대로) 얼핏 그렇지 않은 듯하지만 그런 사람[似非而是]도 있다.【일에 있어서는 옳지 않지만, 그 결과가 좋으면 옳다.】 큰 권도[大權]를 가진 사람은 얼핏 보면 간사한 사람[奸] 같지만 공로를 이뤄내고【이윤(伊尹)은 태갑(太甲)을 내쫓았지만 그렇게 함으로써 공로를 이뤄냈다.】, 크게 지혜로운 사람[大智]은 얼핏 보면 어리석은 사람[愚] 같지만 내면적으로 사리에 밝고【종일 어기는 바가 없지만[20] 내실은 분별력이 있다.】, 널리 사랑을 베푸는 사람[博愛]은 얼핏 보면 속이 없는 사람[虛] 같지만 실은 속이 꽉 찬 사람이고【두루 사랑하고 사사로움이 없으면 얼핏 속이 없는 사람 같지만, 속이 꽉 찬 사람이다.】, 말을 바르게 하는 사람[正言=直]은 얼핏 보면 남의 잘못을 들춰내는 사람[訐] 같지만 본마음은 충성스럽다.【하나라 걸왕이나 은나라 주왕에게 직언을 하다가 죽은 신하들은 지극히 열

---

19 『논어』「양화(陽貨)」편에 나오는 공자 말의 일부다. "자색이 붉은색을 빼앗는 것을 미워하고, 정나라 음악이 아악을 어지럽히는 것을 미워하며, 말만 잘하는 입이 나라를 뒤집는 것을 미워한다." 자색은 간색(間色), 붉은색은 정색(正色)이다.

20 종일 어기는 바가 없다는 것은 안회(顏回)를 가리키는 것으로, 『논어』「위정(爲政)」편에 나오는 말이다. "공자가 말했다. '(초창기에) 내가 안회와 더불어 종일 이야기를 나눴으나 내 말과 뜻을 어기는 바가 없어서 어리석은 듯이 보였다. 하지만 그가 물러간 뒤에 그의 사사로운 생활을 면밀하게 살펴보니 오히려 충분하게 내가 말하고자 하는 바를 제대로 드러내 실행하고 있었다. 안회는 결코 어리석지 않았도다!'"
그러나 크게 지혜로운 사람의 예는 「공야장(公冶長)」편에 나오는 영무자(甯武子)가 더 적절해 보인다. "공자가 말했다. '영무자는 나라에 도리가 있을 때는 지혜로웠고 도리가 없을 때는 어리석었다 하니, 그 지혜는 따를 수 있으나 그 어리석음에는 미칠 수 없다.'" 영무자는 위(衛)나라에서 벼슬을 했는데, 도리가 있던 문공(文公) 때 이렇다 할 만한 것을 보여주지 못했다. 그런데도 공자는 지혜로웠다고 평하고 있다. 도리가 잘 행해질 때는 굳이 나서지 않는 것도 지혜로운 처신으로 본 것이다. 그래서 공자는 그런 정도의 지혜는 자신도 따라갈 수 있다고 말한다. 반면 도리가 무너져 내린 성공(成公) 때 영무자는 그 한복판에서 주선해 몸과 마음을 다 바쳐서 어려움과 험난함을 피하지 않았다. 모든 그의 처한 바가 지혜롭고 재주 있는 사람들이 모두 극구 피하고 즐겨 하지 않는 것이었는데, 마침내 자기 몸을 보전하고 그 임금을 구제했으니 이는 그의 어리석음을 따를 수 없는 것이다.

렬하고 임금에게 충성하며 임금을 사랑한 것이다.】

　무릇 사이비를 살펴서 실제로 그렇지 않다는 것을 밝혀내는 일은 사람 마음속으로 다가가 이리저리 뒤집어보고 반복해 살피는 일이니【비슷한 부류들을 살피고자 하면 깊이 들여다보아야 옳고 그름이 가려지며 사람 마음속으로 다가가 반복해서 뒤집어봐야 명확히 할 수 있다.】, 재판을 심리하는 것[理訟=治訟]과 비슷해서 그 실상을 판별해내기란 어렵다.【그래서 성인(聖人)은 심문에 참여해 널리 묻기를[參訊廣訪] 대중과 함께했던 것이다.】(그러니) 천하에서 지극히 정밀한 자가 아니고서 누가 능히 그 실상을 알아낼 수 있겠는가?【만약에 실상을 쉽게 알 수 있었다면 어찌 환두(驩兜)로 인한 근심이 있었을 것이며 유묘(有苗)를 유배 보내야 했겠는가? 이 때문에 아침마다 일찍 일어나면서 사리에 밝은 이들은 들어섰으며, 집 안이나 가문이 비루한 것은 염두에 두지 않고 삼공(三公)에게 말하고 구경(九卿)에게 물어보았다.】그래서 하는 말만 듣고 외모만 믿었다가 혹 진실한 사람을 잃게 되고【말이 어눌하고 용모가 추악하다고 해서 공자도 자우(子羽)를 잘못 보았다.[21]】, 실상을 오판해 잘못된 척도로 접근했다가 혹 뛰어난 사람을 잃게 된다.【사람의 정에 맞지 않는다고 의심해서 공손홍(公孫弘, 기원전 200~121년)[22]

21　담대멸명(澹臺滅明)은 무성(武城) 사람으로, 자를 자우(子羽)라 했다. 공자보다 39세 아래였고 얼굴이 아주 못생겼다. 그가 공자를 모시러 왔을 때 공자는 그의 재능이 보잘것없을 것이라고 여겼다. 그러나 수업을 다 마친 뒤, 물러 나와 행동을 조심했는데 길도 지름길로 가지 않았으며 공적인 일이 아니면 경대부를 만나지 않았다. 남쪽을 떠돌다 장강에 이르렀을 무렵 따르는 제자가 300인이었다. 주고받는 것, 나아가고 물러남이 분명해 그 명성이 제후 사이에 퍼져나갔다. 공자가 이를 듣고는 "내가 말로 사람을 평가했다가 재여에 대해 (그를 좋게 여기는) 실수를 범했고, 얼굴로 사람을 판단했다가 자우에게 (그를 나쁘게 여기는) 실수를 범했다"라고 했다.

22　젊었을 때 옥리(獄吏)로 있었는데, 죄를 지어 쫓겨났다. 집 안이 가난해 바닷가에서 돼지를 치며 살았다. 40살 즈음 『춘추공양전(春秋公羊傳)』을 익혔다. 무제(武帝) 건원(建元) 원년

은 복식(卜式)을 잘못 보았다.**23]** 뛰어난지 아닌지를 깊이 살피는 일은 실

(기원전 140년) 현량(賢良)에 추천되어 박사(博士)에 올랐다가 흉노(匈奴)의 일 때문에 관직에서 물러났다. 원광(元光) 5년(기원전 130년) 현량대책(賢良對策)에 제일(第一)로 뽑혀 박사가 되었고, 내사(內史)와 어사대부(御史大夫)를 역임했다. 강력하게 간언(諫言)하기보다는 무제의 뜻을 살펴 의사를 표현했고, 관료의 길을 걸으면서 문자수식을 적절하게 활용하고 유술(儒術)을 알맞게 응용해 무제의 신임을 받았다. 원삭(元朔) 5년(기원전 124년) 승상이 되고 평진후(平津侯)에 봉해졌다. 최초의 승상봉후(丞相封侯)였을 뿐 아니라 포의(布衣)에서 승상으로 봉작까지 받은 사람은 그가 처음이었다. 검소하게 살아 집 안에 재산을 남겨두지 않았다. 성격이 겉으로는 관대했지만, 속으로는 시기가 많아, 틈이 벌어진 사람이 있으면 겉으로는 친하게 지내면서 몰래 보복을 했다. 나이 여든에 승상의 자리에서 물러났다.

23 사마천의 『사기』 「복식전(卜式傳)」에 나오는 말이다.
애초에 복식은 하남(河南) 사람으로 농사와 목축을 업으로 삼았다. 부모가 세상을 떠났을 때 그에게는 어린 동생이 있었다. 동생이 성장해 분가하게 되었는데, 복식은 홀로 키우던 양 100마리만 취하고 전답과 재물 등은 모두 동생에게 주었다. 복식이 산에 들어가서 10여 년 동안 방목해 양을 약 1000마리로 늘려서 그것으로 전답과 집을 샀다. 그러나 그의 동생은 파산하니, 복식은 다시 동생에게 자신의 재산을 여러 차례에 걸쳐 나눠 주었다.
이때 한나라는 마침 수차례 장수를 파견해 흉노를 공격하고 있었다. 복식이 글을 올려서 자신의 재산 반을 조정에 바쳐 변방 작전의 비용에 보태자고 했다. 이에 천자는 사자를 보내어 복식에게 그 이유를 묻게 했다. "관리가 되고 싶은가?" 복식이 대답했다. "신은 소싯적부터 목축만 해서 관리가 되는 일에 익숙하지 않으니, 원하지 않습니다." 다시 사자가 물었다. "집 안에 억울한 일을 당해서 그 일을 고발하고자 하는 것인가?" 복식이 말했다. "신은 평생 남과 분쟁한 적이 없고, 저는 고을 사람 중 가난한 사람에게 베풀어주었고, 착하지 않은 사람이 있으면 가르치고 순종시켜서 고을 사람들 모두가 저를 따릅니다. 제가 어찌 남에게 억울한 일을 당하겠습니까? 저는 고발할 말이 없습니다." 사자가 말했다. "진실로 그렇다면, 그대는 어찌해 이렇게 많은 재산을 나라에 기부했는가?" 복식이 대답했다.
"천자께서 흉노를 토벌하려면, 제 소견으로 현자는 마땅히 변방의 싸움터에서 죽음으로써 절개를 지켜야 하고 재산이 있는 자들은 마땅히 조정에 헌납해야 흉노를 소멸시킬 수 있다고 봅니다."
사자는 그의 말을 들은 그대로 천자에게 보고했다. 천자가 이 사실을 승상인 공손홍에게 이야기하자 공손홍이 이렇게 말했다. "이것은 인정에 맞지 않습니다. 법도를 지키지 않는 사람을 교화의 모범으로 삼아 법을 어지럽혀서는 아니 되니, 바라건대 폐하께서는 그의 청을 허락하지 마십시오."
이에 황상(皇上)은 오랫동안 복식의 상서에 회답하지 않다가 몇 년이 지난 후 복식에게 그만두도록 했다. 복식은 돌아간 후에 예전처럼 농사를 짓고 목축을 했다.

로 그 사람이 어디에 근거를 두고 있는가[所依=所根=所由]에 달렸
다.[비록 알기는 어렵지만, 곧장 그가 근거를 두는 바를 깊이 들여다보고서 살펴
야 한다.]

이 때문에 그가 말미암는 동기나 이유[所依]를 잘 살펴서 그와 비
슷한 여러 유형의 재질도 알아낼 수 있다.[비록 그 실상을 다 얻어낼 수는
없지만, 그러나 그가 의존하거나 비슷하게 여기는 것을 잘 살핀다면 그 몸체와 기
운은 거칠게나마 기미를 알 수 있다.]

何謂觀其所由 以辨依似?
하위 관기 소유 이변 의사

夫 純訐性違 不能公正【質氣俱訐 何正之有】;
부 순알 성위 불능 공정 질기 구알 하정지유

依訐似直 以訐訐善【似直之訐 訐及良善】;
의알 사직 이알 알선 사직지알 계급 양선

純宕似流 不能通道【質氣俱宕 何道能通】;
순탕 사류 불능 통도 질기 구탕 하도 능통

依宕似通 行傲過節【似通之宕 容傲無節】.
의탕 사통 행오 과절 사통지탕 용오 무절

故曰: 直者亦訐 其訐則同 其所以爲訐則異【直人之訐 訐惡彈非 純訐爲訐
고왈 직자 역알 기알 즉동 기 소이 위알 즉 이 직인지알 알악 탄비 순알 위알

訐善刺是】: 通者亦宕 宕者亦宕 其所以爲宕則異【通人之宕簡而達道 純宕
알선 자시 통자 역탕 탕자 역탕 기 소이 위탕 즉 이 통인 지 탕간 이 달도 순탕

傲僻以自恣】.
오벽 이 자자

然則 何以別之?
연즉 하이 별지

直而能溫者 德也【溫和爲直 所以爲德】;
직이능온 자 덕야 온화 위직 소이 위덕

直而好訐者 偏也【性直過訐 所以爲偏】;
직이호알 자 편야 성직 과알 소이 위편

訐而不直者 依也【純訐似直 所以爲依】;
알이부직 자 의야 순알 사직 소이 위의

道而能節者 通也【以道自節 所以爲通】;
도이능절 자 통야 이도 자절 소이 위통

通而時過者 偏也【性通時過 所以爲偏】;
통이시과 자 편야 성통 시과 소이 위편

宕而不節者 依也【純宕似通 所以爲依】.
탕이부절 자 의야 순탕 사통 소이 위의

偏之與依 志同質違 所謂似是而非也【質同通直 或偏或依】.
편 지여 의 지동 질위 소위 사시이비 야 질동통직 혹편혹의

是故 輕諾似烈而寡信【不量己力 輕許死人 臨難畏怯 不能殉命】; 多易似能
시고　경락 사열 이 과신　불량 기력 경허 사인 임난 외겁 불능 순명　다이 사능

而無效【不順材能 曰謂能辦 受事猖獗 作無效驗】; 進銳似精而去速【情躁之人
이 무효　불순 재능 왈위 능판 수사 창궐 작무 효험　진예 사정 이 거속 정조 지인

不能久任】; 訶者似察而事煩【譴訶之人 每多煩亂】; 許施似惠而無成【當時似
불능 구임　가자 사찰 이 사번 견가 지인 매다 번란　허시 사혜 이 무성 당시 사

給 終無所成】; 面從似忠而退違【阿順目前 却則自是】, 此似是而非者也【紫色
급 종무 소성　면종 사충 이 퇴위 아순 목전 각즉 자시　차 사시이비 자 야 자색

亂朱 聖人惡之】.
난주 성인 오지

亦有似非而是者【事同於非 其功實則是】; 大權似姦而有功【伊尹去太甲
역 유 사비이시 자 사동 어비 기공 실즉시　대권 사간 이 유공 이윤 거 태갑

以成其功】; 大智似愚而內明【終日不違 內實分別】, 博愛似虛而實厚【汎愛
이성 기공　대지 사우 이 내명 종일 불위 내실 분별　박애 사허 이 실후 범애

無私 似虛而實】, 正言似訐而情忠【譬帝桀紂 至誠忠愛】.
무사 사허 이실　정언 사알 이 정충 비제 걸주 지성 충애

夫 察似明非 御情之反【欲察似類 審則是非 御取人情 反覆明之】 有似理訟
부 찰사 명비 어 정지반 욕찰 사류 심즉 시비 어취 인정 반복 명지　유사 이송

其實難別也【故聖人參訊廣訪 與衆共之】. 非天下之至精 其孰能得其實?
기실 난별 야 고 성인 참신 광방 여중 공지　비 천하 지 지정 기숙 능득 기실

【若其實可得 何憂乎驩兜? 何遷乎有苗? 是以昧旦晨興 揚明仄陋 語之三槐 詢之
약 기실 가득 하 우호 환두　하 천호 유묘　시이 매단 신흥 양명 측루 어지 삼괴 순지

九棘】. 故聽言信貌 或失其眞【言訥貌惡 仲尼失之子羽】; 詭情御反 或失
구극　고 청언 신모 혹실 기진 언눌 모악 중니 실지 자우　궤정 어반 혹실

其賢【疑非人情 失之卜式】, 賢否之察 實在所依【雖其難知 卽當審其所依而
기현 의비 인정 실지 복식　현부 지 찰 실재 소의 수기 난지 즉 당심 기 소의 이

察之】. 是故 觀其所依 而似類之質是可知也【雖其不盡得其實 然察其所依似
찰지　시고 관 기 소의 이 사류 지 질시 가지 야 수기 부진득 기실 연찰 기 소의사

則其體氣 粗可幾矣】.
즉기 체기 조 가기 의

그가 사랑과 공경[愛敬]을 잘 살핌으로써 그가 통하는 실상과 막
　　　　　　애경
히는 실상[通塞]을 알아낸다는 것은 무슨 말인가?
　　　　　　통색
대개 사람의 도리 중에서 가장 지극한 것으로 사랑과 공경보다 더
한 것이 없다.【사랑은 아버지와 아들 사이에서 생겨나고 공경은 임금과 신하
사이에서 생겨난다.[24]】 이 때문에 『효경(孝經)』은 사랑을 지극한 다음으

24　이를 친친현현(親親賢賢) 혹은 친친의의(親親義義)라고 표현한다. 현현이나 의의가 바로
　　군신 관계에 해당한다.

로 삼았고【아버지와 아들 사이에 제 몸과 같이 여김[親=親愛]이 생겨나게 하
기 때문에 지극한 다움이 된다.】공경을 핵심 도리[要道]로 삼았다.【임금과
신하 사이의 마땅함을 마치게 해주기 때문에 도리의 요체가 된다.】

『주역(周易)』은 감변(感變)[25]을 다움으로 삼고【만물에 기운을 통하게
해 살아갈 수 있게 해주니, 인간이 그것을 얻어 자기를 버리고 기른다.】겸손(謙
遜)을 도리로 삼았다.【높고 낮음을 구별하는 일은 도리의 차례다.】

『노자(老子)』는 무(無-없음)를 도리로 삼고【교화를 베푸는 데 있는
정해진 방향이 없으니, 이것이 다움의 법도다.】허(虛-비움)를 도리로 삼았
다.【적막해 무위하는 것이 도(道)[26]의 근간이다.】

『예기(禮記)』는 공경을 근본으로 삼고【예는 음(陰)에서 나오기 때문
에 숙연하고 청정(淸淨)하다.】『악기(樂記)』는 사랑을 위주로 했다.【악은 양
(陽)에서 나오기 때문에 기쁨이 넘치고 서로를 친애하게 해준다.】[27]

그렇다면 인정의 바탕에 사랑과 공경의 열렬함[誠]이 있으면【바로
젖먹이 시절에 사랑과 공경은 생겨난다.】도리와 다움[道德]이 한 몸이 되어
다른 사람의 마음을 움직이고 사로잡게 됨으로써 도리가 두루 통하
지 않는 바가 없게 된다[無不通=聖].【도리를 체화하고 다움을 닦기 때문에

---

25 '감(感)'은 여러 가지 해석이 가능하다. 예를 들면 감응(感應)이나 감화(感化)로 옮길 수 있
    다. 그러나 뒤에 유소가 감변(感變), 즉 달라짐에 감응한다는 말을 쓰고 있기에 이렇게 옮
    긴다.
26 유가의 도와 불교나 노자의 도는 다르므로 유가의 도만 도리로 옮겼다.
27 예가 조화를 이루면 악이고, 악에 절도가 있으면 예가 된다. 『논어』「학이(學而)」편에 이
    를 보여주는 공자 제자 유자(有子)의 말이 실려 있다. "예(禮)의 쓰임[用]은 화기(和氣-음
    악)를 귀하게 여긴다. 옛 임금들의 도리도 바로 이런 예의 화기를 중요하게 생각했으니, 상
    하가 통용되어 행해졌다. (그러나) 해서는 안 되는 일이 있다. 화기만을 알아서 조화나 화
    합에만 힘쓰고 예(의 체(體))로써 그것에 절도를 두지 않는다면 그 또한 역시 행해질 수 없
    다." 유자의 말은 이 문단 전반을 관통하는 내용이라 할 수 있다.

일이 순조롭고 이치가 통하게 된다.】

그러나 사랑이 공경보다 모자라서는 안 된다. 공경보다 모자랄 경우 청렴하고 절의가 있는 사람[廉節者]은 귀의하겠지만【청렴한 사람은
염절 자
공경을 더 좋아하기 때문에 귀의한다.】 일반 대중은 함께하지 않을 것이다.【일반 대중은 사랑을 더 좋아하기 때문에 사랑이 적을 경우 그 때문에 함께하지 않는다.】 (반대로) 사랑이 공경보다 넘칠 경우 비록 청렴하고 절의가 있는 사람은 기뻐하지 않겠지만 사랑을 받게 되는 사람은 목숨을 건다.【청렴한 사람은 적고 일반 사람은 많다. 일반 대중이 사랑받는 것을 좋아해서 목숨을 걸게 되면 일이 이뤄지고 대업이 성취될 수 있다. 이 때문에 사랑이 도리가 됨은 (공경보다) 적어서는 안 된다.】 어째서인가? 공경이 도리가 되는 까닭은 엄격해 서로 분리하는 데 있다 보니 그 형세가 오래가기 어렵다.【동작이 반드시 엄숙해야 하면 그 상태로 오래가기 어려우니, 여관 주인은 나그네에게 진심으로 온화함을 드러내지 못하고 본래 상태로 돌아간다.】 사랑이 도리가 되는 까닭은 정이 가깝고 마음이 두터워 깊이 남들을 감동시킨다.【따스하고 넘치며 도탑고 친밀해 남을 감동시킴이 매우 심하다. 그래서 예상(翳桑) 사람이 창을 거꾸로 해 은덕에 보답했다.[28]】

이 때문에 그가 사랑하고 공경하는 바의 열렬함을 잘 살핌으로써 그가 통하고 막히는 이치[通塞之理]를 알아낼 수 있는 것이다.【자애로
통색 지 리
움에 돈독하면 온화해져서 위아래 정이 잘 통하지만, 반면에 예교에만 힘쓰면 엄숙해져서 안팎의 정이 막히게 된다. 그러나 반드시 사랑과 공경은 서로 필요로

---

28 춘추시대 때 진(晉)나라 조순(趙盾-조선자(趙宣子))이 예상에 사냥 갔다가 영첩(靈輒)이 굶어 죽어가는 것을 보고 밥을 먹여서 살렸는데, 뒤에 영공(靈公)이 갑사(甲士)를 매복시켜 조순을 죽이려 했을 때 마침 영첩이 영공의 무사로 있다가 창을 거꾸로 하고 막아 조순의 목숨을 구했다. 『춘추좌씨전』 선공(宣公) 2년에 나온다.

하는 것이라 한순간도 없어서는 안 된다. 하지만 이 두 가지 마땅함[二義]을 행
할 때는 늘 마땅히 사랑이 많고 공경이 적게 되도록 힘써야 한다. 그런 연후라야
엄숙하면서 화목한[肅穆] 기풍이 생겨나기를 바랄 수 있다.】
<small>숙목</small>

何謂觀其愛敬 以知通塞?
<small>하위 관기 애경 이지 통색</small>

蓋 人道之極 莫過愛敬【愛生於父子 敬立於君臣】. 是故 孝經 以愛爲至德
<small>개 인도 지극 막과 애경 애 생어 부자 경 입어 군신 시고 효경 이애위 지덕</small>

【起父子之親 故爲至德】以敬爲要道【終君臣之義 故爲道之要】; 易 以感爲德
<small>기 부자 지친 고위 지덕 이경 위 요도 종 군신 지 의 고위 도지요 역 이감위 덕</small>

【氣通生物 人得之以利養】以謙爲道【尊卑殊別 道之次序】; 老子 以無爲德
<small>기통 생물 인 득지 이 이양 이겸 위도 존비 수별 도지 차서 노자 이무위 덕</small>

【施化無方 德之則也】以虛爲道【寂寞無爲 道之倫也】; 禮 以敬爲本【禮由陰作
<small>시화 무방 덕지칙 야 이허 위도 적막 무위 도지륜 야 예 이경위 본 예유음작</small>

肅然淸淨】樂 以愛爲主【樂由陽來 歡然親愛】.
<small>숙연 청정 악 이애위주 악유양래 환연 친애</small>

然則 人情之質 有愛敬之誠【方在哺乳 愛敬生矣】則與道德同體; 動獲
<small>연즉 인정 지질 유 애경 지성 방재 포유 애경 생의 즉 여 도덕 동체 동획</small>

人心 而道無不通也【體道修德 故物順理通】.
<small>인심 이 도 무불통 야 체도 수덕 고 물순 리통</small>

然 愛不可少於敬, 少於敬 則廉節者歸之【廉人好敬 是以歸之】而衆人
<small>연 애 불가 소어 경 소어 경 즉 염절자 귀지 염인 호경 시이 귀지 이 중인</small>

不與【衆人樂愛 愛少 是以不與】; 愛多於敬 則雖廉節者不悅 而愛接者
<small>불여 중인 요애 애소 시이 불여 애 다어 경 즉 수 염절자 불열 이 애접자</small>

死之【廉人寡 常人衆 衆人樂愛致其死 則事成業濟 是故愛之爲道 不可少矣】.
<small>사지 염인 과 상인 중 중인 요애 치 기사 즉 사성 업제 시고 애지 위도 불가 소의</small>

何則? 敬之爲道也 嚴而相離 其勢難久【動必肅容 過之不久 逆旅之人 不及
<small>하즉 경지 위도 야 엄이 상리 기세 난구 동필 숙용 과지 불구 역려 지인 불급</small>

溫和而歸也】; 愛之爲道也 情親意厚 深而感物【煦渝篤密 感物自深 以翳桑之
<small>온화 이 귀 야 애지 위도 야 정친 의후 심이 감물 후투 독밀 감물 자심 이 예상 지</small>

人 倒戈報德】.
<small>인 도과 보덕</small>

是故 觀其愛敬之誠 而通塞之理 可得而知也【篤於慈愛則溫和 而上下之情
<small>시고 관기 애경 지성 이 통색 지리 가득이 지 야 독어 자애 즉 온화 이 상하 지정</small>

通; 務在禮敎則嚴肅 而外內之情塞. 然必愛敬相須 不可一時而無. 然行其二義者
<small>통 무재 예교 즉 엄숙 이 외내 지정 색 연필 애경 상수 불가 일시 이무 연 행기 이의 자</small>

常當務令愛多敬少, 然後肅穆之風 可得希矣】.
<small>상 당무 영 애다 경소 연후 숙목 지풍 가득 희 의</small>

그의 마음속 기틀[情機]을 잘 살핌으로써 그가 받아들이는 바와
<small>정기</small>
의혹을 품는 바[恕惑]를 판별해낸다는 것은 무슨 말인가?
<small>서혹</small>

무릇 사람의 정에는 여섯 가지 기틀이 있는데, 자기가 원하던 것을 이루면 기뻐하고【힘 있는 자에게 오획(烏獲)[29]과 같다고 칭찬해주면 그의 마음은 기쁨으로 가득하다.】, 자기가 원하던 것을 이루지 못하면 원망하며【변론에 능한 자에게 삼함(三緘)[30]을 언급하면 그의 마음은 분노로 가득하다.】, (어떤 사람이) 스스로 자랑을 해대며 자기를 넘어서려 하면 미워하고【자기가 능한 바를 내세우면 남들을 넘어서려 하면 남들에게 미움을 받는다.】, (어떤 사람이) 겸손하게 자신을 덜어내어 스스로를 낮추면 즐거워하며【자기를 낮추고 덜어내어 남들에게 겸손하면 사람들은 모두 크게 기뻐한다.】, 자기가 모자라는 점을 지적하면 서운해하고[媪=慍]【사람들은 누구나 자기 장점을 좋아하고 자기 단점을 싫어한다. 그래서 남들이 자기 단점을 언급하면 서운해하고 마음이 비뚤어져 화를 낸다.】, 악의로 자기의 시샘하는 마음을 건드리면 질투를 하게 되니【자기가 능한 바를 스스로 자랑하면 사람들이 싫어하고, 남의 단점을 언급하면 남은 서운해한다. 그런데 지금 자기가 능한 바를 자랑하고 남이 서운해하는 바를 범한다면 질투와 해악이 생겨난다.】, 이것이 바로 사람의 정이 갖는 여섯 가지 기틀이다.

무릇 사람의 정이란 자기가 뜻하는 바를 이루려고 하지 않는 바가 없다.【뜻이 하고자 하는 바가 있으면 어떻게든 자기가 이루고자 하는 바를 해내려 한다.】 그래서 열사(烈士)는 온 힘을 다해 공로를 세우기를 좋아하고【어려움을 만나면 역사는 힘을 떨친다.】, 선사(善士)는 정치를 독려하

---

29 고대 중국의 역사(力士)다.

30 입을 세 번 꿰맸다는 뜻이다. 『공자가어(孔子家語)』「관주(觀周)」편에 나오는 고사로, 공자가 주(周)나라 태조(太祖) 후직(后稷)의 사당에 갔을 때 사당 오른쪽 계단 앞에 서 있던 동상의 입이 세 겹이나 꿰매져 있고 등에 신언(愼言)에 대한 명(銘)이 새겨져 있음을 보고는 제자들에게 이를 경계시킨 데서 유래한 말이다.

는 가르침을 좋아하며【정사를 제대로 하려 할 때 선사가 쓰인다.】, 능사(能士)는 다스림과 어지러움의 일을 다루기를 좋아하고【어지러움을 다스리려 할 때 현능한 이를 찾는다.】, 술사(術士)는 계책을 모의하는 일을 좋아하며【널리 모의해야 할 때 술사의 계책을 찾는다.】, 변사(辨士)는 상대방을 능가하는 말솜씨 구사를 좋아하고【외국에서 온 빈객을 접대할 때 말솜씨 좋은 사람을 찾는다.】, 탐욕스러운 자[貪者]는 재물 쌓기를 좋아하며【재물이 쌓이면 탐욕스러운 자는 자기가 원하는 바를 더 얻으려 한다.】, 요행을 바라는 자[幸者]는 권세가 남보다 더 센 것을 좋아한다.【권세가 성대해지면 요행을 바라는 자는 권력의 칼자루를 도둑질한다.】 사람이란 누군가가 자기 뜻을 도와주면 흔쾌해하지 않는 이가 없다. 이것이 이른바 자기가 원하던 것을 이루면 기뻐한다는 것이다.【마음으로 원하던 바를 남김없이 다 펼쳐냈는데 무슨 원망이 있겠는가?】

만약에 자기가 능한 바를 이루지 못하면 그 뜻을 얻을 수 없고, 그 뜻을 얻지 못하면 슬퍼한다.【자기 재주를 펴지 못한 것을 슬퍼하는 것이다.】 이 때문에 공력을 세우지 못하면 열사(烈士)는 분격하게 되고【자기 재주를 능히 다하지 못해 분격하는 것이다.】, 다움과 행실을 가르칠 수 없으면 정인(正人-선사(善士))은 서글퍼지고【교화를 행할 수 없어 서글퍼하는 것이다.】, 정치가 어지러운데 제대로 다스리지 못한다면 능사(能士)는 탄식을 하고【자기 능력을 쓸 수 없음을 탄식하는 것이다.】, 적을 제대로 제압하지 못하면 술사(術士)는 전전긍긍하고【자기의 기묘한 술책을 부릴 수가 없어 전전긍긍하는 것이다.】, 재물이 쌓이지 않으면 탐욕스러운 자는 근심 걱정을 하고【자기 이익을 거두어들이는 바가 없어 근심하는 것이다.】, 권세가 늘어나지 않으면 요행을 바라는 자는 슬퍼한다.【권력을 제 마음대로 농간할 수 없어 슬퍼하는 것이다.】 이것이 이른바 자기 능력을 펴지

못하면 원망하게 된다는 것이다.【모두 제대로 뜻을 펼 수 없어 원망하니, 어찌 능히 기쁠 수가 있겠는가!】

사람의 정이란 남보다 앞서고[處前] 싫어 하지 않는 바가 없다. 그래서 남들이 자기 자랑을 하면 그것이 싫은 것이다.【누구나 다 남보다 앞서고 싶어 한다. 그래서 남들이 자기 자랑을 하면 싫어한다.】 자기 자랑은 모두 남을 이기고 싶어서 하는 것들이다. 이 때문에 자기 자랑을 하게 되면 미움을 받지 않는 경우가 없다.【남이 자기를 이기려는 마음을 품는 것을 싫어한다.】 이것이 이른바 자기 자랑을 하면서 남을 능가하려 하면 미움을 받게 되는 것이다.【이 때문에 사리에 통달한 자는 끝내 자기 자랑을 하지 않는다.】

사람의 정이란 누구나 남을 이기고 싶어 한다. 그래서 남이 겸손하면 좋아하는 것이다. 겸손이란 남에게 자신을 낮추는 것이니, 이 같은 낮춤에는 남을 추켜올리고 사양하는 뜻이 있다. 이 때문에 사람은 뛰어나든 어리석든 관계없이 겸손함으로 대하게 되면 흡족해하는 낯빛이 없을 수가 없다.【뛰어난지 아닌지를 불문하고 모든 사람은 다 남을 이기려 한다.】 이것이 이른바 겸손하게 자기를 낮추게 되면 상대방은 기뻐하게 된다는 것이다.【이 때문에 군자는 종일 겸손 또 겸손하게 처신한다.】

사람의 정이란 누구나 자기 단점은 숨기고 장점은 드러내려 한다.【자기 장점을 칭찬하면 기뻐하고 단점을 언급하면 서운해한다.】 이 때문에 다른 사람이 자기 단점을 비판하면 마치 큰 오물을 덮어쓴 것처럼 여긴다.【마음속이 번민으로 가득해 마치 오물을 덮어쓴 것처럼 여긴다.】 이것이 이른바 자기 결점을 비판하면 섭섭해한다는 것이다.【오물을 덮어쓴 듯이 마음을 완전히 닫아버리고 서운해하며 비딱한 마음을 품는다.】

사람의 정에는 윗사람을 넘보는 마음[陵上=凌上=犯上]이 있어【남이 자기보다 나은 것을 보면 누구나 그를 타고 오르려 한다.], 자기가 미워하는 상관을 넘보려 할 때는 설사 그에게 미움을 받더라도 아직은 해롭지 않다.[비록 내가 스스로 자랑하는 것을 미워하겠지만 당장 해악을 당하지는 않는다.] 예를 들어 자기 장점으로 남의 단점을 비판했는데, 이것이 이른바 악의를 갖고서 상대의 은근한 마음을 건드리게 될 경우 질투와 미움이 생겨나게 된다는 것이다.[자기 장점으로 남의 단점을 반박하게 되면 그로부터 해악을 당하게 될 것이니, 이 때문에 사리에 통달한 자는 이런 짓을 하지 않는다.]

무릇 이 여섯 가지 기틀은 결국 모두 다 남의 윗자리에 있고 싶어 하는 것으로 귀결된다.[사람들이 자기를 내세우고 싶어 하는 것은 누구나 다 그렇다.] 이 때문에 군자는 타인과 관계를 맺을 때 남이 자기를 건드려도 따지거나 바로잡으려 하지 않는다[犯而不校][31].[세상 물정이란 남을 이기기를 좋아한다는 점을 잘 아는 사람이라면 설사 누가 혹 작은 일로 자기를 범할지라도 끝내 따지거나 물리치지 않는다.] 따지거나 바로잡으려 하지 않으면 남을 공경하고 남에게 자신을 낮추게 되니, 그래서 해악을 피하는 까닭이 된다.[겸손과 공경을 행하는 데 힘쓰니 누가 그를 해치겠는가?] 소인의 경우 그렇지 않아서, 이미 이 같은 기틀을 볼 줄도 모르면서[질투와 해코지가 생겨나는 기틀을 알지 못하는 것이다.] 다른 사람이 자기에게 고분고분하기만을 바란다.[남들이 자기를 어기지 않기를 바란다는 말이다.] 남들이 짐짓 사랑하고 공경이라도 하면 자기를 대단한 인물로 본다

---

31 『논어』「태백(泰伯)」편에 나오는 증자의 말이다. "능하면서 능하지 못한 이에게 묻고, 학식이 풍부하면서 적은 이에게 묻고, 있으면서 없는 듯이 하고, 꽉 차 있으면서 비어 있는 듯이 하며, 남에게 침범을 당해도 보복하지 않는 것(혹은 잘못을 범해도 따지지 않는 것)[犯而不校]을 옛날에 나의 벗이 몸소 보여주었습니다." 그 벗이란 먼저 죽은 안회(顏回)를 가리킨다.

고 간주하고[공광(孔光, 기원전 65~기원후 5년)[32]이 고분고분 따르자 동현(董賢)[33]이 매우 기뻐했다.], 우연히[34] 누가 자기를 만나려고 애쓰면 자신을 가벼이 여기는 것으로 간주하며[본심이 아니라고 여겨 자기를 가벼이 여겼다고 분노한다는 말이다.], 만일 자기 마음속 기틀을 건드리기라도 하면 깊이 원망을 품었기 때문이라고 여긴다.[소인은 기쁘게 해주기가 쉽고 섬기기는 어렵다.[35]]

이 때문에 그의 마음속 기틀[情機정기]을 잘 살피게 되면 그 사람의 뜻이 뛰어난지 비루한지[賢鄙현비]를 알아낼 수 있는 것이다.[현명한 뜻은 뒤로 물러나고 자기를 낮추는 데 있고, 비열한 뜻은 윗사람을 올라타는 데 있다. 이 때문에 평담한 군주는 바른 도리로 임금 자리에 임해서 탐욕스러운 자의 근심을 일깨워주고 요행을 바라는 자의 슬픔을 깨우쳐준다. 그런 다음에는 어느 누구도 자기 자랑을 하지 않고 아래에서 윗사람을 올라타려 하지 않으니, 뛰어남의 정도에

---

32 공자의 14대손으로 공패(孔霸)의 작은아들이다. 대대로 박사(博士-학자의 관직)를 배출한 유학 종가에서 태어나 경학에 능통했고, 의랑(議郞)이 되었다. 원제(元帝)가 즉위하자 박사에 천거되어 우수한 성적으로 상서(尙書)가 되었다. 수화(綏和) 2년(기원전 7년) 유학이 융성하는 때를 만나 중용되어 승상(丞相)에 올랐다가 나중에 모함을 받아 면직되었다. 애제(哀帝) 원수(元壽) 원년(기원전 2년) 다시 승상이 되었다. 네 황제 아래에서 벼슬하고 태부(太傅)와 태사(太師)에 이르러 박사후(博士侯)에 봉해졌다. 평제(平帝) 때 왕망(王莽)도 예를 갖춰 존대했고, 높은 지위에 오랫동안 있으면서도 뛰어난 제자들이 많았지만 한 사람도 천거하지 않았다.

33 한나라 애제가 총애했던 신하다.

34 즉 정상적인 절차를 밟지 않는다는 말이다.

35 유병의 주석은 『논어』 「자로(子路)」편에 나오는 공자의 말을 압축한 것이다. "군자는 섬기기는 쉬워도 기쁘게 하기는 어려우니, 기쁘게 하기를 도리로써 하지 않으면 기뻐하지 아니하고 사람을 부리면서도 그 그릇에 맞게 부린다[器之기지]. 소인은 섬기기는 어려워도 기쁘게 하기는 쉬우니, 기쁘게 하기를 비록 도리로써 하지 않아도 기뻐하고 사람을 부리면서도 한 사람에게 여러 능력이 완비되기를 요구한다[求備구비]." 자연스럽게 군자와 소인의 구분법으로 이어진다.

따라 마땅한 지위를 얻게 되고 다스리는 도리가 안정되어 차례가 있게 된다.】

何謂觀其情機 以辨恕惑?
하위 관기 정기 이변 서혹

夫 人之情有六機: 杼其所欲則喜【爲有力者譽烏獲 其心莫不忻焉】不杼其
부 인지정 유육기   저기 소욕 즉희 위유력자 예 오획 기심 막불 흔언   부저 기

所欲則怨【爲辨給者稱三緘 其心莫不忿然】以自伐歷之則惡【抗己所能 以歷
소욕 즉원 위변급자 칭 삼함 기심 막불 분연   이 자벌 역지 즉오 항기 소능 이력

衆人 衆人所惡】以謙損下之則悅【卑損下人 人皆喜悅】犯其所乏則媢【人皆悅
중인 중인 소오   이 겸손 하지 즉열 비손 하인 인개 희열   범기 소핍 즉고 인개 열

己所長 惡己所短; 故稱其所短 則媢戾忿肆】以惡犯媢則妬【自伐其能 人所惡也;
기 소장 오기 소단 고칭기 소단 즉 고려 분사 이악 범고 즉투 자벌 기능 인소오 야

稱人之短 人所媢也. 今伐其所能 犯人所媢 則妬害生也】; 此人情之六機也.
칭 인지단 인 소고 야 금벌 기소능 범인 소고 즉 투해 생야   차 인정 지 육기 야

夫 人情莫不欲遂其志【志之所欲 欲遂己成】故: 烈士樂奮力之功【遭難而
부 인정 막불 욕수 기지 지지 소욕 욕수 기성 고 열사 낙 분력 지공 조난 이

力士奮】善士樂督政之訓【政修而善士用】能士樂治亂之士【治亂而求賢能】
역사 분 선사 낙 독정 지 훈 정수 이 선사 용 능사 낙 치란 지사 치란 이구 현능

術士樂計策之謀【廣算而求策】辨士樂陵訊之辭【賓贊而求辨給】貪者樂
술사 낙 계책 지모 광산 이구 기책 변사 낙 능신 지사 빈찬 이구 변급 탐자 낙

貨財之積【貨財積則貪者容其求】幸者樂權勢之尤【權勢之尤 則幸者竊其柄】.
화재 지적 화재 적즉 탐자 용기구 행자 낙 권세 지우 권세 지우 즉 행자 절 기병

苟贊其志 則莫不欣然. 是所謂杼其所欲則喜也【所欲之心杼盡 復何怨乎】.
구 찬 기지 즉 막불 흔연 시 소위 저기 소욕 즉 희야 소욕 지심 저진 부 하원 호

若不杼其所能 則不獲其志 不獲其志則戚【憂己才之不展】. 是故: 功力
약 부저 기 소능 즉 불획 기지 불획 기지 즉 척 우 기재 지 부전 시고 공력

不建則烈士奮【奮憤不能盡其才也】德行不訓則正人哀【哀不得行其化】
불건 즉 열사 분 분분 불능 진 기재 야 덕행 불훈 즉 정인 애 애 부득 행 기화

政亂不治則能者歎【歎不得用其能】敵能未弭則術人思【思不得運其奇】
정란 불치 즉 능자 탄 탄 부득 용 기능 적능 미미 즉 술인 사 사 부득 운 기기

貨財不積則貪者憂【憂無所收其利】權勢不尤則幸者悲【悲不得弄其權】; 是
화재 부적 즉 탐자 우 우무 소수 기리 권세 불우 즉 행자 비 비 부득 농 기권 시

所謂不杼其能則怨也【所怨不杼 其能悅也】.
소위 부저 기능 즉 원야 소원 부저 기 능열 야

人情莫不欲處前 故惡人之自伐【皆欲居物先 故惡人之自伐也】. 自伐 皆
인정 막불 욕 처전 고 오 인지자벌 개욕 거물 선 고오 인지 자벌 야 자벌 개

欲勝之類也, 是故 自伐其善則莫不惡【惡其有勝己之心】. 是所謂自伐
욕승 지류 야 시고 자벌 기선 즉 막불 오 야 오기유 승기 지심 시 소위 자벌

歷之則惡也【是以達者 終不自伐】.
역지 즉 오야 시이 달자 종불 자벌

人情皆欲求勝 故悅人之謙. 謙所以下之 下有推與之意. 是故 人無賢愚
인정 개욕 구승 고 열 인지겸 겸 소이 하지 하유 추여 지의 시고 인무 현우

接之以謙 則無不色懌【不問賢否 皆欲勝人】. 是所謂以謙下之則悅【是以
접지 이겸 즉 무불 색역 불문 현부 개욕 승인 시 소위 이겸 하지 즉 열 야 시이

君子終日謙謙】.
군자 종일 겸겸

人情皆欲掩其所短 見其所長【稱其所長則悅 稱其所短則慍】. 是故 人駮其
인정 개 욕엄 기 소단 현 기 소장 칭기 소장 즉열 칭기 소단 즉온　시고 인 박기

所短 似若物冒之【情之憤悶 有若覆冒】. 是所謂駮其所伐則姻也【覆冒純塞
소단 사약 물 모지 정지 분민 유약 복모　시 소위 박기 소벌 즉 고 야 복모 순색

其心姻戾】.
기심 고려

人情陵上者也【見人勝己 皆欲陵之】 陵犯其所惡 雖見憎未害也【雖惡我
인정 능상 자야 견인 승기 개욕 능지　능범 기 소악 수 견증 미해 야 수오아

自伐 未敢疾害也】, 若以長駮短, 是所謂以惡犯姻 則妒惡生矣【以己之長
자벌 미감 질해 야　약 이장 박단　시 소위 이오 범고 즉 투오 생의 이 기지장

駮人之短 而取其害 是以達者不爲之也】.
박 인지단 이 취 기해 시이 달자 불위 지야

凡此六機 其歸皆欲處上【物之自大 人人皆爾】. 是以 君子接物 犯而不校
범 차 육기 기귀 개욕 처상 물지자대 인인 개이　시이 군자 접물 범이불교

【知物情好勝 雖或以小犯己 終不校拒也】不校則無不敬下 所以避其害也
지 물정 호승 수혹 이소 범기 종불 교거 야 불교 즉 무불 경하 소이 피 기해 야

【務行謙敬 誰害之哉】. 小人則不然 旣不見機【不達妒害之機】而欲人之順己
무행 겸경 수 해지재　소인 즉 불연 기불 견기 부달 투해 지기 이 욕 인지 순기

【謂欲人無違己】. 以佯愛敬爲見異【孔光淩巡 董賢欣喜】以偶邀會爲輕【謂非
위 욕인 무위기　이 양 애경 위 견이 공광 준순 동현 흔희 이 우 요회 위경 위비

本心 忿其輕己】若犯其機 則深以爲怨【小人易悅而難事】.
본심 분기 경기　약 범 기기 즉 심 이위 원 소인 이열 이 난사

是故 觀其情機 而賢鄙之志 可得而知也【賢明志在退下 鄙劣志在陵上 是以
시고 관 기 정기 이 현비 지지 가득이 지야 현명 지재 퇴하 비열 지재 능상 시이

平淡之主 御之以正 訓貪者之所憂 戒幸者之所悲 然後物不自伐 下不陵上 賢否
평담 지주 어지 이정 훈 탐자 지 소우 계 행자 지 소비 연후 물부 자벌 하불 능상 현부

當位 治道有序】.
당위 치도 유서

　그의 단점[所短]을 잘 살핌으로써 그의 장점을 알아낸다는 것은
　　　　소단
무슨 말인가?

　무릇 재주가 치우친 사람은 모두 단점을 갖고 있다.【지식이나 지혜가
능히 두루 미치지 못하기 때문이다.】그러므로 곧은 사람의 잘못은 남의
잘못을 지적하는 것이고【헐뜯고 남의 잘못을 들추는 것은 마땅함을 해치니,
그래서 아버지가 양을 훔치자 그 아들이 자기 아버지가 훔쳤다는 것을 증언한
것이다.[36]】, 굳센 사람의 잘못은 남을 매몰차게 몰아세우는 것이고【지

---

36 『논어』 「자로(子路)」편에 나오는 이야기다.

나치게 굳세면 이치를 해치니, 그래서 임금에게 간언했는데 들어주지 않자 칼로써 이어받은 것이다.], 조화시키는 사람의 잘못은 물러터진 것이고[나약해서 도리에 미치지 못하니, 그래서 궁지기(宮之奇, ?~?)[37]는 사람됨이 물러서 능히 강하게 간언할 수가 없었다.] 기개 있는 사람의 잘못은 어딘가에 구애되는 것이다.[어리석음에 구애되어 일에 통달하지 못한 것이니, 그래서 미생(尾生)은 신의를 지킨답시고 다리 밑에서 죽었다.[38]]

무릇 곧은 사람은 남의 잘못을 지적하지 않고서는 자기의 곧음을 이룰 수가 없다. 이미 그의 곧음을 좋게 본다면 그의 지적질을 비난해서는 안 된다.[사람의 곧음을 쓰려면 그의 지적질이나 들춰내는 성향을 품어주어야 한다.] 남의 잘못을 지적한다는 것은 곧음의 징후이기도 하기 때문이다.[들춰내기가 능히 곧음으로 바뀔 수 없는 것은 아니다.]

굳센 사람은 남을 매몰차게 몰아세워 주지 않고서는 자기의 굳셈을 이룰 수가 없다. 이미 그의 굳셈을 좋게 본다면 그의 매몰참을 비난해서는 안 된다.[사람의 굳셈을 쓰려면 그의 매몰찬 성향을 품어주어야 한다.] 매몰차다는 것은 굳셈의 징후이기도 하기 때문이다.[매몰참이 능히 굳셈으로 바뀔 수 없는 것은 아니다.]

섭공이 공자에게 말했다. "우리 당에 곧게 행동하는 궁이라는 사람이 있으니, 그의 아버지가 양을 훔치자 그는 아버지가 훔쳤다는 것을 증언했습니다." 공자가 말했다. "우리 당의 곧은 자는 이와는 다릅니다. 아버지는 자식을 위해 자기가 숨고 자식은 아버지를 위해 자기가 숨으니, 곧음이란 바로 이 가운데 있는 것입니다."

37 춘추시대 우(虞)나라 사람이다. 기원전 655년 진(晉)나라 헌공(獻公)이 괵(虢)을 치기 위해 우나라에 길을 빌려달라고 했을 때 궁지기가 순망치한(脣亡齒寒)의 예를 들면서 반대했지만 들어주지 않았다. 이에 궁지기는 마침내 가족들을 데리고 나라를 떠났다.

38 춘추시대 노(魯)나라에 미생(尾生)이라는 사람이 있었는데, 사랑하는 여자와 다리 아래에서 만나기로 약속하고 기다렸으나 여자가 오지 않았다. 미생은 소나기가 내려 물이 밀려와도 끝내 자리를 떠나지 않고 기다리다가 마침내 교각을 끌어안고 죽었다.

조화시키는 사람은 물러터지지 않고서는 자기의 화합시킴을 유지할 수가 없다. 이미 그의 화합시킴을 좋게 본다면 그의 물러터짐을 비난해서는 안 된다.【사람의 조화력을 쓰려면 그의 물러터진 성향을 품어주어야 한다.】물러터졌다는 것은 조화시킴의 징후이기도 하기 때문이다.【물러터짐이 능히 조화력으로 바뀔 수 없는 것은 아니다.】

기개 있는 사람은 어딘가에 구애됨이 없이는 그 기개를 지킬 수가 없다. 이미 그의 기개 있음을 좋게 본다면 그의 구애됨을 비난해서는 안 된다.【사람의 기개를 쓰려면 그의 구애되는 성향을 품어주어야 한다.】구애됨이란 기개 있음의 징후이기도 하기 때문이다.【구애됨이 능히 기개로 바뀔 수 없는 것은 아니다.】

그러나 단점이 있는 자라고 해서 반드시 장점을 갖고 있는 것은 아니고【오로지 들춰내기만 하는 사람은 능히 바르고 곧아질 수 없다.】, 장점이 있는 자는 반드시 단점을 통해 징후를 드러낸다.【오로지 조화시키려고만 하는 사람의 경우 반드시 나약한 징후를 드러낸다.】이 때문에 그 징후의 단점을 잘 살피게 되면 그 재질이 지닌 장점을 알아낼 수가 있다.【그 사람의 군셈을 쓰고자 한다면 반드시 매몰참 가운데서 잘 가려내야 한다.】

何謂觀其所短 以知所長?
하위 관 기 소단 이지 소장

夫 偏材之人 皆有所短【智不能周也】. 故: 直之失也訐【刺訐傷於義 故其父攘羊證之】剛之失也厲【剛切傷於理 故諫君不從 承之以劍】和之失也懦【愞弱不及道 故宮之奇爲人撓 不能强諫】介之失也拘【苟愚不達事 尾生守信 死於橋下】.
부 편재 지인 개유 소단 지불능 주야 고 직지실 야 알 자알 상어 의 고기부 양양 증지 강지실 야 여 강절 상어 리 고 간군 부종 승지 이검 화지실 야 나 나약 불급 도 고 궁지기 위인 요 불능 강간 개지실 야 구 구우부 달사 미생 수신 사어 교하

夫 直者不訐 無以成其直, 旣悅其直 不可非其訐【用人之直 恕其訐也】, 訐也者 直之徵也【非訐不能爲直】.
부 직자 불알 무이 성 기직 기 열 기직 불가 비 기알 용 인지직 서 기알 야 알 야자 직지징 야 비알 불능 위직

剛者不厲 無以濟其剛, 旣悅其剛 不可非其厲【用人之剛 恕其厲也】, 厲
강자 불려 무이 제 기강 기 열 기강 불가 비 기려 용 인지강 서 기려 야   여

也者 剛之徵也【非厲不能爲剛】.
야자 강지징 야 비여 불능 위강

和者不懦 無以保其和, 旣悅其和 不可非其懦【用人之和 恕其懦也】, 懦
화자 불나 무이 보 기화 기 열 기화 불가 비 기나 용 인지화 서 기나 야   나

也者 和之徵也【非懦不能爲和】.
야자 화지징 야 비나 불능 위화

介者不拘 無以守其介, 旣悅其介 不可非其拘【用人之介 恕恕也】, 拘也者
개자 불구 무이 수 기개 기 열 기개 불가 비 기구 용 인지개 서서 야   구 야자

介之徵也【非拘不能爲介】.
개지징 야 비구 불능 위개

然 有短者 未必能長也【純訐之人 未能正直】, 有長者 必以短爲徵【純和之
연 유단자 미필 능장 야 순알 지인 미능 정직   유장자 필이 단 위징 순화 지

人 徵必懧弱】. 是故 觀其徵之所短 而其材之所長可知也【欲用其剛 必采之
인 징필 나약   시고 관 기징 지 소단 이 기재 지 소장 가지 야 욕용 기강 필채 지

於厲】.
어려

　　그의 귀 밝음과 눈 밝음[聰明]을 잘 살핌으로써 그가 어디에 얼마
　　　　　　　　　　　총명
까지 통달한지를 알아낸다는 것은 무슨 말인가?

　　무릇 어짊이란 다움의 기반이고【다움을 싣고서 가는 것이다.】, 마땅
함이란 다움의 절도이며【다움의 마땅한 바를 제어한다.】, 예란 다움의 드
러남이고【예란 다움을 애써 드러내는 이치[文理]다.】, 믿음이란 다움의 견
　　　　　　　　　　　　　　　　　　　　　　　문리
고함이며【견고함이란 다움이 잡아 쥐는 바이다.】, 지혜란 다움을 이끄는
장수다.【앎과 지혜가 없으면 다움을 이뤄낼 수 없다.】[39]

39　유소는 인의예지신(仁義禮智信)으로 다움을 이뤄내는 문제를 풀었다.『주역』「계사하전
　　(繫辭下傳)」에서 공자는 다움을 이뤄내는[成德=爲德] 아홉 가지 괘를 소개하고 자세하게
　　　　　　　　　　　　　　　　　　　　　성덕　위덕
　　설명하고 있다.
　　"이 때문에 이(履)는 다움의 바탕[德之基]이요, 겸(謙)은 다움의 자루[德之柄]요, 복(復)
　　　　　　　　　　　　　　　　　　　　　　　　　　　　　　　　　　덕지병
　　은 다움의 근본[德之本]이요, 항(恒)은 다움의 견고함[德之固]이요, 손(損)은 다움의 닦음
　　　　　　　　　　덕지본　　　　　　　　　　　　　　　　　덕지고
　　[德之修]이요, 익(益)은 다움의 넉넉함[德之裕]이요, 곤(困)은 다움의 분별함[德之辨]이요,
　　덕지수　　　　　　　　　　　　　　　　덕지유　　　　　　　　　　　　　　　　　덕지변
　　정(井)은 다움의 땅[德之地]이요, 손(巽)은 다움의 마름질[德之制]이다."
　　　　　　　　　　덕지지　　　　　　　　　　　　　　　　덕지제
　　이 아홉 괘명(卦名)은 모두 자기 몸에 돌이켜[反身] 다움을 형성하는 것이다. 우선 이 아
　　　　　　　　　　　　　　　　　　　　　　　　반신
　　홉 괘명을 검토하기 전에 다움을 형성한다[爲德=成德]는 것이 무엇인지를『논어』를 통해
　　　　　　　　　　　　　　　　　　　　위덕　성덕

잘 정리하는 것이 여러모로 도움을 준다. 먼저 다움[德]이란 무엇인가? 「안연(顔淵)」편에서 제나라 경공이 정치에 관해 묻자 공자는 이렇게 답했다.

"임금은 임금다워야 하고 신하는 신하다워야 하며, 아버지는 아버지다워야 하고 자식은 자식다워야 합니다[君君臣臣父父子子]."

임금이 임금다우려면 너그러움[寬]이 있어야 하고, 신하가 신하다우려면 충성스러움[忠]이 있어야 하고, 아버지가 아버지다우려면 자애로움[慈]이 있어야 하고, 자식이 자식다우려면 효성스러움[孝]이 있어야 한다. 즉 관(寬)·충(忠)·자(慈)·효(孝)가 바로 임금과 신하, 부모와 자식 간의 마땅히 갖춰야 할 다움[德]이다. 그러면 이런 다움을 어떻게 갖출 수 있을까? 공자는 그 방법으로 적중해서 오래 유지하는 것[中庸]을 제시했다. 「옹야(雍也)」편이다.

"적중해서 오래 유지하는 것[中庸]이 다움을 이뤄냄[爲德=成德]이 지극하구나! (그런데) 사람들 가운데는 적중해서 오래 유지하는 것을 지속하는[久] 이가 드물다."

즉 다움을 갖추는 데 있어 관건이 되는 것은 (도리나 사안에) 적중하는 것[中]과 오래 유지하는 것[庸=常=久]이다. 다움을 닦는다[修德]는 것은 좋지 못한 면들을 털어내거나 닦아서 없애는 것을 말하고, 다움을 높인다[崇德]는 것은 좋은 점들을 조금씩 쌓아가는 것[積善]을 말한다. 즉 같은 다움을 이뤄낸다고 할 때도 여러 측면이 있다는 것을 이해할 때 우리는 여기서 말한 아홉 괘의 다움에서 갖는 각기 다른 역할을 제대로 파악할 수 있다. 아홉 괘명을 하나씩 짚어보자.

이(履)는 천택리괘(天澤履卦, ䷉)다. 이괘(履卦)는 일의 이치[禮=事理]를 가리킨다. 이(履)는 '밟다'라는 뜻이니, 일의 이치를 밟아가며 일을 행한다는 말이다. 8괘 중에서 가장 높은 것이 하늘이고 가장 낮은 것이 못이다. 이괘의 모양을 보면 위에 있어야 할 하늘이 위에 있고 아래에 있어야 할 못이 아래에 있다. 위와 아래의 순서를 바로잡아 바꾸지 못하는 것이 예(禮)라고 했다. 이런 일의 이치가 있는 다움이라야 그것은 다움의 바탕[德之基]이 될 수 있다.

겸(謙)은 지산겸괘(地山謙卦, ䷎)다. 이괘(履卦)와 비교하면 음과 양이 모두 같은 자리에서 바뀌어 있다. 이런 관계를 뒤에 상세히 살펴보겠지만 착괘(錯卦) 혹은 이괘(裏卦)라고 부른다. 겸(謙)이란 땅 아래에 산이 있는 형상이다. 원래 땅은 낮고 산은 높으니, 산이 땅 아래에 있다는 것은 스스로를 낮춘 것이다. 자신을 낮추고 남을 높이는 것[自卑而尊人]이 겸(謙)이다. 일을 사리에 맞게 행하려는[行禮] 사람은 먼저 자신을 낮추지 않고서는 일을 성공적으로 할 수가 없다. 그래서 다움의 자루[德之柄]라고 한 것이다. 자루를 잡지 않고서는 칼을 쓸 수 없는 것과 같다.

복(復)은 지뢰복괘(地雷復卦, ䷗)다. 맨 밑에 양효가 온 일양래복(一陽來復)의 모양으로, 본래의 이치를 회복한다는 뜻이다. 주희는 "마음이 밖으로 달리지 않고 좋은 마음이 보존되는 것"이라고 했다. 그래서 다움의 근본[德之本]이라고 한 것이다.

항(恒)은 뇌풍항괘(雷風恒卦, ䷟)다. 우레와 바람이 서로 감동해 오래간다는 뜻이다. 앞서 근본을 회복했으니 이를 오래 유지해야 한다. 중용(中庸)의 용(庸)과 통한다. 그래서 다움의 견고함[德之固]이라고 했다.

무릇 지혜란 눈 밝음[明]에서 나오는데[눈 밝음이 통달해야 지혜를 이룰 수 있다.], 사람에게 밝음이란 마치 낮이 밝은 해를 기다리고 밤이 촛불을 기다리는 것과도 같다.[불과 해가 밤낮으로 천하를 비춰주듯이 지혜가 통달하면 일의 이치를 밝힐 수 있다.] 그 눈 밝음이 더욱 성대할수록 보는 바가 먼 곳에까지 미치지만[불과 해가 더욱 밝아지면 비추는 곳 또한 더욱 멀어지듯이, 지혜가 통달하면 더욱 밝아져서 이치는 더욱 먼 곳에 있는 것

손(損)은 산택손괘(山澤損卦, ䷨)다. 산이 위에 있고 연못이 아래에 있다. 정이천은 "못이 산 아래에 있어 그 기운이 위로 통해 윤택함이 초목과 온갖 물건에 미치니, 이는 아래를 덜어[損] 위를 더하는 것이다"라고 했다. 또 위를 덜어 아래에 더하면 익괘(益卦, ䷩)가 되고 아래에서 덜어 위에 더하면 손괘가 된다고 했다. 주희는 이를 "분통해함을 경계하고 욕심을 막아 몸을 닦는 것"이라고 했다. 그래서 다음의 닦음[德之修]이라고 한 것이다.

익(益)은 풍뢰익괘(風雷益卦, ䷩)다. 손괘(䷨)를 위아래로 회전하면 익괘가 되는데, 이런 관계를 종괘(綜卦)라고 한다. 손괘가 수덕(修德)이었다면 익괘는 숭덕(崇德)이다. 『논어(論語)』「안연(顏淵)」편에서 제자 자장(子張)이 다움을 높이는 방법[崇德]을 묻자 공자는 이렇게 대답했다.

"충(忠)과 신(信)을 근본 바탕으로 하면서 의(義=마땅함)로 옮겨감[마땅함을 따르는 것]이 다움을 높이는 것[崇德]이다."

이어 번지(樊遲)라는 제자가 같은 질문을 하자 이렇게 대답했다.

"(공적인) 일[事]을 우선하고 (사사로운) 이득[得]을 뒤로하는 것이 다움을 높이는 것[崇德] 아니겠는가?"

그래서 익(益)을 다음의 넉넉함[德之裕]이라고 했다.

곤(困)은 택수곤괘(澤水困卦, ䷮)로, 곤궁함을 상징한다. 어려움 속에서야 사람의 본모습을 보게 된다. 그래서 다음의 분별함[德之辨]이라고 한 것이다. 이 점을 명확하게 보여주는 것이 바로 「자한(子罕)」편에 나오는 공자의 유명한 말이다.

"날씨가 추워진[歲寒] 뒤에야 소나무와 잣나무가 뒤늦게 시듦을 알 수 있다."

정(井)은 수풍정괘(水風井卦, ䷯)다. 정괘는 곤괘(困卦) 바로 다음에 이어지는데, 곤궁함을 겪은 자는 반드시 아래로 돌아온다고 해서 정괘가 곤괘를 잇는다고 했다. 감(坎, ☵)은 물이고 손(巽, ☴)은 바람이면서 나무다. 나무는 그릇의 상(象)이니, 나무가 물 아래로 들어가서 물을 퍼 올리는 것은 우물물을 긷는 상이다. 우물은 대지처럼 한곳에 있으면서 오가는 모든 사람에게 물을 제공한다. 그래서 다음의 땅[德之地]이라고 한 것이다.

손(巽)은 손위풍괘(巽爲風卦, ䷸)다. 공손하고 또 공순해[巽順=遜順] 고분고분 따르는 것이다. 그래서 사물의 변화를 그에 맞게 마름질할[制=裁] 수가 있다.

들에까지 통하게 된다.], 그처럼 먼 곳까지 미치는 눈 밝음을 갖추기란 어려운 일이다.[빼어난 이라도 오히려 미치지 못하는 바가 있다.]⁴⁰

이 때문에 자기 업무를 잘 지키며 부지런히 배운다고 해서 반드시 이런 재질을 갖출 수 있는 것은 아니고[날 때부터 이치를 잘 아는 사람이 최상이고, 배워서 능하게 되는 사람은 그다음이다.⁴¹], 재주와 기예가 정밀하고 공교(工巧)하다고 해서 반드시 이치에 이를 수 있는 것도 아니며[선배들에게 익혀서 공교함을 이룬다 해도 지극한 이치보다는 못하다.], 이치와 뜻을 넉넉하게 잘 갖추었다고 해서 반드시 지혜로움에 이를 수 있는 것도 아니고[이치를 통해 사업을 이룬다 해도 현묘한 지혜에는 이롭다.], 지혜로움과 능력이 있어 일을 잘 경영한다고 해서 반드시 도리에 이를 수 있는 것도 아니다.[지혜를 발휘하고 많은 일을 잘 경영하더라도 도리와의 거리가 멀 수 있다.] 도리와 생각하는 바가 현묘하면서도 원대한 연후라야 마침내 이런 것들을 두루 갖출 수 있다.[도리는 실어주지 못하는 것이 없으므로 두루 미치지 못하는 것이 없다.]

이를 일러 배움은 재주에 못 미치고 재주는 이치에 못 미치며 이

---

40 『논어』 「헌문(憲問)」편에 나오는 공자의 말은 바로 이 점을 보여준다.
  자로가 군자가 되려면 어떻게 해야 하느냐고 묻자 공자가 말했다. "삼가는 마음으로 자신을 닦는 것이다."
  자로가 물었다. "그렇게만 하면 됩니까?"
  공자가 말했다. "사람들을 편안하게 해주는 것으로 자기를 닦는 것이다."
  자로가 물었다. "그렇게만 하면 됩니까?"
  공자가 말했다. "백성을 편안하게 해주는 것으로써 자기를 닦는 것이다. 백성을 편안하게 해주는 것[安百姓]으로써 자기를 닦는 일은 요임금과 순임금도 오히려 (자신들이 제대로 하지 못하는) 병통(病痛)으로 여겼다."

41 『논어』 「계씨(季氏)」편에 나오는 공자 말을 압축한 것이다. "나면서 아는 자는 최상이요, 배워서 아는 자는 다음이요, 겪고 나서야 그것을 배우는 자는 그다음이요, 겪고 나서도 배우려 하지 않으면 사람으로서 최하가 된다."

치는 지혜로움에 못 미치고 지혜로움은 도리에 못 미친다고 하는 것이다.【도리와 지혜는 현묘하기 때문에 네 가지가 달라진 다음에라야 미치게 된다.】 도리란 돌고 돌면서 달라진 것을 통하게 한다[回復變通].【이치란 하나에 매달려 있는 것이 아니기 때문에 달라져 통하게 된다.】 이 때문에 별도로 논하자면 각자 홀로 행할 때는 어짊이 승자가 되지만【어짊은 일을 이뤄내는 밑천이 되지만 눈 밝음이란 이치를 볼 줄 알 뿐이다.】, 합쳐서 함께 쓸 경우에는 눈 밝음이 으뜸이 된다.【어짊은 눈 밝음을 기다려서 마침내 그 공로를 이룬다.】 그래서 눈 밝음으로 어짊을 이끌면 품어 안지 못할 것이 없고【위엄으로 신하를 부리고 어짊으로 그들을 챙겨준다.】, 눈 밝음으로 마땅함을 이끌면 이기지 못할 것이 없으며【단호한 마땅함을 보여주어야 한다.】, 눈 밝음으로 이치를 이끌면 통하지 않을 바가 없게 된다.【이치로 제대로 단련한다면 만사가 마침내 달성된다.】

그렇다면 진실로 귀 밝음과 눈 밝음[聰明]이 없이는 아무 일도 이뤄낼 수가 없다.【사리에 어두운 자가 상황에도 어둡다면 어찌 능히 일을 행해서 잘 완수할 수 있겠는가?】 그래서 이름나기만을 좋아하고 실제로는 아무런 능력이 없으면 텅 빈 사람[恢]이 되고【텅 비어 우활한 사람은 실상에서 멀리 떨어져 있다.】, 변론하기를 좋아하면서 일의 이치[禮=事理]가 따르지 못하면 번잡스러운 사람[煩]이 되며【말이 번잡스러우면 바른 이치가 있을 수 없다.】, 법을 좋아하면서 생각이 깊지 못하면 각박한 사람[刻]이 되고【각박함이 이치를 지나친 것이다.】, 술수를 좋아하면서 (그것을 뒷받침할) 계책이 모자라면 거짓말쟁이[僞]가 된다.【속이고 기만하고 거짓말을 하는 것이다.】 이 때문에 비슷한 재주를 갖추고 배우기를 좋아한다면 그중에서 눈 밝은 자가 스승이 되고, 비슷한 힘을 갖고서 다툰다면 그중에서 지혜로운 자가 웅재(雄才)가 되며, 다움이 대등해 나란하

다면 그중에서 도리에 통달한 자가 빼어난 이[聖人]가 되니, 빼어나다
고 칭하는 것은 눈 밝음과 지혜로움이 지극히 밝다는 말이다.

이 때문에 그의 귀 밝음과 눈 밝음[聰明]을 잘 살피게 되면 그의
재질이 어디에까지 통달할 수 있는지를 알아낼 수가 있다.【이런 사람이
몸을 움직이면 천하의 법도가 되고 말을 하면 만세의 모범이 되니, 위에 있는 사
람은 거만하지 않고 아래에 있는 사람은 번민하지 않는다[不悶]⁴².】

何謂觀其聰明 以知所達?
하위 관 기 총명 이지 소달

夫 仁者德之基也【載德而行】義者德之節也【制. 德之所宜也】禮者德之文
부 인자 덕지기 야 재덕 이행 의 자 덕지절 야 제 덕지소의 야 예 자 덕지문

也【禮 德之文理也】信者德之固也【固 德之所執也】智者德之帥也【非智不
야 예 덕지문리 야 신자 덕지고 야 고 덕지 소집 야 지자 덕지수 야 비지불

成德】.
성덕

夫 智出於明【明達乃成智】明之於人, 猶晝之待白日 夜之待燭火【火日
부 지 출어 명 명달내 성지 명 지어 인 유주 지대 백일 야지대 촉화 화일

所以照晝夜 智達所以明物理】. 其明益盛者 所見及遠【火日愈明 所照愈遠
소이 조 주야 지달 소이 명 물리 기명 익성 자 소견 급원 화일 유명 소조 유원

智達彌明 理通彌深】及遠之明難【聖人猶有不及】.
지달 미명 이통 미심 급원 지명 난 성인 유유 불급

是故 守業勤學 未必及材【生知者上 學能者次】; 材藝精巧 未必及理【因習
시고 수업 근학 미필 급재 생지자 상 학능자 차 재예 정교 미필 급리 인습

成巧 淺於至理】; 理意辨給 未必及智【理成事業 昧於玄智】; 智能經事 未必
성교 천어 지리 이의 변급 미필 급지 이성 사업 매어 현지 지능 경사 미필

及道【役智經務 去道遠矣】. 道思玄遠 然後乃周【道無不載 故無不周】. 是謂
급도 역지 경무 거도 원의 도사 현원 연후 내주 도 무불재 고 무불주 시위

學不及材 材不及理 理不及智 智不及道【道智玄徵 故四變 而後及】. 道也者
학 불급 재 재 불급 리 이 불급 지 지 불급 도 도지 현징 고 사변 이후 급 도 야자

回復變通【理不繫一 故變通之】. 是故 別而論之: 各自獨行 則仁爲勝【仁者
회복 변통 이불 계일 고 변통 지 시고 별이 논지 각자 독행 즉 인 위승 인자

濟物之資 明者見理而已】; 合而俱用 則明爲將【仁者待明 其功乃成】. 故 以明
제물 지자 명자 견리 이이 합이 구용 즉 명 위장 인자 대명 기공 내성 고 이명

---

42 이때 소인은 번민한다. 『논어』 「양화(陽貨)」편에 나오는 비부(鄙夫-비루한 자) 이야기다. 공
자가 말했다. "비루한 사람과 함께 임금을 섬기는 것이 과연 가능할 수 있을 것인가? 얻기
전엔 그것을 얻어보려고 걱정하고, 이미 얻고 나서는 그것을 잃을까 걱정한다. 정말로 잃을
것을 걱정할 경우 (그것을 잃지 않기 위해) 못하는 짓이 없을 것이다."

將仁 則無不懷【威以使之 仁以恤之】; 以明將義 則無不勝【示以斷割之宜】;
장인 즉 무불 회 위이 사지 인이 휼지　이명 장의 즉 무불 승 시이 단할 지 의

以明將理 則無不通【理若明練 萬事乃達】
이명 장리 즉 무불 통 이약 명련 만사 내 달

然則 苟無聰明 無以能遂【暗者昧時 何能成務成遂】. 故 好聲而實不克則
연즉 구무 총명 무이 능수 암자 매시 하능 성무 성수　고 호성 이실 불극 즉

恢【恢迂遠於實】好辯而禮不至則煩【辭煩而無正理】好法而思不深則刻
회 회우 원어 실 호변 이예 부지 즉 번 사번 이무 정리 호법 이사 불심 즉 각

【刻過於理】好術而計不足則僞【詭詐詐也】. 是故 鈞材而好學 明者爲師;
각 과어 리 호술 이계 부족 즉 위 궤무 사 야　시고 균재 이 호학 명자 위사

比力而爭 智者爲雄; 等德而齊 達者稱聖, 聖之爲稱 明智之極明[43]也.
비력 이 쟁 지자 위웅 등덕 이 제 달자 칭성 성 지 위칭 명지 지 극명 야

是故 觀其聰明 而所達之材可知也【是以動而爲天下法 言而爲萬世範 居上位
시고 관기 총명 이 소달 지 재 가지 야 시이 동이위 천하 법 언이위 만세 범 거 상위

而不亢 在下位而不悶】.
이 불항 재 하위 이 불민

43　진교초는 극명(極明)의 명은 명(名)으로 바로잡아야 한다고 했다. 그렇게 될 경우 이 부분
　　번역은 "눈 밝음과 지혜로움이 최고의 경지에 이른 자에 대한 명칭이다"라고 옮길 수 있다.

사람을 살피는 데서
흔히 저지르는 일곱 가지 잘못

칠무 제10(七繆第十)

그 일곱 가지 잘못[七繆=七謬]이란 다음과 같다.

첫째, 명예를 살피면서 편파적이 될 수 있는 잘못[繆]이다.【바탕을
짚어내는 것이 분명치 못하면 듣는 데서 편파성이 있게 된다.】

둘째, 사람을 대하면서 사랑하고 미워함[愛惡]이 뒤바뀌는 잘못
[惑]이다.【혹 마음이 같다고 해서 그 사람의 나쁜 점을 잊거나, 혹 뜻이 다르다고
해서 그 사람의 좋은 점을 저버리는 것이다.】[1]

셋째, 다른 사람의 마음을 헤아리면서 (도량의) 크고 작음을 헷갈
리는 잘못[誤]이다.【혹 작은 것을 안다고 해서 큰 것이 이뤄지지 않을 것으로
보거나, 혹 작은 것에 어둡다고 해서 큰 것에도 밝지 못하다고 보는 것이다.】

넷째, 다른 사람의 바탕을 품평하면서 (성취의) 빠르고 늦음을 그
릇 판단하는 잘못[疑]이다.【어려서 지혜로워 속히 이루는 자가 있기도 하고,
뒤늦게 지혜를 깨우쳐 늦게 이루는 자도 있다.】

다섯째, 사람 유형을 변별하면서 자기와 같은 유형만을 좋아할 수
있는 잘못[嫌]이다.【재주는 같고 세력 또한 비슷하면 서로 다투게 되고, 재주
는 같은데 세력이 한쪽으로 기울면 서로 공경하게 된다.】

---

1 『논어』「안연(顏淵)」편에는 불혹(不惑)의 혹(惑-미혹)이 무슨 뜻인지를 설명하는 내용이
   나온다. "자장(子張)이 미혹을 분별하는 법에 관해 묻자 공자가 말했다. '누군가를 사랑한
   다고 해서 (이미 죽은 그 사람을) 살리려 하고 누군가를 미워한다고 해서 (버젓이 살아 있는
   그 사람에 대해) 죽기를 바라니, 이처럼 누군가를 살리려 하고 또 죽기를 바라는 것이 바로
   미혹이다.'" 사랑하고 미워하는 것은 인간사이고 죽고 사는 것은 귀신 소관이다. 이 두 영
   역을 나눠서 생각할 줄 알아야 불혹할 줄 아는 것이다.

여섯째, 인재를 논하면서 지금 그가 펴져 있는지[申=伸] 눌러져 있
는지를 오판하는 잘못[詭]이다.【부귀를 바탕으로 은혜를 베풀면 이름이 펴
지고, 빈천에 처해 부탁이나 하고 다니면 이름이 눌러진다.】

일곱째, 특출난 인재를 살필 때 그가 매우 뛰어난지 아니면 매우
허황된지를 제대로 판별하지 못하는 잘못[失]이다.【기묘한 재주를 더욱
잘 숨기는 사람일 수도 있고 단지 더욱 공허한 사람일 수도 있기에 그 속을 살피
기는 어렵다.】

七繆:
칠무

一曰 察譽有偏頗之繆【徵質不明 故聽有偏頗也】,
일왈 찰예 유 편파 지 무 징질 불명 고 청유 편파 야

二曰 接物有愛惡之惑【或情同忘其惡 或意異違其善也】,
이왈 접물 유 애오 지 혹 혹 정동 망 기악 혹 의이 위 기선 야

三曰 度心有大小之誤【或小知而大無成 或小暗而大無明】,
삼왈 탁심 유 대소 지 오 혹소지 이 대 무성 혹소암 이 대 무명

四曰 品質有早晚之疑【有早智而速成者 有晚智而晚成者】,
사왈 품질 유 조만 지 의 유조지 이 속성 자 유 만지 이 만성 자

五曰 變類有同體之嫌【材同勢均則相競 材同勢傾則相敬】,
오왈 변류 유 동체 지 혐 재동세 균 즉 상경 재동 세경 즉 상경

六曰 論材有申壓之詭【藉富貴則惠施而名申 處貧賤則乞求而名壓】,
육왈 논재 유 신압 지 궤 자부귀 즉 혜시 이 명신 처 빈천 즉 걸구 이 명압

七曰 觀奇有二尤之失【妙尤含藏 直尤虛瑰 故察難中也】.
칠왈 관기 유 이우 지 실 묘우 함장 직우 허괴 고 찰 난중 야

무릇 인재를 찾아내는 요체는 (관찰을 바르게 하는 데 있지) 관찰을
많이 하느냐 적게 하느냐에 있지 않다.【일이 크고 작음에 관계없이 요체는
바르게 하느냐 그렇지 않느냐에 달렸다.】 그런데 바탕을 징험하는 능력이
밝지 못한 사람은 남의 말만 믿고 자기 눈은 감히 믿지 않는다.【눈으
로 능히 꿰뚫어 살필 수가 없어 귀를 믿는다.】 그래서 사람들이 옳다고 하면
자기 마음도 그쪽을 따라가서 그렇다고 여기고, 사람들이 틀렸다고
하면 다시 생각이 바뀌어 그쪽으로 따라간다.【남들이 헐뜯거나 기리는

것을 믿으니, 그래서 그가 옳다고 하는 쪽으로 향했다가도 다시 바뀌어 틀렸다고 한다.】비록 자기 생각이 없더라도 그저 남을 따라서 아무런 의심도 없는 양 한다.【남들이 헐뜯거나 기리는 것을 믿는 사람은, 마음에는 비록 아무런 자기 생각이 없지만, 생각에서는 분명히 의심을 품는다.】또 사람이 외부 사물이나 사람을 살필 때 역시 자연스럽게 생겨나는 오류가 있는데, 여기에 사랑하는 마음과 미워하는 마음까지 더해지면 그 실상[情]은_정 만 가지 원천을 갖게 된다.【이미 제대로 살피지 못함이 분명한데 여기에 사랑과 미움이 더해지면 옳고 그름이 (뒤죽박죽되어) 의심스럽게 될 것이니, 어찌 그 원천들을 이루 다 헤아릴 수 있겠는가?】그러니 그 근본을 밝혀내지 않고서야 어찌 반드시 믿을 수 있겠는가?【사랑과 미움의 정을 제거하면 실제의 이치를 얻을 수 있다.】

이 때문에 사람을 잘 알아보는 자는 자기가 직접 본 것을 갖고서 남에게서 들은 것을 바로잡지만【남의 말을 들었더라도 항상 자기 눈으로 그것을 바로잡는다.】, 사람을 잘 볼 줄 모르는 자는 남에게서 들은 것을 갖고서 자기가 직접 본 것을 내팽개친다.【자신이 직접 참된 실상을 보고서도 오히려 자기에 대한 믿음이 약해 그것을 내버린다.】그래서 한 고을 선비들이 모두 기리거나 모두 헐뜯어도 그것을 다 바르다고 할 수 없고【어떤 때는 무리가 당파에 아부할 수도 있고, 어떤 때는 홀로 서서 무리를 이루지 않을 때도 있다.】, 교유하는 사람들이 세 부류(윗사람, 동료, 아랫사람)에 걸쳐 모두 칭찬하지 않더라도 아직은 믿을 것이 못 된다.[2]【교결을 맺으면서 세 부류가 모

---

2 이 두 문장은 고스란히 『논어』「위령공(衛靈公)」편에 나오는 공자 말을 풀어낸 것이라 할 수 있다. "무리가 어떤 사람을 미워하더라도 반드시 (직접) 살펴봐야 하고, 무리가 어떤 사람을 좋아하더라도 반드시 (직접) 살펴봐야 한다."

두 칭찬하지 않을 경우, 외모만으로 사람을 취하게 되면 그 사람은 일을 행함에 있어 실상에서 벗어날 수가 있다.】 무릇 내실이 있고 다움이 두터운 선비[實厚_{실후}之士]의 경우 교유하는 동료들로부터 매번 어디서든 칭찬을 받고【(사람_{지 사}들이 하는) 말에 충신(忠信)이 있고 (사람들이 하는) 행동에 독실함과 삼감이 있으면 그곳이 설사 오랑캐의 나라 하더라도 일이 행해질 것이다.³】, 윗사람은 그를 끌어주며, 아랫사람⁴은 그를 받드니【오랑캐 나라에서도 받드니 하물며 (중국과 같은) 문명사회에서야!】, 이처럼 세 부류에게서 두루 칭찬을 받지 못하는 사람이라면 반드시 그에게는 그럴 만한 허물이나 헐뜯을 만한 면모가 있다.【일을 행하면서 독실함과 삼감이 없는 자는 혹 아첨을 통해 윗사람의 총애는 얻지만, 아랫사람들의 신망을 잃을 수도 있고, 혹 당에 아부해 아랫사람들의 신망은 얻지만, 윗사람의 총애를 잃을 수도 있다.】 그러므로 윗사람에게서 편애를 받더라도 아랫사람의 신망을 잃어버리면 결국 명예는 실추되고【비난하는 사람이 많으니, 그래서 능히 잘 마칠 수가 없다.】, 아랫사람에게서 편애를 받더라도 윗사람의 신망을 잃어버리면 그 나아감이 우뚝할 수 없다.【무리는 비록 그를 받들지만, 임금은 그가 특출난 인물이라고 믿지 않는다.】 그래서 진실로 이 세 부류에게 두루 신망을 얻어야만 나라에 도움이 되니, 이것이 바르고 곧은 교류다.【그가 바르고 곧은 도리로 말미암기 때

---

3 유병의 주석은 고스란히 『논어』「위령공(衛靈公)」편에 나오는 공자의 말을 나눠서 풀어낸 것이다.
   자장이 물었다. "일을 잘 행한다는 것은 무엇입니까?" 공자가 말했다. "(사람들이 하는) 말에 충신(忠信)이 있고 (사람들이 하는) 행동에 독실함과 삼감이 있으면 설사 그곳이 오랑캐의 나라라 하더라도 일이 행해질 것이고, 그 반대라면 설사 (중국과 같은) 문명사회라 하더라도 행해지는 바가 있다고 할 수 있겠는가?" 실(實)은 충신(忠信)으로, 후(厚)는 독경(篤敬)으로 풀어내고 있다.
4 이때의 아랫사람이란 자기의 아랫사람이라기보다는 신하 일반을 가리킨다.

문에 이름이 나면 나라에 이로움이 있다.】

그러므로 모두가 함께 옳다고 여기는 사람 중에도 실로 바른 도리를 어기고 사당(私黨)을 맺는 사람들이 있고【혹 바른 도리를 어기고 당에 아부하는데도 모두가 그를 옳다고 하는 경우가 있다.】, 모두가 함께 그르다고 여기는 사람 중에도 혹 그 안에 옳은 사람들이 있다.【혹 홀로 우뚝 서서 무리를 짓지 않으니, 그 때문에 모두가 그를 그르다고 하는 경우도 있다.】[5] 만일 기이한 재주가 있는 사람이 있다고 하더라도 이는 일반 사람들이 알아볼 수 있는 그런 것이 아니다.【기이하고 출중한 재주를 일반 사람들이 무엇으로 알아볼 것인가?】 그런데도 귀로 들은 것만을 채택하고 다수의 사람이 말하기 때문에 믿을 만하다고 여긴다면【그 재주를 직접 살펴볼 수가 없어 그냥 다수의 사람이 하는 말을 믿는 것이다.】, 이것이 바로 명예를 살피면서 저지르게 되는 잘못이다.【남의 말을 그냥 믿고서 일을 살필 경우 반드시 많은 잘못과 실수가 있게 된다. 이 때문에 빼어난 이(공자)는 만일 기리는 바가 있다면 반드시 시험해보리라고 했다.[6]】

夫 采訪之要 不在多少【事無巨細 要在得正.】. 然 徵質不明者 信耳而不敢
부 채방 지 요 부재 다소 사무 거세 요재 득정 연 징질 불명 자 신 이 이 불감

---

5 『논어』「자로(子路)」편이다.
자공이 "마을 사람들이 모두 (어떤 이를) 좋아하는 것은 어떻습니까?"라고 묻자 공자는 "안 된다"라고 말했다. 다시 자공이 "마을 사람들이 모두 (그를) 싫어하는 것은 어떻습니까?"라고 묻자 공자가 말했다. "안 된다. (모두 좋아하거나 모두 싫어하는 것은) 마을 사람 중에 선한 자가 좋아하고 선하지 않은 자가 미워하는 것만 못하다."

6 『논어』「위령공(衛靈公)」편에 나오는 공자의 말이다. "내가 다른 사람에 대해서 누구를 헐뜯고 누구를 높이겠는가? 만일 기리는 바가 있다면 반드시 시험해보리라. 이 백성이다, 삼대(하은주)에서 도리를 곧게 해 행하던 바탕은." 이 말은 곧 기리고 헐뜯을 때의 잣대가 바로 백성임을 밝힌 것이다.

제10장 사람을 살피는 데서 흔히 저지르는 일곱 가지 잘못 221

信目【目不能察 而信於耳】. 故 人以爲是 則心隨而明之; 人以爲非 則意
신목 목불능찰 이신어이 　고 인이위시 즉심수이명지 인이위비 즉의

轉而化之【信人毁譽 故向之 化而爲非】, 雖無所嫌 意若不疑【信毁譽者 心雖
전이화지 신인훼예 고향지 화이위비 수무소혐 의약불의 신훼예자 심수

無嫌 意固疑矣】. 且人察物 亦自有誤 愛憎兼之 其情萬原【明旣不察 加之
무혐 의고의의 차인찰물 역자유오 애증겸지 기정만원 명기불찰 가지

愛憎 是非是疑 豈可勝計】不暢其本 胡可必信【去愛憎之情 則實理得矣】.
애증 시비시의 기가승계 불창기본 호가필신 거애증지정 즉실리득의

是故 知人者 以目正耳【雖聽人言 常正之以目】; 不知人者 以耳敗目【親見
시고 지인자 이목정이 수청인언 상정지이목 부지인자 이이패목 친견

猶信毁而棄之】. 故州閭之士 皆譽皆毁 未可爲正也【或衆附阿黨 或獨立
유신훼이기지 고주려지사 개예개훼 미가위정야 혹중부아당 혹독립

不群】; 交遊之人 譽不三周 未必是也【交結致譽 不三周 色貌取人 而行
불군 교유지인 예불삼주 미필시야 교결치예 불삼주 색모취인 이행

違之】. 夫 實厚之士 交遊之間 必每所在肩稱【言忠信 行篤敬 雖蠻貊之邦
위지 부 실후지사 교유지간 필매소재견칭 언충신 행독경 수만맥지방

行矣】; 上等援之; 下等推之【蠻貊推之 況州里乎】. 苟不能周 必有咎毁【行
행의 상등원지 하등추지 만맥추지 황주리호 구불능주 필유구훼 행

不爲篤敬者 或諂諛得上而失於下 或阿黨得下而失於上】. 故 偏上失下 則其終
불위독경자 혹첨유득상이실어하 혹아당득하이실어상 고 편상실하 즉기종

有毁【非之者多 故不能終】; 偏下失上 則其進不傑【衆雖推之 上不信異】. 故
유훼 비지자다 고불능종 편하실상 즉기진불걸 중수추지 상불신이 고

誠能三周 則爲國所利 此正直之交也【由其正直 故名有利】.
성능삼주 즉위국소리 차정직지교야 유기정직 고명유리

故 皆合而是 亦有違比【或違正阿黨 故合而是之】; 皆合而非 或在其中【或
고 개합이시 역유위비 혹위정아당 고합이시지 개합이비 혹재기중 혹

特立不群 故合而非之】. 若有奇異之材 則非衆所見【奇逸絶衆 衆何由識】. 而
특립불군 고합이비지 약유기이지재 즉비중소견 기일절중 중하유식 이

耳所聽采 以多爲信【不能審査其材 但信衆人也】, 是繆於察譽者也【信言
이 소청채 이다위신 불능심사기재 단신중인야 시무어찰예자야 신언

察物 必多繆失 是以聖人如有所譽 必有所試】.
찰물 필다무실 시이성인 여유소예 필유소시

　무릇 좋은 사람을 사랑하고 나쁜 사람을 미워하는 것은 사람의 정으로 볼 때 늘 일정한 것[人情所常=人之常情]이다.【뛰어나냐 어리석냐 와 관계없이 사람의 정이란 다 똑같다.】 그런데 사람의 바탕이 눈 밝지 못하고 뛰어나지 못한 사람의 경우 혹 좋은 사람을 멀리하고 그릇된 사람과 잘 지낸다.【그렇지 못한 사람이 좋게 보이고 좋은 사람이 소원하게 보이는 것은 어찌 그렇겠는가? 속뜻이 분명하지 못하기 때문이다.】 이런 일을 어떻게 설명할 수 있는가?

무릇 그릇된 사람과 잘 지내는 사람은 비록 그가 그릇되기는 해도 여전히 한 가지 옳은 점이 있을 텐데【이미 백 가지 잘못이 있으면 반드시 한 가지 옳은 것이 있기 마련이다.】, 이 옳은 점이 내가 가진 장점과 맞이떨어지기 때문에【나쁜 사람이 한 가지 옳으면 자기 장점과 같다고 본다.】 나도 모르는 사이에 정이 통하고 뜻이 가까워져서 그가 나쁜 사람이라는 것을 깜빡 잊게 된다.【자기와 같다고 해서 그 사람의 백 가지 잘못을 잊은 채 교가(矯駕)를 지극한 효자의 일로 여기고 잔도(殘桃)를 충성스럽다고 말하게 된다.7】(반대로) 좋은 사람은 비록 그가 좋다고 해도 여전히 부족한 점이 있을 텐데【비록 백 가지 좋은 점이 있다 하더라도 혹 한 가지 단점이 있을 수 있다.】, 그 부족한 점이 내가 가진 장점을 밝히지 못하고【좋은 사

7　교가란 임금의 명을 속이고 수레를 탔다는 말이고, 잔도란 먹다 남은 복숭아를 말한다. 『한비자』「세난(說難)」편에 나오는 이야기다.
　옛날에 미자하(彌子瑕)가 위(衛)나라 임금에게 총애를 받았다. 위나라 법에는 몰래 임금 수레를 탄 사람은 발꿈치를 자르는 형벌을 받게 되어 있었다. 어느 날 어머니가 병이 위독하다고 사람이 밤에 몰래 와서 미자하에게 알리자 임금의 명령이라 속이고서 임금의 수레를 타고 나갔는데, 그의 월권을 들은 영공이 말했다.
　"효성이 지극하구나! 어머니를 생각한 나머지 제 발꿈치가 잘리는 죄도 잊었으니."
　어느 날 영공을 모시고 과수원으로 산책을 나간 일이 있었는데, 미자하가 복숭아를 먹다가 맛이 있자 먹다 남은 반을 영공에게 권했다. 영공이 말했다.
　"나를 사랑하는 마음이 극진하구나, 그 맛있는 것도 잊고서 나를 먹으라고 권하다니."
　그러나 이윽고 미자하의 얼굴빛이 쇠해져서 영공의 총애도 식어가자, 미자하가 임금에게 죄를 받게 되었다.
　"이놈은 거짓말로 내 수레를 타고 나간 적이 있었다. 또 언젠가는 먹다 남은 복숭아를 먹인 일도 있다."
　미자하가 한 행동은 처음과 같이 변한 것은 없었으나 그것이 전에는 좋게 보이고 뒤에는 죄를 받게 되었으니, 사랑이 미움으로 바뀐 까닭이다. 상대방이 나를 좋아할 때는 옳은 말을 하면 금방 마음에 들어 더욱 가까이하게 되고, 미워하고 있다면 옳은 말을 해도 받아들이지 않고 죄가 되어 더욱 멀어질 뿐이다. 그러므로 의견을 말하고 의논을 하려는 사람은 먼저 상대방이 가진 나에 대한 애증을 살핀 후에 유세해야 한다.

람이 한 가지라도 단점이 있으면 자기 장점과는 다르다고 여긴다.】 그가 가진

장점으로 나의 단점이 경시된다고 해서 나도 모르는 사이에 뜻이 어

그러지고 기운이 엉망이 되어 그가 좋은 사람이라는 것을 깜빡 잊게

된다.【자기와 다르다는 이유로 백 가지 좋은 점을 다 내팽개치니, 이는 곧 굽은

막대가 비수가 되고 묻어뒀던 창이 반란의 도구가 되는 것과도 같다.】 이것이

바로 사람을 대하면서 사랑하고 미워함이 뒤바뀌는[惑] 것이다.【그가
                                                혹
지향하는 바와 바탕에 대해 어두운 상태에서 그 사람과 접할 경우에는 늘 사랑

과 미움이 뒤바뀌어 그의 바른 모습을 그릇되다고 여긴다.】

夫 愛善疾惡 人情所常【不問賢愚 情皆同之也】. 苟不明賢 或疏善善非
부 애선 질악 인정 소상 불문 현우 정개 동지야   구 불 명현 혹 소선 선비

【非者見善 善者見疏 豈故然哉? 由意不明】 何以論之? 夫 善非者 雖非猶有
비자 견선 선자 견소 기 고연 재 유의 불명 하이 논지 부 선비자 수비 유유

所是【旣有百非 必有一是】 以其所是 順己所長【惡人一是 與己所長同也】 則
소시 기유 백비 필유 일시 이기 소시 순기 소장 악인 일시 여기 소장 동야 즉

不自覺情通意親 忽忘其惡【以與己同 忘其百非 謂矯駕爲至孝 殘桃爲之忠】.
불 자각 정통 의친 홀망 기악 이여기동 망기 백비 위 교가 위 지효 잔도 위지 충

善人雖善 猶有所乏【雖有百善 或有一短】 以其所乏 不明己長【善人一短
선인 수선 유유 소핍 수유 백선 혹유 일단 이기 소핍 불명 기장 선인 일단

與己所長異也】; 以其所長 輕己所短 則不自知志乖氣違 忽忘其善【以與己
여기 소장 이야 이기 소장 경기 소단 즉불 자지 지괴 기위 홀망 기선 이여기

異 百善皆棄 謂曲直杖爲匕首 葬楯爲反具耶】. 是惑於愛惡者也【徵質暗昧者 其於
이 백선 개기 위 곡장 위 비수 장순 위 반구 야 시 혹어 애오 자야 징질 암매 자 기어

接物 常以愛惡惑異其正】.
접물 상이 애오 혹이 기정

무릇 정신은 깊고 미묘하고자 해야 하며, 바탕은 떳떳하고 묵직하

고자 해야 하며, 뜻은 넓고 크게 가지고자 해야 하며, 마음은 겸손하

고[嗛=謙] 세심하게 가지고자 해야 한다. 정신이 미묘해야 신묘함에
   겸 겸
들어갈 수 있고【거칠면 신묘함을 잃는다.】, 바탕이 떳떳하고 묵직해야 다

움의 집을 높일 수 있고【조급하게 촐싹거리면 신묘함을 잃는다.】, 뜻이 커

야 큰 임무를 감당할 수 있고【작으면 임금을 이겨낼 수가 없다.】, 마음이

세밀해야 허물이나 후회할 일 앞에서 신중할 수 있다.〔너무 크면 교만하거나 남을 능멸하게 된다.〕 그래서 『시경』에서 문왕(文王)을 노래해 "조심조심 삼가도다[小心翼翼]"⁸라고 하고 또 "크게 화가 나도 낮빛에 드러내지 않았도다[不大聲以色]"⁹라고 했으니 마음을 조심한 것이고〔큰 명성을 탐하거나 구하려 하지 않았음이 안색에서 드러난 것을 말한다.〕, "왕께서 이에 크게 화를 내시어 천하에 맞섰도다[王赫斯怒 以對于天下]"¹⁰라고 한 것은 뜻이 큰 것이다.〔그래서 능히 은나라 마지막 왕 주(紂)를 주살하고 천하를 평정해 태평을 이뤘다.〕

이로 말미암아 논하건대, 마음은 조심하면서 뜻이 크다는 것은 빼어난 이와 뛰어난 이의 부류에 속하고〔마음은 조심했기 때문에 은나라를 복종하며 섬겼고, 뜻이 컸기 때문에 천하의 3분의 2를 소유했다.¹¹〕, 마음이 크고 뜻도 크다는 것은 호걸 중에서도 호걸이며〔뜻이 큰데 마음 또한 크니, 그래서 호준(豪儁)이라 부른다.〕, 마음은 크고 뜻은 작다는 것은 오만하고 방탕한 부류에 속하고〔뜻은 작은데 마음은 크니, 그래서 오만하고 방탕한 부류가 된다.〕, 마음은 조심하면서 뜻도 작다는 것은 어딘가에 얽매어 나약한 사람을 말한다.〔마음은 가까운데 머물고 뜻은 짧으니, 어찌 능히 넓고 큰 사람이 될 수 있으랴!〕

---

8 『시경』 「대아(大雅)·문왕(文王)」편의 구절이다.

9 『시경』 「대아(大雅)·황의(皇矣)」편의 구절이다.

10 『시경』 「대아(大雅)·황의(皇矣)」편의 구절이다.

11 이는 문왕이 당시 제후 중 3분의 2를 자기편으로 삼고서도 은나라 주왕을 치지 않은 일을 말한다. 『논어』 「태백(泰伯)」편에서 공자가 말했다. "주나라 문왕이 천하를 삼분(三分)해 그중 둘을 가졌는데도 여전히 힘이 없어진 은(殷)나라를 섬겼으니, 주나라의 덕(德)은 지덕(至德)이라 이를 만하다." 즉 지덕이란 얼마든지 왕위를 차지할 수 있었는데도 양보하는 마음을 품은 것을 말한다.

일반인은 사람을 살필 때 혹 그 마음이 세밀한 것을 비루하게 여기고【일반인은 패공(沛公-유방)이 잔도(棧道)를 불태워 끊어버리는 것을 보고서 (그 깊은 뜻은 살피지 못한 채) 그는 천하를 평정할 수 없는 인물이라고 보았다.】혹 그 뜻이 큰 것을 장하다고 여기니【일반인은 항우(項羽)가 스스로 강한 초나라라고 부르는 것을 보고서 (그 겉모습만 살펴) 곧장 제후들을 바로잡을 것이라고 보았다.】, 이것이 바로 (도량의) 크고 작음을 헷갈리는 데서 생겨나는 잘못이다.【지혜를 통해 제대로 그 도량을 살피지 못하면 마음은 늘 그 크고 작음에 대해 헷갈리게 된다.】

夫 精欲深微 質欲懿重 志欲弘大 心欲嗛小. 精微所以入神妙也【麤[=
부 정욕심미 질욕의중 지욕홍대 심욕겸소. 정미 소이 입 신묘 야 추
麤]則失神】懿重所以崇德宇也【躁則失神】志大所以戡物任也【小則不勝】
추 즉실신   의중 소이 숭 덕우 야 조즉실신   지대 소이 감 물임 야 소즉 불승
心小所以愼咎悔也【大則驕陵】. 故 詩詠文王: "小心翼翼" "不大聲以色"
심소 소이 신 구회 야 대즉 교릉   고 시영 문왕   소심 익익   불 대성 이색
小心也【言不貪求大名聲見於顏色】; "王赫斯怒 以對于天下" 志大也【故
소심 야 언불 탐구 대명성 현어 안색   왕 혁 사 노 이 대우 천하   지대 야 고
能誅紂 定天下 以致太平】.
능주 주 정천하 이치 태평
由此論之, 心小志大者 聖賢之倫也【心小故以服事殷 志大故三分天下有
유차 논지 심소 지대 자 성현 지륜 야 심소 고이 복사 은 지대 고 삼분 천하 유
其二】; 心大志大者 豪傑之儁也【志大而心又大 故名豪儁】; 心大志小者
기이   심대 지대 자 호걸 지준 야 지대 이심 우대 고명 호준   심대 지소 자
傲蕩之類也【志小而心闊遠 故爲傲蕩之流也】; 心小志小者 拘懦之人也
오탕 지류 야 지소 이심 활원 고위 오탕 지류 야   심소 지소 자 구나 지인 야
【心近志短 豈能弘大】.
심근 지단 기능 홍대
衆人之察 或陋其心小【見沛公燒絶棧道 謂其不能定天下】或壯其志大【見
중인 지 찰 혹 누기 심소   견 패공 소절 잔도 위 기 불능 정천하 혹 장 기 지대 견
項羽號稱强楚 便謂足以匡諸侯】, 是誤於小大者也【由智不能察其度 心常誤於
항우 호칭 강초 편위 족이 광 제후   시 오어 소대 자 야 유지 불능 찰 기도 심상 오어
小大.】
소대

무릇 사람의 재질이나 재주는 서로 달라서, 그것을 일찍 이루는 사람이 있고 늦게 이루는 사람이 있다. 일찍 발휘된 지혜로 빨리 이

226

루는 사람이 있고[바탕이 맑고 기운이 활달하며 날 때부터 특출나고 기이하다. 그래서 동오(童烏)¹²와 창서(蒼舒)¹³는 어릴 때 매우 기이한 재주를 보였다.], 지혜가 느리게 발휘되어 늦게 이루는 사람이 있으며[바탕이 묵직하고 기운이 지체될 경우 오랜 시간이 흘러야 마침내 그릇이 이뤄진다. 그래서 공손홍(公孫弘)은 도리를 마음속에 품고 있다가 늙은 다음에야 훤히 드러냈다.], 어려서부터 아무런 지혜가 없다가 끝내 아무것도 이루지 못하는 사람이 있고[바탕이 탁하고 기운은 어두워 끝내 늙어서도 아무것도 이루지 못한다. 그래서 원양(原壤)은 나이가 들어서 공자가 정강이를 때렸지만 끝내 교화시킬 수가 없었다.], 어려서부터 아름다운 재주가 있어 마침내 준재의 그릇[雋器=俊器]이 되는 사람이 있다.[어려서는 이치를 통달하고 나이 들어서는
　　준기　　준기
더욱 눈 밝아진다. 그래서 늘 재주는 빈객을 응대할 때 잘 발휘되고, 삼공이나 재상이 되어서는 그의 다움이 효험을 드러낸다.] 이 네 가지 이치는 깊이 살피지 않으면 안 된다.[마땅히 일찍 이루는지 늦게 이루는지를 깊이 살펴서 때에 맞게 그 사람을 써야 한다.]

　무릇 어려서부터 지혜로운 사람은 재주와 지혜가 정밀하고 두루 통달한데, 이런 경우에는 이미 어린아이 때 그 실마리들이 모두 드러난다.[중니(仲尼=공자)는 어릴 때부터 제기를 갖고 놀았고, 등애(鄧艾, 197~264년)¹⁴는 어린 나이에 군사를 지휘했다.] 그래서 문장은 화려한 어휘

12　동오는 양웅(揚雄)의 아들로, 9세 때 아버지의 저술 작업을 도우며 함께 학술을 논했다고 한다.
13　위나라 군주 조조의 여덟째 아들 조충(曹沖)으로, 어릴 때 배를 이용해 코끼리의 무게를 잴 만큼 천재로 알려졌다.
14　삼국시대 위(魏)나라 의양(義陽) 사람으로, 젊어서부터 큰 뜻을 품었다. 사마의(司馬懿)가 발탁해 연(掾-하급 관리)이 되었고, 상서랑(尚書郎)으로 옮겼다. 양회(兩淮)에 둔전(屯田) 설치를 건의했고, 조거(漕渠)를 개척해 군량 축적을 주장하면서 「제하론(濟河論)」을 지었

에 뿌리를 두고【어릴 때 말이 화려하면 나이 들어서 반드시 문장이 수려한 사람이 된다.】, 변론은 현란한 말솜씨에서 비롯되며【어려서 말솜씨가 좋으면 나이 들어서 반드시 변론에 능한 사람이 된다.】, 어짊은 자애로움과 불쌍히 여김에서 나오고【어릴 때 자애심과 긍휼심이 있으면 나이 들어서 반드시 남을 불쌍히 여길 줄 아는 사람이 된다.】, 베푸는 마음은 남보다 지나치게 주는 데서 출발하며【어려서 남보다 지나치게 주면 나이 들어서 반드시 베풀기를 좋아하는 사람이 된다.】, 신중함은 두려워하는 데서 생겨나고【어려서 두려워하는 바가 많으면 나이 들어서 반드시 삼가고 조심성이 많은 사람이 된다.】, 깐깐함[廉]은 남의 것을 함부로 취하지 않는 데서 나온다.【어려서 함부
염
로 남의 것을 취하지 않으면 나이 들어서 반드시 청렴한 사람이 된다.】

　일찍 발휘되는 지혜를 가진 사람은 얕은 지혜로 일을 빨리 이해하고【작은 일을 보면 이런 사람은 그 현황을 빨리 파악한다.】, 지혜가 느려 늦게 이루는 사람은 기묘한 점들까지 파악하지만, 생각이 한가하고 더디며【지혜가 비록 한가하고 더디지만, 능히 그 미묘한 점들까지 알아낸다.】, 끝내 우매한 사람은 둘 다 부족해 곤경에 처하고【일이 쉽든 어렵든 이런 사람은 모두 어둡다.】, 일을 잘 수행하는 사람은 두루 통달해 여유가 있다.【일이 크든 작든 상관없이 모두 능히 이뤄낸다.】 그런데 일반 사람들의 통찰력으로는 이런 달라짐[變]을 제대로 헤아리지 못한다.【늘 하나의 얼
변

다. 정서(征西)에 출전했다가 남안태수(南安太守)로 옮겼다. 정시(正始) 4년(241년) 관내후(關內侯)에 봉해졌다. 제왕(齊王) 조방(曹芳) 가평(嘉平) 연간에 촉나라 장수 강유(姜維)와 대치했다. 고귀향공(高貴鄕公)이 즉위하자 방성정후(方城亭侯)에 봉해졌다. 정서장군(征西將軍)이 된 뒤 등후(鄧侯)에 봉해졌다. 원제(元帝) 경원(景元) 4년(263년) 사마소(司馬昭)의 명령으로 대거 촉나라를 정벌했는데, 부대를 이끌고 음평(陰平)을 거쳐 모피로 몸을 가리고서 산길을 지나 강물을 타고 성도(成都)로 입성했다. 이에 촉나라 유선(劉禪)이 항복했다. 얼마 뒤 종회(鍾會)의 무고로 모반을 했다는 누명을 쓰고 살해되었다.

개로만 보니 끝이나 시작만을 탓한다.】 이것이 바로 다른 사람의 바탕을
품평하면서 (성취의) 빠르고 늦음을 그릇 판단하는 잘못이다.【혹자는
빨리 이루되 늦게 이루는 지혜가 약하고, 반대로 혹자는 늦게 이루는 지혜는 있
는데 일찍 이루는 데는 약하다. 그래서 사람의 바탕을 살피고 판단함에 있어 늘
미묘함을 잃게 된다.】

夫 人材不同 成有早晚: 有早智速成者【質淸氣朗 生則秀異 故童烏蒼舒
부 인재 부동 성유 조만   유 조지 속성 자 질청 기랑 생즉 수이 고 동오 창서

總角曜奇也】有晚智而晚成者【質重氣遲 則久乃成器 故公孫含道 老而後章】
총각 요기 야 유 만지 이 만성 자 질중 기지 즉구내 성기 고 공손함 도 노 이후 장

有少無智而終無所成者【質濁氣暗 終老無成 故原壤年老 聖人叩脛 而不能化】
유 소 무지 이 종무 소성 자 질탁 기암 종노 무성 고 원양 연로 성인 고경 이 불능 화

有少有令材遂爲儁器者【幼而通理 長則愈明 故常材發奇於應賓 效德於公相】.
유 소 유 영재 수 위 준기 자 유이 통리 장즉 유명 고 상 재발 기어 응빈 효 덕어 공상

四者之理 不可不察【當察其早晚 隨時而用之】.
사자 지 리 불가 불찰 당찰 기 조만 수시 이 용지

夫 幼智之人 材智精達; 然 其在童髦 皆有端緒【仲尼戲言俎豆 鄧艾指圖
부 유지 지인 재지 정달 연 기재 동모 개유 단서 중니 희언 조두 등애 지도

軍旅】. 故 文本辭繁【初辭繁者 長必文麗】辯始給口【幼給口者 長必辯論也】
군려 고 문본 사번 초사 번자 장필 문려 변시 급구 유 급구 자 장필 변론 야

仁出慈恤【幼慈恤者 長必矜人】施發過與【幼過與者 長必好施】愼生畏懼【幼
인 출 자휼 유 자휼 자 장필 긍인 시 발 과여 유 과여 자 장필 호시 신 생 외구 유

多畏者 長必謹愼】廉起不取【幼不妄取 長必淸廉】.
다외 자 장필 근신 염기 불취 유불 망취 장필 청렴

早智者淺惠而見速【見小事則達其形容】晚成者奇識而舒遲【智雖舒緩 能識
조지 자 천혜 이 견속 견 소사 즉달 기 형용 만성 자 기식 이 서지 지수 서완 능식

其妙】終暗者並困於不足【事務難易 意皆昧然】遂務者周達而有餘【事無
기묘 종암 자 병 곤어 부족 사무 난이 의개 매연 수무 자 주달 이 유여 사무

大小 皆能極之】, 而衆人之察 不慮其變【常以一槪 責於終始】. 是疑於早晚
대소 개능 극지 이 중인 지 찰 불려 기변 상이 일개 책어 종시 시 의어 조만

者也【或以早成而疑晚智 或以晚智而疑早成, 故於品質常有妙失也】.
자야 혹 이 조성 이 의 만지 혹 이 만지 이 의 조성 고어 품질 상유 묘실 야

　　무릇 사람의 마음은 명예와 이익을 좇고 손해를 피하고자 하지
않는 바가 없다. 명예와 이익에 이르는 길은 옳음과 얻음[是得]에 달
렸고【옳음과 얻음은 자기에게 달렸으니 명예와 이익이 주어진다.】, 손해를 입
게 되는 원천은 그릇됨과 잃음[非失]에 달렸다.【그릇됨과 잃음은 자기에

게 달렸으니 손해가 찾아오게 된다.】그래서 사람은 뛰어난 사람이든 어리석은 사람이든 상관없이 모두 다 이런 옳음이 자기에게 있기를 바란다.【뛰어난 이들도 오히려 그러한데 하물며 어리석은 자임에랴!】

자기가 옳다는 것을 능히 밝힐 수 있는 법 중에서 자기와 성향이 같은 사람[同體]보다 나은 것이 없다.【성향이 나와 같으면 능히 자기가 옳다는 것을 밝힐 수 있다.】 이 때문에 치우친 재질을 가진 사람은 나아가 명예와 이익을 좇는 사람들과 교유함에 있어 자기와 성향이 같은 사람들을 제 몸처럼 여겨서 아껴 추켜세우고【같은 성향이라 능히 자기가 옳다는 것을 밝힐 수 있다. 이 때문에 제 몸처럼 여기며 추켜세우는 것이다.】, 성향이 상반된 사람들[對反]을 싫어하고 증오해 깎아내리며【자기와 성향이 반대이니 이 때문에 미워하고 멀리하는 것이다.】, 자기와 같지도 않고 다르지도 않은 사람들[異雜]은 그냥 있는 그대로 지켜보면서 따로 높이지도 않는다.【자기와 같지도 않고 다르지도 않으면 애초에 미워하지 않지만, 또한 높이지도 않는다.】

미뤄 헤아려 논하자면, 다른 이유가 있는 것이 아니라 무릇 자기와 성향이 같은 사람들은 추켜세우고 성향이 상반된 사람들은 깎아내리는 것은 저들이 잘못이라는 것을 입증함으로써 자기가 옳다는 것을 드러내기 위함이다.【자기와 성향이 같기 때문에, 그래서 저들이 잘못이라는 것을 입증함으로써 자기는 옳다는 것을 드러낸다.】 자기와 같지도 않고 다르지도 않은 사람들의 경우에는 저들에게 아무런 이익이 없고 자기에게 아무런 해로움이 없다면 그냥 있는 그대로 지켜보면서 따로 높이지도 않는 것이다.【저들이 옳은 것도 아니고 자기가 틀린 것도 아니어서 아무런 손해나 이익이 없는데 무엇하러 상대를 높이겠는가?】 이 때문에 자기와 성향이 같은 사람들에 대해서는 늘 지나치게 추켜세울 우려가 있고【비유컨대 두 사람 다 힘을 쓰는 사람일 경우 힘이 작은 사람은 힘이 센 사람을 흠모하고 힘이 센 사람을 힘이 작은 사람을 추켜올려주니, 그 때문에 서로 높여주느라 늘 그 실상을 잃게 된다.】, 그 명성이 자기와 대등한 사람에 대해서는 능히 서로에 대해 낮추려 하는 경우가 드물다[尠=鮮].【만약에 두
_{선   선}
사람 다 능히 쇠솥을 짊어질 수 있다면 서로 다투어 이기려는 마음이 생겨나니, 그래서 서로에게 자기를 낮출 수가 없다.】

이로 인해 곧은 사람은 (쉽게) 격분하는 경향이 있어 남에게 곧게 행동하는 사람을 좋아하지만【남이 바르고 곧게 행동하는 것을 보면 마음속으로 그것을 좋아한다.】 다른 사람이 자기의 잘못이나 단점을 들춰내는 것을 능히 수용하지 못한다.【자기 잘못을 지적하면 자기 잘못을 들춰내는 것이라 여겨 받아들이지 않는다.】 할 말이 있으면 다 해야 하는 사람은 속내를 다 드러내는 경향이 있어, 남에게 남김없이 다 이야기하는 사람을 좋아하지만【남이 숨김없이 속내를 다 드러내면 마음속으로 그것을 좋아한다.】 다른 사람이 요점을 바로 찌르는 것을 능히 받아들이지 못한다.【자기 잘못을 이야기하면 그것을 받아들이지 않는다.】 명예에 힘쓰는 사람은 다른 사람이 명예를 추구하면서 남보다 앞서려는 것을 좋아하지만【다른 사람이 남을 올라타는 것을 보면 그가 명예를 추구하는 마음을 기쁘게 여긴다.】 자기를 능가하는 사람의 뒷전에 남아 있는 것을 능히 받아들이지 못한다.【남이 자기를 올라타려 하면 분노하며 굴복하지 않는다.】

이 때문에 성향이 같고 재질이 다른 사람끼리는 서로 끌어주고 서로 의지하면서도【둘 다 완력(腕力)이 있을 경우 힘이 센 사람은 힘이 작은 사람을 격려해준다.】 성향이 같고 세력도 같으면 서로 경쟁하며 서로를 해친다.【상대가 자기를 이길까 두려워하게 되면 잘하는 사람을 질투하는 마음이 생겨난다.】 이 또한 성향이 같은 사람들 사이에서 일어날 수 있는 변수

다. 그래서 혹 곧은 사람을 돕는다면서 그를 헐뜯기도 하고【다른 사람의 곧음이 자기의 곧음보다 더 나을 경우 비난하거나 헐뜯고 싶은 마음이 생겨난다.】[15], 혹 눈 밝은 사람과 함께한다면서 그를 헐뜯기도 한다.【다른 사람의 눈 밝음이 자기의 눈 밝음보다 더 나을 경우 질투하고 해치려는 마음이 일어난다.】

그런데 일반 사람들의 통찰력으로는 이러한 이치를 변별해내지 못하니, 이것이 바로 성향이 같은 사람들에 대해 미혹되는 잘못이다.【성향이 같아도 오히려 그러한데, 하물며 다른 성향임에랴!】

夫 人情莫不趣名利 避損害. 名利之路 在於是得【是得在己 名利與之】;
부 인정 막불 취명리 피 손해   명리 지로 재어 시득 시득 재기 명리 여지

損害之源 在於非失【非失在己 損害攻之】. 故 人無賢愚 皆欲使是得在己
손해 지원 재어 비실 비실 재기 손해 공지   고 인 무 현우 개 욕사 시득 재기

【賢者尙然 況愚者乎】.
현자 상 연 황 우자 호

能明己是 莫過同體【體同於我 則能明己】. 是以 偏材之人 交遊進趨之類
능명 기시 막과 동체 체동 어아 즉능 명기   시이 편재 지인 교유 진추 지류

皆親愛同體而譽之【同體能明 是以親而譽之】, 憎惡對反而毁之【與己體反
개 친애 동체 이 예지 동체 능명 시이 친이 예지   증오 대반 이 훼지 여기 체반

是以惡而疏之】, 序異雜而不尙也【不與己同 不與己異 則雖不憎 亦不尙之】.
시이 오이 소지   서 이잠 이 불상 야 불 여기 동 불 여기 이 즉 수 부증 역 불상 지

推而論之 無他故焉; 夫譽同體 毁對反 所以証彼非而著己是也【由與己
추이 논지 무타 고언 부 예 동체 훼 대반 소이 증 피비 이 저 기시 야 유 여기

同體 故證彼非而著己是】. 至于異雜之人 於彼無益 於己無害 則序而不尙
동체 고증 피비 이 저 기시   지우 이잠 지인 어피 무익 어기 무해 즉서 이 불상

【不以彼爲是 不以己爲非 都無損益 何所尙之】. 是故 同體之人 常患於過譽
불이 피 위시 불이 기 위비 도무 손익 하소 상지   시고 동체 지인 상 환어 과예

【譽俱爲力人 則力小者慕大力 大者提小 故其相譽 常失其實也】; 及其名敵 則尠
비 구위 역인 즉 역소자 모 대력 대자 제소 고기 상예 상실 기실 야   급기 명적 즉선

[=鮮]能相下【若俱能負鼎 則爭勝之心生 故不能相下】.
선 능 상하 약 구능 부정 즉 쟁승지심 생 고 불능 상하

是故 直者性奮 好人行直於人【見人正直 則心好之】 而不能受人之訐【刺
시고 직자 성분 호인 행직 어인 견인 정직 즉심 호지   이 불능 수 인지알 자

---

15 유병의 이 주석과 다음 주석은 긍정과 부정 중에서 부정적인 부분에 대해서만 풀이하고 있다.

己之非 則許而不受】; 盡者情露 好人行盡於人【見人穎露 則心好之】而不能
기지비 즉알이불수 　진자정노 호인행진어인 견인영로 즉심호지 이불능

納人之徑【說己徑盡 則違之不納】; 務名者樂人之進趨過人【見人乘人 則悅
납 인지경 설기경진 즉위지불납 　무명자 낙인지진추 과인 견인승인 즉열

其進趨】而不能出陵己之後【人陵於己 則忿而不服】.
기진취 이불능 출능기지후 인능어기 즉분이불복

是故 性同而材傾 則相援而相賴也【並有脅力 則大能獎小】; 性同而勢均
시고 성동이재경 즉상원이상뢰야 병유여력 즉대능장소 　성동이세균

則相競而相害也【恐彼勝己 則妒善之心生】, 此又同體之變也. 故 或助直而
즉상경이상해야 공피승기 즉투선지심생 차우동체지변야 고 혹조직이

毁直【人直過於己直 則非毁之心生】或與明而毁明【人明過於己明 則妒害之心
훼직 인직과어기직 즉비훼지심생 혹여명이훼명 인명과어기명 즉투해지심

動】.
동

而衆人之察 不辨其律理 是嫌於體同也【體同尚然 況異體乎】.
이 중인지찰 불변기율리 시혐어 체동야 체동상연 황이체호

　　무릇 사람이 어디에 처해 있느냐에 따라 형세는 다른데, 형세에는
펴지는[申=伸張] 형세와 억눌리는[壓=抑壓] 형세가 있게 마련이다. 부
　　　　신　신장　　　　　　　　압　억압
귀에 이르면 형세가 펴진 것이고【몸이 부귀에 처하게 되면 누구도 그를 굴
복시킬 수 없다. 이 때문에 여섯 나라의 인장을 차게 되고, 부모는 100리 밖에서
그를 맞이한다.】, 빈천에 굴러떨어지면 형세가 억눌린 것이다.【몸이 빈천
에 빠져 있는데 뜻을 어찌 펼칠 수 있겠는가[申展=伸張]? 이 때문에 검은담비
　　　　　　　　　　　　　　　　　　신전　신장
가죽옷은 닳아빠지고, 아내와 형수는 집 안에 처박히게 된다.】

　　높은 재주를 가진 사람은 능히 남들이 해낼 수 없는 일을 해낸
다.【무릇 이런 사람들의 말과 행동, 움직임과 고요함은 진실로 일반 사람들이 미
칠 수 있는 바가 아니다.】이 때문에 현달하게 되면 공로를 세우고도 겸
손하다[勞謙]는 칭송이 있고, (출세를 하지 못하고) 궁벽하게 있을 때
　　　　노겸
도 훤히 드러나는 절의가 있다.【재주가 출중해서 그가 벼슬에 나아가면 많
은 것을 덜어내어 모자란 것을 더해주며[裒多益寡]¹⁶ 공로를 세우고도 겸손해
　　　　　　　　　　　　　　　　부다익과

16　포(襃)는 부(裒)의 잘못이다. "부다익과"는 겸괘(謙卦, ䷎) 전체를 풀이한 공자의 「대상전

[勞謙] 세상을 구제하고[濟世], 벼슬에서 물러나면 도리를 밟는 것이 탄탄대로
노겸   제세
와 같아서 그윽한 사람이라 반듯하고 길하다[履道坦坦 幽人貞吉][17].}
                              이도 탄탄 유인 정길

　　중간 재주를 가진 사람은 세상을 따라 덜고 더한다[損益].{평상시
                                       손익
지혜를 지키면서 펴고 누르는 것이 때에 달렸다. 그래서 형세가 오면 더하고 형세
가 가버리면 덜어낸다.} 이 때문에 부귀를 깔고 앉게 되면 안으로 재화가
충족되고 밖으로 두루 시혜를 베푼다.{재물에 여유가 있어 자기 뜻대로 주
변을 두루 구제한다.} 도움을 받은 자는 그에게 칭찬할 만한 것을 찾아
내어 추켜세우고{그가 베푼 은혜에 감동해 자기 잘못을 바로잡는다. 이 때문
에 주건(朱建)은 금을 받고 심이기(審食其)를 위한 계책을 실행했다.[18]}, 지원

　　(大象傳)」에 나오는 말이다. "땅속에 산이 있는 것이 겸(謙)(이 드러난 모습)이니, 군자는
　　그것을 갖고서 많은 쪽에서 취해 적은 쪽에 더해주고[裒多益寡] 일과 사물을 저울질해
                                      부다익과
　　[稱物] 공평하게 베푼다[地中有山謙 君子以 裒多益寡 稱物平施]."
     칭물   지중 유산 겸 군자 이 부다익과 칭물 평시
17　이는 천택리괘(天澤履卦,䷉) 중에서 구이(九二)에 대한 풀이다.
18　주건(朱建)은 초(楚)나라 사람으로 일찍이 회남왕(淮南王) 경포(黥布)의 재상을 지낸 적이
　　있었는데, 죄를 지어 벼슬을 그만두었다가 뒤에 다시 포(布)를 섬겼다. 포가 반란을 일으
　　키려고 할 때 건(建)에게 물으니 건이 반대했는데, 포는 양보후(梁父侯)의 말을 듣고 드디
　　어 반란을 일으켰다. 고조(高祖) 유방이 이미 경포를 죽이고 난 다음에 건은 경포에게 반
　　란을 일으키지 말라고 간언했다는 말을 듣고는 그를 죽이지 않았고, 건에게 평원군(平原
　　君)의 칭호를 내려주고 가족을 장안으로 옮겨 살게 했다.
　　건은 사람됨이 말재주가 좋고 준엄 청렴하며 굳세고 곧아서 그의 행실은 구차하게 남의 비
　　위를 맞추지 않았고 의리에 벗어나는 일은 용납하지 않았다. 벽양후(辟陽侯) 심이기(審食
　　其)는 행실이 바르지 않았지만, 여태후의 총애를 얻고 있었으니, 실은 두 사람은 연인 관계였
　　다. 심이기가 건(建)과 사귀고 싶어 했으나 건은 그를 만나주려 하지 않았다. 건의 어머니가
　　죽었을 때 집이 가난해 아직 장례도 치르지 못하게 되자 상복과 장례 도구를 빌리려 했다.
　　두 사람과 모두 친했던 육가(陸賈)라는 사람이 이에 벽양후를 찾아가 축하하며 말했다.
　　"평원군의 어머니께서 돌아가셨소."
　　벽양후가 말했다.
　　"평원군의 어머니께서 돌아가셨는데 어찌 나에게 축하를 하시오?"
　　육가가 말했다.
　　"예전에 그대는 평원군과 사귀려 했지만, 평원군이 의리를 지키느라 그대와 사귀려 하지

을 받은 자는 작은 훌륭함이라도 들춰내어 그것을 크게 떠들어 댄
다.【지원에 감사해 그의 아름다운 점을 끌어낸다. 이 때문에 조구(曹丘)는 접견
하게 되자 계포(季布)의 이름을 드날리게 해주었다.[19]】 그래서 특별한 재주가

않았는데, 그것은 그의 어머니 때문이었소. (그런데) 지금 그의 어머니께서 돌아가셨으니,
그대가 진실로 후하게 조문(弔問)한다면 그는 당신을 위해 죽을 수도 있는 사람이오."
이에 벽양후는 조문을 가서 수의(壽衣)를 만들라며 100금을 내었는데, 열후(列侯)와 귀인
들도 벽양후가 하는 것을 보고서 평원군을 찾아가서 부의를 내니 모두 500금에 이르렀다.
얼마 후에 어떤 사람이 벽양후를 헐뜯자 혜제(惠帝)가 크게 노해 옥리에게 넘겨 벽양후를
죽이려 했다. (그러나) 태후는 벽양후와의 은밀한 관계 때문에 부끄러워서 말을 할 수 없었
다. 대신들은 대부분 벽양후의 행실을 미워했기 때문에 끝내 그를 죽이려고 했다. 이에 벽
양후는 사태가 급박해지자 사람을 보내 건을 만나려고 했다. 건이 사양하며 말했다.
"재판이 임박해 있어 감히 그대를 만날 수 없습니다."
그러나 건은 따로 은밀하게 효혜(孝惠-효혜제=혜제)의 총신(寵臣) 굉적유(閎籍孺)를 찾아
가서 설득하며 말했다.
"당신이 황제의 총애를 받고 있다는 것을 천하에 모르는 사람이 없소. 그런데 지금 벽양후
가 태후에게 총애를 받았다고 해서 형리에게 넘겨졌고, 길거리의 사람들은 모두 당신이 중
상(中傷)해서 그를 죽이려 한다고 말하고 있소. 지금 벽양후가 죽임을 당한다면 일단은 태
후께서 분노를 감추시겠지만, 결국에는 역시 당신을 죽일 것이오. 그런데 어찌해 당신은 옷
을 벗어 어깨를 드러내어 벽양후를 위해 황제께 용서를 부탁하지 않는 것이오? 만일 황제께
서 당신의 청을 듣고 벽양후를 풀어준다면 태후께서 크게 기뻐하실 것이오. 그렇게 된다면
황제와 태후 두 분께서 모두 당신을 총애할 것이니, 당신은 부귀가 더욱 늘어날 것이오."
모친상 때의 고마움을 잊을 수 없었던 것이다. 그 계책을 따라 황제에게 진언하니 황제가
과연 벽양후를 풀어주었다. 벽양후는 감옥에 끌려갈 때 건이 만나주지 않자 자기를 배반
한 것으로 여기고 크게 화를 냈다가, 건이 계책을 성공시켜 나오게 해주자 크게 놀랐다고
한다. 여태후가 붕(崩)하자 대신들이 여러 여씨 일족을 죽였는데, 벽양후는 여러 여씨와 지
극히 가까움에도 불구하고 끝내 주살되지 않았다. 계책을 세워 몸을 보전할 수 있게 해
준 것은 다 평원군의 힘 덕분이었다.
이상은 사마천 『사기』 「주건열전(朱建列傳)」에 나온다.

19 조구는 뛰어난 변설로 실력자들과 어울리고 있었다. 천자 외숙인 두장군(竇長君)에게도 뻔
질나게 드나들자 계포가 두장군에게 조구를 멀리하는 것이 좋겠다는 편지를 보냈다. 이 말
을 들은 조구는 도리어 두장군의 소개장을 갖고 계포를 만나러 왔다. "초나라 사람들이 하
는 말 중에 '황금 100근을 얻는 것보다 계포의 승낙을 얻는 것이 더 낫다'라는 말이 있습니
다. 나도 동향인데, 돌아다니며 당신의 이름을 천하에 날리게 할 수 있는데 어찌 멀리하십니
까?"라고 말했다. 계포는 조구를 받아들인 후 각국에 선전해 더욱 명성을 높이게 됐다.

없더라도 오히려 행하는 일이 이뤄지고 이름도 날리게 된다.【무릇 부유함과 귀함은 기뻐할 만하지 않은가? 마침내 특별히 잘하는 것이 없는데도 일이 이뤄지고, 특별히 지혜가 없는데도 이름을 드날리게 된다. 이 때문에 부귀는 아내와 형수도 공손하게 만드는데 하물며 타인들임에랴!】(반면에) 빈천에 처하게 되면 베풀려 해도 재물이 없고 지원하려 해도 권세가 없어서【자애로운 마음을 갖는다 해도 베풀어 구제해줄 수가 없고, 기이한 재주를 가진 사람을 알아보아도 그를 도와줄 수가 없다.】 친척들을 능히 도울 수 없고 벗들도 어려움에서 구제해줄 수 없으니【안으로는 친척들에게 간소한 밥상 하나 제공할 수 없고, 밖으로는 벗들에게 솜옷 하나 내어줄 수 없다.】, 분수와 의리를 더는 세울 수 없고 친척에 대한 은애하는 마음이 점점 떨어져 나가【뜻과 기운 둘 다 텅 비었는데 분수와 의리가 어떻게 세워질 수 있겠는가?】 원망하는 자들이 아울러 찾아오고 잘못을 그의 탓으로 돌리는 자들이 나날이 많아진다.【자기에게 야박하게 굴뿐 아니라 원망하고 비방하는 말들이 생겨난다.】 그는 비록 아무런 죄나 허물이 없지만, 오히려 아무런 이유도 없이 내버려진다.【무릇 가난함과 천함은 두려워할 만하지 않은가. 마침내 아무런 이유도 없이 비방이 생겨나고 아무런 죄도 없는데 내쳐진다. 이 때문에 빈천은 처자식도 자기를 깔보게 만드는 데 하물며 타인들에랴!】

그래서 세상에는 사치하는 자도 있고 검소한 자도 있어, 이로 말미암아 명성이 오르내린다.【행하는 것은 비록 나에게 달렸지만, 명성과 칭송은 세상에 달렸다. 이 때문에 좋은 농사꾼이 잘 심을 수는 있어도 그렇다고 반드시 잘 거둘 수 있는 것은 아니다.】 천하가 모두 부유하면 청빈한 자는 비록 고생스럽기는 하지만 반드시 야위어 쓰러질 근심은 없을 것이며【집 안이 넉넉하고 사람마다 풍족하면 길가는 사람에게도 먹을 것을 베풀게 된다.】 또 시혜를 사양하는 고매함으로 영예로운 이름을 얻는 이득이 있을 것이지만【시혜를 사양할 줄 안다는 높은 명성을 얻으면 그 밖의 다른 좋은 일과 이로움을 받게 될 것이다.】, 천하가 모두 가난하면 먹거리를 꾸려 해도 호소할 곳이 없어【집집마다 곤궁하고 가난하면 곡식은 금은보화처럼 귀한 것이 된다.】 궁핍에 따른 근심이 있게 되고 비루하고 인색함으로 인한 송사가 생겨나게 된다.【꾸려고 해도 그럴 수조차 없게 되면 형제들과 지게미를 두고서 서로 다투게 된다.】 이 때문에 같은 재능을 갖고서 벼슬에 나아갔을 때, 그와 함께하는 자들이 있으면 하는 일이 더 잘되어 성대한 업적을 이루게 되고【자기가 이미 스스로 풍족한 데다가 다시 남이 내려주는 것을 기대할 수 있게 되면 이름이 나고 일을 잘하게 되어 자신이 하는 일을 마침내 달성하게 된다.】, 자기 처지도 비루해 억눌림을 당하는데 그에게 누를 끼치는 자들까지 있으면【자기가 이미 풍족하지 못하면 친척들도 아울러 곤궁해진다.】 미천함으로 떨어져 점점 쇠퇴하게 된다.【윗사람들은 아무도 그를 끌어주지 않고, 아랫사람들은 아무도 그를 밀어주지 않는다.】

그런데 일반 사람들의 통찰력으로는 그 근본을 파악하지 못하고 각자 자기가 처해 있는 곳만을 전부라고 여기니【펴져서 잘 해낼 수 있는 사람은 재능을 행하고, 눌려져 비굴한 사람은 어리석은 단점만을 행한다는 말이다.】, 이것이 바로 그가 펴져 있는지 눌려져 있는지를 오판하는 잘못이다.【재주와 지혜가 같다고 해도 귀함과 천함에 따라 길이 달라지니, 펴지느냐 눌리냐의 차이는 가난과 부유함에 달렸다.】

夫 人所處異勢 勢有申壓: 富貴遂達 勢之申也【身處富貴 物不能屈 是以佩
부 인 소처 이세 세유 신압 부귀 수달 세지신 야 신처부귀 물불능 굴 시이 패
六國之印 父母迎於百里之外); 貧賤窮 勢之壓也【身在貧賤 志何申展? 是以
육국 지 인 부모 영어 백리 지 외 빈천 궁궤 세지압 야 신재 빈천 지하 신전 시이
黑貂之裘弊 妻嫂墮於閨門之內】.
흑초 지 구 폐 처수 타어 규문 지 내
上材之人 能行人所不能行【凡云爲動靜 固非衆人之所及】. 是故 達有勞謙
상재 지 인 능행 인 소불능행 범 운위 동정 고비 중인 지 소급 시고 달유 노겸

之稱 窮有著明之節【材出於衆 其進則襃(裒)[20]多益寡 勞謙濟世; 退則履道
지칭 궁유 저명 지절　재 출어중 기진즉포 부　다익과 노겸 제세　퇴즉 이도

坦坦 幽人貞吉】.
탄탄 유인 정길

中材之人 則隨世損益【守常之智 申壓在時 故勢來則益 勢去則損】. 是故 藉
중재 지인 즉 수세 손익　수상지지 신압 재시 고세래즉익 세거즉손　시고 자

富貴則貨財克於內 施惠周於外【貨財有餘 恣意周濟】; 見贍者求可稱而
부귀 즉 화재 극어내 시혜 주어외　자재 유여 자의 주제　견섬자 구 가칭 이

譽之【感其恩紀 匡救其惡 是以朱建受金 以爲食其畫計】 見援者闡小美而
예지　감기 은기 광구 기악 시이 주건 수금 이위 기식 획계　견원자 천 소미 이

大之【感其引援 將順其美 是以曹丘接見 爲季布揚名】. 雖無異材 猶行成而
대지　감기 인원 장순 기미 시이 조구 접견 위 계포 양명　수무 이재 유 행성 이

名立【夫富與貴 可不欣哉? 乃至無善而行成 無智而名立. 是以富貴妻嫂恭 況他人
명립 부부여귀 가불흔 재　내지 무선 이 행성 무지 이 명립 시이 부귀 처수공 황 타인

乎】. 處貧賤則欲施而無財 欲援而無勢【有慈心而無以拯 識奇材而不能援】
호　처 빈천 즉 욕시 이 무재 욕원 이 무세　유자심 이무이 증 식 기재 이 불능 원

親戚不能恤 朋友不見濟【內無蔬食之饋 外無縕袍之贈】分義不復立 恩愛
친척 불능 휼 붕우 불 견제　내무 소식 지궤 외무 온포 지증　분의 불부 립 은애

浸以離【意氣皆空薄 分義何由立】怨望者並至 歸非者日多【非徒薄己 遂
침이 리　의기 개 공박 분의 하유 립　원망자 병지 귀비자 일다　비도 박기 수

怨謗之言】. 雖無罪尤 猶無故而廢也【夫貴與賤 可不愼哉? 乃至無由而生謗
원방지언　수무 죄우 유 무고 이 폐야　부 귀여천 가 불신 재　내지 무유 이 생방

無罪而見廢. 是故貧賤妻子慢 況他人乎】.
무죄 이 견폐　시고 빈천 처자 만 황 타인 호

故 世有侈儉 名由進退【行雖在我 而名稱在世 是以良農能稼 未必能穡】. 天下
고 세유 치검 명유 진퇴　행수 재아 이 명칭 재세 시이 양농 능가 미필 능색　천하

皆富 則淸貧者雖苦 必無委頓之憂【家給人足 路人皆饋】且有辭施之高
개 부 즉 청빈자 수고 필무 위돈 지우　가급 인족 노인 개 궤　차유 사시 지고

以獲榮名之利【得辭施之高名 受餘光之善利】; 皆貧 則求假無所告【家貧戶乏
이획 영명 지리 득 사시 지 고명 수 여광 지 선리　개빈 즉 구가 무 소고 가빈 호핍

粟成珠玉】而有窮乏之患 且生鄙吝之訟【乞暇無遺 與嫂叔爭糟糠】. 是故
속 성 주옥　이유 궁핍 지환 차생 비인 지송　걸가 무유 여 수숙 쟁 조강　시고

鈞材而進 有與之者 則體益而茂遂【己旣自足 復須給賜 則名美行成 所爲
균재 이진 유 여지자 즉 체익 이 무수　기기 자족 부수 급사 즉 명미 행성 소위

遂達】; 私理卑抑 有累之者【己旣不足 親戚並困】則微降而稍退【上等不援
수달　사리 비억 유 누지자 기기 부족 친척 병곤　즉 미강 이 초퇴 상등 불원

下等不推】.
하등 불추

而衆人之觀 不理其本 各指其所在【謂申達者爲材能 壓屈者爲愚短】. 是
이 중인 지관 불리 기본 각 지기 소재　위 신달자 위 재능 압굴자 위 우단　시

疑於申壓者也【材智雖鈞 貧賤殊塗 申壓之變 在乎貧富】.
의어 신압 자야　재지 수균 빈천 수도 신압 지변 재호 빈부

20　포(襃)는 부(裒)의 잘못이다. 부(裒)는 '모으다'라는 뜻 외에 '차지하다[取]'라는 뜻이 있다.
취

무릇 청아한 아름다움은 형체와 기질[形質]에서 드러나니, 그 점을 잘 살피면 (사람을 판단하는 데 있어서) 잘못이 줄어들 수 있다.【형색은 겉으로 드러나니, 그래서 그것을 살필 수가 있다.】 잘못이나 착오가 일어나는 이유 중에는 늘 두 가지 '더욱 심함[尤]'이 있는데, 이 심함은 일에 따라 서로 다른 유형으로 나타난다.【이 때문에 일반인이 볼 수 있는 바가 아니다.】

그러므로 더욱 심하게 신묘한 사람[尤妙之人]은 안으로는 정묘함을 품고서 밖으로는 모습을 꾸미지 않는다.【비유하자면 쇠가 뭉쳐 안으로 단단하지만, 밖으로 그 기운이 나타나지 않는 것과 같다. 그래서 풍당(馮唐, ?~?)[21]은 백발이 되도록 낭관 자리에 머물러 있었다.】 (반면에) 더욱 심하게 비어 있는 사람[尤虛之人]은 거창하게 말을 하고 모습을 화려하게 꾸며대지만, 내실은 실상과 괴리되어 상반된다.【마치 촛불이 밖을 훤히 비추면서도 타고 나면 아무것도 남지 않는 것과 같다. 그래서 주보언(主父偃, ?~기원전 126년)[22]은 말이 화려해서 한 해에 네 번이나 승진하기도 했다.】 그래서 사람

---

21 한나라 때 부풍(扶風) 안릉(安陵) 사람이다. 아버지 때 대(代) 지역으로 이사했다가 한나라가 흥기한 뒤 안릉으로 옮겼다. 효자로 명성을 얻어 문제(文帝) 때 중랑서장(中郎署長)이 되었다. 직언을 서슴지 않았다. 한나라 법이 포상은 가볍고 징벌은 무거워서 관료들이 전력을 기울이지 않는다고 하면서, 운중수(雲中守) 위상(魏尙)이 억울하게 삭직(削職)되고 처벌받은 일을 지적했다. 문제가 기뻐하며 위상을 사면하고 거기도위(車騎都尉)에 임명했다. 경제(景帝) 때 초상(楚相) 등 중앙 고위관직을 지냈다. 한무제가 즉위해 현량(賢良)을 찾을 때 발탁하려 했지만, 이미 나이가 아흔을 넘어 나가지 못하고 대신 그의 아들 풍수(馮遂)가 기용되었다.

22 처음에 종횡술(縱橫術)을 배우다가 나중에 『역(易)』과 『춘추(春秋)』 등 백가(百家)의 사상을 배웠다. 무제(武帝) 원광(元光) 때 장안(長安)으로 와서 글을 올려 일에 대해 논했다. 제후왕(諸侯王)의 세력을 깎아 약화시키고 추은(推恩)을 명분으로 삼아 자제들에게 분봉(分封)해 후(侯)로 삼으라고 주장했고, 삭방군(朔方郡)을 두어 흉노(匈奴)에 대항하라고 건의했다. 모두 무제가 받아들여 낭중(郎中)에 오르고, 한 해 동안 네 번 승진해 중대부(中

들이 기이한 사람[奇=奇人]을 구하려고 할 때 그의 현묘한 기미[玄機]를 단지 정미(精微)함만으로 헤아려서는 그 기이하고 희귀한 점을 밝혀낼 수 없다.【더욱 기이한 사람의 경우 정묘함이 아니면 제대로 살필 수가 없다.】 어떤 사람들은 외모가 보잘것없으면 모자란 사람이라고 여기고【가마솥을 보고서는 겉모습으로만 판단해 멸시하며 곧바로 그것을 천박하고 비루하다고 여긴다.】, 모습이 화려하면 대단한 사람이라고 여기며【장강을 보면 그 모습의 수려함을 높이 평가해 곧바로 그것을 거대하고 아름답다고 여긴다.】, 곧게 모두 다 드러내면 겉만 화려한 사람[虛華]이라고 여기고【온 정성을 다하면 두터운 실상이 없다고 여긴다.】, 교묘하게 잘 꾸며대면 정말로 꽉 찬 사람이라고 여긴다.【교묘한 말이 흐르는 물과 같아서, 상대를 기쁘게 해줌으로써 가까워지려고 한다.】

이 때문에 너무 일찍 사람을 발탁하게 되면 오류가 많게 되니, 순리대로 차근차근하는 것[順次]만 못하다.【혹자는 감라(甘羅, ?~?)[23]를 일찍 성공한 사람으로 여긴다. 하지만 어린 나이에 이런 사람을 쓸 경우 혹 문제가 생겨 다시 순리대로 차근차근하려 한다.】 무릇 순리대로 차근차근하는 것이 바로 늘 따라야 할 척도다. 만일 그 실상을 깊이 살피지 않는다면 실로 어떻게 한들 잘못이 없을 수 있겠는가!【그가 지향하는 바와 바탕을 제대로 밝혀내지 못하면 능히 그 기이함을 알아낼 수 없다. 그래서 설사 늦게 가

大夫)가 되었다. 원삭(元朔) 2년(기원전 128년) 외직으로 나가 제왕상(齊王相)이 되었다. 나중에 제왕과 누이의 간사한 일을 알려 제왕이 자살하게 했으나 그 역시 족주(族誅)당했다.

23 감무(甘茂)의 손자로, 12세 때 여불위를 섬겼다. 그에 대한 사마천의 평이다. "감무는 하채의 평민 출신으로 제후 사이에 이름을 떨치고 강력한 제나라와 초나라에서 중용되었으며, 감라는 어렸지만 기이한 계책을 내어 후세에 명성을 떨쳤다. 독실한 행동의 군자는 아니었지만, 전국의 책사들이었다. 당시는 진나라가 강할 때였으므로 천하는 더욱더 음모와 술수를 뒤쫓았다."

서 순차적으로 하려 해도 실로 실상을 얻어낼 수가 없다.】

　그러므로 초야에 버려진 뛰어난 이가 있어 그의 뛰어남이 세상의
어려움을 구제할 만하다면 그를 일찍 발탁하지 않는 것을 한스러워
하겠지만【그래서 정나라 임금은 촉무(燭武)에게 사과했다.[24]】, 기이한 인재
를 (일찍) 발탁했으나 그의 기이함으로도 세상 구제에 실패한다면 그
의 자질을 제대로 구별해내지 못했음을 근심하게 된다.【그래서 후한 광
무제는 주부(朱浮, ?~66년)[25]에 대해 후회했다.】 자기 마음대로 혼자 결정했
다가 일을 그르치게 되면 널리 묻지 않았음을 후회하게 되고【진목공
(秦穆公)은 건숙(蹇叔)을 따르지 않았고, 비록 뒤에 깨달았지만 되돌릴 수 없었
다.[26]】, 널리 묻기만 하고 자기 생각은 없이 결정했다가 (일이 잘못되면)
자기가 스스로를 믿지 못했음을 원망하게 된다.【외효(隗囂, ?~33년)[27]

24　기원전 630년 정나라는 일촉즉발의 위기에서 촉무의 언변으로 진(秦)나라 목공을 설득해
　　서 철수하게 했다. 이에 정나라 임금은 그동안 촉무를 제대로 알아보지 못했던 일을 사과
　　했다.

25　후한 패국(沛國) 사람이다. 어려서부터 재능이 있었다. 처음에 광무제(光武帝-유수(劉秀))
　　를 따라 편장군(偏將軍)과 대사마주부(大司馬主簿)가 되었고, 나중에 장군을 이끌고 한
　　단(邯鄲)을 무찌른 뒤 대장군유주목(大將軍幽州牧)으로 제수되어 계성(薊城)을 지키다가
　　마침내 북변(北邊)을 정벌했다. 건무(建武) 2년(26년) 순양후(舜陽侯)에 봉해졌다. 그때 팽
　　총(彭寵)이 어양태수(漁陽太守)로 있었는데 그의 명령을 따르지 않자, 팽총이 군사를 일
　　으켜 그를 공격하니 그가 글로써 팽총의 잘못을 지적했다. 이것이 바로 「여팽총서(與彭寵
　　書)」이다. 나중에 광무제가 집금오(執金吾)로 임명했고 부성후(父城侯)에 봉했다. 관직은
　　대사공(大司空)에 이르렀다. 명제(明帝) 영평(永平) 연간에 천자를 보좌하는 공을 자랑하
　　고 동료들을 멸시함으로 말미암아 사약을 받아 죽었다.

26　진목공은 대부 건숙의 권유를 따르지 않고 독단적으로 진(晉)나라 정벌에 나섰다가 대패
　　했다.

27　젊어서 주군(州郡)에서 벼슬했다가 왕망(王莽) 말에 고향 호족들의 옹립을 받아 거병해 농
　　서(隴西)를 거점으로 활동했다. 처음에는 유현(劉玄)에게 귀순했는데, 얼마 뒤 서주상장군
　　(西州上將軍)이라 자칭했다. 나중에 광무제(光武帝)에게 귀순했다가 다시 반란을 일으켜
　　공손술(公孫述)에게 붙었다. 건무(建武) 9년(33년) 여러 차례 한나라 군대에 패한 뒤 억울

는 마음이 한나라에 가 있었지만 (부하 장수) 왕원(王元) 때문에 오판했다.】이 때문에 기자(驥子)가 내달리기 시작하자 많은 사람은 마침내 자신들이 (그전에 기자를 형편없는 말이라고) 잘못 보았음을 인정해야 했고, 한신(韓信)이 공을 세우자 (그전에 그를 우습게 여겼던) 회음(淮陰) 사람들은 마침내 크게 놀랐다. 무릇 (이런 잘못이) 어찌 기이한 사람을 싫어하고 의심스러운 사람을 좋아해서였겠는가? 그것은 곧 더욱 심하게 뛰어난 인물은 세상에 잘 드러나지 않고, 기이하게 숨어 지내는 사람의 아름다움은 일반인의 생각과는 다르기 때문이다.【그래서 일반인이 알아볼 수 있는 바가 아니다.】

이 때문에 장량(張良)은 몸은 약했으나 정신이 강해 여러 지혜로운 자 중에서도 가장 윗길[雋]이었고【바탕이 약하지 않을 경우 지혜로움 때문에 해를 당할 수 있다.】, 형숙(荊叔, ?~기원전 227년)[28]은 낯빛은 평온했으나 정신이 용맹스러워 여러 용기 있는 자 중에서도 우뚝 솟았다[傑]【낯빛이 온화하지 않을 경우 용맹스러움 때문에 해를 당할 수 있다.】 그렇다면 가장 윗길이나 우뚝 솟은 자[雋傑=俊傑]란 뭇 인재 가운데도 더욱 심
준걸   준걸

한 심사를 견디지 못해 죽었다.

28 형가(荊軻)를 가리킨다. 전국시대 말기 위(衛)나라 사람이며 협사(俠士)다. 원래 선조는 제(齊)나라 귀족(貴族)이었는데 위나라로 옮겨가 살았다. 위나라 사람들을 그를 경경(慶卿)이라 불렀다. 독서와 칼 쓰기를 좋아했다. 진(秦)나라가 위나라를 멸망시키자 연(燕)나라로 왔는데, 연나라 사람들은 그를 형경(荊卿) 또는 형숙(荊叔)이라 불렀다. 당시 진나라는 이미 한(韓)나라와 조(趙)나라를 멸망시킨 상태였다. 그래서 연나라 태자 단(丹)이 진왕 정(政-진시황)을 죽이려고 모의해 형가의 친구 전광(田光)과 사귀었는데, 전광의 추천으로 상경(上卿)이 되어 존대를 받았다. 연왕 희(喜) 28년 진나라에서 망명한 장군 번오기(樊於期)의 목을 들고 비수를 품은 채 연나라 독항(督亢)의 지도를 가지고 진나라에 사신으로 가서 기회를 노려 진왕을 죽이려고 했다. 진왕 정에게 지도를 바치는데 지도를 펼치자 비수가 드러나니, 칼을 뽑아 찔러 죽이려고 했지만 실패하고 그 자리에서 피살되었다.

한 사람[衆人之尤]이고【기이함이 뭇사람들보다 지나치니 그래서 뭇사람들은
능히 미칠 수가 없다.】, 빼어난 이[聖人]는 여러 더욱 심한 인재 가운데도
더욱 심한 사람[衆尤之尤]이다.【통달함이 기이한 사람들보다 지나치니, 그래
서 기이한 사람들도 능히 미칠 수가 없다.】

그 더욱 심함이 점점 더 출중할수록 그를 알아볼 수 있는 길도 점
점 더 멀어진다.【천하에서 지극한 정밀함을 가진 자가 아니고서 그 누가 능히
여기에 참여할 수 있겠는가?】그래서 한 나라[國-봉국]에서 윗길인 사람
이 주(州)에서는 그저 그런 인물 중 하나[輩]로 간주되어 등용되지 못
하기도 하고【군국에서 출중하고 기이한 인물도 주군의 인재에 비해 미치지 못
한다.】, 또 한 주에서 등용된 인재도 천하의 동량[根]에 비하면 그러하
며【주군에서 등용될 만한 인재도 천하의 뛰어난 동량과 비교해보면 동량에 이
르지 못하고 그저 한 번 잠깐 쓰이고 말 것이다.】, 천하의 동량이라 하더라도
세상이나 시대에 따라 우열이 있다.【영특한 인물은 세대를 이어 나타날 수
없다. 이 때문에 이윤이나 관중은 그 시대 운에 맞춰 마침내 등장하는 것이다.】

이 때문에 뭇사람들이 귀하게 여기는 것을 보면, 각자 자기보다
나음이 더욱 심한 자는 귀하게 여기지만【지혜와 재주가 자기를 능가하면
귀하게 여긴다.】더욱 심한 자들이 더욱 심하게 여기는 자는 귀하게 여
기지 않는다.【더욱 심한 것 중에서도 더욱 심할 경우에 일반인은 알아보지 못
한다.】그래서 일반 사람의 눈 밝음으로는 능히 그저 그런 인물들 간
의 차이[數]는 알아볼 수 있지만【일반인 중에서 눈 밝은 자라면 거칠게나마
군국에서 배출하는 인재는 알아볼 수 있을 뿐이다.】출중하게 뛰어난 이의
수준은 알아보지 못한다.【끝내 군국에서 출중한 인재는 알아보지 못한다.】

그저 그런 인물들의 눈 밝음으로는 출중하게 뛰어난 이의 수준은
알아볼 수 있지만【출중하게 뛰어난 이 중에서 눈 밝은 자라면 거칠게나마 군

국에서 급제하는 훌륭한 인재들을 알아볼 수 있다.】 그보다 출중함이 더욱더 심한 훌륭한 이는 제대로 알아차릴 수 없다.【그러나 아직 출중함이 더욱더 심하고 기이한 인재를 가려내는 이치는 알지 못한다.】

더욱더 심한 훌륭한 이는 능히 빼어난 이의 가르침을 알 수 있지만【바라볼 때는 앞에 있더니 홀연히 뒤에 있도다.[29]】 방에 들어가는 오묘한 경지[入室之奥]입실 지 오[30]에는 다다르지 못한다.【우뚝 서 있는 듯한데, 비록 이를 따르고자 해도 어디부터 시작해야 할는지 모르겠다.】

이로써 논하건대, 사람을 살피는 이치는 오묘해 끝까지 다 궁구할 수 없다.【마땅히 그 모습[形容]형용들을 잘 본뜨고 헤아려서[擬]의 그 물체나 일(註-그 물체의 본질을 가리킨다)을 형상화하고, 그 만나서 통하는 것[會通]회통을 깊이 살펴 그중 한 귀퉁이를 들어서 볼 뿐이다.[31]】

---

29 이 말은 안회(顔回)가 공자의 도리를 표현하며 했던 말 중 하나다. 『논어』 「자한(子罕)」편에 나온다. "스승님 도리는 우러러볼수록 더 높고 뚫으려 할수록 더 견고하니, 바라볼 때는 앞에 있더니 홀연히 뒤에 있도다. 스승님께서는 차근차근 사람들을 잘 이끄시어 문(文-애씀)으로써 나를 넓혀주시고 예(禮-사리)로써 나를 다잡아주셨으니, 그래서 공부를 그만두고자 해도 그만둘 수 없다. 이미 나의 재능을 다하고 보니 (스승님 도리가 내 앞에) 우뚝 서 있는 듯한데, 비록 이를 따르고자 해도 어디부터 시작해야 할는지 모르겠다."

30 『논어』 「선진(先進)」편에 나오는 말이다. 공자 문하에서는 학문 수준을 입문(入門), 승당(升堂), 입실(入室) 세 단계로 표현했는데, 입실이 가장 높은 단계다. 다른 제자들이 자로를 존중하지 않자 공자가 말했다. "자로는 당에 올랐고[升堂]승당, 아직 방에 들어오지[入室]입실 못했을 뿐이다."

31 이는 『주역』 「계사상전(繫辭上傳)」에 나오는 공자의 다음 말을 압축한 것이다. "이 때문에 무릇 상(象)이란 빼어난 이가 그것을 갖고서[以]이 천하의 심오함[賾]색을 본 다음에, 그 모습[形容]형용들을 잘 본뜨고 헤아려서[擬]의 그 물체나 일(註-그 물체의 본질)을 형상화한[象]상 것이다. 이 때문에 그것을 상(象)이라고 일렀다. 빼어난 이는 천하의 움직임[動]동을 보고 그 만나서 통하는 것[會通]회통을 깊이 살펴 그것으로 그 표본이 되는 사리[典禮]전례를 행하고, 말을 달아[繫辭]계사 그것으로 그 (행하는 사리의) 길함과 흉함을 결단한다. 이 때문에 그것을 효(爻-본받음)라고 일렀다."

夫 清雅之美 著乎形質 察之寡失【形色外著 故可得而察之】. 失繆之由
부 청아 지미 저호 형질 찰지 과실　형색 외저 고 가득이 찰지　실무 지유

恒在二尤, 二尤之生 與物異列【是故非常人之所見】.
항재 이우　이우 지생 여물 이열　시고 비 상인 지 소견

故 尤妙之人 含精於內 外無飾姿【譬金氷內明 而不外朗 故馮唐白首 屈於
고 우묘 지인 함정 어내 외무 식자 비금 빙 내명 이불 외랑 고 풍당 백수 굴어

郞署】; 尤虛之人 碩言瑰姿 內實乖反【猶燭火外照 灰爐內暗; 故主父偃辭
낭서　우허 지인 석언 괴자 내실 괴반 유 촉화 외조 회신 내암　고 주보언 사

麗 一歲四遷】, 而人之求奇 不可以精微測其玄機 明異希【其尤奇異 非精
려 일세 사천　이 인지 구기　불가 이 정미 측기 현기　명 이희　기우 기이 비정

不察】; 或以貌少爲不足【觀醨蔑貌惡 便疑其淺陋】 或以姿 爲巨偉【見江克
불찰　혹 이 모소 위 부족 도종 멸 모악 편 의기 천루　혹 이 괴자 위 거위 견강극

貌麗 便謂其巨偉】 或以直露爲虛華【以其款盡 疑無厚實】 或以巧飾爲眞實
모려 편위 기 거위　혹 이 직로 위 허화 이 기관 진 의무 후실　혹 이 교식 위 진실

【巧言如流 悅以親之】.
교언 여류 열이 친지

是以 早拔多誤 不如順次【或以甘羅爲早成 而用之於早歲 或訣復欲順次也】.
시이 조발 다 오 불여 순차 혹이 감라 위 조성 이 용지 어 조세 혹 결복 욕 순차 야

夫 順次 常度也. 若不察其實 亦焉往而不失【徵質不明 不能識奇 故使順次
부 순차 상도 야 약 불찰 기실 역 언 왕이 불실 징질 불명 불능 식기 고사 순차

亦不能得】. 故 遺賢而賢有濟 則恨在不早拔【故鄭伯謝之於燭武】; 拔奇而
역 불능 득　고 유현 이현 유제 즉 한재 불 조발 고 정백 사지 어 촉무　발기 이

奇有敗 則患在不素別【故光武悔之於朱浮】; 任意而獨繆 則悔在不廣問
기 유패 즉 환재 불 소별 고 광무 회지 어 주부　임의 이 독무 즉 회재 불 광문

【秦穆不從蹇叔 雖追譬而無及】; 廣問而誤己 則怨己不自信【隗囂心存於漢 而
진목 부종 건숙 수 추비 이 무급　광문 이 오기 즉 원기 불 자신 외효 심존 어한 이

爲王元所誤】. 是以 驥子發足 衆士乃誤; 韓信立功 淮陰乃震. 夫 豈惡奇
위 왕원 소오　시이 기자 발족 중사 내오　한신 입공 회음 내진 부 기 오기

而好疑哉? 乃尤物不世見 而奇逸美異也【故非常人之所識也】.
이 호의 재　내 우물 불 세현 이 기일 미이 야 고비 상인 지 소식 야

是以 張良體弱而精剛 爲衆智之雋也【不以質弱 而傷於智】; 荆叔色平而
시이 장량 체약 이 정강 위 중지 지 준야 불이 질약 이 상어 지　형숙 색평 이

神勇 爲衆勇之傑也【不以色和 而傷於勇】. 然則 雋傑者 衆人之尤也【奇逸
신용 위 중용 지 걸야 불이 색화 이 상어 용　연즉 준걸 자 중인 지우 야 기일

過於衆人 故衆人不能及】; 聖人者 衆尤之尤也【通達過於重奇 故重奇不能逮】.
과어 중인 고 중인 불능 급　성인 자 중우 지우 야 통달 과어 중기 고 중기 불능 체

其尤彌出者 其道彌遠【非天下之至精 其孰能與於此】. 故 一國之雋 於州
기우 미출 자 기도 미원 비 천하 지 지정 기숙 능여 어차　고 일국 지준 어주

爲輩 未得爲第也【郡國之所雋異 比於州郡 未及其第目】; 一州之第 於天下
위배 미득 위제 야 군국 지 소준 이 비어 주군 미급 기 제목　일주 지제 어천하

爲根【州郡之所第目 以比天下之雋根 而不可及根 一回反樞】; 天下之根 世有
위 외 주군 지 소제목 이비 천하 지 준외 이 불가 급외 일회 반추　천하 지 외 세유

優劣【英人不世繼 是以伊所管齊 應運乃出】.
우열 영인 불 세계 시이 이소 관제 응운 내출

是故 衆人之所貴 各貴其出己之尤【智材勝己 則以爲貴】 而不貴尤之所尤
시고 중인 지 소귀 각귀 기 출기 지우 지재 승기 즉 이 위귀　이 불귀 우지 소우

【尤之尤者 非衆人之所識】. 是故 衆人之明 能知輩士之數【衆人明者 粗知
우지 우자 비 중인 지 소식　시고 중인 지명 능지 배사 지수 중인 명자 조지

郡國出輩之士而已】而不能知第目之度【乃未識郡國品第之雋】; 輩士之明
군국 출배 지사 이이　이 불능 지 제목 지 도　내 미식 군국 품제 지준　　배사 지명

能知第目之度【出輩明者 粗知³²郡國第目之良】不能識出尤之良也【未識
능지 제목 지 도　출배 명자 조지　군국 제목 지량　불능 식 출우 지량 야　미식

出尤奇異之理】; 出尤之人 能知聖人之敎【瞻之在前 忽焉在後】不能究之
출우 기이 지 리　출우 지 인　능지 성인 지 교　첨지 재전　홀언 재후　불능 구지

入室之奧也【如有所立 卓爾 雖欲從之 末由也已】.
입실 지 오 야　여유 소립　탁이　수욕 종지　말유 야이

由是論之 人物之理妙 不可得而窮已【爲當擬諸形容 象其物宜 觀其會通 擧
유시 논지　인물 지 리묘　불가득이 궁 이　위당 의제 형용　상 기물 의　관 기 회통　거

其一隅而已】.
기 일우 이이

32　원문에는 지(之)로 되어 있지만, 앞에 있는 유병의 주석을 참고할 때 지(知)의 잘못인 듯해
　　바로잡았다.

제11장

사람을 알아보는 효험의 어려움

효난 제11(效難第十一)

대개 사람을 알아보는 효험에는 두 가지 어려움이 있다. 하나는 사람을 알아보는 일 자체의 어려움이고【더욱 기이하고 남들과 동떨어져서 존재하기 때문에 알아보기가 어렵다.】, 또 하나는 사람을 알아보기는 하는데 그를 어떻게 하면 잘 써서 효험을 발휘하게 하는가의 어려움이다.【자기는 비록 알아보았지만, 무엇으로 말미암아 그를 천거할 것인지를 알지 못한다.】

무엇을 일러 사람을 알아보는 일 자체의 어려움이라고 하는가? 인물이란 정밀하고 미묘해【지혜는 형상이 없고 기이함[奇逸]은 정밀하고 미묘하다.】 능히 신묘해야만 그것을 밝게 알아차릴 수 있는데【그 신묘함으로 들어가려 해야만 그 지혜(로움)를 밝힐 수 있다.】, 그 방법이 너무도 어려우므로 진실로 사람을 알아보는 일 자체의 어려움이라고 하는 것이다.【사람을 알아보면 명철하지만, 요임금도 그것을 어렵게 여기셨다.¹】

이 때문에 일반인이 사람을 살필 때는 능히 필요한 방법들을 다 갖출 수가 없어서【각자 한 가지 방법만 지킬 뿐이다.】, 각자 나름의 기준이나 척도를 세워 살피기도 하고 구분하기도 한다.【자기가 능한 바를 갖고서 여러 재주를 두루 살핀다.】 어떤 사람은 그 외적인 모습을 살피고[相]【외모를 갖고서 사람을 취한다.】, 어떤 사람은 그 동작을 들여다봐 살피고

---

1 이는 『서경』 「우서(虞書)·고요모(皐陶謨)」에 나오는 우왕(禹王)의 말이다. 고요가 "정치란 사람을 아는 데[知人] 달렸고 백성을 편안케 함[安民]에 달렸다"라고 말하자 우왕이 답한 것이다.

[候][그 사람이 나아가고 지향하는 바를 갖고서 사람을 취한다.], 어떤 사람은
후
그가 하는 일의 시작과 끝을 헤아려 살피고[揆][바른 도리를 취하는지를
규
갖고서 사람을 취한다.], 어떤 사람은 이미 그 사람의 미래 모습을 그려
가면서 살피고[그 사람의 속뜻을 갖고서 사람을 취한다.], 어떤 사람은 그
사람의 미세한 속내를 미뤄 헤아리고[推][마음속에 품은 속내와 이치를
추
갖고서 사람을 취한다.], 어떤 사람은 그 사람의 지난 과오에 대해 의심
을 품고[恐][그가 대범하게 남을 용서하는지를 갖고서 사람을 취한다.], 어떤
공
사람은 그가 하는 말을 그대로 받아들이고[循=從][그 사람이 하는 말의
순 종
뜻을 갖고서 사람을 취한다.], 어떤 사람은 그가 일을 행하는 것을 꼼꼼
히 따져본다[稽].[공효를 갖고서 사람을 취한다.]
계

이 여덟 가지는 어지러이 뒤섞여 있어[각자 마음에 품은 것이 가능한
지를 잣대로 삼는다. 이 때문에 섞여서 아무런 벼리가 없다.] 제대로 알아낼
수 있는 것은 적고 놓치는 것은 많다.[단지 자기와 같은 것은 취하고 자기
와 다른 것은 놓아버린다. 자기는 반드시 다른 것을 겸해야 할 필요가 없다고 여
기니, 그래서 놓치는 것들이 많게 된다.]

이 때문에 반드시 처음에는 겉만 보고 믿어서 저지르는 오류가 있
고[혹 외모만 보고서 사람을 취했다가 실제 행실은 다른 경우가 있다.], 또 (시
간에 따라) 행동거지가 달라지고 바뀌는 것을 제대로 파악하지 못하
는 잘못이 있다.[혹 몸은 강과 바다에 있지만, 마음은 높고 큰 대문[魏闕]에
위궐
가 있다.] 따라서 사람을 가까이서 살필 때 겉으로 드러난 행동을 따
르고 명성만을 믿었다가는 그 속내와 실상[中情=心中]을 놓치게 된
중정 심중
다.[이 때문에 성인(聖人)은 말을 들으면 실제 행하는 것을 살펴보고² 기리는 바

---

2   이는 재여(宰予)에 대한 공자의 태도 변화와 연결된다. 『논어』 「공야장(公冶長)」편에 나오

가 있다면 분명 그것을 따져보았을 것이다.³】

그래서 얄팍한 아름다움을 드러내 보이면 남다르다[有異]고 여기고【지혜가 얕아 쉽게 알아볼 수 있으면 외형적으로는 남다르고 아름다워 보인다.】,

깊은 눈 밝음을 갖추고도 입을 다물고 조용히 있으면 텅 비어 아무것도 없다[空虛]고 여기고【지혜가 깊고 안으로 밝으면 외형적으로는 실상이 없어 보인다.】,

미묘한 이치를 잘 분별하면 이루(離婁)⁴ 같다고 여기고【정밀함을 갈고닦아 지극한 이치를 찾아내면 외형적으로는 이루처럼 보인다.】,

경전에 대해 이리저리 이야기를 하면 마땅함과 이치[義理]에 능통하다고 여기고【일과 사물의 종류나 유형을 잘 분류해 이야기하면 외형적으로 이치를 잘 아는 것처럼 보인다.】,

옳고 그름을 따지기를 좋아하면 장부(臧否)를 잘 가린다고 여기고【옳고 그름에 대해 망령되이 떠들어대면 외형적으로 좋고 나쁨을 잘 아는 것처럼 보인다.】,

---

는 말이다.

재여가 낮잠을 자자 공자가 말했다. "썩은 나무는 조각할 수 없고, 거름흙으로 쌓은 담장은 손질할 수가 없다. 내 재여에 대해 꾸짖을 것이 있겠는가?"

공자가 말했다. "내가 원래는 사람에 대해 그의 말을 듣고 나서 그의 행실을 믿었는데, 지금 나는 사람에 대해 그의 말을 듣고 다시 그의 행실을 살펴보게 되었으니, 나는 재여로 인해 이렇게 고치게 되었다."

3   『논어』 「위령공(衛靈公)」편에 나오는 이야기다. 공자가 말했다. "내가 다른 사람에 대해서 누구를 헐뜯고 누구를 높이겠는가? 만일 기리는 바가 있다면 분명 그것을 따져보았을 것이다. 이 백성이다, 삼대에서 도리를 곧게 해 행하던 바탕은."

4   중국 고대의 전설상 인물로, 100보 떨어진 곳의 털끝을 볼 수 있을 만큼 시력이 뛰어났다고 한다. 『맹자』에도 등장한다.

(억지로) 유형을 구분해서 명성을 날리게 되면 인물에 능통하다고 여기고【뛰어남과 어리석음에 대해 억지 의견을 내면 외형적으로 인물에 밝은 것처럼 보인다.】,

정사에 내해 이런저런 평론을 해대면 국체(國體-나라의 동량)라고 여긴다.【시사에 대해 망령되게 논하면 얼핏 나라의 동량이라고 여긴다.】

이는 마치 이런저런 동물들의 울음소리를 듣고서 (그 속은 내버려 둔 채) 그 소리에 따라 이름을 짓는 것과 같다고 할 수 있다.【이 일곱 가지는 제대로 사물을 해명하지도 못한 채 모두 겉으로 드러나는 행동에 따라 그것을 갖고서 이름을 지은 것이다. 이는 마치 고양이 소리를 듣고서 고양이라고 부르고 참새 소리를 듣고서 참새라고 부르는 것과 같아서, 이 두 동물이 결국은 어떤 이름인지를 알 수가 없다. 세상 사람들이 의혹을 품는 것은 모두 이와 같다. 이 때문에 노(魯)나라에서 유복(儒服-선비복)을 입고 있으면 많은 사람은 다 그를 유자라고 부르니, 그래서 주변의 많은 이가 유자처럼 보이지만 정작 제대로 된 유자는 한 사람뿐인 경우가 대부분이다.】

蓋 知人之效有二難. 有難知之難【尤奇遊離 是以難知】有知之無由得效
개 지인 지효유 이난 유 난지 지 난 우기 유리 시이 난지   유지 지 무유 득효

之難【己雖知之 無由得薦】.
지 난 기수 지지 무유 득천

何謂難知之難? 人物精微【智無形狀 奇逸精妙】能神而明【欲入其神 而明
하위 난지 지난 인물 정미 지무 형상 기일 정묘 능 신이명 욕입 기신 이명

其智】, 其道甚難 固難知之難也【知人則哲 惟帝難之 況常人乎】.
기지   기도 심난 고 난지 지 난 야 지인 즉 철 유제 난지 황 상인 호

是以 衆人之察 不能盡備【各守其一方而已】故 各自立度 以相觀采【以
시이 중인 지찰 불능 진비 각수 기 일방 이이 고 각자 입도 이상 관채 이

己 歷觀衆材】. 或相其形容【以貌狀取人】或候其動作【以進趨取人】或揆
기 역관 중재 혹 상기 형용 이모상 취인 혹후 기 동작 이진추 취인 혹규

其終始【以發正取人】或揆其儗象【以旨意取人】或推其細微【以情理取人】
기 종시 이발정 취인 혹규 기 의상 이지의 취인 혹추 기 세미 이정리 취인

或恐其過誤【以簡恕取人】或循其所言【以辭旨取人】或稽其行事【以功效
혹공 기 과오 이간서 취인 혹순 기 소언 이사지 취인 혹계 기 행사 이공효

取人】.
취인

八者遊雜【各以意之所可爲准 是以雜而無紀】故 其得者少 所失者多【但取其
팔자 유잡 각이 의지소가 위준 시이 잡이무기 고 기득자 소 소실자 다 단취기

同於己 而失其異於己; 己不必兼 故實者(失者)⁵多】.
동어 기 이실 기 이어 기 기 불필 겸 고 실자 실자 다

是故 必有草創信形之誤【或色貌取人而行違】又有擧止變化之謬(繆)【或
시고 필유 초창 신형 지 오 혹 색모 취인 이 행위 우 유 거지 변화 지 류 무 혹

身在江海 心存魏闕】. 故 其接遇觀人也 隨行信名 失其中情【是以聖人聽言
신 재 강해 심존 위궐 고 기 접우 관인 야 수행 신명 실 기 중정 시이 성인 청언

觀行 如有所譽 必有所試】.
관행 여유 소예 필유 소시

故 淺美揚露 則以爲有異【智淺易見 狀似異美】,
고 천미 양로 즉 이위 유이 지천 이견 상사 이미

深明沈漠 則以爲空虛【智深內明 狀似無實】,
심명 침막 즉 이위 공허 지심 내명 상사 무실

分別妙理 則以爲離婁【研精至理 狀似離婁】,
분별 묘리 즉 이위 이루 연정 지리 상사 이루

口傳甲乙 則以爲義理【强指物類 狀似有理】,
구전 갑을 즉 이위 의리 강지 물류 상사 유리

好說是非 則以爲臧否【妄說是非 似明善否】,
호설 시비 즉 이위 장부 망설 시비 사명 선부

講目成名 則以爲人物【强議賢愚 似明人物】,
강목 성명 즉 이위 인물 강의 현우 사명 인물

平道政事 則以爲國體【妄論時事 似識國體】.
평도 정사 즉 이위 국체 망론 시사 사식 국체

猶聽有聲之類 名隨其音【七者不能明物 皆隨行而爲之名. 猶聽猫音而謂之猫
유 청유 성지류 명 수 기음 칠자 불능 명물 개 수행 이 위지명 유 청 묘음 이 위지 묘

聽雀音而謂之雀 不知二蟲竟謂何名也. 世之疑惑 皆此類也. 是以魯國懦服者 衆人
청 작음 이 위지 작 부지 이충 경 위 하명 야 세지 의혹 개 차류 야 시이 노국 나복 자 중인

皆謂之懦 立而周之 一人而已】.
개 위지 나 입 이 주지 일인 이이

무릇 명성이 실상과 다르면 그런 사람은 써도 효험이 없다.【남기
(南箕)는 곡식을 까부를 수 없고 북두(北斗)는 술을 떠서 마실 수 없다.⁶】그래
서 이런 사람에 대해 말하기를 "이름이 사람들 입에 오르내리지만 실

---

5 실자(實者)는 실자(失者)의 잘못으로 보인다.

6 『시경』「소아(小雅)·대동(大東)」편 구절의 일부다. 남기와 북두는 모두 별자리 이름인데,
   남기의 기(箕)는 곡식을 까부르는 '키'를, 북두의 두(斗)는 곡식의 용량을 재는 '말'을 뜻한
   다. 남기와 북두로는 곡식을 까부를 수도, 술을 뜰 수도 없다는 뜻으로, 이름이 실질에 미
   치지 못함을 비유하는 전형적인 용례다.

제로 일을 시켜보면 아무런 결과를 얻지 못한다.【일반인은 형체를 보고
서 이름을 붙인다. 그래서 직접 써보면 아무런 효과가 없다.】"라고 하는 것이
다. 속내와 실상이 있는 사람[中情之人]은 이름이 실상에 부합하지는
        중정 지 인
않지만 그런 사람을 쓰면 효험이 있다.【진짜 앎이 마음속에 있더라도 일반
사람들은 제대로 볼 수 없다. 그래서 겉으로 드러나는 이름은 없어도 안으로는
실상이 있다.】그래서 이런 사람은 이름이 사람들 입에 오르내리지 않
지만 실제로 일을 시켜보면 좋은 성과를 드러낸다.【효과가 있으면 이름
은 떨치게 되어 있다.】이것이 바로 처음에는 겉만 보고 믿어서 저지르게
되는 흔한 오류다.【얕은 앎은 끝이 없고, 깊은 지혜는 시작이 없다. 그래서 일
반 사람이 일이나 사물을 살필 때 늘 처음처럼 그 실상을 놓치게 된다.】그러니
반드시 그가 행동거지로 옮기기를 기다린 다음에야 그를 식별하게
된다.【그가 머물러 있는 바를 살피고 그가 평소 마음가짐을 갖는 바를 깊이 들
여다보면 어찌 그를 알지 못하겠는가?】

　　따라서 평소 거처할 때는 그가 편안해하는 바[其所安]를 살펴보
                                                  기 소안
고【오래된 사람들을 편안하게 해준다면 어짊에 돈독한 것이다.】, 현달했을 때
는 그가 천거하는 바[其所擧]를 살펴보고【굳세고 곧은 자를 천거한다면
                    기 소거
마땅함에 두터운 것이다.】, 부유할 때는 그가 베푸는 바[其所與]를 살펴
                                                    기 소여
보고【베푸는 것이 장엄한 자는 예에 밝은 것이다.】, 곤궁할 때는 그가 행하
는 바[其所爲]를 살펴보고【경술을 행하는 자는 지혜에 부지런한 것이다.】,
    기 소위
가난할 때는 그가 취하는 바[其所取]를 살펴봐야 한다.【자기 분수에 맞
                        기 소취
게 취할 줄 안다면 신의를 지킬 줄 아는 것이다.】⁷

7　이극(李克)의 말이다. 사마천의 『사기(史記)』에 나온다.
　　위(魏)나라 문후(文侯)가 어떤 인물을 재상으로 삼아야 할지 이극(李克)에게 묻자 이극이

그런 연후라야 마침내 능히 그 사람이 뛰어난지 아닌지를 알아낼 수가 있다.【이를 행하는 자는 뛰어나고, 이와 반대로 하는 자는 그렇지 못하다.】 이는 또 이미 시험해본 다음에야 알 수 있는 것이지 처음부터 그냥 본다고 해서 척하고 알아낼 수 있는 것이 아니다.【시험해봐야 알 수 있는 것이지, 어찌 그냥 관상을 본다고 알 수 있겠는가!】

바탕[質]을 알아내는 것만으로는 그의 지략까지 제대로 알 수가 없다.【지략은 달라진 것을 통하게 하는 것에 달렸으니, 이를 늘 잣대로 삼아서는 안 된다.】 또 천하 사람들을 모두 직접 만나보고서 그 사람됨을 살필 수 있는 것도 아니다.【그래서 그 외형만 보고서는 한 가지만을 얻을 뿐이지 모두 알기에는 충분치 못하다.】 어떤 사람은 뜻과 취향을 바꿔가면서 주변 상황에 따라 맞추기도 하고【이 때문에 세조(世祖-후한 광무제)는 방맹(龐萌)에게 속았고 조공(曹公-조조)은 동탁(董卓)에게 속았다.】, 어떤 사람은 아직 상황이 닥치지 않았는데도 욕심을 드러내며, 어떤 사람은 이미 상황이 닥치고서야 자기 생각을 바꾸기도 하고【이일(李軼)은 처음에는 광무제에게 온 마음을 다하다가 끝에 가서는 성공(聖公)[8]에게로 마음을 돌렸다.】, 어떤 사람은 곤궁해지고서야 힘써 행하기도 하며, 어떤 사람은 뜻을 얻고 나면 욕심을 따라 방종해진다.【왕망(王莽)은 처음에는 포의로 겸손하게 처신했으나 끝에 가서는 온갖 사치를 일삼았다.】 이 또한 행동거지를 제대로 살피지 않는 데 따른 잘못이다.【마음이 변하는 것이 이와 같은

말했다. "그 사람이 평소 거처할 때는 제 몸처럼 여기는 것[親]이 무엇인지를 보시고, 그 사람이 부유할 때는 그 사람이 무엇을 베푸는지[與]를 보시고, 벼슬이 높아졌을 때는 그 사람이 누구를 천거하는지[擧]를 보시고, 궁지에 처했을 때는 그 사람이 무엇을 하지 않는지[不行]를 보시고, 가난해졌을 때는 그 사람이 무엇을 취하지 않는지[不取]를 보셔야 합니다."

8   경시제(更始帝)를 말한다.

데, 누가 능히 그것을 분명하게 정하겠는가?】

이로써 논하건대, 바탕과 지략 양쪽의 핵심을 다 얻어야 하는 것이니 이것이 바로 사람을 알아보는 일 자체의 어려움이다.【이미 그 마음속을 알고 있다면 또한 그 달라짐을 살펴야 하니, 그래서 이는 일반인이 살필 수 있는 바가 아니다.】

夫 名非實 用之不效【南箕不可以簸揚 北斗不可以酒漿】; 故曰 名猶口進 而
부 명비실 용지불효 남기 불가이 파양 북두 불가이 주장 고왈 명유구진 이

實從事退【衆觀形而名之 故用而不驗也】. 中情之人 名不副實 用之有效
실 종사 퇴 중도형이명지 고용이불험 야 중정 지인 명불부 실 용지 유효

【眞智在中 衆不能見 故無外名 而有內實】; 故 名由衆退 而實從事章【效立則
진지 재중 중불능 견 고무 외명 이유내실 고 명 유중 퇴 이실 종사 장 효립즉

名章】. 此草創之常失也【淺智無終 深智無始 故衆人之察物 常失之如初】. 故
명장 차 초창 지 상실 야 천지 무종 심지 무시 고중인지 찰물 상실지 여초 고

必待居止 然後識之【視其所止 觀其所居 而焉不知】.
필대 거지 연후 식지 시기 소지 관기 소거 이언 부지

故 居視其所安【安其舊者敦於仁】 達視其所擧【擧剛直者厚於義】 富視其
고 거시기 소안 안기구 자돈어 인 달시 기 소거 거강직 자후어 의 부시 기

所與【與莊嚴者明於禮】 窮視其所爲【爲經術者勤於智】 貧視其所取【取其分者
소여 여장엄 자명어 예 궁시기 소위 위경술 자근어 지 빈시 기 소취 취기분 자

存於信】.
존어 신

然後 乃能知賢否【行此者賢 反此者否】. 此又已試 非始相也【試而知之 豈相
연후 내 능지 현부 행차자현 반차자부 차 우 이시 비 상상 야 시이 지지 기상

也哉】.
야재

所以知質未足以知其略【略在變通 不可常准】 且天下之人 不可得皆與
소이 지질 미족이 지 기략 약재 변통 불가 상준 차 천하 지인 불가 득개 여

遊處【故視其外狀 可以得一 未足盡知】. 或志趣變易 逐物而化【是以世祖失之
유처 고시기 외상 가이 득일 미족 진지 혹 지취 변역 수물 이화 시이 세조 실지

龐萌 曹公失之董卓】; 或未至而懸欲; 或已至而易顧【李軼始專心於光武 終
방맹 조공 실지 동탁 혹 미지 이 현욕 혹 이지 이 역고 이질 시전심 어 광무 종

改顧於聖公】; 或窮約而力行; 或得志而從欲【王莽初則布衣折節 卒則窮奢
개고 어 성공 혹 궁약 이 역행 혹 득지 이 종욕 왕망 초즉 포의 절절 졸즉 궁사

極侈】. 此又居止之所失也【情變如此 誰能定之】.
극치 차 우 거지 지 소실 야 정변 여차 수능 정지

由是論之 能兩得其要, 是難知之難【既知其情 又察其變 故非常人之所審】.
유시 논지 능 양득 기요 시 난지 지 난 기지 기정 우찰 기변 고비 상인 지 소심

무엇을 일러 (사람을 알아보기는 하는데 그를 어떻게 하면 잘 써서) 효험

을 발휘하게 하는가의 어려움이라고 하는가?

최상의 인재는 이미 알기도 어렵지만【이미 알아보기가 어렵다.】, 혹 알아보았다고 하더라도 아직 어리고 미천한 환경에 놓여 있다가 미처 성장하기도 전에 죽어버리기도 하고【아직 나아가 현달하기 전에 이미 죽어버린 경우다.】, 혹 어떤 자는 미처 발탁되기도 전에 먼저 죽어버리기도 하고【아직 뽑혀서 쓰이기도 전에 세상을 떠난 경우다.】, 혹 어떤 이는 노래를 잘 부르지만 화답해주는 이가 적어 노래를 불러도 찬사를 받지 못하기도 하고【공숙좌(公叔痤)[9]가 상앙(商鞅)을 천거했지만 위왕(魏王-위혜왕)은 그를 쓰지 않았다.】, 혹 어떤 자는 신분이 낮고 능력이 잘 드러나지 않아 아무리 바른말을 해도 훌륭하다 여기는 사람이 없었고【금식(禽息)은 백리해를 천거했으나 진나라 목공이 쓰지 않자 대문에 머리를 부딪고 죽었다.】, 혹 어떤 자는 그릇은 뛰어난데 시대의 호감을 얻지 못해 신임과 존귀함을 얻지 못했고【(한나라 문제 황후인) 두후(竇后)가 황로학(黃老學)을 좋아하니 유자들이 어떻게 나아갈 수 있었겠는가?】, 혹 어떤 자는 자리를 얻지 못해 발탁되지 못했고【(춘추시대 초나라 사람) 변화(卞和, ?~?)[10]는 옥을 다루는 장인이 아니었기에 옥돌을 껴안고 울어야 했다.】, 혹 어떤 자

---

9 위나라 재상이다.

10 화씨(和氏)라고도 부르며, 전국시대 초나라 사람이다. 그가 형산(荊山)에서 옥의 원석을 발견하자 곧바로 여왕(厲王)에게 바쳤는데, 여왕이 보석 감정인에게 감정시켜보니 평범한 돌이라고 했다. 화가 난 여왕은 변화씨를 발뒤꿈치를 자르는 형벌에 처했다. 여왕이 죽은 뒤 무왕(武王)이 즉위하자 다시 바쳤지만, 결과는 마찬가지였고, 이번에는 왼쪽 발뒤꿈치마저 잘리고 말았다. 무왕에 이어 문왕(文王)이 즉위하자 변화는 그 옥돌을 끌어안고 궁궐 문 앞에서 사흘 낮 사흘 밤을 울었다. 문왕이 그 까닭을 물은 뒤 옥돌을 감정인에게 맡겨서 갈고 닦아본 결과, 천하에 둘도 없는 명옥(名玉)이 영롱한 모습을 드러냈다. 문왕은 곧 변화에게 많은 상을 내리고 그의 이름을 따서 화씨지벽(和氏之璧)이라 이름 지었다.

는 자리는 얻었지만 (견제 세력의) 핍박을 받아 능력을 제대로 펴지 못했다.【하무(何武)가 공손록(公孫祿)을 천거했는데 공손록은 왕씨들에게 배척을 받았다.】

이 때문에 훌륭한 재주를 가진 자를 제대로 식별할 수 있는 경우는 만에 하나이며【재능이 비록 훌륭하다고 해도 마땅히 자기를 알아주는 사람을 만나야 하고 자기를 알아주는 사람을 만나더라도 마땅히 그 임금이 눈 밝은 임금이어야 하는데, 이 세 가지가 모두 충족되는 것은 만에 하나도 어렵다.】, 진면목을 식별할 수 있는 사람이 고위직에 있다 하더라도 제대로 그가 발탁될 가능성은 백에 하나도 어렵고【비록 자기 진면목을 알아주는 사람이 있다 해도 그가 그에 맞는 자리에 없을 수 있다.】, (천거하는 사람이) 지위와 권세가 있다 하더라도 제대로 사람을 천거할 수 있는 경우란 열에 하나도 어렵다.【자기를 알아주는 사람이 그럴 만한 자리에 있다 하더라도 그 사람의 지혜가 통달하지 않으면 발탁되기가 어렵다.】 어떤 사람은 눈 밝기가 충분히 참된 인물을 식별해낼 수 있지만, 주변의 방해로 인해 천거를 꺼리며【비록 뛰어난 이와 어리석은 이를 알아보고 분별할 줄 안다고 하더라도 주변에서 방해하고 빼앗는 경우에 굴복하기에, 그래서 천거하려 하지 않는 경우가 있다.】, 어떤 사람은 천거하기를 좋아하지만 참된 인물을 식별할 줄을 모른다.【지위에 있는 사람이 비록 마음속으로는 뛰어나고 좋은 사람을 좋아하더라도 눈 밝기에 문제가 있어 제대로 사람을 알아보지 못한다.】

이 때문에 사람을 알아보는 것과 알아보지 못하는 것이 서로 뒤섞여서 혼란스러운 상황이 빚어진다.【혹 뛰어난 이를 좋아하지만, 알아보지 못하고, 혹 뛰어난 이를 알아보지만, 마음속으로 질투한다. 그래서 쓰는 것과 쓰지 못하는 것이 무리에게 똑같이 적용되어 결국 제대로 나누지 못하고 뒤섞여 어지러워진다.】 그래서 실제로 사람을 잘 알아보는 자는 인재가 효험을 발휘할 수 있도록 하지 못함을 근심하고【몸은 아무런 지위가 없어 효험을 발휘할 수가 없다.】, 사람을 알아보지 못하는 자 또한 스스로 사람 식별 능력이 모자란다고 탄식한다.【몸이 비록 높은 지위에 있더라도 능히 알아볼 수가 없다.】이것이 이른바 효험을 발휘하게 하는가의 어려움이다.

그래서 말하기를 사람을 알아보는 효험에는 두 가지 어려움이 있다고 한 것이다.【이 때문에 임금은 늘 그 귀 밝음과 지혜를 부리고 그 보고 듣는 것을 넓혀서 외진 곳까지 밝게 드러내어 뛰어난 인재를 두루 구하기를, 능력 있는 이를 천거하되 원수라고 해 피하지 않고 뛰어난 이를 뽑아 쓰되 그윽하게 숨어 지내는 이를 버리지 않은 다음이라야 국가가 다스려질 수 있고 공업이 이뤄질 수 있다.】

何謂無由得效之難?

上材已莫知【已難識知】, 或所識在幼賤之中 未達而喪【未及進達 其人 已喪】; 或所識者 未拔而先沒【未及拔擧 已先沒世】; 或曲高和寡 唱不見讚【公叔痤薦商鞅 而魏王不能用】; 或身卑力微 言不見亮【禽息擧百里奚 首足 皆碎】; 或器非時好 不見信貴【竇后方好黃老 儒者何由見進】; 或不在其位 無由得拔【卞和非因匠 所以抱璞泣】; 或在其位 以有所屈迫【何武擧公孫祿[11] 而爲王氏所推】.

是以 良材識眞 萬不一遇也【才能雖良 當遇知己; 知己雖遇 當値明王 三者之 遇 萬不一會】; 須識眞在位識 百不一有也【雖識己眞 或不在位】; 以位勢値 可薦致之士 十不一合也【識己雖在位 智達復須宜】. 或明足識眞 有所妨奪 不欲貢薦【雖識辨賢愚 而屈於妨奪 故有不欲】; 或好貢薦 而不能識眞【在位

11 원문에는 록(祿)이 록(錄)으로 되어 있는데, 잘못이다.

之人 雖心好賢善 而明不能識】.
지인 수 심호 현선 이 명 불능 식

是故 知與不知 相與分亂總猥之中【或好賢而不識 或知賢而心妬, 故用
시고 지 여 부지 상여 분란 총외 지중 혹 호현 이 불식 혹 지현 이 심투 고용

與不用 同於衆總 分然淆亂】, 實知者患於不得達效【身無位次 無由效達】
여 불용 동어 중총 분연 효란 실지자 환어 부득 달효 신무 위차 무유 효달

不知者亦自以爲未識【身雖在位 而不能識】. 所謂無由得效之難也.
부지자 역자 이위 미식 신수 재위 이 불능 식 소위 무유 득효 지 난야.

故曰 知人之效有二難【是以人主常當運其聰智 廣其視聽 明揚側陋 旁求俊乂
고왈 지인 지 효유 이난 시이 인주 상 당운 기 총지 광기 시청 명양 측루 방구 준예

擧能不避讎 拔賢不棄幽隱, 然後國家可得而治 功業可得而濟也】.
거능 불피 수 발현 불기 유은 연후 국가 가득이 치 공업 가득이 제 야

260

다투는 마음을 내려놓아라

석쟁 제12(釋爭第十二)

대개 좋은 사람[善=善人]은 내세워 자랑하지 않음[不伐]을 가장 크다고 여기고【좋은 일을 행하고서 그 능함을 스스로 자랑하는 것을 일반인은 작다고 여긴다.】, 뛰어난 이[賢=賢人]는 자기를 내세우는 것[自矜]을 손해라고 여긴다.【뛰어난 일을 행하고서 스스로 뛰어나다는 마음을 버리면 어디로 간들 이익됨이 없을 수 있겠는가?】 이 때문에 순(舜)임금은 다움을 갖춘 (친아들이 아닌) 우왕(禹王)에게 제위를 넘겨 마땅함을 드러내어 명성이 널리 퍼질 수 있었고, 탕왕(湯王)은 자신을 낮추기를 조금도 주저함이 없었지만¹ 빼어남과 존경이 날로 더해졌다.【저 두 황제는 비록 하늘이 내려준 빼어난 다움을 갖고 있었고 날 때부터 최상의 명철함을 갖추고 있었지만, 오히려 공로를 세우더라도 겸손해야 한다는 마음을 품고 있었으니, 서둘러 아랫사람들에게 자기를 낮추려 한 연후에 (오히려) 신의가 높아졌고 임금 자리가 빛났다.】 극지(郤至)는 남보다 위에 있었지만 도리어 그 낮아짐이 점점 심해졌고, 왕숙(王叔)은 남과 다투기를 좋아하다가 결국은 나라 밖으로 나가 도망쳐야 했다.【이 두 대부는 공로에 힘쓰고 남을 넘어서려 하다가 혹 종족이 멸족당하거나 혹 화를 피해 나라 밖으로 달아났다. 이로 말미암아 보건대, 다툼과 사양의 길이 어찌 (그 차이가) 두드러지지 않겠는가?】

1　『논어』「요왈(堯曰)」편에 탕왕의 이런 모습을 보여주는 말이 나온다. "나 소자 이(履)는 검은 희생을 써서 감히 거룩하신 상제께 밝게 아룁니다. 죄지은 자[有罪]를 감히 (내 마음대로) 용서하지 못하며 상제의 신하를 제가 감히 숨길 수 없으니, 인물을 간택하는 것[簡]은 (내 마음대로 하는 것이 아니라) 상제의 마음에 있는 것입니다." (또 제후들에게 말씀하셨다.) "내 몸에 죄가 있음은 만방(萬方) 때문이 아니요, 만방에 죄가 있음은 그 책임이 내 몸에 있다."

그렇다면 자신을 낮추고 사양해 남의 아래에 처하는 것은 곧 성대하게 나아가는 지름길이요【강과 바다가 온갖 계곡이 왕이 되는 까닭은 자신이 남의 아래에 처하기 때문이다.】, 자랑하는 마음을 내세워 다른 사람을 침범하고 능멸하는 것은 비방을 부르고 사방이 막히게 되는 험로인 것이다.【물소와 호랑이가 우리에 갇히게 되는 것은 그 성질이 사납고 물어뜯으려 하기 때문이다.】

蓋 善以不伐爲大【爲善而自伐其能 衆人之所小】賢以自矜爲損【行賢而去
개 선 이 불벌 위 대 위선 이 자벌 기능 중인 지 소소   현 이 자긍 위 손 행현 이 거

自賢之心 何往而不益哉】. 是故 舜讓于德而顯義登聞 湯降不遲而聖敬
자현 지심 하 왕 이 불익 재   시고 순 양 우 덕 이 현의 등문 탕 강 부지 이 성경

日躋【彼二帝 雖天挺聖德 生而上哲 猶懷勞謙 疾行退下, 然後信義登聞 光宅
일제 피 이제 수 천정 성덕 생이 상철 유회 노겸 질행 퇴하 연후 신의 등문 광택

天位】; 隙至上人而抑下滋甚 王叔好爭而終于出奔【此二大夫 務功陵物 或
천위   극지 상인 이 억하 자심 왕숙 호쟁 이 종우 출분 차 이 대부 무공 능물 혹

宗族族滅 或逃禍出奔. 由此觀之 爭讓之道 豈不懸歟】. 然則 卑讓降下者 茂進
종족 족멸 혹 도화 출분 유차 관지 쟁양 지도 기 불현 여   연즉 비양 강하 자 무진

之遂路也【江海所以爲白谷王 以其處下也】矜奮侵陵者 毀塞之險途也【兕虎
지 수로 야 강해 소이 위 백곡 왕 이기 처하 야 긍분 침릉 자 훼색 지 험도 야 시호

所以攖牢檻 以其性獲噬也】.
소이 영 뇌함 이 기성 획서 야

이 때문에 군자는 행동거지[擧=擧措]가 감히 일정한 표준[儀準]을 넘어서지 않고 뜻은 감히 정해진 궤도와 등급을 올라타지 않으며【발을 내디딜 때 구차스럽지가 않고, 늘 물러나 자기를 낮추려는 마음을 품고 있다.】 안으로는 자신을 부지런히 해 스스로를 이뤄내고[自濟=自成] 밖으로는 겸손과 사양으로 삼가고 두려워한다.【혼자 있어도 감히 그릇된 짓을 하지 않고, 문을 나서면 큰 손님을 뵈온 듯이 한다.[2]】 이 때문에 원망과 비난이

2 뒤의 문장은 『논어』 「안연(顔淵)」편에 나오는 공자의 말이다.
   중궁이 어짊에 관해 묻자 공자가 말했다. "문을 나서면 큰 손님을 뵈온 듯이 하고, 백성을

자신에게 향하지 않아서 영예와 복록이 장구하게 이어진다.【외부 일이 상처를 입히지 못하면 자손들은 그에 힘입어 재앙을 면하게 된다.】

(반면에) 저 소인은 그렇지가 않아, 공로가 있으면 뽐내고 능력을 자랑하며 남을 능멸하는 것을 좋아한다.【애초에 크고 작은 것과 상관없이 마음속으로 남을 이기려고 한다.】이 때문에 자기보다 앞서는 자가 있으면 사람들은 그를 해치고【남보다 앞서는 것을 자랑스러워하면 그를 해치려는 것이 인지상정이다.】, 누가 공로가 있으면 사람들은 그를 헐뜯고【공로를 믿고서 설치게 되면 그를 깎아내리려는 것이 인지상정이다.】, 패망에 이른 자가 있으면 사람들은 그것을 다행으로 여긴다.【어떤 사람이 뒤집히거나 패망하면 그것을 다행으로 여기는 것이 인지상정이다.】

이 때문에 서로 고삐를 잡고서 선두를 다투다가 결국 둘 다 승리를 얻지 못하고【소인들은 서로 나아가려 경쟁을 하지만 지혜가 각각 상대방보다 앞서지 못해 나란히 달려가며 험하게 다투다가 다시 자빠진다.】, 양쪽 모두 지쳐 꺾이고 나면 뒤에 오던 사람들에게 추월당하게 된다.【중도에 나가 떨어지면 뒤에서 오던 자가 올라타게 된다. 비유하자면 토끼는 쫓기다 죽고 쫓던 개가 지치면 농부가 그 공로를 차지하는 것과 같다.】

이로 말미암아 논하건대, 다툼의 길과 사양이나 양보의 길은 그 차이가 명백하다.【군자는 사양이나 양보를 숭상하니, 그래서 1만 리를 걸어가도 길은 (훤히 뚫려) 깨끗하다. (반면에) 소인은 다툼을 좋아해, 미처 길을 떠나기도 전에 길이 막힌다.】

부릴 때는 큰 제사를 받들 듯이 하며, 자신이 하고자 하지 않는 것을 남에게 베풀지 말아야 하니, (이렇게 하면) 나라에 있어도 원망함이 없으며 집 안에 있어도 원망함이 없을 것이다." 중궁이 말했다. "옹이 비록 불민하지만, 그 말씀을 따르도록 노력하겠습니다."

是以 君子擧不敢越儀準 志不敢凌軌等【足不苟蹈 常懷退下】; 內勤己以
시이 군자 거 불감 월 의준 지 불감 능궤등 족 불구도 상회 퇴하 내 근기 이

自濟 外謙讓以敬懼【獨處不敢爲非 出門如見大賓】. 是以 怨難不在於身 而
자제 외 겸양 이 경구 독처 불감 위비 출문 여견 대빈 시이 원난 부재 어신 이

榮福通於長久也【外物不見傷 子孫賴以免】.
영복 통어 장구 야 외물 불견상 자손 뇌이 면

彼小人則不然, 矜功伐能 好以陵人【初無巨細 心發揚以能物³】; 是以
피 소인 즉 불연 긍공 벌능 호이 능인 초무 거세 심 발양 이 능물 시이

在前者人害之【矜能奔縱 人情所害】有功者人毁之【恃功驕盈 人情所毁】
재전자 인 해지 긍능 분종 인정 소해 유공자 인 훼지 시공 효영 인정 소훼

毁敗者人幸之【及其覆敗 人情所幸】.
훼패자 인 행지 급기 복패 인정 소행

是故 並轡爭先而不能相奪【小人競進 智不相過 並驅爭驗 更相蹈籍】, 兩頓
시고 병비 쟁선 이 불능 상탈 소인 경진 지불 상과 병구 쟁험 갱상 도적 양돈

俱折而爲後者所趨【中道而斃 後者乘之, 譬兎殙犬疲 而田父收其功】.
구절 이 위후자 소추 중도 이폐 후자 승지 비토 몽견피 이 전보 수 기공

由是論之, 爭讓之途 其別明矣【君子尙讓 故涉萬里而途淸; 小人好爭 足未動
유시 논지 쟁양 지도 기별 명의 군자 상양 고섭 만리 이 도청 소인 호쟁 족 미동

而路塞】.
이 노색

그러나 남을 이기기를 좋아하는 사람[好勝之人]은 오히려 그렇지
호승 지 인

않다고 여긴다.【탐욕스러우면 남을 이기는 것을 좋아하게 되어 비록 다툼과 사

양의 가르침을 듣더라도 마음속으로는 여전히 아무것도 깨닫지 못하고서는, 마침

내 속으로 말하기를 '옛사람은 사양함으로써 얻었지만 지금 사람은 사양함으로써

잃는다'라며 남을 이기려는 생각을 불러일으켜 남과 다투는 것을 마음속으로 옳

게 여긴다.】남보다 앞서가는 것을 남보다 빠르고 날카롭다[速銳]고 생
속예

각하고, 남보다 뒤에 있는 것을 머물러 정체되었다[留滯]고 생각하고
유체

【그래서 일을 가든 그 자리에 남아 있든 마음은 늘 급급해 수레에 기름칠할 겨를

도 없다.】, 뭇사람들에게 자신을 낮추는 것[下衆]을 비굴하다[卑屈]고 생
하중 비굴

각하고, 차례를 건너뛰는 것을 특별하고 걸출하다[異傑]고 생각하고
이걸

【사리에 맞지 않게[苟=非禮] 남 위로 올라가는 것을 자랑스럽게 여기며, 젊어지
구 비례

---

3   능(能)은 능(陵)의 잘못인 듯하다.

고 올라타는 것[負乘]⁴을 부끄럽게 여기지 않는다.], 상대에게 양보하는 것을
도리어 치욕을 당한다고 생각하고, 윗사람을 올라타는 것[陵上=凌上=
犯上]을 고매하다[高邁=高邁]고 생각한다.【그래서 조천(趙穿)⁵은 원수(元
帥)를 돌아보지 않았고, 체자(彘子)⁶는 자기 군대를 함정에 빠지게 했다.】

　　이리하여 매사를 자기만 옳다고 여기면서[抗奮] 마음대로 밀어붙
이고 스스로를 돌아볼 줄 모른다.【비유하자면 호랑이나 이리가 살아 있는
동물을 먹는 것과 같아서, 드디어 사람을 죽여서라도 자기 화를 풀려는 마음까
지 품게 된다.】

然 好勝之人 猶謂不然【貪則好勝 雖聞德讓之風 意猶昧然. 乃云: '古人讓以得
今人讓以失' 心之所是 起而爭之】. 以在前爲速銳 以處後爲留滯【故行坐汲汲
不暇脂車】 以下衆爲卑屈 以躐等爲異傑【苟矜起等 不羞負乘】 以讓敵爲
迴辱 以陵上爲高邁【故趙穿不顧元帥 彘子以偏師陷】.
是故 抗奮遂往 不能自反也【譬虎狼食生物 遂有殺人之怒】.

4　『주역』해괘(解卦, ䷧)의 밑에서 세 번째 음효인 육삼에 대한 주공의 효사에 나오는 말이다.
　　주공은 "육삼(六三)은 짊어지고 또 올라타니, 도적이 오게 하는 것이 반듯해도 안타깝다
　　[負且乘 致寇至 貞吝]"라고 말을 달았고, 공자는 이를 "(육삼(六三)이) 짊어지고 또 올라타
　　고 있는 것은 진실로 추악하다고 할 수 있다. 나로부터 도적을 불러들였으니 또 누구를 탓
　　하랴[負且乘 亦可醜也. 自我致戎 又誰咎也]!"라고 풀이했다. 하극상에 대한 비판임과 동시
　　에 그 원인이 윗사람에게 있음을 지적하는 내용이다. 정이천은 이를 다음과 같이 풀이했
　　다. "마치 소인이 마땅히 아랫자리에 있어야 하는데 또 수레를 타고 있는 것과 같다. 육삼
　　이 차지할 자리가 아니니, 반드시 도적이 와서 그 자리를 빼앗게 될 것이다. 일을 행하는 것
　　이 반듯해도 비루하고 안타까워할 만하다. 소인이 성대한 지위를 도둑질하면 애를 써서 올
　　바른 일을 하더라도, 기질이 천박하고 본래 위의 자리에 있어야 할 것이 아니라서 결국에
　　는 안타깝게 된다."
5　진(晉)나라 사람으로 영공(靈公)을 시해한 인물이다.
6　진(晉)나라 사람으로 초나라와의 전쟁을 주장했고, 함정에 빠져 크게 패했다.

무릇 이처럼 너무 치솟아 오르려는 사람[抗=抗者]은, 뛰어난 이
를 만나게 될 경우에는 반드시 겸손하게 자기를 낮추지만【인상여(藺
相如, ?~?)[7]가 염파(廉頗, ?~?)[8]에게 자세를 낮추자 양쪽 다 이익을 얻을 수 있
었다.】 사나운 이를 만나게 될 경우에는 반드시 그에 맞서 비난거리를
짜낸다.【관부(灌夫, ?~기원전 131년)[9]는 전분(田蚡, ?~기원전 131년)[10]에게 자

---

7 전국시대 조(趙)나라 사람이다. 원래 조나라 환자(宦者) 영무현(令繆賢)의 사인(舍人)이었
   다. 혜문왕(惠文王) 때 진소왕(秦昭王)이 유명한 구슬인 화씨벽(和氏璧)을 가지고 진나라
   의 성 15개와 바꾸자고 요구해왔다. 이때 영무현의 천거로 왕명을 받고 진나라에 사신으
   로 가서 기지를 발휘해 구슬과 함께 무사하게 돌아왔다. 이 공으로 상대부(上大夫)가 되었
   다. 혜문왕 20년 진나라 왕과 조나라 왕이 민지(澠池)에서 회담하는 자리에서 조나라 왕
   이 수모를 당하지 않도록 한 공으로 상경(相卿)의 지위에 올랐는데, 장군 염파(廉頗)보다
   높은 지위였다. 염파가 이를 모욕이라 여겨 단단히 별렀는데, 이를 안 그가 염파를 피했다.
   조나라 안전을 위해 그랬다는 사실을 안 염파가 자기 잘못을 뉘우치고 사죄해 문경지교
   (刎頸之交)를 맺었다.

8 조나라 혜문왕 때 장(將)이 되고, 나중에 상경(上卿)으로 승진했다.

9 전한 영천(潁川) 영음(潁陰) 사람이다. 아버지는 장맹(張孟)인데, 관영(灌嬰)의 사인(舍人)
   이 되어 총애를 받아 성을 관씨로 바꾸었다. 오초(吳楚)가 반란을 일으켰을 때 아버지가
   원정에 나섰다가 군중(軍中)에서 죽자, 함께 종군했던 관부는 초상을 치르기 위해 귀향하
   는 것을 거절하고 적장의 목을 베어 아버지의 원수를 갚고자 했다. 마침내 아버지 갑옷을
   뚫은 창을 뽑아 오나라 진영으로 들어가서 적병 수십 명을 죽이고 이름을 천하에 떨쳤다.
   이 공으로 중랑장(中郎將)이 되었다. 무제(武帝) 건원(建元) 원년(기원전 140년) 회양태수
   (淮陽太守)가 되었고, 이어 입조해 태복(太僕)이 되었다가 다음 해 연(燕)나라 재상(宰相)
   이 되었다. 사람됨이 강직하고 술을 좋아해 임협(任俠)을 즐겼는데, 가산이 수천만이었고
   식객(食客)이 날마다 수백 명에 이르렀다. 두영(竇嬰)과 친하게 사귀었다. 나중에 술에 취
   해 승상(丞相) 전분(田蚡)을 모욕했다고 탄핵을 받고 불경(不敬)으로 연좌되어 일족이 주
   살(誅殺)당했다.

10 경제(景帝) 왕황후(王皇后)와 어머니는 같고 아버지가 다른 동생이다. 처음에 제조랑(諸曹
   郎)이 되었고, 경제 말년에 총애를 받기 시작했다. 외척 신분으로 무제(武帝)의 총애를 받
   아 태위(太尉)를 지냈고, 무안후(武安侯)에 봉해진 뒤 승상(丞相)이 되었다. 주청하는 일마
   다 모두 들어주니 권력이 막강해졌고, 화려한 저택에 희첩(姬妾)만 100여 명이 넘었다. 미
   천할 때 두영(竇嬰)을 섬겼는데, 출세하고 두영이 세력을 잃자 무고해 두영과 관부(灌夫)를
   살해했다. 유가 사상을 숭상했지만, 황로(黃老) 사상을 좋아한 두태후(竇太后)에 의해 파
   직되었다가 그녀가 죽은 뒤 복직되어 무제의 유학 장려 정책에 크게 기여했다.

기를 낮추지 않아 양쪽 다 손해를 보았다.】 이처럼 맞서서 비난하는 상황이 되면 옳고 그름의 이치가 반드시 뒤섞여 실상을 밝혀내기 어려워진다.【양쪽이 다 자기가 옳고 상대가 틀렸다고 하면 누가 그 실상을 밝힐 수 있겠는가?】 이처럼 뒤섞여 실상을 밝혀내기가 어려워진다면 스스로를 헐뜯는 것과 무슨 차이가 있겠는가?【두 호랑이가 서로 싸우게 되면 작은 것은 죽고 큰 것도 다칠 것이니, 어찌 양쪽이 다 온전할 수 있겠는가?】

또 남이 자기를 헐뜯으면 누구라도 다 원망이나 유감을 품게 되니, 변고가 생겨나서 서로 간에 틈[釁=釁隙]이 있게 된다.【만약에 본래
흔   흔극
부터 원망이나 유감을 갖고 있지 않다면 일을 당해서도 실로 헐뜯거나 해치는 지경에 이르지는 않는다.】 이러면 상대는 반드시 어떤 일에 의탁해서 자질구레한 일까지 꾸며대어 사단을 만들어낸다.【서로를 비방하고 헐뜯는 것을 보면, 모두 반드시 일의 유형에 바탕을 두고서 꾸며대어 이뤄낸다[飾成].】 그
식성
것을 듣는 사람의 경우, 비록 전부 믿어주지는 않겠지만 오히려 절반 정도는 그렇다고 여긴다.【말에는 약간의 신빙성이 있게 마련이니, 그래서 그것을 믿는 자가 절반은 되는 것이다.】 자기가 맞서서 대응할 때도 역시 그와 같다.【상대방 비방에 대해 보복을 할 때도 같은 방식을 쓰게 된다.】 결국 같은 상황에 이르게 되어 실로 각자 반신반의하는 상태가 친소 관계에 따라 드러나게 된다.【양쪽이 다 겉모습을 갖춰도 그 실상은 알 수가 없다. 이 때문에 가까운 사람이나 먼 사람이 그 말을 듣게 되면, 양쪽 다 절반은 이쪽을 믿고 절반은 저쪽을 믿는다.】 그렇다면 (결국) 화를 내며 싸우고 다투는 자는 남의 입을 빌려 자신을 헐뜯는 것이고【자기가 남의 결점을 말하면 남도 자기의 단점을 말하게 된다. 그래서 설사 남을 욕한다 하더라도 그 욕이 결국은 자기에게로 돌아오게 되는 것이다.】 똑같이 맞받아치며 다퉈 말싸움하는 자는 남의 손을 빌려 자신을 때리는 격이니【말에 분노가 담기면 힘

으로 다투게 되고 자기가 이미 남을 때리면 남도 자기를 때릴 것이니, 이것이 바로 남의 손을 빌려 자기를 때리는 격이 되는 것이다.】, 미혹되어 잘못을 저지르는 것이 어찌 심하지 않다고 하겠는가?【남의 손을 빌려 사기를 때리고 남의 입을 빌려 자기를 욕하니, 이것이 미혹됨이 아니면 무엇이란 말인가?】

夫 以抗遇賢必見遜下【相如爲廉頗逡巡 兩得其利】以抗遇暴必構敵難
부 이항 우현 필견 손하   상여 위 염파 준순 양득 기리   이항 우포 필구 적난

【灌夫不爲田蚡持下 兩得其尤】敵難旣構 則是非之理必敵溷而難明【俱自是
관부 불위 전분 지하 양득 기우   적난 기구 즉 시비 지리 필적 혼이 난명   구자시

而非彼 誰明之耶】. 溷而難明則其與自毀何以異哉【兩虎共鬪 小者毀 大者傷
이 비피 수 명지 야   혼이 난명 즉 기여 자훼 하이 이재   양호 공투 소자 훼 대자 상

焉得而兩全】?
언 득이 양전

且人之毀己 皆發怨憾 而變生釁也【若本無憾恨 遭事際會 亦不致毀害】. 必
차 인지 훼기 개발 원감 이변 생흔 야   약 본무 감한 조사 제회 역불치 훼해   필

依託於事 飾成端末【凡相毀謗 必因事類而飾成之】; 其於聽者 雖不盡信 猶
의탁 어사 식성 단말   범 상 훼방 필인 사류 이식 성지   기어 청자 수불 진신 유

半以爲然也【由言有端角 故信之者半】. 己之校報 亦又如之【復當報謗 以生
반 이위 연야   유언 유 단각 고 신지자 반   기지 교보 역우 여지   부당 보방 이생

翅尾】, 終其所歸 亦各有半信著於遠近也【俱有形狀 不知其實. 是以近遠之
시미   종 기 소귀 역 각유 반신 저어 원근 야   구유 형상 부지 기실 시이 근원 지

聽 皆半信於此 半信於彼】. 然則 交氣疾爭者 爲易口而自毀也【己說人之瑕
청 개 반신 어차 반신 어피   연즉 교기 질쟁 자 위 역구 이 자훼 야   기설 인지하

人亦說己之穢, 雖詈人 自取其詈】; 並辭競說者 爲貸 手以自毆【辭忿則力爭 己
인 역설 기지예 수 이인 자취 기리   병 사경 설자 위대 수이 자구   사분 즉 역쟁 기

旣毆人 人亦毆己 此其借手以自毆】; 爲惑繆 豈不甚哉爲【借手自毆 借口 自
기 구인 인 역 구기 차기 위 차수 이 자구   위 혹무 기 불심 재 위 차수 자구 차구 자리

非惑如何】?
비 혹 여하

그러나 그 이유나 원인을 찾아 올라가 보면 어찌 자기 자신을 꾸짖기를 두텁게 하다가[躬自厚責][11] 달라져서[變=變成] 쟁송에 이른 것이겠
궁자 후책   변 변성
는가?【자기가 능히 스스로를 꾸짖을 줄 안다면 남도 스스로를 꾸짖게 되어 양쪽

---

11 『논어』 「위령공(衛靈公)」편에 나오는 공자의 말을 압축한 것이다. "자기 자신을 책망하기를 두텁게 하고 남에게 책임을 묻기를 엷게 한다면[躬自厚而薄責於人] 원망이 멀어질 것이다."
궁자 후 이 박책 어인

은 다 다툼에 대해 말하지 않으니 쟁송이 어디서 생겨나겠는가!】 모두 안으로는 남을 품어줌[恕]이 부족하고 밖으로는 남을 책망(責望)함이 그치지 않았기 때문이다.【다툼이 생겨나는 까닭은, 안으로는 능히 이미 자책할 줄을 모르고 밖으로는 남을 책망함이 그치지 않기 때문이다.】 혹 남이 자기를 경시한다 해서 원망하고, 혹 남이 자기보다 낫다고 해서 질시하는 것이다.【마음속이 경쟁심으로 가득하다 보니 끝내 마음이 편안할 수가 없을 뿐이다.】

내가 다움이 엷어서 남이 나를 경시한다면 이는 나의 굽음[曲=枉]을 남이 곧게 해주는 것이고【굽어서 경시를 당하는 것은 진실로 마땅하다 할 것이다.】, 내가 뛰어난데도 남이 알아주지 않는다면 이는 내 잘못 때문에 경시당하는 것은 아니다.【친해서 도리어 손해를 보는 것은 진실로 마땅하다 할 것이다.】 남이 뛰어나서 나보다 앞서는 경우는 나의 다움이 아직 지극하지 못하기 때문이고【나의 다움이 가벼운 것이 남 때문이라면 진실로 마땅하다 할 것이다.】, 다움은 서로 같은데 남이 나보다 기회 면에서 앞서는 경우는 나의 다움이 기회 면에서 조금 뒤처지기 때문이다.【다움이 같더라도 연차에 따라 뒤처질 수 있는 것은 진실로 늘 그러한 것이라 할 것이다.】 그런데 어째서 원망을 하는가?

또 둘 다 뛰어나서 아직 구별할 수 없다면 능히 양보하는 자가 준걸이요【재주는 둘 다 같은데 우열을 다투려 하지 않는다면 일반인은 그 양보함을 좋다고 여긴다.】, 준걸을 다투는데 아직 구별할 수 없다면 힘으로 이기려는 자가 피곤한 자[憊]다.【특출남[雋]은 둘 다 같은데 구별되지 않아 힘으로 경쟁할 경우, 일반인은 그 다툼을 나쁘다고 여긴다.】 이 때문에 인상여(藺相如)는 수레를 되돌림으로써 염파(廉頗)를 이길 수 있었고[12], (후한

---

12 사마천의 『사기』 권81 「염파인상여열전(廉頗藺相如列傳)」에 나온다. 조(趙)나라 명신 인상

때 무신) 구순(寇恂, ?~36년)은 싸우지 않음으로써 (후한 때 무신) 가복(賈復, ?~55년)보다 뛰어나다는 명성을 얻었다.【이 두 뛰어난 이는 다툼의 길을 자기가 가야 할 길로 삼아서는 안 된다는 것을 알고 수레를 돌려 물러나며 피하거나 혹은 술과 안주로 맞이하며 보내주었으니, 그래서 염파와 가복이 사죄하거나 복종했으며[肉祖] 다툼은 오히려 사라져버렸다.】[13]
육단

然 原其所由 豈有躬自厚責以致變訟者乎【己能自責 人亦自責 兩不言競
연 원기소유 기유 궁자 후책 이치 변송 자호 기능 자책 인역 자책 양 불언 경

變訟何由生哉】? 皆由內恕不足 外望不已【所以爭者 由內不能己已自責 而外望
변송 하유 생재 개유 내서 부족 외망 불이 소이 쟁자 유내 불능 기이 자책 이 외망

不已也】, 或怨彼輕我 或疾彼勝己【是故心爭 終無休已】.
불이 야 혹원 피 경아 혹 질피 승기 시고 심쟁 종무 휴이

夫 我薄而彼輕之 則由我曲而彼直也【曲而見輕 固其宜矣】; 我賢而彼
부 아박 이피 경지 즉 유아 곡이 피직 야 곡이 견경 고기 의 의 아현 이피

不知 則見輕非我咎也【親反傷也 固其宜矣】. 若彼賢而處我前 則我德之
부지 즉 견경 비 아구 야 친반 상야 고기 의 의 약 피현 이처 아전 즉 아덕 지

未至也【德輕在彼 固其宜矣】; 若德鈞而彼先我 則我德之近次也【德鈞年次
미지 야 덕경 재피 고기 의 의 약 덕균 이피 선아 즉 아덕 지 근차 야 덕균 연차

固其常矣】. 夫 何怨哉?
고 기상 의 부 하원 재

且兩賢未別 則能讓者爲雋矣【材均而不爭優劣 衆人善其讓】; 爭雋未別 則
차 양현 미별 즉 능양자 위준 의 재균 이부쟁 우열 중인 선 기양 쟁준 미별 즉

用力者爲儜矣【雋等而名未別 衆人惡其鬪】. 是故 藺相如以迴車決勝於
용력자 위비 의 준등 이명 미별 중인 오 기투 시고 인상여 이 회거 결승 어

廉頗 寇恂以不鬪取賢於賈復【此二賢者 知爭途不可由, 故迴車退避 或酒炙
염파 구순 이 불투 취 현어 가복 차 이현자 지쟁 도 불가 유 고 회거 퇴피 혹 주자

여(藺相如)가 지혜로운 책략으로 강국 진(秦)나라가 쉽게 공격하지 못하도록 하고 이 공으로 재상 지위에 올랐는데, 장군 염파(廉頗)가 자신보다 벼슬이 높아지자 이를 시기했다. 그러나 인상여는 사사로운 감정을 뒤로하고 나라의 대사를 우선했고, 이런 인상여의 인품을 들은 염파는 감동해 자신의 질투를 반성하며 스스로 인상여를 찾아가 사죄했다. 이를 사마천은 "염파가 듣고 웃옷을 벗어 맨몸을 드러내고[肉祖] 회초리를 짊어진 채 빈객을 통해
육단
인상여의 집 문에 이르러 사죄했다"라고 표현했다.

13 가복이 구순(寇恂)과 사이가 좋지 않자 광무제가 이들을 불러 화해시켜 친우로 맺어지게 했다. 가복과 구순의 고사는 나라에 위기가 닥쳤을 때 현군(賢君)이 나서서 사이가 나쁜 신료(臣僚)들을 화해시키는 것을 비유하는 데 인용된다.

迎送 故廉賈[肉袒 爭尙泯矣].
영송 고 염 가 육단 쟁 상 민 의

　일의 형세[物勢=事勢]에 담긴 돌아옴[反]¹⁴이야말로 군자가 말하
　　　　　　　물세　사세　　　　　　　　　　　　반
는 도리다.【용이나 뱀이 겨울잠을 잠으로써 몸을 보존하고, 자벌레는 몸을 굽

힘으로써 펴지려 한다.¹⁵ 벌레는 미물일 뿐인데도 오히려 몸을 감아 굽힐 줄 아는

데 하물며 사람에게 있어서랴!】. 이 때문에 군자는 지금 굽히는 것이 뒤에

펼쳐질 수 있음을 알기에 치욕을 품어 안기를 마다하지 않고【한신(韓

信)은 자기를 굽혀 사타구니 아래로 지나가는 치욕을 참아냈다.】, 지금 낮추고

사양하는 것이 뒤에 상대를 이길 수 있는 것임을 알기에 상대에게 자

기를 낮추기를 망설이지 않는다.【전희(展喜)¹⁶가 제나라 군사들을 위로한

것[犒]이 이에 해당한다.】 (이렇게 함으로써) 맨 끝에 가서는 마침내 화를
　　　　호
복으로 바꾸고【진문공(晉文公)이 깊이 헤아려 초(楚)나라를 피하니¹⁷ 성복에

14　노자는 "돌아옴이란 도의 움직임이다"라고 했다.

15　이는 『주역』 「계사하전(繫辭下傳)」에 나오는 공자의 말을 압축한 것이다.
　　　"자벌레[尺蠖=蚇蠖]가 몸을 굽히는 것[屈]은 펴기[信=伸] 위함이고, 용이나 뱀이 틀어박
　　　　　　　척확　　척확　　　　　　　굴　　　　　신 신
　　　히는 것[蟄]은 몸을 보존하기 위함이며, (군자가) 마땅함을 정밀하게 하기[精義]를 신묘함
　　　　　　　　집　　　　　　　　　　　　　　　　　　　　　　　　　정의
　　　에까지 들어가는 것[入神](註-사리(事理)와 사세(事勢)로서 역(易)을 연마하는 것도 그
　　　　　　　　　　　입신
　　　길 중의 하나다)은 제대로 쓰기[致用] 위함이고, 그 쓰임을 이롭게 하고 몸을 (도리에) 편
　　　　　　　　　　　　　　치용
　　　안하게 하는 것[利用安身](註-몸을 편안하게 한다는 것은 스스로를 도리에 맞게 수양함으
　　　　　　　　　　이용 안신
　　　로써 행동이나 생각 하나하나가 사리와 맞지 않음이 없어 편안하다는 뜻이다)은 다음을 높여가
　　　기[崇德] 위함이다(註-외적으로 이용안신(利用安身)하다 보면 내면에서 다움이 쌓여 높아
　　　　숭덕
　　　지게 된다는 뜻이다). (정의입신(精義入神)) 이를 지난 이후는 혹 알 수 없으니, 신묘함을
　　　끝까지 파고들어[窮神] 만물이 변화 생성하는 이치를 아는 것[知化]은 다움이 성대한 것
　　　　　　　　　　궁신　　　　　　　　　　　　　　　　　　　지화
　　　[德之盛]이다."
　　　　덕지성

16　노나라 신하다. 제나라 효공이 군사를 이끌고 노나라를 공격하려 하자 전희가 국경으로
　　　나아가 효공을 맞이하고서 잘 설득해 제나라 군대가 철수하게 했다.

17　퇴피삼사(退避三舍)의 고사를 말한다. 퇴피삼사란 앞날을 깊이 헤아려 양보함으로써 충돌
　　　을 피한다는 뜻으로, 사(舍)는 당시에 군대가 하루에 행군하는 30리를 뜻한다. 문공이 아

서의 공훈[18]이 있게 되었다.], 원수를 굴복시켜 친구로 삼음으로써【인상여는 염파에게 자기를 낮춤으로써 두 사람은 문경지교를 맺었다.】둘 간의 원수 사이가 후손에게까지 이어지지 않게 하고 아름다운 이름을 무궁토록 드리우게 한다.【자손들은 그 영예의 음덕을 입게 되고 죽백(竹帛-역사서)은 그 고귀한 의로움을 기록한다[紀=記].】(이러하니) 군자의 도리가 어찌 넉넉하지 않으리오!【만일 한쪽으로 기울어지고 조급해 다투기를 좋아한다면 몸은 자기가 살아 있을 때 이미 위태로워질 텐데 후손들이 어찌 복을 누릴 수 있겠는가?】

또 군자는 실오라기같이 미미한 작은 혐의라도 능히 포용해 (사소한) 변고나 다툼으로 인한 큰 쟁송이 일어나지 않게 하지만【아무리 큰 쟁송이라도 실오라기처럼 미미한 것에서 일어나기 때문에 군자는 그 사소한 것에 대해서도 신중히 임한다.】, 소인은 작은 분노도 능히 참아내지 못해 끝에 가서는 온 천하가 훤히 알게 되는 패배와 치욕을 당한다.【소인은 작은 악을 별것 아니라고 여겨 거기서 벗어나지 않는다. 그래서 죄가 커져 헤어날 수가 없고 악이 쌓여 구제받을 수가 없게 된다.】아주 작은 원망이 있어도

직 임금이 되기 전 이름이 중이(重耳)였다. 19년 동안 다른 나라를 떠돌았는데, 초(楚)나라에 갔을 때 성왕(成王)은 중이가 나중에 반드시 큰 인물이 되리라는 것을 알아보고 예를 다해 맞이하고는 귀빈으로 대접했다. 하루는 성왕이 주연을 베풀어 중이를 초대해서는 문득 "공자가 만약 진나라로 돌아가게 된다면 나에게 어떻게 보답할 생각인가"라고 물었다. 중이는 "제가 만일 군주의 은혜로 귀국해 국정을 맡게 된다면, 진나라와 초나라가 싸우게 되었을 때 90리 뒤로 물러나도록 하겠습니다. 그래도 군주께서 전쟁을 그만두지 않으신다면 저도 맞서 싸우도록 하겠습니다"라고 대답했다. 이에 성왕의 신하들이 중이를 죽이자고 했으나 성왕은 듣지 않았다. 나중에 중이는 진나라로 돌아가 왕위에 올랐는데, 문공이 다스린 뒤로부터 진나라는 날로 강성해졌다. 기원전 633년에 진나라가 초나라와 싸우게 되었는데, 문공은 약속을 지켜 군대를 90리 뒤로 물러나도록 했다. 초나라 장군은 문공의 뜻을 모르고 두려워서 후퇴한 것이라고만 여겨 결전을 벌였다가 대패했다.

18 이때의 공훈으로 진문공은 패자가 되었다.

스스로를 낮춘다면 오히려 겸손한 다움이 되고【원망은 실오라기처럼 미미한 데서 생겨나기 때문에 겸손한 다움이 있으면 얼마든지 원망을 사라지게 할 수 있다.】, (반대로) 변고가 싹트려는 순간에 다투게 될 경우에는 재앙이 이뤄져 구제할 수가 없게 된다.【졸졸 흐르는 물이 쉬지 않고 모이면 장강이나 황하가 된다. 물이 새면 배가 엎어지는 것을 어찌 구원할 수 있겠는가!】. 이 때문에 진여(陳餘)는 장이(張耳, ?~기원전 202년)[19]의 변란으로 인해 결국 사지가 갈기갈기 찢기는 해를 당했고【하루아침의 분노를 참지 못해 보복을 하려다가 평생 간직해야 할 증오를 잊었으니, 이 때문에 자기 몸이 죽고 후사가 끊어졌다.】, 팽총(彭寵)은 주부(朱浮, ?~66년)[20]와의 틈으로 인해 결국 엎어지고 패망하는 화를 당했다.【자기를 꾸짖은 일을 한스럽게 여겨 큰 계책을 잊었으니, 이 때문에 종족이 모두 멸문지화를 당했다.】 재앙과 복록의 기미[禍福之機]에 대해 신중히 하지 않을 수 있겠는가?【두 여자가
화복 지 기
뽕잎을 두고 싸우는 바람에 오나라와 초나라 사이에 전쟁이 일어났고[21], 계씨(季

---

19 전국시대 말기 대량(大梁) 사람이다. 위공자(魏公子) 신릉군(信陵君)의 식객이 되었고, 일찍이 외황령(外黃令)이 되었다. 진여(陳餘)와 함께 병사를 일으켜 문경지교(刎頸之交)를 맺었다. 진나라 말에 진섭(陳涉)이 반란을 일으키자 진여와 함께 교위(校尉)가 되어 무신(武臣)을 따라 조(趙) 땅을 정벌했다. 무신이 조왕(趙王)이 되자 우승상(右丞相)에 올랐고, 진여는 대장군(大將軍)이 되었다. 항우(項羽)를 따라 입관해 항우가 분봉할 때 상산왕(常山王)에 봉해졌다. 나중에 진여와 사이가 벌어져 진여가 공격해 오자 고조 유방(劉邦)에게 투항했다. 한신(韓信)과 함께 조(趙)나라 군대를 격파하고 지수(泜水)에서 진여를 죽여 조왕(趙王)에 봉해졌다.

20 건무(建武) 2년(26년) 순양후(舜陽侯)에 봉해졌다. 그때 팽총(彭寵)이 어양태수(漁陽太守)로 있었는데 그의 명령을 따르지 않았다. 팽총이 군사를 일으켜 그를 공격하니 그가 글로써 잘못을 지적했는데, 이것이 바로 「여팽총서(與彭寵書)」다. 나중에 광무제가 집금오(執金吾)로 임명했고, 부성후(父城侯)에 봉했다. 관직은 대사공(大司空)에 이르렀다. 명제(明帝) 영평(永平) 중에 천자를 보좌하는 공을 자랑하고 동료들을 멸시함으로 말미암아 사약을 받아 죽었다.

21 초나라 국경에 있는 종리(鐘離)라는 고을과 오나라 국경에 있는 비량씨(卑梁氏)라는 고을

氏)와 후씨(郈氏)가 닭싸움을 하다가 노나라에 분란이 생겨났다.[22]

物勢之反 乃君子所謂道也【龍蛇蟄以存身 尺蠖[=蚇蠖]之屈以求伸. 蟲微物耳
물세 지 반 내 군자 소위 도 야 용사 칩 이 존신 척확   척확 지 굴 이 구신 충 미물 이

尙知蟠屈 況於人乎!】. 是故 君子知屈之可以爲伸 故 含辱而不辭【韓信屈於
상지 반굴 황 어인 호   시고 군자 지굴 지 가이 위신 고 함욕 이 불사 한신 굴 어

跨下之辱】; 知卑讓之可以勝敵 故 下之而不疑【展喜犒齊師之謂也】, 及其
과하 지욕 지 비양 지 가이 승적 고 하지 이 불의 전희 호 제사 지위 야   급 기

終極 乃轉禍爲福【晉文避楚三舍 而有城濮之動】屈讎而爲友【相如下廉頗 而
종극 내 전화 위복 진문 피초 삼사 이유 성복 지훈 굴수 이 위우 상여 하 염파 이

爲刎頸之交】; 使怨讎不延於後嗣 而美名宣於無窮【子孫荷其榮蔭 竹帛紀其
위 문경 지교 사 원수 불 연어 후사 이 미명 선어 무궁 자손 하기 영음 죽백 기기

高義】. 君子之道 豈不裕乎【若偏急好爭 則身危當年 何後來之能福】?
고의   군자 지도 기 불유 호 약편급 호쟁 즉 신위 당년 하 후래 지 능복

且 君子能受纖微之小嫌 故 無變鬪之大訟【大訟起於纖芥 故君子愼其小】;
차 군자 능수 섬미 지 소혐 고 무 변투 지 대송 대송 기어 섬개 고 군자 신 기소

小人不能忍小忿之故 終有赫赫之敗辱【小人以小惡爲無傷而不去 故罪大
소인 불능 인 소분 지고 종유 혁혁 지 패욕 소인 이 소악 위 무상 이 불거 고 죄대

不可解 惡積不可救】. 怨在微而下之 猶可以爲謙德也【怨在纖微 則謙德可以
불가 해 악적 불가 구 원 재미 이 하지 유 가이 위 겸덕 야 원재 섬미 즉 겸덕 가이

除之】; 變在萌而爭之 則禍成而不救矣【涓涓不息 遂成江河 水漏覆舟 胡可救
제지 변 재맹 이 쟁지 즉 화성 이 불구 의 연연 불식 수성 강하 수루 복주 호 가구

哉】. 是故 陳餘以張耳之變 卒受離身之害【思復須臾之忿 忘終身之惡, 是以
재   시고 진여 이 장이 지변 졸 수 이신 지해 사복 수유 지분 망 종신 지오 시이

身滅而嗣絶也】; 彭寵以朱浮之隙 終有覆亡之禍【恨督責小故 忘終始之大計,
신 멸 이 사 절야 팽총 이 주부 지극 종유 복망 지화 한 독책 소고 망 종시 지 대계

是以宗夷而族覆也】. 禍福之機 可不愼哉【二女爭桑 吳楚之難作, 季郈鬪鷄
시이 종이 이 족 복야   화복 지기 가 불신 재 이녀 쟁상 오초 지 난작 계후 투계

魯國之釁作. 可不畏歟 可不畏歟】!
노국 지 혼 작 가 불외 여 가 불외 여

이 때문에 군자가 이기고자 할 때는 남을 추천하고 자기는 사양

이 모두 누에를 쳤는데, 양쪽 여자들이 뽕잎 때문에 다투다가 마을 사이에 싸움이 일어나
게 되었다. 이에 초나라 평왕이 크게 화를 내었고, 곧 두 나라가 군사를 일으켜 서로 공격
하게 되었다.

22 『춘추좌씨전』 소공(昭公) 25년에 나오는 이야기다. 계씨와 후씨가 항상 닭싸움을 시켰는
데, 계씨는 갑옷을 만들어 닭에게 입혔고 후씨는 쇠발톱을 만들어 닭의 발에 끼웠다. 계씨
의 닭이 지자 계평자가 노해서 후씨의 택지를 빼앗아 자기의 궁실을 넓히고 또 후씨를 꾸
짖었다. 그러므로 후소백(郈昭伯) 또한 계평자에게 원한을 품었다.

하는 것[推讓]을 날카로운 칼로 삼고【남을 추천하고 자기는 사양하면서 나
아가면 앞에 견고한 상대가 있을 수 없다.】 자기를 닦는 것을 방패막이로
삼는다.【삼감으로 자기를 닦으면[修己以敬]23 일에 있어 어떤 해로움도 없다.】
가만히 있을 때는 입과 눈과 귀라는 오묘한 문을 닫아버리고, 일에
나서면 공손하고 고분고분한 통로를 통해서 나아간다.【때에 따라 가만
있을 때면 거듭해서 모든 것을 닫고 그윽하게 입을 다물며, 때에 따라 일을 행할
때면 바른 도리를 밟은[履正] 다음에라야 나아간다.】

이 때문에 싸워서 이기더라도 다툼이 형체를 드러내지 않고【움직
일 때든 가만히 있을 때든 정도를 얻었기에 이기더라도 누구와 함께 싸운 것이
드러나지 않고, 싸우더라도 힘으로 하지 않기에 이긴 공훈이 자연스럽게 드러
날 뿐인 것이다.】 적을 굴복시켜도 원망함이 생겨나지 않는다.【창과 방패
를 쓰지 않았는데 어찌 원망함이 빚어지겠는가?】 이와 같은 사람이라면 (마
음속에 맺힌) 뉘우침이나 안타까움이 소리와 낯빛에 드러나지 않으니,
무릇 어찌 다툼이 겉으로 드러나는 일이 있으랴!【낯빛이나 용모가 오히
려 움직이지 않았는데 하물며 힘써 다툼에랴!】

저 드러내놓고 다투려는 자는 반드시 자신이 뛰어난 사람이라고
여기겠지만, 그러나 남들은 그를 험악하고 한쪽으로 치우친[險詖] 자
라고 여긴다.【자기를 뛰어나다고 여기고서 마음대로 굳게 자기는 옳다고 여기

---

23 『논어』 「헌문(憲問)」편에 나오는 공자 말의 일부이다.
　자로가 군자가 되려면 어떻게 해야 하느냐고 물었다. 공자가 말했다. "삼감으로써 자신을
닦는 것이다." 자로가 물었다. "그렇게만 하면 됩니까?" 공자가 말했다. "사람들을 편안하
게 해주는 것[安民]으로써 자신을 닦는 것이다." 자로가 물었다. "그렇게만 하면 됩니까?"
공자가 말했다. "백성을 편안하게 해주는 것[安百姓]으로써 자신을 닦는 것이다. 백성을 편
안하게 해주는 것으로써 자신을 닦는 일은 요임금과 순임금도 오히려 부족하다고 여겼다."

며 자기는 옳고 남은 틀렸다고 하니 사람들이 장차 다투지 않을 수 있겠는가?】
실제로 험악한 다움[險德]이 없다면 헐뜯을 까닭도 없겠지만, 그러나
정말로 험악한 다움이 있다면 또 어찌 그와 쟁송을 벌이겠는가? 험악
한 자가 있어 그와 쟁송하는 것, 이는 성난 물소를 우리에 가두고 호
랑이를 맨손으로 잡으려는 것[柙兕而攖虎]과 같으니, 그것이 어찌 가
능하겠는가? 화만 돋우어 사람을 해칠 것이 실로 너무나 명백하다.

『주역』에 이르기를 "위험이 있어 하늘과 물이 (서로 반대 방향으로)
어긋나게 가는 것이 송(訟)(이 드러난 모습)이다. 송괘의 상황에서는 반
드시 무리가 일어난다【말이 험하고 일을 행하는 것이 도리를 어기니, 반드시
무리가 일어나 쟁송을 이루게 된다.】"라고 했고, 『노자』에 이르기를 "무릇
오직 다투려 하지 않으니, 그래서 천하에서 누구도 그와 다툴 수가
없다【겸양에 힘쓰니 어디를 가더라도 다투는 바가 없다.】"라고 했다. 이 때문
에 군자는 서로 다퉈야 하는 길로는 다니지 않는다.【다투는 길로 가니
반드시 수레가 엎어지고 재앙을 당하게 되는 것이다.】

是故 君子之求勝也 以推讓爲利銳【推讓所往 前無堅敵】以自修爲棚櫓
시고 군자 지 구승 야 이 추양 위 이예 추양 소왕 전무 견적 이 자수 위 붕로
【修己以敬 物無害者】. 靜則閉嘿泯之玄門 動則由恭順之通路【時可以靜 則
수기 이경 물무해 자 정 즉 폐 묵민 지 현문 동 즉 유 공순 지 통로 시 가이 정 즉
重閉而玄嘿; 時可以動 則履正而後進】.
중폐 이 현묵 시 가이 동 즉 이정 이후 진
是以 戰勝而爭不形【動靜得節 故勝無與爭; 爭不以力 故勝功見耳】敵服而怨
시이 전승 이 쟁 불형 동정 득절 고 승무 여쟁 쟁 불이 력 고 승공 현이 적 복이 원
不搆【干伐不用 何怨搆之有】. 若然者 悔吝不存于聲色 夫 何顯爭之有哉
불구 간벌 불용 하 원구 지유 약연 자 회린 부존 우 성색 부 하 현쟁 지유 재
【色貌猶不動 況力爭乎】?
색모 유 부동 황 역쟁 호
彼顯爭者 必自以爲賢人 而人以爲險詖者【以己爲賢 專固自是 是己非人 人
피 현쟁 자 필자 이위 현인 이 인 이위 험피 자 이기 위현 전고 자시 시기 비인 인
將不爭乎】. 實無險德 則實無可毀之義, 若信有險德 又何可與訟乎? 險
장 부쟁 호 실무 험덕 즉 실무 가훼 지 의 약신 유 험덕 우 하가 여송 호 험
而與之訟 是柙兕而攖虎, 其可乎? 怒而害人 亦必矣! 易曰: "險而違者
이 여지 송 시 합시 이 영호 기 가호 노 이 해인 역 필의 역왈 험 이 위 자

278

訟. 訟必有衆起【言險而行違 必起衆而成訟矣】" 老子曰: "夫惟不爭 故天下
송 송 필유 중기 언험이행위 필 기중 이 성송 의   노자 왈   부유 부쟁 고 천하

莫能與之爭【以謙讓爲務者 所往而無爭】"
막능 여지 쟁 이 겸양 위무 자 소왕 이 무쟁

是故 君子以爭途之不可由也【由於爭途者 必覆輪而致禍】.
시고 군자 이 쟁도 지 불가유 야 유어 쟁도 자 필 복륜 이 치화

　　이 때문에 세속을 뛰어넘어 높은 경지에 올라간 사람만이 홀로
세 가지 등급 위를 노닐게 된다. 세 가지 등급이란 무엇인가.

　　크게 공로가 없으면서도 스스로 뽐내는 것이 맨 아래 등급이고
【공허하게 스스로 뽐내니, 그래서 하등이다.】, 공로가 있다 해서 그것을 자
랑하는 것이 중간 등급이며【스스로 자기의 능함을 자랑하니, 그래서 중등이
다.】, 공로가 큰 데도 자랑하지 않는 것이 맨 위 등급이다.【공로를 남에
게 돌리니, 그래서 상등이다.】

　　어리석으면서 남을 이기기를 좋아하는 것이 맨 아래 등급이고【자
기 역량을 헤아리지 못하니, 그래서 하등이다.】 뛰어나다 해서 남 위에 있으
려 하는 것이 중간 등급이며【자기 능력을 스스로 자랑하니, 그래서 중등이
다.】, 뛰어난데도 능히 사양할 줄 아는 것이 맨 위 등급이다.【좋은 점을
다른 사람에게 돌리니, 그래서 상등이다.】

　　자기에게는 느긋하고 남에게는 다급하게 하는 것[緩己急人]²⁴이
완기 급인
맨 아래 등급이고【성품상으로 남을 품어 안지 못하니, 그래서 하등이다.】, 자
기에게 다급하게 하고 남에게도 다급하게 하는 것이 중간 등급이며
【편협하고 그릇되어 각박하게 구니, 그래서 중등이다.】, 자기에게 다급하게
하면서 남에게는 너그러운 것이 맨 위 등급이다.【자기 몸을 삼가고 남들
에게 너그러우니, 그래서 상등이다.】

---

24 자기에게는 너그럽게 하고 남에게는 엄격하게 한다는 말이다.

여기에 열거한 것들은 모두 다 도리의 기묘함이자 일의 달라짐이다.【마음이 순수하게 한결같지 않은 것, 이것이 바로 기묘함이자 달라짐이다.】이처럼 세 가지로 달라진 연후라야 그 사람을 파악할 수 있으니, 이렇게 되면 사람은 여기서 멀리 벗어날 수가 없다.【소인은 자기가 하등에 머무는 것을 편안하게 여기니, 무엇을 통해 높은 곳에 이를 수 있겠는가?】

무릇 오로지 도리를 알아서 달라짐을 통하게 할 수 있는 자라면 능히 경지에 이를 수 있다.【상등에 처해서도 잃는 것이 없는 자를 말한다.】이 때문에 맹지반(孟之反)[25]은 자랑하지 않았기에[不伐] 성인(聖人-공불벌자)으로부터 칭찬받을 수 있었고【자기 공로를 자랑하지 않았으니 아름다운 기림이 저절로 생겨난다.】 관중(管仲)은 (주나라 양왕(襄王)이 내려주는) 상을 사양함으로써 더욱 큰 상사(賞賜)를 받았으니[26]【그 상을 탐내지 않았으니 아름다운 상사가 저절로 이르렀다.】, 무릇 이것이 어찌 그릇된 잔꾀로 구해 그렇게 된 것이겠는가? 마침내 순수한 다움[純德]을 가진 사람순덕이 자연스럽게 그런 상황을 맞아서 그렇게 된 것이다.【어떻게 상을 사양하는 것을 자랑하지 않고 속마음을 속여서 이름을 구하는 것을 거절할 수 있었겠는가? 마침내 곧음이 마음속에서 일어나 저절로 이치와 맞았을 뿐이다.】

---

25 춘추시대 노(魯)나라 사람으로, 이름은 측(側)이다. 애공(哀公) 11년 제(齊)나라와 싸울 때 패해 후퇴하게 되었는데, 맨 끝에서 공격하는 적을 막다가 성문이 다 닫힐 때쯤 겨우 들어와서는 말을 채찍질하며 말하기를 "뒤에 떨어지고 싶어서가 아니라 말이 빨리 달리지 않았다"라고 말했다. 공자(孔子)가 진정한 용사(勇士)라고 칭송했다.

26 제나라 환공 38년에 주나라 양왕(襄王)의 동생 대(帶)가 융(戎), 적(翟)과 함께 모의해 주나라를 치려 하자 제나라에서는 관중을 보내 주나라를 위해 융을 평정했다. 주나라가 관중을 상경(上卿)의 예로 대우하려 하자 관중은 머리를 조아리며 "신은 제후국의 신하[陪臣]인데 어찌 감히!"라며 세 번 사양하고는 마침내 하경(下卿)의 예로 인사를 올렸다.배신

280

是以 越俗乘高 獨行於三等之上. 何謂三等?
시이 월속 승고 독행 어 삼등 지 상 하위 삼등

大無功而自矜 一等【空虛自矜 故爲下等也】; 有功而伐之 二等【自伐其能 故
대 무공 이 자긍 일등 공허 자긍 고위 하등 야 유공 이 벌지 이등 자벌 기능 고

爲中等】; 功大而不伐 三等【推功於物 故爲上等】.
위 중등 공대 이 불벌 삼등 추공 어물 고위 상등

愚而好勝 一等【不自量度 故爲下等】; 賢而上人 二等【自美其能 故爲中等】;
우 이 호승 일등 부자 양탁 고위 하등 현 이 상인 이등 자미 기능 고위 중등

賢而能讓 三等【歸善於物 故爲上等】.
현 이 능양 삼등 귀선 어물 고위 상등

緩己急人 一等【性不恕人 故爲下等】; 急己急人 二等【褊戾峭刻 故爲中等】;
완기 급인 일등 성불 서인 고위 하등 급기 급인 이등 편려 초각 고위 중등

急己寬人 三等【謹身恕物 故爲上等】.
급기 관인 삼등 근신 서물 고위 상등

凡此數者 皆道之奇 物之變也【心不純一 是爲奇變】. 三變而後得之, 故 人
범 차수 자 개 도지기 물지변 야 심불 순일 시위 기변 삼변 이후 득지 고 인

莫能遠也【小人安其下等, 何由能及哉】.
막능 원 야 소인 안 기 하등 하유 능급 재

夫 唯知道通變者 然後能處之【處上等而不失者也】. 是故 孟之反以不伐
부 유 지도 통변 자 연후 능 처지 처 상등 이 부실 자야 시고 맹지반 이 불벌

獲聖人之譽【不伐其功 美譽自生】管叔[27]以辭賞受嘉重之賜【不貪其賞 嘉賜
획·성인 지 예 불벌 기공 미예 자생 관숙 이 사상 수 가중 지사 불탐 기상 가사

自致】; 夫 豈詭遇以求之哉? 乃純德自然之所合也【豈故 不伐辭賞 詭情求名
자치 부 기 궤우 이 구지 재 내 순덕 자연 지 소합 야 기고 불벌 사상 궤정 구명

耶? 乃至直發於中 自與理會也】.
야 내지 직 발어 중 자 여리 회 야

저 군자는 스스로 덜어내는 것이 더해줌이 된다는 것을 알기에
공로가 하나여도 두 가지 찬미를 얻게 되고【스스로 덜어내면 일을 행하
는 것이 이뤄지고 명성이 세워진다.】, (반면에) 소인은 자기를 더해줌이 덜어
냄이 되는 것을 알지 못하기에 한 번 자랑하다가 (공로와 명예) 두 가지
를 아울러 잃게 된다.【스스로 자랑하면 일을 행하는 것이 허물어지고 명성이
손상당한다.】[28] 이로 말미암아 논하건대, 자랑하지 않는 것이 (제대로)

---

27 관중(管仲)의 착오다.

28 덜어냄과 더해줌은 각각 『주역』 손괘(損卦), 익괘(益卦)와 연결된다. 유향의 『설원』 「경신
(敬愼)」편에는 이를 한눈에 보여주는 공자의 말이 나온다.
공자(孔子)가 『주역』을 읽다가 손괘(損卦, ䷨)와 익괘(益卦, ䷩)에 이르러 한숨을 쉬며 탄식

자랑함이 되고 다투지 않는 것이 (제대로) 다툼이 되며【자랑하지 않으면 이름이 떨쳐지고, 다투지 않으면 이치를 얻게 된다.】, 상대에게 사양하는 자는 (마침내) 이기게 되고 무리에게 자기를 낮추는 자는 (마침내) 그들 위에 오르게 된다.【물러나고 사양하면 상대방은 굴복하고, 겸손을 높이면 다움은 빛나게 된다.】

군자가 되려는 자라면 진실로 능히 다툼의 길이 추구하는 명예란

하니, 자하(子夏)가 자리에서 일어나 물었다.

"스승님께서는 어찌 탄식하십니까?"

공자가 말했다.

"무릇 스스로를 덜어내는 자는 더하게 되고 스스로를 더하려는 자는 모자라게 되니, 나는 이 때문에 탄식하는 것이다."

자하가 말했다.

"그렇다면 배우는 자는 더해서는 안 되는 것입니까?"

공자가 말했다.

"그렇지 않다. 하늘의 도리에 따르면 다 이룬 것은 일찍이 오래갈 수가 없는 법이다. 무릇 배우는 자는 자기를 비워서 그것을 받아들이니, 그래서 얻을 수 있다고 말하는 것이다. 만약에 가득 찬 것을 지키는 도리를 알지 못하면 천하의 좋은 말들이 그의 귀에 들어오지 못할 것이다. 옛날에 요(堯)임금은 천자의 자리에 올랐으나 오히려 진실로 공손함으로써 그것을 지켰고 자기를 비워 고요한 마음으로 아랫사람을 대했다. 그래서 100년이 지나도 더욱 창성했고 지금도 더욱 훤히 드러나는 것이다. (반면에) 곤오(昆吾)는 스스로 잘났다고 여겨 자만했고, 높은 곳까지 다 올라갔는데도 이런 오만이 수그러들지 않았다. 그래서 당시에는 허물어지고 실패했으며 지금도 더욱 악명을 날리고 있는 것이다. 이것이 바로 손괘와 익괘(혹은 덜어냄과 더함)의 징험이 아니겠는가? 나는 그러므로 겸손함이란 '공손함을 지극히 해서 자기 지위를 보존하는 방도'라고 말하는 것이다.

무릇 풍(豊-넉넉함)이란 밝음이자 움직임이니 그래서 능히 크다고 할 수 있는데, 큰 것은 쪼그라들게 마련이다. 나는 이를 경계한다. 그러므로 말하기를 해가 정오가 되면 기울고 달이 차면 이지러진다고 하니, 하늘과 땅이 가고 기우는 것도 때와 더불어 소멸하고 자라는 것이다. 이 때문에 빼어난 이는 감히 성대한 자리에 자기를 두지 않았다. 수레를 탈 때도 세 사람을 만나면 수레에서 내리고 두 사람을 만나면 가로막대에 몸을 기대 예를 표함으로써 가득 참과 비움을 조절했다. 그랬기에 빼어난 이들은 능히 장구할 수 있었다."

자하가 말했다.

"좋습니다. 청컨대 평생토록 이 말씀을 외워 잊지 않겠습니다."

위험한 길임을 알아차려서 (이 길을 버리고) 홀로 현묘한 길을 타고 높이 올라야 한다.【분노를 마구 풀어내는 험한 길을 피해 홀로 상등에서 혼자 소요(逍遙)해야 한다. 쩍쩍거리는 제비와 참새를 멀리하고 그윽하게 울리는 봉황의 소리와 짝해야 할 것이다.】 그렇게 되면 광휘가 빛나고 날로 새로워져서 다움과 명성[德聲]이 옛날의 빼어나거나 뛰어난 사람과 나란하게 될 것이다.【그런 다음이라야 다움이 지금과 앞으로도 빛나게 되어 밝은 광채가 옛 사람과 짝할 수 있게 될 것이다.】

彼君子之自損之爲益 故 功一而美二【自損 而行成名立】; 小人不知自益
피 군자 지 자손 지 위익 고 공일 이 미이 자손 이 행성 명립   소인 부지 자익

之爲損 故 一伐而並失【自伐 而行毀名喪】. 由此論之, 則不伐者 伐之也
지 위손 고 일벌 이 병실 자벌 이 행훼 명상   유차 논지 즉 불벌 자 벌지 야

不爭者此 爭之也【不伐而名章 不爭而理得】; 讓敵者 勝之也 下衆者 上之
부쟁 자 차 쟁지 야【불벌 이 명장 부쟁 이 이득】 양적 자 승지 야 · 하중 자 상지

也【退讓而敵服 謙尊而德光】.
야【퇴양 이 적복 겸 존 이 덕광】

君子誠能睹爭途之名險 獨乘高於玄路【避忿肆之險途 獨逍遙於上等; 遠
군자 성 능도 쟁도 지 명험 독 승고 어 현로【피 분사 지 험도 독 소요 어 상등 원

燕雀於啁啾. 疋鳴鳳於玄曠】, 則光暉煥而日新 德聲倫於古人矣【然後德輝耀
연작 어 조추 필명 봉 어 현광】 즉 광휘 환 이 일신 덕성 윤어 고인 의【연후 덕 휘요

於來今 清光侔於往代】.
어 내금 청광 모어 왕대】

완일(阮逸)¹ 찬(撰)

사람에게 본성이란 근원이며 정(情)이란 본성에서 흘러나온 물과
같으니, 본성이 안에서 움직이면 정이 밖으로 이끌려 나오면서 형색
(形色)이 그것을 따르게 된다. 그래서 그릇됨과 바름의 태도가 바뀌어
드러나게 되면 그 뒤섞임을 제대로 파악할 수 없고 그 진실된 모습을
볼 수가 없다. 오직 지극한 명철함을 가진 사람이라야 재주를 갖고서
정을 살피고 본성을 찾아낼 수 있으니, 정의 흐름을 샅샅이 찾아내

---

1 송나라 건주(建州) 건양(建陽) 사람이다. 인종(仁宗) 천성(天聖) 5년(1027년) 진사가 되었
    고, 진강군절도추관(鎭江軍節度推官)에 올랐다. 경우(景祐) 2년(1035년)에 정향(鄭向)이
    그가 편찬한 『악론(樂論)』과 율관(律管)을 올리자 인종은 호원(胡瑗) 등에게 명해 종률(鐘
    律)을 교정하게 했다. 강정(康定) 원년(1040년) 태자중윤(太子中允)에 올라 『종률제의(鐘律
    制議)』 등을 올렸다. 무학교수(武學敎授)와 국자감승(國子監丞), 목친택교수(睦親宅敎授)
    등을 역임했다. 시 때문에 죄를 지어 제명당하고 원주(遠州)로 유배되었다. 황우(皇祐) 2년
    (1050년) 부름을 받아 종경제도(鐘磬制度)를 수정했다. 다음 해 대안악(大安樂)이 완성되
    었다. 5년(1053년) 둔전원외랑(屯田員外郞)을 지냈다. 저서에 『역전(易筌)』과 『왕제정전도
    (王制井田圖)』 등이 있다.

근원을 밝히게 되면 선과 악의 자취를 판별할 수 있다.

빼어난 이가 세상을 떠나고 나서 각종 학파가 본성에 대해 말한 것을 보면 각자 한쪽만을 고집해 후세 사람들을 혹하게 했고, 이로 말미암아 제멋대로 변론하고 기발한 주장을 내세워서 논쟁하기를 좋아하는 자들이 마구 자기 학설들을 풀어놓아 천하에 만연하게 되었다. 그래서 배우는 자들이 그 귀착점을 제대로 찾을 수가 없어 하늘과도 같은 이치는 거의 소멸할 지경에 이르렀다.

나는 옛날 책들을 살펴보기를 좋아해서, '사부(史部)' 중에서 유소(劉劭)가 지은 『인물지(人物志)』12편을 얻었는데 1만 자(字)에 이르렀다. 그 책은 성품(性品-본성의 유형)의 상하와 재질이 겸전(兼全)했는지 편벽(偏僻)됐는지를 서술한 것인데, 그윽한 경지를 파고들고 은미한 영역을 찾아내어 도리에 있어 하나로 관통하고 있었다. 장단점을 헤아리고 가벼운지 무거운지를 재는 것은 한 올의 터럭만큼도 가려짐이 없었고 대체로 일을 행하는 것을 고찰해 중용(中庸)의 영역에서 사람을 요약했으니, 진실로 한 학파의 좋은 뜻이다. (그러나) 위(魏)나라에서 송(宋)나라까지 수백 년을 거치면서 그 쓰임이 오히려 어두워져서 이를 제대로 아는 사람이 드물었다. 아! 애석하도다. 교화에 아무런 도움도 되지 않는 충전(蟲篆-벌레나 새길 만한 천한 솜씨) 같은 천한 기예들이 오히려 널리 간행되어 세상에 알려지고 있다.

이 책은 널리 방대하면서도 시비분별이 명확하고 흐트러지지 않아서 제반 무리의 유파와는 다르다. 임금 된 자가 이 책을 얻으면 사람을 알아보는 귀감(龜鑑-표준 잣대)이 될 것이고, 사군자(士君子)가 이 책을 얻으면 본성을 다스리고 몸을 닦는 도지개[檃栝-뒤틀린 활을 바로 <small>경괄</small> 잡는 틀]가 될 것이니, 그 효험이 작다고 할 수 없다. 내 어찌 서문을 달아 전하지 않을 수 있으랴! 이에 어울리는 사람이 있어 좋은 금과 아름다운 옥을 궤짝[籯櫝=櫃櫝]에 담은 것과 같으니, 이 궤짝을 한 번 열어서 이를 읽어보는 자는 반드시 그 보배로움을 알게 될 것이다.

人性爲之原, 而情者性之流也, 性發於內情導於外, 而形色隨之. 故 邪正態度變露莫狀漉而莫睹其眞也. 惟至哲爲能以材觀情索性, 尋流照原, 而善惡之迹判矣. 聖人沒, 諸子之言性者, 各膠一見, 以倡惑於後是俾馳辨鬪異者得肆其說, 蔓衍天下, 故 學者莫要其歸, 而天理幾乎熄矣. 予好閱古書, 於史部中得劉劭人物志十二篇, 極數萬言. 其述性品之上下, 材質之兼偏, 硏幽摘微, 一貫於道. 若度之長短, 權之輕重, 無銖髮蔽也, 大抵考諸行事, 而約人於中庸之域, 誠一家之善志也. 由魏至宋, 歷數百載, 其用尙晦, 而鮮有知者. 吁! 可惜哉! 矧蟲篆淺技, 無益於敎者, 猶刊鏤以行於世. 是書也, 博而暢, 辨而不肆, 非衆說之流也. 王者得之, 爲知人之龜鑑, 士君子得之, 爲治性脩身之檃栝, 其効不爲小矣. 予安得不序而傳之! 媲夫良金羠(美)²玉, 籯櫝一啓, 而觀者必知其寶也.

---

2 고(羠)는 지금의 고(羔)로 검은 새끼 양을 가리키니 문맥에 맞지 않는다. 미(美)의 착오인
  듯하다.

유소는 누구인가

    유소(劉劭, 189(?)~244년(?))**¹**는 자(字)가 공재(孔才)로 광평(廣平) 한
단(邯鄲) 사람이다. 건안(建安)**²** 연간에 계리(計吏)가 되어 허도(許都-
수도)에 이르렀다.

    태사(太史)가 말씀을 올려 "정월 초하루 아침에 마땅히 일식이
있을 것입니다"라고 말했다. 유소는 이때 상서령(尙書令) 순욱(荀彧,
163~212년)**³** 휘하에 있었는데, 함께 있던 사람 중에서 어떤 사람은 마

---

1 『삼국지』 「위지·유소전」에는 유소(劉劭)로 되어 있다. 『수서(隋書)』 「경적지(經籍志)」에 소
    (邵)로 잘못 기록된 이후 유소(劉劭)와 유소(劉邵)를 함께 사용해왔는데, 마땅히 유소(劉
    劭)여야 한다고 말한 진교초의 설을 따랐다.
2 후한 헌제 때의 연호로 196년부터 220년 사이에 사용했다.
3 중평(中平) 6년(189년) 효렴(孝廉)으로 천거되어 항보령(亢父令)을 지냈다. 얼마 뒤 원소(袁
    紹)에게 의탁했는데, 원소가 큰일을 이루지 못하리라 보고 조조에게 몸을 맡겼다. 조조는
    그를 깊이 신임해 비무사마(備武司馬)와 진동사마(鎭東司馬)에 임명하면서 "그대는 나의
    장자방(張子房)이다"라고 말했다. 조조에게 도읍을 허도(許都)로 옮기고 헌제(獻帝)를 모

땅히 조회를 취소해야 한다고 했고 어떤 사람은 마땅히 조회를 연기해야 한다고 말했다.

유소가 말했다.

"재신(梓愼)과 비별(裨竈)은 옛날의 훌륭한 사(史)⁴였는데, 물과 불로 점을 쳐서 천시(天時)를 잘못 읽었습니다. 『예기』⁵에 이르기를 제후들이 함께 천자를 알현할 때 문안에 들어왔다가 예를 마치지 못하고 중단해야 할 경우가 네 가지라고 했는데, 일식이 그중 하나입니다. 그러나 공자 같은 빼어난 이께서도 교훈을 내리시어 조례를 폐기하는 일을 마음대로 하지 말라고 하셨습니다. 그리고 재이란 사라질 수도 있고 천문 살피기에 착오가 있을 수도 있습니다."

순욱은 그 말을 좋다고 여겨 조회를 예전대로 하라고 명했고, 일식 또한 일어나지 않았다.

어사대부(御史大夫) 치려(郗慮)가 유소를 꺼렸는데, 마침 치려가 면

시자고 적극 제안해 천자를 두고 제후를 호령하는 지위를 얻게 했다. 조조가 대장군의 벼슬을 받은 뒤 그를 시중(侍中)과 상서령(尙書令)에 임명해 국가의 중요한 일에 참여할 수 있게 했다. 조조가 여포(呂布)를 죽인 뒤 원소와 대치했을 때 원소와 그를 따르는 부하들에 대한 정밀한 분석을 제공해 조조의 강한 신임을 얻었다. 이때부터 허도에서 정무를 처리했다. 관도(官渡) 전투 때 군량이 다한 조조가 철군하려고 하자 끝까지 견벽(堅壁)할 것을 주장하면서 기묘한 병법으로 원소를 격파해 만세정후(萬歲亭侯)에 봉해졌다. 시중이 되어 절월(節鉞)을 지니고 승상군사(丞相軍事)에 참여했다. 건안(建安) 17년(212년) 동소(董昭)가 조조에게 위공(魏公)의 벼슬을 받으라고 권했을 때 반대해 조조의 의심을 샀다. 얼마 뒤 조조가 그에게 찬합을 보냈는데, 아무런 음식도 들어 있지 않았다. 조조의 뜻을 알아차린 그는 독약을 먹고 자살했다.

4 춘추전국시대에 이르러 성상(星象)·점복(占卜)으로 유명한 사람들로는 노(魯)의 재신(梓愼), 정(鄭)의 비조(裨竈), 진(晉)의 복언(卜偃), 송(宋)의 자위(子韋), 초(楚)의 감공(甘公), 위(魏)의 석신(石申) 등이 있었는데, 당시 사람들은 그들을 선지자(先知者)라고 생각했다. 사(史)란 예전에는 천문을 주관했다. 사마천도 태사령이었다.

5 「증자문(曾子問)」편에 나오는 말이다.

직되자 (유소는) 태자사인(太子舍人)에 제배되었고 비서랑(秘書郞)으로 승진했다.

황초(黃初)⁶ 연간에 상서랑(尙書郞), 산기시랑(散騎侍郞)이 되어 조서를 받고서 오경 및 각종 서적을 모아 종류에 따라 분류해서『황람(皇覽)』을 편찬하는 데 참여했다.

명제(明帝)⁷가 즉위하자 지방으로 나가 진류태수(陳留太守)가 되었는데, 교화를 도탑게 하고 높여 백성이 칭송했다. 불려와 기도위(騎都尉)에 제배되고, 의랑(議郞) 유의(庾嶷 혹은 유애), 순선(荀詵)⁸ 등과 함께 형법을 개정해서 신율(新律) 18편을 짓고『율략론(律略論)』을 펴냈다. 산기상시(散騎常侍)로 승진했다.

이때 공손연(公孫淵, ?~238년)⁹이 손권(孫權)의 연왕(燕王) 칭호를 이어받았다는 소문이 돌았는데, 이를 들은 의자(議者-정사에 의견을 낼 수 있는 사람)들이 공손연의 계리를 억류하고 군사를 보내 토벌해야 한다고 했다. 이에 유소가 당시 이런 의견을 냈다.

"옛날에 원상(袁尙, ?~207년)¹⁰ 형제가 공손연의 아버지 공손강(公

---

6 삼국시대 위나라 연호로, 220년에서 226년 사이에 사용했다.

7 문제 조비의 장남이다.

8 순욱의 아들이다.

9 위(魏)나라를 공격하기 위해 손을 잡으려는 오(吳)나라를 뿌리치고 위나라 편을 들었기 때문에 요동태수(遼東太守)가 되었으나, 그 뒤 위나라의 명을 거역하고 자립해 연나라 왕을 자칭했다. 238년 위나라는 정토군(征討軍)을 일으켜 사마의(司馬懿)로 하여금 그를 치게 하니, 사마의가 요동으로 진격해 공손연 부자(父子)를 죽이고 공손씨 정권도 멸망케 했다.

10 원소(袁紹)의 셋째 아들이다. 후처 유씨의 소생으로, 유씨가 그의 재덕(才德)을 찬양했고 원소 자신도 특별히 귀여워했다. 기주(冀州), 청주(靑州), 유주(幽州), 병주(幷州) 등 네 주를 차지했고, 청주자사(靑州刺史)를 지냈다. 모사 심배(審配)와 봉기(逢紀)가 그를 도왔다. 원소가 관도(官渡)에서 패하고 다시 세력을 규합해 창정에서 반격했을 때 제일진에서 조

孫康, ?~221년)¹¹에게 귀의했을 때 강이 그들의 목을 베어 우리에게 보냈으니, 이는 공손연의 선대가 충성스러움을 다한 것[効忠]이다. 또 소문이란 허실이 섞여 있어 아직은 상세하게 알 수가 없다. 옛날에 요복(要服)이나 황복(荒服)¹²이 복종하지 않아도 임금은 다움을 닦고 정벌을 행하지 않았다. 이는 백성을 힘겹게 만드는 것이기 때문이다. 마땅히 용서를 베풀어 스스로 새롭게 바뀌게 해야 한다."

공손연이 과연 사신 장미(張彌) 등의 목을 베어 보내왔다. 유소가 일찍이 「조도부(趙都賦)」를 지으니, 명제(明帝)가 아름답게 여겨 유소에게 명을 내려 허도(許都), 낙도(洛都)의 부(賦)를 짓게 했다. 이때는 대외적으로는 군사의 일이 있었고 대내적으로는 궁실을 짓느라 한창이었는데, 유소의 두 부는 다 풍자를 통해 간언을 올린 것이었다.

청룡(靑龍) 연간에 오나라가 합비(合肥)를 포위했다. 이때 동방의 관리나 군사들은 모두 나뉘어 쉬고 있었다. 정동장군(征東將軍) 만총(滿寵, ?~242년)¹³이 표문을 올려 중군(中軍) 병사들을 청하고는 아울

조(曹操)의 장수 사환을 쏘아 죽였다. 원소가 죽자 부장(部將)들이 옹립해 자리를 이었다. 형 원담(袁譚)과 싸우다가 패하자 둘째 형 원희(袁熙)에게 몸을 맡겼다. 얼마 뒤 부장들에게 패하자 요서(遼西)의 오환(烏桓)에게 의지했다. 건안(建安) 12년(207년) 조조에게 패하고 요동(遼東)의 공손강(公孫康)에게로 달아났지만, 그에게 죽임을 당했다.

11 요동태수(遼東太守)가 되었다. 12년(207년) 조조(曹操)에게 패한 뒤 요동으로 도망쳐 온 장수 원상(袁尙)과 원희(袁熙)를 죽여 조조에게 바치고 양평후(襄平侯) 좌장군 벼슬을 받았다. 그 후 고구려 산상왕(山上王)을 격파해 환도성(丸都城)으로 도읍을 옮기게 하고, 낙랑 지방으로 세력을 뻗쳐 대방군(帶方郡)을 설치하는 한편 한(韓)과 예(濊)도 토벌했다.

12 중국 외곽에 있는 오랑캐 나라로, 요복(要服)은 이족(夷族) 오랑캐와 가벼운 죄인이 거주하는 땅을, 황복(荒服)은 만족(蠻族) 오랑캐와 중죄인이 거주하는 땅을 말한다.

13 조조(曹操)가 연주(兗州)에 왔을 때 불려와 종사(從事)가 되었고, 여남태수(汝南太守)까지 올랐다. 헌제(獻帝) 건안(建安) 13년(208년) 형주(荊州) 정벌에 참여했다. 관우(關羽)가 양양(襄陽)을 포위하자 조인(曹仁)을 도와서 번성(樊城)에 주둔하며 힘껏 싸워 양양

러 쉬고 있던 장수와 병사들을 부른 뒤, 그들이 모이기를 기다려서 오나라 군사를 치고자 했다.

유소가 의견을 내 이렇게 말했다.

"적의 수가 많고 이제 막 새롭게 도착했으니 온 마음을 다할 것이고 기세 또한 날카롭습니다. (그런데) 만총은 적은 수의 병사로 저쪽으로 가서 싸우려 하니, 만약 그대로 진격할 경우 반드시 제대로 제어할 수 없을 것입니다. 만총이 병사들을 기다려준다면 잃을 것이 없습니다. 제 생각으로는 먼저 보병 5000명, 정예기병 3000을 보내어 군대가 전진할 때 소리를 지르며 나아가 형세를 떨치게 하고, 기병이 합비에 이르면 행렬 대오를 느슨하게 흩어지게 해서 깃발들이 더 많아 보이고 성 아래에 병사들이 가득하게 보이게 해서, 적의 후방을 끌어내고 그 귀로를 차단해 그들의 군량미 수송로를 압박해야 합니다. 이렇게 하면 적들은 대군이 온다고 여길 테니, 이때 그 후방을 기병이 끊어버리면 반드시 공포에 떨며 숨거나 달아나게 될 것입니다. 그러면 싸우지 않고서도 적을 저절로 깨뜨릴 수 있습니다."

제(帝)가 이 의견을 따랐다. 병사들이 합비에 거의 이르렀을 무렵, 적들은 과연 후퇴하고서 돌아갔다.

이때 조서를 내려 널리 많은 뛰어난 이를 구했다. 산기시랑 하후

을 구원했고, 관우를 물리친 뒤 안창정후(安昌亭侯)에 봉해졌다. 위문제(魏文帝)가 즉위하자 강릉(江陵)에서 오나라 군대를 격파하고 복파장군(伏波將軍)에 올랐다. 황초(黃初) 5년(224년) 전장군(前將軍)이 되었다. 명제(明帝)가 즉위하자 창읍후(昌邑侯)에 봉해졌다. 여러 차례 오나라 손권(孫權)의 군사를 격퇴했다. 조휴(曹休)가 죽은 뒤 전장군으로 양주제군사(揚州諸軍事)를 감독했다. 태화(太和) 4년(230년) 정동장군(征東將軍)에 올랐다. 태위(太尉)를 지냈고, 지략이 있었다.

혜(夏侯惠, ?~?)¹⁴가 유소를 천거하며 말했다.

"엎드려 보건대, 상시 유소는 충성심이 깊고 사려함이 도타우며 계책에 두루 밝아서 모든 어지럽고 뒤집힌 이들에 대해서도 넓고 멀리 보는 시야로 바라봅니다. 이 때문에 여러 인재에 대해 지위가 높든 낮든 모두 자기와 다음을 함께하는 사람들을 취해서 잘 헤아리고 있습니다. 그래서 성품이 알찬 인재[性實之士]는 그의 평화양정(平和良正)함에 복종하고, 맑고 고요한 인재[淸靜之士]는 그의 현허퇴양(玄虛退讓)함을 사모하며, 문학에 뛰어난 인재[文學之士]는 그의 추보상밀(推步詳密)함을 아름답게 여기고, 법과 이치에 밝은 인재[法理之士]는 그의 분수정비(分數精比)함을 분명하게 알고 있으며, 뜻과 생각이 깊은 인재[意思之士]는 그의 침심독고(沈深篤固)함을 잘 알고 있고, 문장에 능한 인재[文章之士]는 그의 저론속사(著論屬辭)¹⁵를 아끼며, 제도를 중시하는 인재[制度之士]는 그의 화략교요(化略較要)를 귀하게 여기고, 계책과 모사를 다루는 인재[策謀之士]는 그의 명사통징(明思通徵)함을 찬양합니다.

이 모든 주장은 다 자기 장점에 적합한 것을 취해 그 비슷한 부류들을 천거하는 것이니, 신이 헤아리건대 그의 청담(淸談)을 듣고 그의 독론(篤論)을 살펴보면 해가 갈수록 마음속에 간직하게 되는 바가 점점 더 오래가게 됩니다. 그러하니 조정은 실로 그의 기량은 높이 평가해 이런 사람이야말로 마땅히 기밀 업무를 보필하게 하시고 좋은 계

---

14 재학(才學)으로 칭송을 들었다. 일찍이 종육(鍾毓)과 여러 차례 논박을 펼쳤는데, 많은 일이 채택되었다. 산기황문시랑(散騎黃門侍郎)에 오르고 연상(燕相)과 낙안태수(樂安太守)를 지냈다. 37세로 죽었다.

15 속사란 글짓기를 말한다.

책들을 유악(帷幄-계책을 다루는 조정 내 핵심 공간)에 들이게 해야 합니다. 이렇게 되면 마땅히 나라의 도리와 더불어 함께 융성할 것이니, 세속에서는 흔히 있을 수 있는 일이 아닙니다.

부디 폐하께서는 넉넉하고 도탑게 들어주시어 유소로 하여금 맑고 한가할 때 정사를 받들게 하시어 스스로 나아와 자기가 가진 것을 모두 털어놓게 하소서. 그리하면 그의 좋은 생각이 위로 통하게 되어 날로 훤히 새롭게 될 것입니다."

경초(景初)¹⁶ 연간에 조서가 내려와 『도관고과(都官考課)』를 만들었는데, 유소가 소(疏)를 올려 말했다.

"백관에 대한 고과는 왕정(王政)의 큰 잣대입니다. 그런데 역대로 힘쓰지 않아, 이 때문에 다스림의 규범[治典]이 결여된 채 아직 보완
치전
되지 않아 유능한 사람과 그렇지 못한 사람이 뒤섞여서 서로가 몽롱합니다. 폐하께서는 최고의 빼어난 큰 경륜으로 임금다운 임금의 큰 벼리가 느슨해지는 것을 마음 아프게 여기시어 신묘한 사려로 안을 살피고 눈 밝은 조서로 밖에 드러내셨습니다. 신은 은혜를 받들어 열린 마음을 갖고서 몽롱함을 깨뜨려 문득 『도관고과(都官考課)』72개 조와 약설(略說)을 지었습니다. 신이 배움이 적고 식견이 얕아 진실로 폐하의 뜻을 널리 알리기에는 대단히 부족하지만, 전제(典制)를 지어 올립니다."

또 마땅히 (역대 황제들처럼) 예를 제정하고 음악을 지어[制禮作樂]
제례작악
풍속을 좋게 해야 한다고 생각하고서 『낙론(洛論)』14편을 저술했는데, 이를 마치고서 미처 제에게 올리기 전에 하필이면 명제가 붕(崩)

---

16 삼국시대 위나라의 연호로 237년에서 239년 사이에 사용했다.

해 시행되지 못했다.

　정시(正始)[17] 연간에 황제의 경학 공부를 도운 공로로 관내후(關內侯) 작위를 받았다. 편찬하거나 저술한 책들은 『법론(法論)』, 『인물지(人物志)』 등 모두 100여 편에 이른다. 졸(卒)하자 광록훈(光祿勳)에 추증되었다. 아들 유림(劉琳)이 뒤를 이었다.

　　　　　　『삼국지(三國志)』 「위지(魏志) · 유소전(劉劭傳)」에서

17　삼국시대 위나라 조방이 사용한 연호로 240~249년 사이에 쓰였다.

294

KI신서 10977
이한우의 인물지
유소 『인물지』 완역 해설

1판 1쇄 인쇄 2023년 6월 7일
1판 1쇄 발행 2023년 7월 3일

지은이 이한우
펴낸이 김영곤
펴낸곳 (주)북이십일 21세기북스

콘텐츠개발본부 이사 정지은
인문기획팀장 양으녕 **책임편집** 서진교
디자인 푸른나무디자인
출판마케팅영업본부장 민안기
마케팅1팀 배상현 한경화 김신우 강효원
영업팀 최명열 김다운 김도연
e-커머스팀 장철용 권채영
제작팀 이영민 권경민

출판등록 2000년 5월 6일 제406-2003-061호
주소 (10881) 경기도 파주시 회동길 201(문발동)
대표전화 031-955-2100 **팩스** 031-955-2151 **이메일** book21@book21.co.kr

(주)북이십일 경계를 허무는 콘텐츠 리더

21세기북스 채널에서 도서 정보와 다양한 영상자료, 이벤트를 만나세요!
페이스북 facebook.com/jiinpill21   **포스트** post.naver.com/21c_editors
유튜브 youtube.com/book21pub   **인스타그램** instagram.com/jiinpill21
홈페이지 www.book21.com

서울대 가지 않아도 들을 수 있는 **명강**의! 〈서가명강〉
유튜브, 네이버, 팟캐스트에서 '서가명강'을 검색해보세요!

ISBN 978-89-509-8069-6 03140

이한우의 설원 전 2권

유향 찬집 완역 해설 상·하

말의 정원에서 만난 논어의 본질
새로운 설원 읽기: 유향식 논어 풀이

이한우의 태종 이방원 전 2권

태종풍太宗風 탐구 상·하

태종 이방원의
지공至公한 삶에 대한 첫 총체적 탐구

이한우의 태종실록 전 19권

재위 1년~재위 18년·별책

새로운 해석, 예리한 통찰!
5년에 걸쳐 완성한 태종실록 완역본

이한우의 주역 전 3권

입문·상경·하경

시대를 초월한 리더십 교과서이자
세종과 정조를 길러낸 제왕들의 필독서

완역 한서 전 10권

본기·표·지(1~2권)·열전(1~6권)

유방의 건국부터 왕망의 찬탈까지 전한의 역사를 담은
2천 년 동아시아 지식인의 필독서

(주)북이십일 경계를 허무는 콘텐츠 리더

21세기북스 채널에서 도서 정보와 다양한 영상자료, 이벤트를 만나세요!
페이스북 facebook.com/jiinpill21   포스트 post.naver.com/21c_editors
인스타그램 instagram.com/jiinpill21   홈페이지 www.book21.com
유튜브 youtube.com/book21pub

서울대 가지 않아도 들을 수 있는 명강의! 〈서가명강〉
유튜브, 네이버, 팟캐스트에서 '서가명강'을 검색해보세요!